旅游高质量发展概论

覃建雄◎主编

中国旅游出版社

《旅游高质量发展概论》
编委会

序　言

在以人工智能（AI）、新能源、超级计算系统、物联网和其他高科技为主导的全球科技创新日益活跃的时代，旅游业作为推动经济增长、促进文化交流、增进人民福祉的重要力量，正以前所未有的速度发展着。然而，面对资源环境约束加剧、市场需求多元化、技术革新迅猛发展等多重挑战，如何实现旅游业的可持续发展，特别是向高质量发展转型，成为摆在我们面前的一项紧迫而重大的课题。《旅游高质量发展概论》这门课程正是在此背景下应运而生，旨在为我国乃至全球的旅游业高质量发展提供一个系统性的理论框架与实践指南。

随着全球经济的持续增长和人民生活水平的不断提高，旅游已成为人们休闲娱乐、探索世界、体验不同文化的首选方式。然而，传统的旅游发展模式往往伴随着资源的过度消耗、环境的破坏以及文化同质化的风险。因此，探索一条既能满足人民日益增长的美好生活需要，又能实现生态保护、文化传承和社会和谐的高质量旅游发展道路，已成为时代赋予我们的重要使命。

在新发展格局和高质量发展背景下，高质量发展是旅游业发展的必然要求和旅游业转型升级的必由之路，它强调在保持旅游经济增长的同时，更加注重提升服务质量、优化产品结构、强化创新能力和促进绿色发展。这不仅有利于增强旅游业的综合竞争力，还能为游客提供更加丰富、多元、高品质的旅游体验，从而有助于推动旅游业成为促进经济社会全面进步的积极力量。

本教材的编写，旨在全面梳理和探讨旅游高质量发展的基本概念、内涵特征、学理基础、理论框架、实践路径与未来趋势，为在校大学生、研究生、旅游管理者、旅游从业者提供一个系统、实用的知识体系。本教材力求理论与实践相结合，既深入剖析高质量发展的内在逻辑，又广泛收集国内外成功案例，为旅游业的可持续发展提供理论支撑与实践指导。

本教材内容涵盖旅游高质量发展的基本概念、内涵特征、学理基础、理论框架、国际比较、政策支持、技术创新、产品与服务创新、生态环境保护、社会文化影响、旅游治理体系与治理能力现代化等多个维度。每一章都紧密结合当前旅游业发展的热点难点问题，力求内容全面、逻辑清晰、分析深入。

全书共分为十四章。编写分工如下：本书的全面统筹和编撰由覃建雄完成，马作珍莫参与了第二章、第十二章、第十四章的编写，陈赖嘉措参与了第七章、第十一章的编写，石洪参与了第九章、第十章的编写，钟娅参与了第十一章的编写。

旅游高质量发展研究强调跨学科研究理论和方法。本教材特别强调理论与实践、定性与定量的紧密结合，通过案例分析、田野调查、文献收集、对比分析、层次分析、实地考察、专家访谈等多种形式，将抽象的理论知识转化为可操作性强、可复制性高的实践经验。这不仅有助于读者理解理论知识，更能激发其在实践中应用和创新的能力。

强调旅游新质生产力是旅游高质量发展的重要特征。该教材不仅总结了国内外旅游业高质量发展的现状与成就，更从未来趋势出发，探讨了新技术（如人工智能、大数据、区块链）、新业态（如共享旅游、智慧旅游）、新模式（如绿色旅游、社区参与旅游）对旅游业高质量发展的深远影响，为读者提供了前瞻性的思考视角。

期望本教材能成为每一位关心旅游业未来发展的读者的良师益友，无论是在校大学生、硕士生、博士生、教师，还是决策者、管理者、经营者或研究人员，都能从中获得启发和受益，将所学知识转化为推动旅游业高质量发展的实际行动。同时，也鼓励读者勇于探索、敢于创新，共同为构建更加美好、可持续的旅游未来贡献力量。

在此，首先感谢西南民族大学历史文化学院（旅游学院）张春祥书记和钟洁院长的关心和支持。其次要向为本教材撰写提供宝贵资料、案例和见解的专家学者、行业精英表示衷心的感谢。同时，也期待该教材能够成为激发更多思考、促进更多合作的桥梁，引领旅游业向着更加辉煌的未来迈进。让我们携手并进，共创旅游高质量发展的新篇章！

本教材编写是一种尝试，更是一种探索。由于作者水平所限，书中疏漏、错讹之处在所难免，在此恳请广大专家、学者和同行批评指正！

覃建雄

2024 年 11 月

目 录
Contents

课程背景及意义

本章通过梳理我国旅游发展历程及其演变趋势，结合国际旅游发展态势或国内旅游转型升级方向，阐述旅游高质量发展产生的历史背景和提出的特定条件。在此基础上，进一步介绍旅游高质量发展在经济、社会各个领域中的重要作用和意义。

第一节　我国旅游发展的历程

一、古代旅游的源起

我国古代旅游活动历史悠久，具有深厚的文化底蕴。从先秦时期开始，旅游活动便逐渐萌芽并不断发展。虽然古代没有当代意义上的旅游，但古代的迁客骚人通过诗文等形式记录了他们的旅行经历，这些作品不仅反映了他们的迁徙生涯和苦旅经历，也成为后世了解古代旅游活动的重要史料。随着历史的发展，旅游活动在魏晋南北朝、隋唐、宋元及明清等各个朝代都得到了进一步的发展。特别是在春秋战国时期，旅游活动逐渐由自发走向自觉，形成了多样化的旅游形式，如王公贵族的苑囿游、士人的山水游以及普通百姓的民俗游等。在古代，旅游不仅是个人追求的乐趣，更是文化和商品交流的重要途径。古代旅游的发展与古代商贸活动密不可分。

古代丝绸之路的开辟不仅促进了中西文化的交流与融合，也对古代旅游活动的发展产生了深远的影响。以丝绸之路为例，福建的"海上丝绸之路"在唐宋时期逐渐繁荣，成为东西方贸易的重要通道。这条海路不仅带动了沿海地区的经济发展，还促进了内陆地区的商贸活动。仙霞路作为连接内陆和海港的重要运输线路，逐渐繁荣起来，成为福建地区的重要商道。明清时期，由于海禁政策的实施，海路贸易受到限制，内陆的仙霞路成为商贾云集、货物转运的重要通道。这些商贸活动不仅带动了沿线地区的经济发展，还促进了文化交流。商人们在交易商品的同时，也带来了各地的文化和艺术，推动了各地文化的融合和发展。

古代旅游的活动形式和场所具有多样性。我国古代旅游形式丰富多样，既有王公贵族的苑囿游、台榭游，也有士人的山水游、园林游，还有普通百姓的民俗游、节庆游等。这些旅游形式不仅满足了不同社会阶层的需求，也展现了古代旅游活动的多样性和包容性。古代旅游场所也呈现出多样化的特点，包括皇家园林、私家园林、自然山水、古迹遗址等。这些场所不仅为古代旅游者提供了优美的环境和丰富的旅游资源，也成为后世旅游开发的重要基础。

古代旅游呈现明显的文学与文化联系性。旅游文学是古代旅游活动的重要组成部分，它不仅记录了旅游者的所见所闻所感，也反映了当时社会的文化背景和思想观念。从《穆天子传》到唐代的游记文学，再到明清时期的旅游诗词，旅游文学在形式上不断创新，内容上不断丰富，成为研究古代旅游活动的重要史料。旅游文学也促进了古代旅游文化的传播和发展，使旅游成为一种具有文化内涵的生活方式。

古代旅游具有独特的社会功能与价值。古代旅游活动不仅具有休闲娱乐的功能，还具有社交、教育、政治等多重社会功能。通过旅游活动，人们可以结交志同道合的朋友，拓展社交圈子，可以了解各地的风土人情、历史文化，增长见识，还可以借此机会表达政治观点、抒发人生感慨。旅游活动还促进了地区间的经济文化交流，推动了社会的整体发展。

二、近代旅游的兴起

近代旅游业在我国的发展，始于 20 世纪初，这一时期是我国旅游业的初步形成与逐步发展的时期。尽管在此之前，我国已有零星的旅游活动和旅游服务，但真正意义上的旅游业还未形成。近代旅游业的起步，主要受到西方旅游业的推动和我国社会经济发展的影响，呈现出以下几个显著特点。

（一）旅游市场的初步形成

20 世纪初，随着我国逐渐对外开放，一些外国人开始进入我国，进行商务、传教、考察等活动。这些外国人的到来，为我国旅游业的发展带来了机遇。为了满足他们的旅游需求，一些专门的服务机构如旅行社、酒店等开始出现，并逐渐形成了旅游市场。同时，国内的一些富商和知识分子也开始关注旅游，他们通过游历和考察，增长了见识，拓宽了视野，为旅游市场的形成提供了需求基础。

（二）旅游设施的初步建设

随着旅游市场的逐渐形成，旅游设施的建设也逐渐提上日程。一些大城市如上海、北京、广州等地，开始建设一批旅游基础设施，如酒店、旅馆、餐馆等。这些设施的建设，为游客提供了基本的住宿和餐饮服务，满足了他们的基本需求。同时，一些景区也开始进行初步的开发和建设，如北京的颐和园、天坛等，这些景区的开发，为游客提供了更多的旅游选择。

（三）旅游交通的初步发展

旅游交通是旅游业发展的重要基础。在近代旅游业起步的初期，我国的交通条件相对落后，制约了旅游业的发展。但随着铁路、公路、水路等交通方式的逐步发展，旅游交通得到了极大的改善。特别是铁路的建设，使得旅游交通更加便捷和快速，为游客提供了更加舒适的旅行体验。同时，一些旅游公司也开始提供包车、包船等服务，为游客提供了更加便捷的旅游方式。

（四）旅游服务的初步完善

随着旅游市场的逐步扩大和旅游设施的不断完善，旅游服务也逐渐得到完善。一些旅行社开始提供旅游线路设计、导游服务、餐饮住宿预订等全方位服务，为游客提供了更加便捷和舒适的旅游体验。同时，一些旅游公司也开始注重旅游安全和服务质量，加强了对员工的培训和管理，提高了旅游服务的质量和水平。

（五）旅游文化的初步传播

近代旅游业的起步，也促进了旅游文化的传播。在旅游过程中，游客不仅可以欣赏到自然风光和人文景观，还可以了解到不同地区的文化、历史和风俗。这种文化交流不仅丰富了游客的视野和体验，也促进了不同地区之间的文化交流和融合。同时，一些旅游公司也开始注重旅游文化的打造和推广，通过旅游宣传和文化活动，提升了旅游目的地的知名度和美誉度。

近代旅游业的起步是我国旅游业发展的重要阶段。在这一阶段，我国旅游业从无到有，从小到大，逐渐形成了较为完整的旅游产业链和市场规模。尽管还存在许多不足之处和需要改进的地方，但为我国旅游业的未来发展奠定了一定的基础。

三、现代旅游的快速发展

我国现代旅游的发展历程可以追溯到改革开放初期。自 1978 年以来，随着国家经济政策的逐步放开和市场经济的兴起，旅游业作为新兴产业逐渐崭露头角。总体而言，我国现代旅游发展经历了政治驱动旅游（1960—1978 年）、市场驱动旅游

（1979—1990 年）、品牌驱动旅游（1991—2000 年）、社会驱动旅游（2001—2011年）、全域驱动旅游（2012—2021 年）、旅游高质量发展（2022 年至今）等不同演化阶段。每个阶段都伴随着一系列旨在推动旅游业发展的政策出台，这些政策不仅规范了行业的发展，还引导了产业水平的提升。政策导向从事业培育、消费需求逐渐转向综合效益和全域旅游再到旅游高质量发展，体现了我国旅游业在政策引导下的不断进步和成熟。

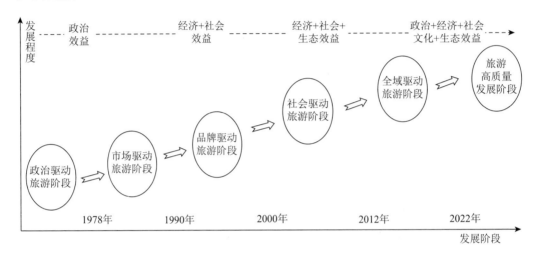

图 1-1　我国现代旅游发展历程

（一）政治驱动旅游阶段（1960—1978 年）

这一阶段为我国现代旅游最早的发展时期，其根本发展动力是政治接待，是典型的线性单一因素决定模式。其作用机制为：政治经济需要→资源开发→景区形成→加大接待服务设施建设→完善城市旅游功能→城市旅游兴起与发展→获得政治与经济效益→城市新一轮发展（王旭科，2008）。

20 世纪中晚期的秦皇岛市是这一时期旅游发展的典型代表。即最早的北戴河建立疗养院—北戴河夏季办公制度—中国"夏都"—国内著名的避暑疗养区。2003 年 7 月，中央决定夏天不再到北戴河办公，延续 50 年的"夏都"开始褪色，政治接待对秦皇岛城市旅游的推动和影响告一段落。

（二）市场驱动旅游阶段（1979—1990 年）

由计划经济向市场经济逐步转变过程中，我国景区旅游发展的动力模式多以市场拉动型为主，强调市场需求的拉动作用。主要类型有客源动力型和产品动力型。

客源动力型的作用机制为：客源动力→创意构思→公园景区建设→获得效益→激

活地气、人气和商气→旅游房地产→追加投资→旅游设施改进→城市旅游发展（王旭科，2008）。最典型的案例就是华侨城模式（主题公园模式），如深圳锦绣中华、世界之窗、中国化民族村，开封清明上河园，香港的海洋公园、迪士尼乐园，无锡的唐城、三国城、欧洲城，杭州的宋城，西安的大唐芙蓉园等。

市场动力类型的作用机制为：市场需求→创意构思→新产品建设→投放市场→获得效益→追加投资→旅游设施改进→城市旅游发展→城市地位的巩固。最典型的案例是桂林山水模式（印象桂林模式）。桂林市的传统产品为漓江山水，传统开发为观光旅游模式。通过大型山水实景演出桂林阳朔《印象·刘三姐》，传统观光型旅游产品全面拉动与提升，为旅游经济带来了新增长点，进而拉动了房地产、酒店业、度假、农业、渔业等相关产业的迅速发展。

（三）品牌驱动旅游阶段（1991—2000年）

其作用机制为：以自然人文资源与时代文化的碰撞交融为基础，设计与营造城市品牌形象，带动城市注意力增强和知名度提高，影响现实游客和潜在游客的旅游决策，推动城市接待人数和旅游效益的增加，实现城市旅游的发展；同时城市注意力和知名度也影响到投资开发商，促进与激励了他们对高知名度的城市进行经济投资，促进与带动城市产业发展与城市现代化建设，间接对城市旅游产生影响。

具体包括三种主要模式类型：（1）更名型。以唯一性、特色性的资源名称取代原有生硬性的地名，在城市宣传、旅游营销、对外联络、社会交往、公共活动中广泛应用，形成了特有的以城市更名服务于城市旅游带动城市全方位发展的动力模式，如湘西大庸县更名为张家界市，类似的还有九寨沟县、峨眉山市、都江堰市等。（2）地标型。通过城市地标的设计，彰显城市面目，吸引游客眼球，引起公众关注，提高城市的知晓度，吸引潜在游客的注意力。如北京、上海、深圳、天津等靠地方政府支持、巨额商业资本和大规模房地产开发，借助重大节事与工程建设契机，通过现代化的个性建筑、大型广场、高楼房产、道路系统以及商业设施等形式组合形成城市的地标区域，进而推动城市传统形象的更新。（3）品牌型。城市主体主动整合城市各个利益相关者的营销力量，设计城市旅游品牌，借助各种营销手段宣传城市整体品牌旅游形象，把城市作为一个整体推出，树立自己独特的品牌（王旭科，2008）。如上海市"东方明珠"、杭州市"东方休闲之都"、蓬莱市"人间仙境"、厦门市"海上花园"等。

（四）社会驱动旅游阶段（2001—2011年）

旅游的发展不仅要把旅游作为一个产业来发展，而且要把城市本身作为一个旅游目的地来发展，以城市包容景区的模式与形态来发展。通过创意性的整合与创新，将城市转变成旅游产品，或者是整合利用城市社会力量来推动城市旅游发展（王旭科，2008）。主要包括三种主要类型：产业型—创意产业园区（CID）、商贸型（CBD）、社区型（RBD）。

其中，（1）产业型—创意产业园区（CID）的典型案例为北京798模式。随着发达中心城市逆工业化（Deindustrialization）进程加快，城市传统产业的衰落导致创意产业园区的形成。（2）商贸型（CBD）将商贸交流作为城市旅游的发展动力，解决商务型城市旅游发展的动力问题，推动城市由商贸型向商贸旅游型城市转变。根据商务客流的规模与聚集程度，建设高星级饭店和相关配套娱乐设施，进而在城市中心区发展中心商务区（CBD），通过CBD的聚集效应与扩散影响，带动城市整体旅游规模的膨胀。（3）社区型（RBD）以传统历史文化城市为主要代表，通过街区的社区资源整合和社区劳动力的利用，推动城市历史性游憩商业街区（RBD）的形成，将社区遗产类建筑与场景转化为城市旅游景观与产品，最典型的就是北京市"胡同游"。

（五）全域驱动旅游阶段（2012—2021年）

全域旅游发展理念是一种新的区域协调发展理念和模式，它强调在一定区域内，以旅游业为优势产业，通过对区域内经济社会资源尤其是旅游资源、相关产业、生态环境、公共服务等进行全方位、系统化的优化提升，实现区域资源的有机整合、产业的融合发展以及社会的共建共享。这种理念旨在通过旅游业带动和促进经济社会的协调发展。全域旅游强调在一定区域内，以旅游业为优势产业，通过整合资源，提升旅游品质，实现区域经济社会的全面发展，具有发展的全局性、布局的时空性、产业的带动性、要素的整合性、资源的共享性五大特点。

具体来说，全域旅游不仅关注景点的开发，更注重整个区域的旅游氛围营造和旅游服务质量的提升。它要求打破传统旅游模式的束缚，跳出小旅游谋划大旅游，将全域作为旅游发展的载体和平台，使旅游成为常态化生活方式。在这一理念下，旅游产业的发展被提升到全新的高度，旨在实现旅游景观的全域优化、旅游服务的全域配套、旅游治理的全域覆盖等目标。总的来说，全域旅游发展理念体现了对旅游资源全面而深入的利用，以及对旅游体验高品质的追求，是推动现代旅游业持续健康发展的关键所在。

（六）旅游高质量发展阶段（2022年至今）

高质量发展理念是这一阶段旅游转型升级的必然要求。总体要求是，着力完善现代旅游业体系，加快建设旅游强国，让旅游业更好服务美好生活、促进经济发展、构筑精神家园、展示中国形象、增进文明互鉴。

旅游高质量发展涉及旅游主体、旅游客体、旅游媒体、旅游载体四大端元体系的高质量发展，主要体现在四个方面：（1）文化传承与创新。中华优秀传统文化是旅游高质量发展的根基。在旅游产品的设计和开发中，应深入挖掘中华优秀传统文化的内涵，通过文化元素的创新运用，打造具有地域特色的旅游品牌，提升旅游产品的文化内涵和吸引力。（2）科技创新与赋能。科技创新是推动旅游高质量发展的关键动力。通过利用现代科技手段，如大数据、云计算、人工智能等，提升旅游产品的智能化水平，优化游客的旅游体验。同时，科技创新还能提高旅游行业的运营效率和服务质量，推动旅游业的转型升级。（3）产业融合与协同发展。旅游业的高质量发展需要与其他产业的深度融合和协同发展。通过跨界融合，如文体旅、文商旅、文教旅、文康旅等，激发新消费、创造新产业，形成旅游产业的多元化发展格局。这种产业融合不仅能丰富旅游产品的类型，还能提升旅游产业的综合竞争力。（4）生态环境保护与可持续发展。在旅游发展过程中，应坚持绿色发展理念，加强对旅游资源的保护和管理，实现旅游资源的可持续利用。同时，通过发展生态旅游、绿色旅游等方式，推动旅游业的绿色转型和可持续发展。

第二节　旅游高质量发展的提出

在当今社会，旅游业已成为全球经济发展的重要支柱之一，其高质量发展对于提升国家经济实力、促进文化交流与传承、改善人民生活质量具有重要意义。在此背景下，探究旅游高质量发展的内涵、路径及其影响因素，显得尤为重要和迫切。

旅游高质量发展是在传统旅游业基础上，通过创新驱动、质量提升和效益增强，实现旅游业持续健康发展的新模式。它强调旅游业的转型升级，注重提升旅游产品和服务的质量，以满足人民群众日益增长的旅游需求。同时，旅游高质量发展还关注旅游业与生态环境、社会文化的协调发展，以实现经济效益、社会效益和环境效益的有机统一。

一、国际旅游发展趋势

随着全球经济的持续发展和人们生活水平的不断提升，国际旅游业呈现出蓬勃的发展态势。这一趋势不仅体现在旅游人数和收入的增长上，更体现在旅游业发展质量和效益的提升上。全球旅游业正逐渐从传统的以数量扩张为主的发展模式，向更加注重质量和效益的高质量发展模式转变。

在国际旅游发展趋势中，有几个显著的特点值得关注。一是旅游需求的多样化和个性化。随着消费者需求的不断升级，他们对于旅游产品的需求也越来越多元化和个性化，这就要求旅游业必须不断创新，提供更加丰富和多样化的旅游产品以满足消费者的需求。二是旅游业的智能化和数字化。随着科技的不断进步，尤其是互联网、大数据、人工智能等技术的广泛应用，旅游业正逐步实现智能化和数字化，这不仅提高了旅游业的服务水平和效率，也为旅游业的高质量发展提供了新的动力。三是旅游业的绿色化和可持续化。在全球气候变化和环境问题日益严重的背景下，绿色旅游和可持续旅游已经成为国际旅游业发展的重要方向，这就要求旅游业在发展过程中必须更加注重环境保护和生态平衡，实现旅游业的可持续发展。

国际旅游发展趋势对旅游高质量发展提出了明确的要求。首先，旅游业必须坚持以人民为中心的发展思想，不断提高旅游产品和服务的质量，满足人民群众对美好生活的向往。其次，旅游业必须加强与相关产业的融合发展，形成更加完善的旅游产业体系，提高旅游业的综合效益和竞争力。最后，旅游业必须注重创新驱动，加强科技创新和人才培养，为旅游业的高质量发展提供有力的支撑和保障。

在全球旅游业高质量发展的大背景下，各国都在积极探索适合本国国情的旅游高质量发展路径。一些国家通过加强政策引导和资金投入，推动旅游业向更加绿色、智能、可持续的方向发展；一些国家则通过加强国际合作和交流，借鉴其他国家的成功经验，加快本国旅游业的高质量发展进程。总之，国际旅游发展趋势为旅游高质量发展提供了广阔的空间和机遇，各国应紧紧抓住这一机遇，推动旅游业实现更加全面、协调、可持续的发展。

二、国内旅游业转型升级

随着国内经济的持续发展和人民生活水平的不断提升，旅游业作为国民经济的重要支柱产业，其转型升级的需求日益凸显。国内旅游市场正面临着从传统观光旅游向休闲度假旅游、从低端同质化竞争向高品质和差异化发展转变的重大任务。在这一背景下，高质量发展成了推动旅游业转型升级的关键所在。

国内旅游业转型升级是适应市场需求变化的必然选择。随着消费者对旅游体验要求的提高，他们更加注重旅游的品质、个性化和文化内涵。传统的以数量扩张为主的旅游发展模式已难以满足这些需求，必须通过高质量发展，提升旅游产品和服务的质量和效益，增强旅游业的竞争力和吸引力。

高质量发展也是国内旅游业实现可持续发展的内在要求。在资源环境约束日益加剧的情况下，旅游业必须转变发展方式，从依赖资源消耗的粗放型增长转向依靠创新驱动的集约型发展。通过推进旅游业与相关产业的深度融合，优化旅游产业结构，提高资源利用效率，降低环境污染，实现旅游业的绿色化、低碳化发展。

在旅游业转型升级的过程中，高质量发展发挥着至关重要的作用。它不仅有助于提升旅游业的整体形象和品质，增强旅游目的地的吸引力，还能够促进旅游产业的创新发展和提质增效，推动旅游业成为国民经济的重要增长点。同时，高质量发展还能够带动相关产业的发展，促进就业和增加居民收入，为经济社会发展注入新的动力。

为了实现国内旅游业的高质量发展，需要政府、企业和社会各界共同努力。政府应加大对旅游业的支持力度，制定和完善相关政策法规，优化旅游发展环境；企业应积极创新旅游产品和服务，提高经营管理水平，增强市场竞争力；社会各界应广泛参与旅游业的宣传推广和旅游文化建设，共同营造良好的旅游氛围。

国内旅游业转型升级需求迫切，高质量发展是其关键所在。只有不断推进旅游业的高质量发展，才能满足人民群众日益增长的旅游需求，实现旅游业的可持续发展，为国民经济和社会发展做出更大的贡献。

三、高质量发展理念引入

发展旅游业是推动高质量发展的重要着力点。习近平总书记提出，"着力完善现代旅游业体系，加快建设旅游强国""推动旅游业高质量发展行稳致远"。习近平总书记关于旅游工作的重要论述和指示批示，深刻阐明了当代旅游业发展趋势，深化了对旅游发展规律的认识，是建设旅游强国、推动旅游业高质量发展的行动指南。

2024年6月，文化和旅游部等九部委联合制定的《关于推进旅游公共服务高质量发展的指导意见》指出，利用3~5年时间，基本建成结构完备、标准健全、运行顺畅、优质高效，与旅游业高质量发展相匹配的旅游公共服务体系，旅游公共服务有效供给明显扩大，服务效能明显提升，对薄弱领域、高峰时段和特殊人群的服务保障能力明显增强，人民群众对旅游公共服务的满意度明显提高。

在旅游业发展的新阶段，高质量发展理念已成为行业共识和战略选择。这一理念的提出，旨在推动旅游业从过去的规模扩张向更加注重质量提升转变，实现旅游业的全面、协调、可持续发展。

高质量发展理念是旅游业转型升级的必然要求。随着旅游市场的不断成熟和消费者需求的日益多样化，传统的旅游产品和服务已难以满足游客的需求。高质量发展意味着更加注重旅游产品的品质、文化内涵和游客体验，通过提升旅游产品的附加值和竞争力，实现旅游业的提质增效。

　　随着国内外旅游市场的不断变化和旅游业发展阶段的演进，旅游业面临着新的挑战和机遇。国际旅游市场竞争日益激烈，国内旅游市场也呈现出多元化、个性化的需求特征。同时，旅游业还面临着资源约束、环境污染、生态破坏等问题的挑战。因此，引入高质量发展理念，推动旅游业转型升级，成为旅游业持续健康发展的必然选择。

　　实现旅游业的高质量发展，需要政府、企业和社会各方的共同努力。政府要加强政策引导，制定旅游业发展规划和产业政策，推动旅游业与相关产业的融合发展。企业要加强创新，提升旅游产品的文化内涵和附加值，提高旅游服务的质量和水平。同时，还需要加强旅游市场的监管和治理，营造良好的旅游环境。

第三节　旅游高质量发展的重要性

一、提升旅游竞争力

　　在旅游高质量发展的进程中，提升旅游业竞争力是一个核心且多维度的目标。这不仅仅关乎单一的服务质量提升或产品创新，更是涉及整个旅游产业链的协同优化和持续进化。

　　服务质量是旅游业竞争力的基石。在高质量发展的语境下，服务质量不仅仅意味着满足游客的基本需求，更体现在对游客个性化、精细化需求的深度理解和响应。例如，通过大数据和人工智能技术，旅游企业可以精准分析游客的消费习惯和偏好，从而提供更加贴心、个性化的服务。这种以游客为中心的服务理念，能够显著提升游客的满意度和忠诚度，进而增强旅游业的整体竞争力。

　　产品创新则是旅游业竞争力的重要驱动力。在传统的旅游产品和服务模式逐渐同质化的背景下，高质量的发展要求旅游业不断推陈出新，打造具有独特魅力和吸引力的新产品。这包括但不限于开发新型旅游路线、融合多元文化元素、引入先进科技手段等。通过产品创新，旅游业不仅能够满足游客日益多样化的需求，而且能够在激烈的市场竞争中脱颖而出，实现可持续的发展。

　　除了服务质量和产品创新，旅游业的竞争力还体现在其对外部环境的适应能力和抗风险能力上。在高质量发展的要求下，旅游业需要更加灵活地应对各种外部挑战，如经济波动、政策变化、自然灾害等。这要求旅游业具备强大的自我调节能力和恢复能力，能够在逆境中迅速调整策略，保持稳健的发展态势。

旅游高质量发展对于提升旅游业竞争力具有深远的意义。通过提升服务质量、推动产品创新以及增强对外部环境的适应能力，旅游业将能够在激烈的市场竞争中立于不败之地，实现持续、健康、稳定的发展。这不仅有利于旅游业自身的繁荣壮大，更能够为社会经济的全面发展做出积极的贡献。

二、实现经济转型升级

在当前全球经济结构深度调整的背景下，推动经济转型升级已成为各国发展的共同追求。其中，旅游高质量发展作为经济转型升级的重要引擎，其推动力不容忽视。

旅游高质量发展对经济转型升级具有强大的推动力。通过旅游业的发展，可以推动产业结构优化升级，提升服务业在国民经济中的占比。旅游业是综合性产业，其发展不仅直接涉及住宿、餐饮、交通等服务业，还涉及农业、工业、文化等多个领域。随着旅游消费需求的多样化，旅游产品供给也需要不断创新，从而推动相关产业的转型升级。同时，旅游业的发展还可以促进创新型经济的发展，推动经济从传统的资源消耗型向创新驱动型转变。

旅游业的发展对经济的拉动作用显著。旅游业是一个关联度极高的产业，其发展可以带动多个相关行业的快速发展。例如，旅游业的发展可以推动交通运输业的发展，促进酒店、餐饮等服务业的繁荣，进而促进零售、娱乐等行业的增长。这种拉动作用不限于旅游业本身，还可以通过产业链传导到其他产业，形成良性循环，为经济发展提供持续动力。

旅游高质量发展还有助于推动贫困地区脱贫攻坚。旅游业是一个低投入、高产出的产业，对于贫困地区来说，发展旅游业是实现脱贫致富的重要途径。通过发展旅游业，可以吸引游客前来旅游，带动当地经济发展，提高居民收入水平。同时，旅游业的发展还可以促进基础设施建设，改善贫困地区的生活环境，提高居民的生活质量。

旅游高质量发展对经济转型升级具有强大的推动力，是推动经济转型升级的重要引擎。在未来的发展中，我们应该充分认识到旅游业的重要性，加强旅游业的创新发展，推动旅游业与其他产业的融合发展，为经济发展注入新的动力。

三、促进经济社会全面发展

旅游高质量发展对于经济社会的全面发展具有显著的推动作用。这种推动作用表现在多个层面，涵盖经济增长、社会进步以及文化传承等重要领域。

在经济增长方面，旅游高质量发展通过提升旅游产品和服务的品质，吸引更多的国内外游客，从而增加旅游收入，直接推动经济的增长。同时，高质量的旅游发展还能带动相关产业的繁荣，如酒店业、餐饮业、交通运输业等，形成产业链条的良性循环。此外，旅游业的发展还能创造大量的就业机会，缓解就业压力，为社会稳定和经济持续增长提供有力支撑。

在社会进步方面，旅游高质量发展有助于提升社会的整体文明程度。旅游业的发展不仅带来了经济效益，更在无形中传播了先进的文化理念和生活方式。通过旅游活动，人们能够增进对不同地域、不同民族文化的了解和尊重，促进社会和谐与多元文化的共融。同时，旅游业的发展还能推动基础设施的建设和完善，提升居民的生活质量，进一步推动社会的进步。

在文化传承方面，旅游高质量发展为文化的传承和保护提供了有力支持。旅游业的发展使得各地的文化遗产和特色文化得到了更广泛的传播和认知。通过旅游活动，人们能够亲身体验和感知各种文化的魅力，从而增强对文化的认同感和保护意识。同时，旅游业的发展也为文化遗产的保护和修复提供了资金和技术支持，使得这些宝贵的文化遗产得以延续和传承。

旅游高质量发展在推动经济社会全面发展方面发挥着不可或缺的积极作用。它不仅为经济增长注入了新的活力，更为社会进步和文化传承提供了坚实的支撑。因此，我们应该充分重视旅游业的高质量发展，努力提升其品质和水平，以更好地服务于经济社会的全面发展。

四、提升人民生活水平

在提升人民生活水平的途径中，促进旅游高质量发展是不可或缺的一环。随着人民生活水平的提高，旅游已经不再是简单的休闲方式，而是人们追求美好生活的重要组成部分。旅游高质量发展能够满足人民对美好生活的需求，提升人民的精神文化生活水平。旅游业的繁荣发展带来了丰富的文化体验和精神享受，人们可以在旅游中放松心情、陶冶情操，从而提升生活的品质。旅游业的发展还能够促进就业增收，提高人民的生活水平。旅游业是一个劳动密集型产业，能够提供大量的就业机会，从而增加居民的收入来源。旅游高质量发展还能够优化消费结构，推动消费升级。随着旅游业的不断发展，旅游消费已经成为居民消费的重要组成部分，优质旅游产品供给的增加和旅游消费环境的改善，能够有效促进消费结构的优化和升级，进而推动经济社会协调发展。

随着全球经济一体化的深入发展和人民生活水平的显著提高，旅游业作为现代服务业的重要组成部分，其发展质量直接关系到人民生活的幸福感和满意度。旅游高质量发展通过促进经济增长、增加就业机会、提升公共服务水平、促进文化交流与融合等多方面的积极作用和多维度途径，能够为构建和谐社会、实现人民美好生活愿景贡献力量。

旅游高质量发展是指在保证旅游业快速增长的同时，注重旅游资源的可持续利用、旅游服务的优化升级、旅游体验的丰富多元以及旅游管理的智能化与人性化。这一理念强调旅游业的综合效益和社会责任，旨在实现经济、社会、文化和环境的和谐共生。在新时代背景下，推动旅游高质量发展不仅有助于满足人民日益增长的美好生活需要，也是实现经济转型升级、促进区域协调发展的重要途径。

五、实现可持续发展

在旅游业蓬勃发展的今天，实现可持续发展已成为行业的重要目标。而保护生态环境、传承文化内涵以及促进社会和谐，正是实现这一目标的必然选择。

生态环境保护是旅游业可持续发展的基础。传统的旅游业发展模式往往以牺牲环境为代价，导致生态资源过度消耗、环境污染严重。而旅游高质量发展则注重生态环境保护，倡导绿色旅游、低碳旅游等方式。这种发展模式能够有效地减少旅游活动对环境的破坏，降低能源消耗和废弃物排放，从而保护自然生态环境。同时，生态环境的改善也能够为旅游业提供更多的自然资源和景观，推动旅游业的持续发展。

传承文化内涵是旅游业可持续发展的重要支撑。旅游业不仅是一种经济活动，更是一种文化交流活动。通过旅游业的发展，可以传承和弘扬当地的文化内涵，提升旅游项目的文化品位和特色。同时，游客在旅游过程中也能够了解和体验当地的文化，从而增强对当地文化的认同感和归属感。这种文化交流有助于促进文化的多样性和包容性，推动文化的创新和发展。

旅游业的发展还能够促进社会和谐。旅游业的发展能够创造大量的就业机会，提高当地居民的收入水平，从而改善他们的生活质量和社会福利。同时，旅游业的发展也能够促进不同地域、不同文化之间的交流融合，增强社会凝聚力和向心力。这种和谐的社会环境有助于推动旅游业的持续发展，形成良性循环。

思考题

1. 旅游高质量发展概念提出的背景是什么？
2. 旅游高质量发展的提出有何意义？

概念、内涵及特征

第一节　旅游高质量发展的定义

一、高质量发展对旅游的要求

高质量发展是全面体现新发展理念的经济增长模式，其在旅游业中的体现尤为显著。高质量发展强调的是经济增长的稳定性和可持续性，这要求旅游业在追求规模扩张的同时，必须注重发展质量的提升。具体而言，高质量发展对旅游业的要求主要体现在：

（1）产业结构优化升级。高质量发展要求旅游业从传统的观光旅游向休闲、度假、体验等多元化方向转变，推动旅游产业结构的优化升级。

（2）创新驱动发展。高质量发展强调创新是引领旅游业发展的第一动力，需要不断加强旅游产品和服务的创新，提高旅游业的竞争力和附加值。

（3）生态环境友好。高质量发展要求旅游业必须坚持绿色发展，注重生态环境保护和资源的可持续利用，实现旅游业的可持续发展。

（4）收益分配合理。高质量发展追求的是经济发展的成果能够惠及更广泛的人民群众，要求旅游业在发展过程中注重收益分配的合理性，提高旅游业的社会效益。

二、高质量发展与旅游发展的融合

在探讨高质量发展与旅游发展的融合时，首先要明确高质量发展的核心要义，并将其与旅游产业的特性相结合。高质量发展强调的是效率、效益与可持续性的统一，注重创新、协调、绿色、开放、共享的新发展理念。这一理念对于旅游业而言，同样具有深远的指导意义。

旅游业的高质量发展，首要的是提升旅游产品和服务的品质。这包括但不限于旅游景区的规划建设、旅游线路的设计优化、旅游酒店的服务提升等方面。以湖州市南浔区为例，该地通过文化与旅游资源的跨界融合，推动了全域旅游的高质量发展，实现了旅游目的地功能效率与功能类型的全面优化提升。这充分表明，将高质量发展理念融入旅游产品和服务的提升中，能够有效提升旅游业的整体竞争力。

旅游业的高质量发展需要注重产业结构的优化升级。随着旅游消费需求的日益多样化，传统的旅游产业结构已经难以满足市场需求。因此，我们需要通过创新驱动，推动旅游产业结构的转型升级，以适应市场变化。例如，包头市在文旅融合的大背景下，以融合发展的理念实现自身文旅产业的高质量发展，注重文化与旅游产业的深度融合，推动了产业结构的优化升级。

旅游业的高质量发展需要持续强调发展的可持续性。这要求我们不仅要关注经济效益的增长，还要兼顾环境保护和社会责任的履行。旅游业的发展不能以牺牲环境为代价，而应该注重生态环境的保护，实现经济、社会、生态的协调发展。旅游业的高质量发展必须建立在可持续性的基础之上，通过环境保护、社会责任、经济发展、生态效益与可持续性并重、科技应用与创新以及国际合作与交流等多方面的努力，实现旅游业的长期稳定发展和社会、经济、环境的和谐共生。

将高质量发展理念融入旅游发展的各个环节，是实现旅游业高质量发展的关键所在。需要从提升旅游产品和服务品质、优化产业结构、注重可持续性等多个方面入手，推动旅游业的高质量发展。同时，各地还应结合自身实际情况，因地制宜地制定具体的发展策略，以实现旅游业的高质量发展与地区经济社会发展的良性互动。

三、旅游高质量发展的定义

旅游高质量发展是指在旅游业的发展过程中，注重提升旅游产品质量、优化旅游服务、提高旅游效益，同时兼顾生态环境保护和社会文化传承的一种发展模式。它不仅强调旅游业的经济贡献，更关注旅游业对乡村振兴、社会和谐与文化繁荣的推动作用。

在旅游高质量发展的理念下，旅游业应实现由量变到质变的飞跃。这包括提升旅游景区的可进入性、可停留性和可体验性，增强旅游产品的吸引力和竞争力，以及提高旅游服务的专业化、规范化和人性化水平。同时，旅游高质量发展还要求加强旅游基础设施建设，完善旅游公共服务体系，推动旅游业与相关产业的融合发展，从而形成旅游业全产业链的协同发展和良性循环。

　　旅游高质量发展是一个综合性的概念，它不仅关注旅游业的经济增长，更注重旅游业发展的质量、效益和可持续性。与传统旅游发展相比，旅游高质量发展更加强调创新、协调、绿色、开放和共享的发展理念，旨在实现旅游业的全面进步和提升。

　　旅游高质量发展主要包括以下内容：一是旅游业发展要具有创新性，通过技术创新、管理创新、服务创新等手段，推动旅游业向更高层次、更广领域发展；二是旅游业发展要具有协调性，实现旅游业与其他产业的融合发展，促进区域经济的均衡发展；三是旅游业发展要具有绿色性，坚持生态优先、保护优先的原则，推动旅游业绿色低碳发展；四是旅游业发展要具有开放性，积极参与国际旅游合作与竞争，提升旅游业的国际影响力；五是旅游业发展要具有共享性，让广大人民群众共享旅游业发展的成果，提高人民群众的获得感和幸福感。

　　旅游高质量发展是一个全面、系统、综合的发展概念，它旨在实现旅游业的创新、协调、绿色、开放和共享发展，推动旅游业向更高层次、更广领域迈进。这不仅是新时代旅游业发展的必然要求，也是实现旅游业可持续发展的关键所在。

　　首先，旅游高质量发展注重旅游业发展的质量和效益，而不仅仅是数量和速度。这意味着在旅游业发展过程中，要更加注重提升服务质量、提高游客满意度、增强旅游产品的吸引力等。其次，旅游高质量发展强调可持续性，要求在旅游业发展过程中要保护好自然环境和文化遗产，实现旅游业与生态环境、社会文化的和谐发展。最后，旅游高质量发展还具有动态性和时代性，它随着时代的发展和人们需求的变化而不断调整和优化，以适应新时代旅游业发展的要求。

　　创新性：在旅游高质量发展的进程中，创新性是其核心驱动力。这种创新性不仅体现在旅游产品和服务的创新上，更包括管理模式、营销策略以及技术应用的创新。例如，通过引入智能化技术，提升旅游体验的便捷性和个性化程度，或者通过创新性的营销策略，增强旅游目的地的吸引力和影响力。创新性的实践在旅游业中层出不穷，成为推动高质量发展的关键力量。

　　协调性：旅游高质量发展强调各方面的协调与平衡。这包括区域之间的协调发展，如城乡旅游资源的均衡开发，也包括产业内部的协调，如旅游业与相关产业的融合发展。此外，协调性还体现在旅游发展与生态环境保护的平衡上，确保旅游业的可持续发展。这种协调性要求各方利益相关者共同参与、协同合作，以实现旅游业的整体优化和高效发展。

　　绿色性：绿色性是旅游高质量发展的又一重要特征。它强调旅游业的发展应遵循生态优先、绿色发展的原则，实现经济效益与生态效益的双赢。这包括在旅游开发和运营过程中，积极采用环保技术和材料，减少对自然环境的破坏。同时，倡导绿色消费理念，引导游客进行环保、低碳的旅游活动。绿色性的实践不仅有助于保护生态环境，还能提升旅游业的品牌形象和市场竞争力。

除了上述特征外，旅游高质量发展还体现在开放性、共享性等方面。开放性要求旅游业积极参与国际合作与交流，吸收借鉴国际先进经验和技术成果，提升自身的国际竞争力。共享性则强调旅游业的发展成果应惠及广大人民群众，让更多人享受到旅游带来的乐趣和福祉。这些特征共同构成了旅游高质量发展的丰富内涵和实践要求。

旅游高质量发展是一个多维度、全方位的发展过程，它要求旅游业在创新、协调、绿色等多个方面取得显著进展。这些特征的实现需要政府、企业、社会公众等多方共同努力，形成推动旅游业高质量发展的强大合力。

在探索我国旅游高质量发展方面，目前学者们主要基于新发展理念和产业经济发展的角度来认识旅游业高质量发展的观点（表2-1）。本文认为，旅游高质量发展强调通过优化资源配置、提升服务品质和创新发展模式等手段，实现旅游产业的可持续、高效、优质发展。

表2-1 旅游高质量发展的主要观点

主要观点	学者	年份
参照党的十九大报告对经济高质量发展的全面要求，认为我国旅游业高质量发展系统是八个要素相互作用的综合体；参照联合国世界旅游组织质量支持委员会对旅游产品质量的定义，我国旅游业高质量发展系统是旅游活动利益相关者、旅游活动利益相关者追求的各自利益与资源、社会人文环境和自然环境之间相和谐的合法（合理）的诸要素相互作用的综合体	何建民	2018
旅游高质量发展是实现人民美好生活需要、实现绿色低碳、实现乡村振兴战略和精准扶贫战略、解决发展不平衡不充分和实现区域协调发展的"抓手"	唐任伍等	2018
分析旅游业高质量发展背景下，旅游治理的基本要求和逻辑框架，从政策保证层面分析实现旅游业高质量发展的路径选择	张洪昌	2019
旅游高质量发展更多是指优化旅游资源、创新旅游产品来满足人们不断增长的多元化需求，将游客的旅游体验达到最好，最终实现旅游业可持续发展	于法稳等	2020
稳步推进旅游业高质量发展，重点建设主客共享美好生活新空间，深化文化、科技和旅游融合，提升旅游市场主体竞争力，推进旅游治理体系和治理能力现代化	戴斌	2020
旅游高质量发展是一种强可持续发展，是一种更高层次的旅游可持续发展，其核心目标是追求人的全面发展，但同时必须遵循可持续发展的经济、社会文化和环境三条底线，并保持旅游业在地方、区域、国家及全球四个空间尺度范围内的可持续发展	张朝枝等	2022
旅游业高质量发展是指反映旅游产业高质量发展的综合成果，即一定时期内旅游业高质量发展的过程和结果，需要综合考虑旅游经济发展过程中旅游经济的运行状态、旅游产业结构、旅游生产效率和社会发展公平等内容	徐爱萍	2022

续表

主要观点	学者	年份
旅游高质量发展应从更高品质满足大众需求、促进全体人民共同富裕、持续推进文旅深度融合、促进人与自然和谐共生、发挥和平桥梁纽带作用等方面进行把握	王兆峰等	2023
旅游高质量发展是提高我国旅游经济整体竞争力，构建现代化旅游经济体系，推动旅游业向高品质、多样化升级和供给侧结构性改革的过程	严旭阳	2023

资料来源：本文据文献整理绘制

第二节　旅游高质量发展的内涵

在新时代背景下，旅游高质量发展已成为推动经济转型升级、提升人民生活品质的重要途径。旅游高质量发展的内涵丰富而多元，它涵盖了旅游产业的现代化、旅游产品的多样化、旅游体验的个性化以及旅游发展的可持续化等多个维度。不仅体现在旅游产业的规模扩张上，更在于旅游发展的质量、效益与可持续性。以下从发展形态全域化、发展理念创新化、旅游质量高效化、供需平衡与多样化、科技文化交融化、旅游要素独立化、旅游体验个性化、旅游效益综合化、顾客满意高度化、旅游发展持续化十个方面，深入剖析旅游高质量发展的主要内涵。

一、发展要求的"十化一体"

（一）发展形态全域化

旅游高质量发展呈现全域性特征，即旅游发展不再局限于传统景区，而是扩展到整个地域空间，形成全域旅游格局。这种发展形态强调旅游资源的全面整合与优化配置，推动旅游与农业、工业、文化、教育等产业的深度融合，实现旅游产业的转型升级和高质量发展。

（二）发展理念创新化

旅游高质量发展坚持创新、协调、绿色、开放、共享的新发展理念。通过创新旅游产品和服务，提升旅游产业的竞争力；注重旅游与生态环境的协调发展，实现旅游业的绿色可持续发展；加强国际合作与交流，推动旅游业的国际化进程；坚持旅游发展的成果由人民共享，提升旅游的社会效益。

（三）旅游质量高效化

旅游高质量发展强调高效能与高质量并重。一方面，通过优化旅游产业结构，提高旅游产业的投入产出效率，实现旅游经济的高效增长；另一方面，注重提升旅游产品和服务的质量，满足游客的多样化需求，提升旅游体验的品质。

（四）供需平衡与多样化

旅游高质量发展注重供需平衡与多样化。通过深入调研市场需求，精准定位旅游产品，实现旅游供需的有效对接。同时，推动旅游产品的多样化发展，满足不同层次、不同需求的游客群体，提升旅游市场的竞争力。

（五）科技文化交融化

旅游高质量发展强调科技与文化融合。通过运用大数据、云计算、人工智能等现代信息技术，提升旅游产业的智能化水平，为游客提供更加便捷、个性化的旅游服务。同时，深入挖掘和传承地域文化，将文化元素融入旅游产品和服务中，提升旅游的文化内涵和吸引力。

（六）旅游要素独立化

旅游高质量发展推动旅游要素的独立化发展。在旅游业中，住宿、餐饮、交通等要素逐渐从传统的旅游产业链中独立出来，形成独立的旅游业态。这些独立的旅游要素不仅为游客提供更加便捷、个性化的服务，还推动了旅游产业的多元化发展。

（七）旅游体验个性化

旅游体验个性化是旅游高质量发展的关键所在。随着旅游市场的竞争日益激烈，游客对旅游体验的要求也越来越高。为了满足游客的个性化需求，旅游企业需要提供更加定制化的旅游服务。这包括从旅游线路的规划、旅游活动的安排、旅游产品的选择等方面，都要根据游客的需求和喜好进行定制。同时，旅游企业也要加强与游客的互动和沟通，了解他们的需求和反馈，及时调整旅游产品和服务，提高游客的满意度和忠诚度。

（八）旅游效益综合化

旅游高质量发展带来显著的综合效益。一方面，旅游业的发展带动了相关产业的繁荣，促进了就业和经济增长；另一方面，旅游业的发展还推动了地域文化的传承与创新，提升了城市的知名度和美誉度。此外，旅游业的发展还有助于推动生态环境保护和社会进步。

（九）顾客满意高度化

旅游高质量发展的最终目标是提升顾客满意度。通过提供优质的旅游产品和服务，满足游客的多样化需求，提升游客的旅游体验。同时，加强旅游市场的监管和服务，维护游客的合法权益，提升游客对旅游产业的信任度和满意度。

（十）旅游发展持续化

旅游发展可持续化是旅游高质量发展的必然要求。旅游资源的开发和利用需要遵循生态、经济、社会三方面的原则，确保旅游发展与环境保护、文化传承和社区发展相协调。在旅游资源的开发过程中，要注重对自然环境和文化遗产的保护，避免过度开发和破坏。同时，旅游企业也要积极参与当地的经济和社会发展，为当地居民创造就业机会和收入来源，促进旅游业的可持续发展。还需要加强旅游教育和培训，提高旅游从业者的素质和服务水平，为旅游业的长期发展提供有力的人才保障。

二、价值意义的"五位协同"

旅游高质量发展是一个多维度、全方位的发展过程，它要求在经济、社会、文化等多个层面实现均衡发展和协同进步。只有这样，才能真正推动旅游业的持续健康发展，为游客提供更加优质、丰富的旅游体验。

旅游高质量发展是一个多维度的概念，它涵盖了政治、经济、社会、文化、生态等多个层面，核心就是强调经济、社会、文化、政治和生态五个方面的协同发展。这些层面相互交织、相互影响，共同构成了旅游高质量发展的丰富内涵。

在经济层面，旅游高质量发展表现为旅游产业的持续增长与效益提升。这包括旅游收入的增长、旅游就业的增加，以及旅游对地方经济的贡献等。旅游高质量发展要求转变传统的旅游发展方式，从依赖资源消耗和低成本劳动力转向创新驱动和品质提升，实现旅游产业的转型升级。例如，通过引入数字化技术，提升旅游服务的智能化水平，改善游客体验，同时降低运营成本，提高旅游产业的效率和竞争力。旅游业的发展能够带动相关产业的繁荣，促进经济增长。通过旅游活动，可以吸引大量游客，增加收入，提高就业，从而推动当地经济的发展。

在社会层面，旅游高质量发展体现为旅游活动的社会参与和社会效应。这包括旅游对当地居民生活质量的改善、对社区发展的促进，以及对社会文化的交流与传播等。旅游高质量发展要求充分考虑当地居民的利益和诉求，推动旅游业与社区的融合发展，实现旅游成果的共享。例如，通过发展乡村旅游，带动农村经济发展，提高农民收入，同时促进城乡之间的文化交流与互动。旅游业的发展有助于提升当地的社会福祉。通过旅游业带来的经济收益，可以改善当地居民的生活条件，提高公共服务水平，促进社会和谐稳定。

在文化层面，旅游高质量发展则表现为对文化资源的深度挖掘与传承创新。这包括保护传统文化遗产、弘扬民族优秀文化、推动文化创意产业发展等。旅游高质量发展要求将文化资源转化为旅游产品，通过旅游活动传播文化价值，提升旅游的文化内涵和品位。例如，通过打造特色文化旅游线路，让游客在游览景区的同时，深入了解当地的历史文化和民俗风情，从而丰富旅游体验，提升旅游的文化价值。旅游业是文化传播的重要载体。通过旅游业的发展，可以传承和弘扬当地的文化传统，增强游客的文化体验，同时促进不同文化之间的交流和理解。

在政治方面，旅游高质量发展对于提升国家形象、增强国际影响力具有重要意义。通过旅游业的发展，可以展示国家的自然风光、人文景观和文化魅力，增进国际友好交流，为国家的政治稳定和发展创造有利条件。高质量发展的政治价值体现在多个方面，包括保证党的领导地位、体现人民中心思想、助力国家发展目标、彰显社会主义本质、提升政府治理能力、强化政策执行效率、促进政治文明进步以及保障公民参与权利等。这些政治价值的实现，不仅为高质量发展提供了有力的政治保障，也为国家的长治久安和人民的幸福生活奠定了坚实基础。

在生态方面，旅游业的发展必须注重生态保护，确保旅游活动对环境的破坏最小化。通过合理规划和管理，旅游业可以促进生态环境的改善和保护，实现经济与生态的双赢。高质量发展的生态价值体现在多个方面，包括生物多样性保护、生态系统稳定性、人类生存环境价值、环保科技与创新、优质生态产品供给、自然资源科学利用、群众参与和共享以及生态补偿与收益等。只有坚持高质量发展的理念，才能实现经济与生态的协调发展，为人类创造一个更加美好的未来。

三、实现方式的"四条路径"

（一）产业升级路径

加快发展旅游业。在产业升级路径中，加快发展旅游业是首要任务。旅游业作为一个综合性强、关联度高的产业，对经济发展具有显著的推动作用。为了推动旅游业快速发展，需要从多个方面入手，加大投入力度、优化旅游产业结构、提升旅游效率。具体而言，可以通过增加旅游资源开发、加强旅游市场营销、提升旅游服务质量等方式，实现旅游业的全面升级。同时，还应注重旅游业与其他产业的融合，形成旅游产业链，提高旅游业的综合竞争力。

融合创新产业元素。在产业升级过程中，融合创新是重要的发展方向。应注重旅游业与文化、体育、农业等产业的融合，通过跨界合作，共同推动产业创新和发展。

例如，可以开发文化旅游产品，将文化内涵融入旅游景点中，提升旅游的文化品位和吸引力；可以发展体育旅游，将体育赛事与旅游相结合，吸引更多的游客前来观看比赛、体验运动乐趣；还可以发展农业旅游，将农业生产与旅游相结合，让游客在旅游中了解农业知识、体验乡村生活。

加强基础设施建设。基础设施是旅游业发展的基础，对旅游高质量发展具有重要影响。应加强旅游基础设施建设，包括交通、住宿、餐饮、娱乐等方面的设施。在交通方面，要完善旅游交通网络，提高旅游目的地的可达性；在住宿方面，要建设多样化的住宿设施，满足不同游客的需求；在餐饮和娱乐方面，要提供丰富的餐饮和娱乐选择，让游客在旅游中享受到舒适的体验。同时，还应加强旅游公共服务设施建设，如旅游咨询中心、旅游厕所等，提升旅游服务质量和水平。

（二）产品创新路径

产品创新是推动旅游业持续发展的重要动力。在产品创新路径上，多元化产品开发、智能化产品升级以及绿色环保产品理念是三个不可或缺的方面。

多元化产品开发是产品创新的重要方向。在旅游市场竞争日益激烈的背景下，唯有不断推出具有特色、个性化的旅游产品，才能吸引游客的眼球。这需要旅游企业深入市场，了解游客的需求和喜好，结合自身的资源和优势，开发出具有竞争力的旅游产品。例如，可以结合当地的文化特色，推出文化旅游产品，或者根据游客的喜好，开发定制化旅游产品，满足游客的个性化需求。

智能化产品升级是产品创新的重要途径。随着科技的不断进步，智能化已经成为旅游产品的发展趋势。通过运用大数据、人工智能等先进技术，可以提升旅游产品的智能化水平，为游客提供更加便捷、高效的服务。例如，可以通过智能导览系统，为游客提供个性化的旅游路线；或者通过智能客服系统，为游客提供24小时的在线服务。

绿色环保产品理念是产品创新的重要原则。旅游业的发展必须注重环保和可持续发展。在产品开发过程中，应注重环境保护，减少对环境的破坏。同时，还应推出绿色环保旅游产品，引导游客绿色旅游，实现旅游发展与环境保护的良性循环。

（三）服务提升路径

在当前旅游业快速发展的背景下，服务质量和水平成了衡量一个旅游目的地竞争力的重要指标。为了提升旅游服务的质量和水平，需要从多个方面入手，其中建立专业化服务团队、完善标准化服务体系以及提供多元化服务模式是三个关键的提升路径。

在建立专业化服务团队方面，需要注重人才的培养和引进。通过加强对旅游从业人员的培训和教育，提高他们的专业素养和增强服务意识，使他们能够更好地为游客提供周到、细致的服务。同时，还需要引进具有专业知识和技能的旅游人才，以补充团队的力量，提高整体服务水平。

完善标准化服务体系是提升旅游服务整体质量的重要手段。通过制定和完善旅游服务标准，规范旅游从业人员的行为和服务质量，使服务更加规范、标准化。同时，还需要加强对服务质量的监督和检查，确保服务标准的执行和落实。

在提供多元化服务模式方面，需要根据游客的需求和特点，提供多样化的服务模式。例如，可以提供定制化服务，根据游客的需求和喜好，为其量身定制旅游行程；也可以提供体验式服务，让游客参与到旅游活动中来，增强旅游的体验感和互动性。这些服务模式可以满足游客的个性化需求，提高旅游服务的满意度和忠诚度。

（四）营销优化路径

品牌建设与市场推广是提升旅游目的地知名度和美誉度的关键。加强品牌建设，需要深入挖掘旅游目的地的文化内涵和特色，打造具有独特魅力的品牌形象。通过市场推广，可以将品牌形象传递给更多潜在游客，激发他们的旅游兴趣。这需要在传统媒体和新媒体上加大宣传力度，通过广告、公关、活动等多种形式，提高旅游目的地的曝光率和知名度。

数字化营销渠道是现代旅游营销的重要组成部分。随着互联网和移动设备的普及，越来越多的游客通过社交媒体、搜索引擎等数字化渠道获取旅游信息。因此，旅游目的地必须加强与数字化营销渠道的合作，通过社交媒体、移动应用等平台，向游客推送个性化的旅游信息和优惠活动，提高营销效果和效率。

线上线下融合是提升旅游目的地营销效果的重要途径。通过线上线下融合，可以将线上流量转化为线下客流，同时也可以通过线下活动提高线上知名度。具体而言，可以通过线上平台发布旅游信息、提供预订服务，通过线下门店提供旅游咨询、体验服务等，形成线上线下互动的营销模式。

营销优化路径是提升旅游目的地吸引力和市场竞争力的重要手段。通过品牌建设与市场推广、数字化营销渠道以及线上线下融合等方面的努力，可以提高旅游目的地的知名度和美誉度，吸引更多游客前来游览。

第三节 旅游高质量发展的要素体系

一、政策法规因素

政策法规是影响旅游业发展的重要因素，对旅游高质量发展具有深远的影响。政策法规的制定和实施，不仅规范了旅游市场的行为，也为旅游业的发展提供了有力的保障和支持。在推动旅游高质量发展的过程中，政策法规的作用主要体现在以下几个方面。

（一）为旅游高质量发展提供法律保障

在旅游业快速发展的过程中，各种旅游纠纷和问题也随之出现，如旅游欺诈、旅游安全、旅游资源保护等。这些问题的存在，不仅损害了旅游者的合法权益，也影响了旅游业的整体形象和声誉。因此，制定和实施相关的法律法规，对旅游市场进行规范和管理，是保障旅游业健康发展的必要手段。通过法律法规的制定和实施，可以明确旅游市场的行为准则，规范旅游企业的经营行为，保护旅游者的合法权益，为旅游高质量发展提供有力的法律保障。

（二）为旅游高质量发展提供政策支持

为了促进旅游业的发展，政府往往会出台一系列的优惠政策，如税收减免、资金扶持、土地使用等。这些优惠政策的出台，为旅游业的发展提供了有力的支持。税收减免可以降低旅游企业的经营成本，提高企业的盈利能力，从而吸引更多的资金进入旅游业。资金扶持可以帮助旅游企业解决资金短缺的问题，促进旅游项目的建设和发展。最后，土地使用政策的优惠，可以为旅游企业提供更多的土地资源，满足旅游项目建设的需要。这些政策的实施，为旅游高质量发展提供了有力的政策支持。

（三）推动旅游高质量发展

政策法规的制定和实施，可以推动旅游高质量发展。首先，政策法规可以引导旅游企业向高质量发展方向转型。政府可以通过制定旅游发展规划、加强旅游资源管理等措施，引导旅游企业向高端、特色、文化等方向发展，提升旅游产业的品质和竞争力。其次，政策法规可以促进旅游产业的创新和升级。政府可以通过鼓励旅游企业加强技术创新、产品研发和品牌建设等措施，推动旅游产业向智能化、绿色化、融合化等方向发展，提升旅游产业的附加值和竞争力。最后，政策法规可以推动旅游产业的区域协同发展。政府可以通过加强区域合作、推动旅游资源的整合和共享等措施，促进旅游产业的区域协调发展，形成旅游产业集群效应，提升旅游产业的整体竞争力。

（四）加强旅游市场的管理和监督

政策法规的制定和实施，可以加强旅游市场的管理和监督。首先，政府可以通过制定旅游市场的行为准则和标准，规范旅游企业的经营行为，防止旅游欺诈和不良竞争的发生。其次，政府可以通过加大旅游市场的监管和执法力度，打击违法违规行为，保护旅游者的合法权益。最后，政府可以通过建立旅游市场的信息披露和反馈机制，及时发布旅游市场的信息和动态，引导旅游者理性消费，促进旅游市场的健康发展。这些措施的实施，可以有效地加强旅游市场的管理和监督，为旅游高质量发展提供良好的市场环境。

（五）注重旅游文化的传承和保护

在旅游高质量发展的过程中，旅游文化的传承和保护也是至关重要的。首先，政策法规的制定和实施，应该注重旅游文化的传承和保护。政府应该加强对文化遗产、历史建筑、民俗风情等旅游资源的保护和修缮，保持其原貌和特色。其次，政府应该鼓励旅游企业加强对旅游文化的挖掘和整理，将旅游文化与当地的历史、文化、民俗等相结合，打造具有地方特色的旅游产品。最后，政府应该加强对旅游文化的宣传和推广，提高旅游文化的知名度和影响力，吸引更多的游客前来体验和感受。这些措施的实施，可以促进旅游文化的传承和保护，为旅游高质量发展提供深厚的文化底蕴。

政策法规对旅游高质量发展具有重要的影响。政府应该加强对政策法规的制定和实施，为旅游高质量发展提供有力的法律保障和政策支持。同时，政府还应该加强对旅游市场的管理和监督，保障旅游市场的健康发展。只有这样，才能推动旅游高质量发展，实现旅游业的可持续发展。

二、市场需求因素

旅游需求的多样化是推动旅游高质量发展的强大动力。随着人们生活水平的提高和闲暇时间的增多，旅游已成为一种普遍的生活方式和消费需求。不同群体对旅游的需求各不相同，有的追求自然风光，有的偏好历史文化，有的则热衷于购物娱乐。这种需求的多样化要求旅游业不断创新和升级，以满足不同群体的需求。例如，为了满足年轻消费者的需求，旅游业开始推出更加注重体验和互动的旅游产品，如徒步旅行、自驾游、研学旅游等，这些产品的出现丰富了旅游市场，也为旅游业带来了新的增长点。

　　市场竞争的加剧也是推动旅游高质量发展的重要因素。在旅游业中，竞争无处不在，无论是景点之间的竞争、酒店之间的竞争，还是旅行社之间的竞争，都异常激烈。为了在市场中立足，旅游企业必须不断提升服务质量、优化产品结构，以吸引和留住游客。这种竞争不仅促进了旅游业内部的良性竞争，也推动了整个行业的进步和发展。例如，一些旅游企业开始引入先进的管理理念和技术，如大数据、人工智能等，以提高运营效率和服务质量，从而增强竞争力。

　　消费者意识的提升也是推动旅游高质量发展的重要力量。随着消费者对旅游质量的要求越来越高，他们开始更加注重旅游过程中的体验和服务。他们不仅关注景点的知名度和美誉度，还关注住宿的舒适度、餐饮的质量、导游的素质等。这种消费者意识的提升要求旅游业必须提供更加优质、个性化的服务，以满足消费者的需求。例如，一些旅游企业开始推出定制化的旅游服务，根据消费者的需求和喜好，为他们量身定制旅游行程，提供一对一的服务。

　　市场需求因素对旅游高质量发展具有重要影响。旅游需求的多样化、市场竞争的加剧以及消费者意识的提升，都推动着旅游业不断创新和升级，以满足市场需求和消费者需求。为了实现旅游高质量发展，旅游企业需要加强市场调研，了解市场需求和消费者需求的变化，不断提升服务质量和产品竞争力，以适应市场的发展和变化。

三、资源环境因素

　　资源环境是旅游业发展的基石，其丰饶程度及保护状况对旅游高质量发展有着至关重要的影响。旅游资源是吸引游客的核心要素，其丰富多样性和独特性直接关系到旅游产品的吸引力和竞争力。旅游资源不仅包括自然风光、历史文化等硬资源，还包括民俗风情、地方特色等软资源。这些资源在旅游业发展中扮演着重要角色，为旅游业提供了丰富的素材和动力。

　　旅游资源的丰富性为旅游产品的多样化提供了基础。不同地域、不同文化背景下的旅游资源各具特色，能够满足游客多样化的需求。旅游资源的独特性是吸引游客的关键因素。在众多旅游资源中，具有独特性和稀缺性的资源往往能够吸引更多的游客前来参观，从而推动旅游业的发展。

　　然而，旅游资源的开发也面临着环境问题的挑战。旅游活动对环境的破坏是显而易见的，如过度开发、环境污染等。这些环境问题不仅影响旅游资源的可持续利用，还会降低旅游产品的品质，影响游客的旅游体验。因此，在开发旅游资源的过程中，必须注重环境保护，坚持可持续发展的原则。

同时，环境质量的优劣也直接影响游客的旅游体验。优美的自然环境、良好的社会氛围等有利于提高旅游质量，增加游客的满意度和忠诚度。相反，环境污染、噪声干扰等问题则会降低游客的旅游体验，影响旅游业的声誉和形象。因此，加强环境治理，提高环境质量是旅游业发展的重要任务。

四、人才教育因素

人才是旅游高质量发展的核心驱动力。在旅游行业中，人才队伍建设对服务质量和旅游竞争力的提升至关重要。为了确保旅游行业能够持续、稳定、高质量地发展，必须加强人才教育，提升从业人员的综合素质和专业能力。

加强人才队伍建设的重要性不言而喻。人才是旅游行业发展的关键资源，他们的素质和服务水平直接影响到旅游产品的质量和旅游目的地的形象。因此，加强人才教育，提高从业人员的专业技能和服务意识，是提升旅游服务质量、增强旅游竞争力的关键途径。

为了建立完善的教育培训体系，需要注重旅游从业人员的培训和教育。旅游行业是一个知识密集型、劳动密集型的行业，要求从业人员具备广泛的知识和技能。因此，应该制订科学的培训计划，加强对从业人员的专业知识和技能培训，提高他们的专业素养和业务能力。同时，还需要加强对旅游从业人员的职业道德教育和职业素养培养，增强他们的服务意识和提高职业素养，确保他们能够为游客提供优质、高效的服务。

在加强教育培训的同时，还需要积极引进和培养高素质人才。通过引进高素质的旅游管理人才和专业技术人员，可以带来新的理念和管理经验，提升旅游行业的整体水平。同时，为现有员工提供成长空间和发展机会，建立完善的晋升机制，激励他们不断学习和提升自己的能力。这样才能建立一支高素质、专业化的旅游从业队伍，为旅游行业的持续发展提供有力的人才保障。

五、科技创新因素

科技创新因素在旅游业的发展中起到了至关重要的作用。随着技术的不断进步和应用，旅游业正在经历着前所未有的变革。技术创新推动了旅游产品和服务的创新，满足了游客日益多样化的需求。例如，智能导游系统的出现，使游客可以更加便捷地获取旅游信息，提高旅游体验。同时，科技创新也促进了旅游业与其他行业的融合，推动了旅游产业链的整合优化。

通过技术创新，旅游业可以实现资源的高效配置和信息的共享，提高运营效率和服务质量。此外，科技创新还推动了旅游业态的创新和升级，如虚拟现实、增强现实等技术的应用，为旅游业带来了新的增长点。因此，加强科技创新，推动旅游业与科技的深度融合，是实现旅游业高质量发展的关键。

第四节　旅游高质量发展的本质特征

旅游高质量发展的本质在于全面提升旅游产品的品质、服务体验、文化内涵、生态环境保护水平以及科技创新应用能力，同时加强市场秩序规范、旅游人才培育和可持续发展战略的实施。通过这些措施的实施，可以推动旅游业向更高质量、更高效益的方向发展，为游客提供更加优质的旅游体验和服务。

一、开放性特征

旅游高质量发展的开放性特征，是指在全球化背景下，旅游业更加注重与外界的交流与合作，积极融入全球经济体系，实现资源、技术、人才、市场等方面的共享与优化。这一特征不仅体现在旅游业的国际合作与交流上，也体现在旅游业对内的市场开放和信息开放上。

（一）对外开放：深化国际合作，提升国际影响力

旅游业作为全球经济的重要组成部分，其发展离不开国际的合作与交流。旅游高质量发展注重对外开放，通过加强国际合作与交流，推动中国旅游业走向世界，提升国际影响力。中国政府积极参与国际旅游组织的活动，加强与各国旅游部门的沟通与协作，共同推动全球旅游业的复苏与发展。中国旅游企业也积极拓展海外市场，通过合作开发旅游产品、共建旅游基础设施、推广旅游文化等方式，深化与国际旅游市场的联系。

在对外开放的过程中，中国旅游业注重学习借鉴国际先进经验和技术，提升自身的发展水平。例如，在旅游服务方面，中国旅游企业积极引进国际先进的服务理念和管理模式，提高服务质量和管理水平。在旅游营销方面，中国旅游企业充分利用国际旅游交易会、旅游展等平台，展示中国旅游资源和产品，提升中国旅游品牌的知名度和美誉度。

（二）市场开放：放宽市场准入，优化营商环境

市场开放是旅游业高质量发展的重要保障。中国政府在旅游市场开放方面采取了一系列措施，放宽市场准入，优化营商环境，吸引更多国内外投资者进入旅游市场。中国政府逐步放宽外资进入旅游业的限制，允许外资在旅游住宿、旅游餐饮、旅游娱乐等领域设立独资或合资企业，为外资进入中国市场提供了更多机会。中国政府加强旅游市场的监管和治理，打击非法旅游行为，保护消费者权益，为旅游市场的公平竞争和健康发展创造了良好环境。中国政府还积极推动旅游便利化措施的实施，如简化签证手续、提高通关效率等，为国内外游客提供更加便捷、舒适的旅游体验。

市场开放不仅为旅游业带来了更多的投资和发展机会，也促进了旅游市场的竞争和创新。在市场竞争的推动下，旅游企业不断创新产品和服务，提高服务质量和效率，满足游客多样化的需求。同时，市场竞争也促进了旅游资源的优化配置和有效利用，推动了旅游产业的转型升级和高质量发展。

（三）信息开放：提高透明度，促进公平竞争

信息开放是旅游业高质量发展的重要保障之一。旅游高质量发展注重信息开放，通过公开旅游数据、透明化旅游信息等措施，提高旅游市场的透明度和公平性。中国政府加强旅游数据的收集和发布工作，及时发布旅游市场信息和数据，为旅游企业和游客提供准确、及时的市场信息。中国政府加强旅游信息的监管和审核工作，确保旅游信息的真实性和准确性，避免虚假信息和误导信息的传播。中国政府还积极推动旅游信息化建设，加强旅游信息平台的建设和管理，为游客提供更加便捷、高效的信息服务。

信息开放不仅促进了旅游市场的公平竞争和健康发展，也提高了旅游企业的管理水平和运营效率。通过信息公开和透明化，旅游企业可以更好地了解市场变化和游客需求，制定更加科学、合理的营销策略和服务方案。同时，信息公开和透明化也促进了旅游企业之间的合作和交流，推动了旅游产业的协同发展和优化升级。

（四）文化交流：加强文化交流，提升旅游品质

旅游不仅是经济活动，也是文化交流的重要载体。旅游高质量发展注重文化交流，通过加强与各国的文化交流与合作，提升旅游的品质和内涵。中国政府积极推动文化交流项目的开展，如艺术节、文化节、旅游推广等，向世界展示中国的传统文化和现代艺术，吸引更多游客来中国旅游。中国旅游企业也积极拓展文化旅游产品，将文化与旅游相结合，打造具有中国特色的旅游品牌和文化旅游线路。

文化交流不仅提升了旅游的品质和内涵，也促进了不同文化之间的理解和尊重。

通过旅游和文化交流，游客可以更好地了解目的地的历史、文化和风俗习惯，增进与当地人民的友谊和相互了解。同时，文化交流也促进了旅游产业的创新和发展，为旅游市场注入了新的活力和动力。

（五）技术开放：引入创新技术，提升旅游体验

技术开放是旅游高质量发展的关键驱动力。随着科技的不断进步和创新，旅游业也迎来了新的发展机遇。旅游高质量发展注重技术开放，通过引入创新技术，提升旅游体验和服务质量。中国政府积极推动智慧旅游的发展，利用大数据、人工智能等技术优化旅游资源配置，提高旅游服务效率和游客满意度。中国旅游企业也积极探索创新技术在旅游领域的应用，如虚拟现实、增强现实等，为游客提供更加丰富、多样的旅游体验。

技术开放不仅提升了旅游体验和服务质量，也推动了旅游产业的转型升级和高质量发展。通过技术创新和应用，旅游企业可以更好地满足游客的需求和期望，提高市场竞争力。同时，技术创新也促进了旅游产业的协同发展和跨界融合，为旅游业的未来发展注入了新的活力和动力。

开放性特征是旅游高质量发展的重要标志之一。通过对外开放、市场开放、信息开放、文化交流和技术开放等方面的努力，中国旅游业将不断提升国际影响力和竞争力，实现高质量发展。

二、创新性特征

科技创新为旅游业的发展注入了新的活力。通过应用大数据、人工智能、物联网等先进技术，可以提升旅游业的智能化水平，优化旅游资源配置，提高旅游服务效率和质量。例如，利用大数据技术进行游客行为分析，可以为旅游产品设计和市场推广提供科学依据；利用人工智能技术提供智能导游服务，可以提升游客的旅游体验。

技术创新是旅游高质量发展的基石。在智能化和数字化时代，技术创新对旅游业的影响日益显著。智能旅游系统、虚拟现实（VR）和增强现实（AR）等技术的引入，使得旅游体验更加丰富、便捷和个性化。智能旅游系统通过大数据分析和人工智能技术，能够根据游客的偏好和需求，为其提供定制化的旅游路线和服务，从而提升游客的满意度和忠诚度。同时，VR和AR技术也让游客能够在虚拟环境中提前体验旅游目的地，增强旅游的吸引力和趣味性。

模式创新是旅游高质量发展的动力。传统的旅游模式往往以旅行社为中心，提供标准化的产品和服务，难以满足游客日益多样化的需求。而定制化旅游、共享旅游等

新兴旅游模式的出现，打破了这一束缚。定制化旅游根据游客的个性化需求，为其量身定制旅游产品和服务，实现了旅游的个性化和差异化。共享旅游则通过共享住宿、交通工具等资源，降低了旅游成本，提高了资源的利用效率，同时也为游客提供了更加独特和深入的旅游体验。

理念创新是旅游高质量发展的灵魂。随着社会的进步和人们生活水平的提高，绿色旅游、健康旅游等新的旅游理念逐渐深入人心。绿色旅游强调旅游发展与环境保护的和谐共生，通过推广低碳、环保的旅游方式，减少对环境的破坏和污染。健康旅游则关注游客的身心健康，通过提供健康、舒适的旅游环境和活动，促进游客的身心健康和全面发展。这些新的旅游理念不仅满足了游客的需求，也推动了旅游业的可持续发展。

技术创新、模式创新和理念创新共同构成了旅游高质量发展的创新性特征。这些创新不仅为旅游业带来了新的增长点和动力，也提升了旅游业的整体水平和竞争力，为旅游业的可持续发展奠定了坚实的基础。

三、持续性特征

旅游高质量发展的持续性特征，主要体现在对环境保护、资源利用以及生态保护修复的坚持上。这一特征不仅关乎旅游业的当前利益，更着眼于长远的发展，是旅游行业实现可持续发展的关键所在。

环境保护是旅游高质量发展的前提。高质量的旅游活动必须建立在对环境的尊重和保护之上。在旅游开发中，应注重生态环境的保护，避免对自然景观、文化遗产等造成破坏。同时，要推广绿色旅游方式，鼓励游客采用低碳、环保的出行方式，减少旅游活动对环境的负担。通过加强环保监管，确保旅游活动在环境承载能力范围内进行，实现旅游与环境的和谐共生。

资源利用是旅游高质量发展的基础。旅游资源是旅游业发展的核心要素，其可持续利用关乎旅游业的长期发展。在旅游开发中，应注重资源的合理开发和利用，避免过度开发和浪费。通过科学规划和管理，提高旅游资源的利用效率，实现旅游资源的可持续利用。同时，要注重旅游资源的保护和修复，确保旅游资源的永续利用。

生态保护修复是旅游高质量发展的保障。旅游业的发展往往会对生态环境造成一定的影响。因此，在旅游开发中，应注重生态环境的保护和修复。通过加强生态工程建设、实施生态保护政策等措施，促进生态系统的恢复和健康发展。同时，要引导游客树立生态保护意识，共同参与到生态环境的保护中来。

可持续发展战略是旅游业高质量发展的长期目标。通过制定和实施科学的旅游发展规划，平衡旅游发展与环境保护、文化传承等方面的关系，可以实现旅游业的可持续发展。这要求旅游企业注重经济效益、社会效益和生态效益的协调发展，推动旅游业向更加绿色、低碳、循环的方向发展。旅游高质量发展的持续性特征体现了对环境保护、资源利用以及生态保护修复的坚持。在未来的旅游发展中，应继续坚持这一理念，推动旅游业向更加可持续、绿色、低碳的方向发展。

四、协调性特征

在城乡协调方面，旅游高质量发展注重提升乡村旅游的地位，以乡村旅游的振兴促进城乡融合发展。为了实现这一目标，一方面加强农村旅游基础设施建设，包括改善交通条件、提升住宿餐饮水平、完善旅游厕所等，提高农村旅游的可进入性和可体验性。推动城乡旅游一体化发展，通过旅游资源的整合和产品的互补，形成乡村旅游与城市旅游相互促进、协调发展的格局。这种发展模式不仅能够促进农村经济的发展，还能够保护乡村的自然和文化环境，实现可持续发展。

在区域协调方面，旅游高质量发展强调区域间的协同发展，以实现旅游资源的共享和优势互补。为实现这一目标，需要加强区域间的合作，制定统一的旅游发展规划和政策，推动旅游产品和服务的创新。同时，还需要加强区域间的交通建设，提高旅游的可通达性，促进游客的流动。这种区域协调的发展模式，能够打破行政区划的界限，实现旅游业的跨越式发展。

在产业协调方面，旅游高质量发展注重旅游业与其他产业的融合与发展。通过与其他产业的融合，可以拓展旅游业的产业链，提升旅游产品的附加值和竞争力。例如，旅游业可以与文化产业、农业、林业等产业融合，开发出具有地方特色的旅游产品和线路，满足游客的多样化需求。同时，旅游业的发展也可以促进相关产业的发展，如交通、餐饮、住宿等，形成良性循环的发展格局。

五、共享性特征

旅游高质量发展，其核心价值在于"共享"，这既包括了旅游成果的共享，也涵盖了旅游资源的共享以及社会责任的共担。共享性特征在旅游高质量发展中的体现，是推动旅游业全面、协调、可持续发展的重要保障。

在旅游成果共享方面，旅游高质量发展致力于让更多人享受到旅游带来的快乐和收益。这不仅需要通过提高旅游收入、增加就业机会等经济手段来实现，更重要的是通过普及旅游知识、提高旅游素质等措施，让更多人具备参与旅游的能力，从而真正享受到旅游带来的精神满足和身心健康。

旅游资源的共享也是旅游高质量发展的重要特征。我国拥有丰富的旅游资源，但分布不均，部分地区旅游资源相对匮乏。因此，加强旅游合作与交流，实现资源共享，成为推动旅游业发展的重要途径。通过跨区域合作，可以整合各地资源，实现优势互补，提升旅游资源的整体吸引力和竞争力。

旅游高质量发展还强调社会责任的共担。旅游业在发展的同时，也应当承担起保护自然环境、传承文化遗产、促进社会和谐等社会责任。旅游业应积极参与社会公益事业，为社会做出贡献，实现经济效益与社会效益的协调发展。

思考题

1. 旅游高质量发展的定义、内涵是什么？
2. 旅游高质量发展的关键要素有哪些？
3. 旅游高质量发展的本质特征是什么？

理论基础及研究方法

有关旅游高质量发展相关基础理论、研究方法乃至旅游高质量发展的理论框架构建，具有重要的理论和现实意义。在上一章有关旅游高质量发展概念、内涵、要素体系及本质特征研究基础上，本章节主要介绍旅游高质量发展相关的理论基础，阐述旅游高质量发展的研究思路及主要方法，进而讨论旅游高质量发展的理论框架及核心内容。以期为旅游高质量发展实践研究提供学理支撑和理论指导。

第一节　相关基础理论

一、高质量发展理论

高质量发展是在面对世界科技革命和产业变革潮流，我国经济由高速增长阶段转向中低速发展新常态、社会主要矛盾发生变化之际提出的。它不仅是经济要求，还是对经济社会发展方方面面的总要求，旨在推动经济实现质的有效提升和量的合理增长。

（一）主要内容

高质量发展是指在经济增长过程中，不仅追求速度的增长，更注重质量和效益的提升。这种发展模式要求经济发展具备高效益、高稳定性、高可持续性等特点，以满足人民群众日益增长的物质文化需求。

在经济发展质量方面，高质量发展强调的是经济发展的质量和效益。必须通过提高生产效率、优化资源配置、推动产业升级等手段，实现经济发展的高质量。在产业结构优化方面，高质量发展要求产业结构不断优化，推动一、二、三产业融合发展。

要大力发展先进制造业、现代服务业等高端产业，同时改造提升传统产业，提高产业附加值和竞争力。在创新驱动发展方面，创新发展是高质量发展的核心动力。要加强科技创新和人才培养，推动创新创业支持政策的落地，为经济发展提供持续的动力。在绿色发展理念方面，高质量发展注重绿色发展，强调经济发展与环境保护的良性循环。这要求在经济发展的同时，加强环境保护和资源节约，推动绿色产业的发展。在协调发展理念方面，高质量发展强调协调发展，注重区域协作、城乡统筹和贫富协调。要通过优化资源配置和区域布局，推动城乡、区域、经济社会的协调发展。

（二）核心三要素

高质量发展理论的提出背景源于中国经济发展进入新的阶段。在这一阶段，中国面临着经济增长速度放缓、结构优化、动力转换的三大变化。中国需要实现从高速增长向高质量发展的转变。经济转型升级需求迫切，高质量发展成为必然选择。随着人口红利的逐渐消失，劳动力成本上升，资源环境约束加剧，传统的比较优势逐渐减弱。同时，全球科技革命和产业变革加速推进，新兴产业快速崛起，为经济发展提供了新的动力和机遇。

高质量发展的核心要素主要包括三个方面：（1）创新驱动发展战略。在创新驱动发展战略中，科技创新作为引领经济社会发展的关键力量，其地位和作用日益凸显。特别是新质生产力的培育，以高科技、高效能、高质量为特征，符合新发展理念的先进生产力质态，成为推动产业升级的重要引擎。（2）绿色发展理念与实践。绿色发展理念与实践是高质量发展的核心内容，对于推动生态文明建设、实现可持续发展具有至关重要的意义。（3）开放合作与共赢策略部署。在开放合作与共赢策略部署方面，推动全面开放新格局是关键所在。要加强贸易投资合作，与世界各国建立紧密的经贸关系，实现互利共赢。区域合作是实现资源共享和优势互补的重要途径。此外，还应该注重共赢发展。

（三）重要意义

经济发展进入新阶段，高质量发展理论的重要性日益凸显。这一理论不仅为中国经济转型升级提供了理论支持，更在提升竞争力、实现共同富裕以及应对全球化挑战等方面发挥了关键作用。

高质量发展理论为中国经济转型升级提供了重要的理论支撑。随着经济的快速发展，传统的发展模式已难以适应新的需求，经济转型升级成为必然。高质量发展理论强调创新驱动、质量第一、效益优先，为经济转型升级指明了方向。通过加强科技创新、优化产业结构、提高产品质量和服务水平，中国经济得以实现由高速增长向高质量发展的转变。

高质量发展理论有助于提升中国经济的竞争力。在全球经济竞争日益激烈的背景下，只有具备核心竞争力的企业和国家才能立于不败之地。高质量发展理论强调创新发展、绿色发展、协调发展等，这些理念有助于提高中国经济的创新能力和竞争力。通过加强技术创新、推动产业升级、优化资源配置，中国经济能够在激烈的国际竞争中脱颖而出。

高质量发展理论注重协调发展，有助于实现共同富裕的目标。共同富裕是社会主义的本质要求，也是人民群众的共同愿望。高质量发展理论强调经济发展与社会进步的协调，注重城乡、区域、产业等各方面的协调发展。通过推动经济高质量发展，可以创造更多的就业机会和致富途径，促进社会公平正义和共同富裕的实现。

高质量发展理论有助于中国应对全球化挑战。全球化是经济发展的必然趋势，也是各国共同面临的挑战。高质量发展理论强调开放合作、互利共赢，为中国应对全球化挑战提供了有益的指导。通过加强国际合作、推动贸易自由化、加强全球治理，中国能够更好地应对全球化带来的挑战，实现可持续发展。

二、新质生产力理论

新质生产力是推动高质量发展的内在要求和重要着力点。新质生产力理论作为传统生产力理论在新时代背景下的继承与发展，不仅继承了传统生产力理论的核心思想，还融入了现代科技、经济、社会等发展要素，形成了新的生产力发展理论。这一理论强调了生产力发展的创新性、协调性、可持续性和信息技术与实体经济深度融合的重要性，为当前的生产力发展提供了新的思路和方向。

新质生产力理论的研究意义在于，它能够为现代生产力的发展提供新的理论支撑和指导思路。通过深入研究新质生产力理论，可以更加清晰地认识生产力的本质和规律，从而制定更加科学、合理的生产策略和发展规划。新质生产力理论还能够为政府、企业和研究机构提供决策建议和思路，促进生产力发展的健康稳定。新质生产力理论的价值则体现在提升生产力发展水平、推动经济社会发展、促进就业和增加国民收入等方面。通过提高生产效率和生产效益，新质生产力理论可以帮助企业实现更高的经济效益，推动经济社会的快速发展。同时，新质生产力理论还能够创造更多的就业机会，提高劳动者的收入水平，改善人民的生活质量。

（一）核心内容

其内涵主要包括三个方面：（1）创新性是新质生产力理论的重要特征。随着科技的不断发展，新的生产要素和生产方式不断涌现，传统的生产力理论已经无法满足新时代的发展需求。新质生产力理论强调，要不断创新，才能推动生产力的不断发展。这包括技术创新、管理创新、制度创新等各个方面，旨在提高生产效率，降低成本，提升竞争力。（2）协调性是新质生产力理论的另一重要特征。在现代社会中，各个生产要素之间的联系越来越紧密，生产过程也变得越来越复杂。新质生产力理论强调，要注重各个生产要素之间的协调配合，发挥整体优势，实现生产力的最大化。这包括资源配置的协调、生产环节的协调、技术创新的协调等各个方面，旨在提高生产效率，降低生产成本，实现可持续发展。（3）可持续性是新质生产力理论的重要内涵。在新时代，经济发展已经不再是单纯的经济增长，而是要实现经济、社会和环境的协调发展。新质生产力理论强调，要注重生产力的可持续性发展，不能牺牲环境和社会利益来追求经济增长。这包括推广绿色生产、循环经济等新型生产方式，减少资源消耗和环境污染，实现经济、社会和环境的协调发展。

（二）要素构成

生产力的提升与发展离不开关键要素的驱动，这些要素包括劳动力、资本、技术以及管理。它们各自发挥着独特的作用，共同构成了生产力的整体框架。劳动力是生产力中最活跃的因素，其技能、知识和经验直接影响到生产的质量和效率。随着教育水平的提高和技能培训的普及，劳动力素质得到了显著提升，为生产力的提升提供了有力支撑。

资本是生产过程中必不可少的物质条件，包括货币、物资和设备等。资本的投入可以扩大生产规模，提高生产效率，降低生产成本，从而推动生产力的发展。技术是推动生产力发展的关键因素，它决定了生产的方式和效率。技术的创新和应用可以大大提高生产效率，缩短产品研发周期，推动产业升级和转型。管理则是将劳动力、资本和技术等要素有效组织起来的重要手段。良好的管理可以提高生产效率，降低生产成本，增强企业的竞争力。通过科学的管理方法，可以激发员工的积极性和创造力，提高生产效率和产品质量。

（三）动力机制

生产力的发展是推动社会进步的重要动力，其动力机制主要包括利益驱动机制、创新驱动机制和市场需求机制。利益驱动机制是生产力发展的直接动力。在市场经济条件下，生产者为了获取更多的经济利益，会不断追求生产效率和产品质量的提升。合理的利益分配和激励机制能够激发生产者的积极性和创造性，使他们更加努力地投入生产活动中。例如，企业可以通过设置奖励机制，鼓励员工提高工作效率、降低成本，从而推动企业整体生产力水平的提升。

创新驱动机制是生产力发展的核心动力。技术创新和管理创新是推动生产力发展的重要因素。技术创新可以带来新的生产方式和更高效的生产设备，从而提高生产效率和产品质量。管理创新则可以提高生产组织的协调性和灵活性，使生产要素得到更加合理的配置。通过不断地创新，企业可以保持竞争优势，提高市场竞争力。

市场需求机制是生产力发展的外部动力。市场需求是企业生存和发展的基础，也是推动企业改进技术和提升产品质量的动力。当市场需求发生变化时，企业必须及时调整生产策略，满足消费者的需求。同时，市场竞争也会推动企业不断改进技术、提升质量、降低成本，以提高市场竞争力。

三、创新驱动理论

在探讨旅游高质量发展基础理论时，创新驱动理论的重要性不容忽视。这一理论强调创新在推动产业发展中的核心作用，对于旅游业而言，创新同样是实现高质量发展的关键动力。创新驱动理论在推动旅游高质量发展中发挥着重要作用。通过产品创新、服务创新、管理创新和技术创新等多方面的努力，可以不断提升旅游业的发展质量和效益，实现旅游业的高质量发展。

创新驱动理论在旅游高质量发展中的应用，主要体现在以下几个方面：一是产品创新，通过开发新型旅游产品，满足游客日益多样化的需求。例如，结合地方文化特色，打造独具特色的文化体验游，或者依托自然风光，设计富有挑战性的户外探险游等。这些创新产品能够有效提升旅游目的地的吸引力，促进旅游业的高质量发展。

二是服务创新，通过提升旅游服务水平，提高游客满意度。服务创新包括但不限于智能化服务、个性化服务以及全程化服务等。智能化服务借助先进技术手段，如大数据、人工智能等，为游客提供更加便捷、高效的服务体验。个性化服务则针对游客的不同需求，提供量身定制的服务方案，让游客感受到更加贴心的关怀。全程化服务则强调从游客出发前到行程结束后的全方位服务保障，确保游客在整个旅游过程中都能享受到高品质的服务。

三是管理创新，通过优化旅游管理模式，提高旅游业运营效率。管理创新涉及旅游企业内部管理、旅游市场监管以及旅游政策制定等多个方面。在企业内部管理方面，引入现代企业管理理念和方法，提高企业决策的科学性和管理的有效性。在旅游市场监管方面，加强部门协同，完善监管机制，保障旅游市场的公平竞争和有序发展。在旅游政策制定方面，结合旅游业发展实际，制定具有针对性和可操作性的政策措施，为旅游业高质量发展提供有力支撑。

四是技术创新，通过引入和应用新技术，推动旅游业的技术升级和变革。技术创新在旅游业中的应用广泛，如虚拟现实技术为游客提供沉浸式体验，物联网技术实现旅游资源的智能管理和优化配置，大数据技术助力旅游市场精准营销等。这些技术创新不仅提升了旅游业的服务水平和运营效率，还为旅游业的高质量发展注入了新的活力。

在探讨创新路径和策略时，应充分考虑旅游业的特点和发展需求。一方面，要加强顶层设计，明确旅游业高质量发展的目标和路径，制定相应的创新策略和政策措施。另一方面，要充分发挥市场在资源配置中的决定性作用，激发旅游企业和相关主体的创新活力，推动形成以创新为主要引领和支撑的旅游业发展新格局。

四、品质管理理论

品质管理理论在旅游高质量发展过程中发挥着举足轻重的作用。该理论强调以顾客为中心，通过持续改进和提升产品或服务的质量，以满足顾客的期望和需求。在旅游领域，品质管理理论的运用不仅有助于提升旅游服务的整体水平，更能够增强游客的满意度和忠诚度，从而推动旅游产业的持续繁荣。

品质管理理论在旅游服务中的应用主要体现在以下几个方面：一是通过明确旅游服务的质量标准，确保旅游从业人员能够提供符合游客期望的优质服务。这包括制定详细的服务流程、明确的服务规范以及严格的质量控制措施，从而确保每一位游客都能享受到高品质的旅游体验。

二是品质管理理论强调对旅游服务过程的全面监控和持续改进。通过收集游客反馈、分析服务数据以及定期评估服务质量，旅游企业能够及时发现服务中存在的问题和不足，进而采取相应的改进措施。这种持续优化的过程不仅能够提升旅游服务的效率，还能够不断提高游客的满意度，为旅游企业赢得良好的口碑和市场份额。

三是品质管理理论还注重培养旅游从业人员的质量意识和专业素养。通过定期的培训和教育活动，旅游从业人员能够深入理解品质管理的重要性，掌握提升服务质量的关键技能和方法。这不仅有助于提升员工的工作效率和服务水平，更能够增强员工的归属感和责任感，从而推动整个旅游团队的协同发展。

四是品质管理理论在提升旅游服务质量和游客满意度方面发挥着至关重要的作用。通过明确质量标准、持续改进服务过程以及培养员工的质量意识，旅游企业能够不断提升自身的核心竞争力，实现旅游高质量发展的目标。同时，这也将为游客带来更加优质、个性化的旅游体验，推动旅游产业的持续创新和进步。

五是品质管理理论的运用需要与旅游企业的实际情况相结合。不同的旅游企业可能面临着不同的市场环境、游客需求和竞争态势，因此需要根据自身的特点制定相应的品质管理策略。只有紧密结合实际，品质管理理论才能在旅游高质量发展中发挥最大的效用，为旅游产业的繁荣和发展注入强劲的动力。

随着科技的不断进步和创新，品质管理理论也需要与时俱进，融入新的科技元素和创新理念。例如，借助大数据、人工智能等先进技术，旅游企业可以更精准地分析游客需求，提供更个性化的旅游服务。这将为品质管理理论在旅游高质量发展中的应用开辟更广阔的空间，推动旅游产业向更高层次、更高水平迈进。

五、可持续发展理论

在旅游高质量发展的进程中，可持续发展理论不仅是指导原则，更是实践操作中的核心理念。可持续发展理论强调经济、社会和环境三大支柱的平衡与协调，这一理念在旅游高质量发展中得到了深刻的应用和体现。

旅游高质量发展要求旅游业在保持经济增长的同时，必须关注社会文化的传承与保护，以及自然环境的可持续利用。这与可持续发展理论中的经济可持续性、社会可持续性和环境可持续性相呼应。在旅游高质量发展的实践中，可持续发展理论的应用具体表现在以下几个方面。

一是旅游高质量发展注重资源的合理利用与保护。通过科学规划和管理，确保旅游资源的开发利用在环境承载能力之内，避免过度开发导致的资源枯竭和环境破坏。同时，积极推动绿色旅游、生态旅游等新型旅游方式，减少对自然环境的负面影响。

二是旅游高质量发展强调旅游产业的社会责任。旅游业的发展不仅要为当地经济带来收益，更要关注当地居民的生活质量和文化传承。通过加强社区参与、推动文化保护等措施，实现旅游业与当地社会的和谐发展。

三是旅游高质量发展追求旅游经济的长期效益。这要求旅游业摒弃短期行为，注重品牌建设、服务质量提升等长远发展战略。通过提高旅游产品的品质和附加值，增强旅游业的竞争力和市场影响力，从而实现旅游经济的持续稳定增长。

四是可持续发展理论在旅游高质量发展中的体现还包括创新驱动、开放合作等方面。创新驱动是推动旅游业转型升级的关键力量，通过引入新技术、新业态、新模式等创新要素，激发旅游业的发展活力和潜力。开放合作则是拓展旅游业发展空间的重要途径，通过加强国际国内旅游合作与交流，实现资源共享、市场互通和优势互补。

可持续发展理论在旅游高质量发展中的应用和体现是多方面的、深层次的。它不仅是指导旅游业发展的基本原则，更是推动旅游业实现高质量、可持续发展的重要保障。在未来的旅游发展中，应继续深化对可持续发展理论的理解和应用，不断探索旅游高质量发展的新模式、新路径。

六、市场供需平衡理论

旅游市场供需平衡理论是指导旅游业发展的重要理论基础，其关键在于实现市场需求与资源供给的匹配。在这一过程中，市场竞争与差异化发展、质量控制与标准建设等因素也发挥着至关重要的作用。

市场需求与资源供给匹配是旅游市场供需平衡理论的核心。在旅游业中，市场需求的多样性和变化性使得旅游企业必须密切关注市场动态，了解消费者的需求和偏好。通过市场调研、数据分析等手段，旅游企业可以准确地把握市场需求，进而调整旅游资源的供给，实现供需平衡。例如，在旅游旺季，旅游企业可以增加旅游线路、增加旅游车辆等，以满足游客的需求。

市场竞争与差异化发展是旅游市场供需平衡理论的重要方面。在激烈的市场竞争中，旅游企业需要通过差异化发展来提升竞争力。这包括提供特色旅游产品和服务、加强品牌建设、提高服务质量等。通过差异化发展，旅游企业可以吸引更多的消费者，提高市场份额。同时，差异化发展还可以促进旅游产业的升级和转型，推动旅游业的可持续发展。

质量控制与标准建设是旅游市场供需平衡理论的重要保障。在旅游业中，服务质量和标准对于消费者的体验和满意度至关重要。因此，旅游企业需要加强质量控制和标准建设，提高服务质量和水平。这包括建立完善的服务标准和规范、加强员工培训、提高服务质量等。通过质量控制和标准建设，旅游企业可以提升消费者的满意度和忠诚度，从而赢得市场口碑和竞争优势。

七、产业融合发展理论

在产业融合方面，旅游产业应与文化、体育、农业等产业深度融合。以冰雪旅游为例，清华大学教授王雪莉指出，应深入挖掘冰雪文化消费潜力，探索冰雪文化与冰雪运动、冰雪旅游的融合发展模式。这种融合不仅能丰富旅游产品，还能提升旅游的文化内涵和附加值，为游客提供更加独特和多样化的旅游体验。

跨界合作与资源整合也是旅游产业融合发展的关键。通过加强不同产业之间的合作与协同，可以实现资源共享和优势互补，提升旅游产业的整体竞争力。例如，旅游与农业的结合可以打造乡村旅游品牌，旅游与体育的结合可以推出体育旅游项目，这些都能为旅游产业带来新的增长点。

旅游产业融合发展还注重产业链整合与优化。通过加强上下游产业之间的衔接与合作，可以提高旅游产业链的整体效率，降低旅游成本，提高服务质量。例如，加强旅游与交通、住宿、餐饮等行业的合作，可以形成旅游产业链的良性循环，推动旅游产业的健康发展。

第二节　旅游高质量发展的理论框架

旅游高质量发展理论框架是一个系统性工程，它涉及多个维度和层面的协同与整合。旅游高质量发展理论框架的构建需要综合考虑核心目标、基本原则、关键要素、主要路径、政策支持、保障体系等多个方面，这一框架旨在为旅游业的高质量发展提供理论指导和实践路径。

以下是一个在当前旅游业发展趋势和政策导向背景下，基于内在逻辑和发展实践的旅游高质量发展理论框架。

一、基于内在逻辑的理论框架

（一）学理框架梳理

旅游高质量发展理念框架的构建，是旅游业转型升级的必然要求，也是实现旅游业可持续发展的关键。这里从以人为本、注重创新、强调协调等几个方面，详细阐述旅游高质量发展的理念框架。

以人为本是旅游高质量发展的核心。旅游业是服务业的重要组成部分，其最终目的是满足人的需求和体验。因此，在旅游高质量发展中，应始终把游客的需求放在首位，关注游客的体验和感受，提高服务质量和水平。同时，还要注重保护游客的合法权益，营造良好的旅游环境，让游客在旅游过程中感受到尊重、舒适和愉悦。

注重创新是旅游高质量发展的动力。创新是引领发展的第一动力，也是旅游高质量发展的关键。在旅游高质量发展中，应注重创新旅游产品和服务，开发具有地方特色和文化内涵的旅游产品，提高旅游产品的吸引力和竞争力。同时，还要注重创新旅游营销方式，利用互联网和新媒体手段，提高旅游产品的知名度和美誉度。

强调协调是旅游高质量发展的重要保障。旅游业是一个涉及多个部门、多个领域、多个利益主体的综合性产业，需要各方面的协调配合。在旅游高质量发展中，应注重协调旅游业与其他产业的关系，促进旅游业的融合发展。同时，还要注重协调旅游业内部各要素之间的关系，优化旅游资源配置，提高旅游业的整体效益。

（二）核心价值观确立

在探讨旅游高质量发展的过程中，核心价值观的确立是不可或缺的环节。核心价值观作为旅游行业的灵魂和指南，直接决定了旅游发展的方向和质量。以下将详细阐述以人为本和可持续发展两个核心价值观的内涵及其重要性。

以人为本是旅游高质量发展的核心。游客是旅游活动的主体，他们的体验和满意度是衡量旅游服务质量的重要标准。以人为本的价值观要求旅游从业者以游客为中心，关注游客的需求和感受，提供个性化的旅游服务。这包括优化旅游路线设计、改善旅游设施、提高导游服务质量等方面。通过以人为本的服务，可以增强游客的满意度和忠诚度，提高旅游目的地的知名度和美誉度，从而促进旅游业的持续发展。

可持续发展是旅游高质量发展的必然要求。旅游业的发展必须与环境保护、文化传承等相结合，实现经济效益、社会效益和环境效益的协调发展。可持续发展要求旅游从业者合理规划旅游资源，避免过度开发和破坏自然环境，同时保护和传承当地的文化遗产。可持续发展还强调旅游业的长期发展，注重旅游目的地的可持续性和可重复性。通过可持续发展的方式，可以确保旅游业的长期稳定发展，为当地经济和社会发展带来持续的动力。

（三）发展路径与策略选择

旅游业在推动经济社会发展中发挥着重要作用，其发展路径与策略选择至关重要。这里从创新驱动、转型升级、跨界融合等角度，阐述旅游高质量发展的路径，并针对旅游业发展的不同阶段和问题，提出相应的策略选择。

在创新驱动方面，旅游业应积极引入新技术、新模式和新理念，推动旅游业的创新和发展。通过加强科技研发，提高旅游服务的智能化、便捷化水平，为游客提供更加个性化、多样化的旅游体验。同时，推动旅游产品创新，深入挖掘文化内涵和旅游资源，打造具有地方特色的旅游产品，提升旅游业的竞争力。

在转型升级方面，旅游业应加快从数量扩张向质量提升转变。通过优化旅游产品结构，提高旅游产品的品质和附加值，实现从观光旅游向休闲度假的转型升级。同时，加强旅游基础设施建设，提升旅游服务水平和质量，为游客提供更加舒适、便捷的旅游环境。

在跨界融合方面，旅游业应积极与相关行业进行融合发展，推动旅游业与相关产业的深度融合。通过跨界合作，实现资源共享、优势互补，共同推动旅游业的创新发展。例如，与农业、林业、水利等行业合作，开展生态旅游、乡村旅游等新型旅游业态，为游客提供更加多元化的旅游体验。

针对不同的发展阶段和问题，旅游业应采取相应的发展策略。在初期阶段，应注重旅游基础设施建设和旅游产品开发，提高旅游吸引力和竞争力。在中期阶段，应注重旅游服务质量的提升和旅游市场的拓展，加强与相关产业的合作，推动旅游业的快速发展。在后期阶段，应注重旅游产业的转型升级和创新发展，加强品牌建设和市场营销，提升旅游业的整体素质和竞争力。

二、基于发展实践的理论框架

（一）核心目标

旅游高质量发展的核心目标是提升旅游业的整体竞争力和可持续发展能力，满足人民日益增长的美好生活需要。这包括提高旅游产品质量、优化旅游服务体验、丰富旅游产品供给、促进旅游消费升级等方面。

提升旅游产品质量以加强旅游基础设施建设为基础，包括完善交通网络、提升住宿条件、改善景区环境等。同时，提升旅游从业人员素质也是优化旅游服务体验的关键，通过培训和教育提高从业人员的服务意识和专业技能，让游客在旅途中享受到更加贴心和专业的服务。

丰富旅游产品供给需要从多个方面入手，通过开发新供给、推动新业态产业化、结合城市更新、提升产业融合深度与广度以及加强监管与保障等措施，不断满足游客的多样化需求，推动旅游业的高质量发展。在高质量发展背景下，丰富旅游产品供给是推动旅游业持续健康发展的重要途径。

优化旅游服务体验需要通过提升服务质量标准、强化旅游设施建设、优化旅游线路设计、加强导游培训管理、创新旅游服务模式、保障旅游安全环境、数字化旅游体验以及反馈机制与改进等措施的实施，可以不断提升旅游服务的质量和水平，为游客提供更加优质、便捷、个性化的旅游体验。

促进旅游消费升级需要从多个方面入手，包括丰富优质旅游供给、激发旅游消费需求、加强旅游设施建设、优化旅游线路设计、加强导游培训管理、创新旅游服务模式、保障旅游安全环境、推动数字化旅游体验以及建立反馈机制与改进等。这些措施的实施将有助于提升旅游业的整体品质和竞争力，推动旅游消费升级和旅游业的高质量发展。

相应的研究框架主要包括：

（1）深入分析旅游高质量发展的内涵和特征。通过对旅游高质量发展的内涵进行深入剖析，明确其本质和核心要素，进而揭示其内在规律和特征。这有助于我们更好地理解旅游高质量发展的内涵和要求，为后续的研究提供理论基础。

（2）探讨旅游高质量发展的影响因素和制约因素。旅游高质量发展是一个复杂的系统工程，受到多种因素的影响和制约。本研究将对这些因素进行全面的分析和研究，包括政策环境、经济发展、社会文化、生态环境等，以揭示其对旅游高质量发展的影响机制和路径。

（3）提出针对性的策略和建议。基于具体项目研究，提出针对性的策略和建议，以促进旅游业的高质量发展。这些策略和建议将涉及政策制定、市场监管、企业创新等多个方面，旨在为旅游业提供全面的指导和支持。

（二）基本原则

（1）协调发展：注重旅游业内部各要素之间的协调发展，以及旅游业与其他产业的融合发展。

（2）创新驱动：强调创新在旅游业发展中的重要作用，包括产品创新、服务创新、管理创新等方面。

（3）绿色发展：坚持绿色发展理念，推动旅游业向低碳、环保、可持续方向发展。

（4）以人为本：以游客需求为导向，提供个性化、多样化的旅游产品和服务。

（三）关键要素

（1）产品供给：聚焦新鲜感、仪式感、参与感、氛围感及情绪代入感的内容，提供高品质、多样化的旅游产品。

（2）服务质量：提升旅游服务的高效性、便捷性、专业性和诚信度，为游客提供舒心、实惠的旅游体验。

（3）配套设施：完善旅游基础设施和公共服务设施，提高旅游目的地的通达性和便利性。

（4）市场监管：加大旅游市场监管和执法力度，维护市场秩序和游客权益。

（5）区域协同：推动不同区域之间的旅游协同发展，实现资源共享、客源互荐和宣传推广等方面的合作。

（四）主要路径

（1）推进文化和旅游深度融合：引导各类文化节庆、艺术展览、体育赛事等活动与旅游相结合，丰富旅游业态和产品供给。

（2）实施美好生活度假休闲工程：打造一批文化特色鲜明的国家级旅游休闲城市和街区，提升旅游度假区的品质和水平。

（3）发展生态旅游和乡村旅游：依托自然生态资源和乡村文化资源，开发森林康养、生态观光、乡村体验等旅游产品。

（4）优化旅游基础设施投入：合理规划、有序建设旅游咨询中心、旅游集散中心、智慧旅游公共服务平台等旅游公共设施。

（5）改善旅游消费环境：利用数字技术改造提升传统旅游消费场所，打造智慧旅游、沉浸式体验新空间。

（五）政策支持

（1）完善消费惠民政策：开展文化和旅游消费促进活动，鼓励各地举办形式多样的消费促进活动。

（2）调整优化景区管理：完善预约措施和景区开放时间，提升景区接待能力。

（3）促进区域合作联动：加强海外市场宣传推广和精准营销，推动国际旅游合作与交流。

（4）支持旅游企业发展：适当放宽旅行社补足旅游服务质量保证金期限，依法支持旅游企业参与政府采购和服务外包。

（六）保障体系

（1）加强导游队伍建设：优化导游职业资格准入管理，加强导游人才供给和业务培训。

（2）提升旅游服务质量：完善旅游服务质量评价体系和信用监管机制，推进信用品牌建设和优化信用消费环境。

（3）强化科技创新应用：充分利用大数据、数智化手段提升旅游管理和服务效率。

第三节　旅游高质量发展的核心内容

一、旅游资源高质量开发与利用

（一）资源评价及分类体系建立

资源评价是旅游资源开发的首要环节，旨在明确资源的价值等级和特色，为后续的高质量规划、开发、管理和利用提供科学依据。资源评价的过程包括对旅游资源的价值评价、资源特色评价和资源功能评价。

价值评价主要评估旅游资源对游客的吸引力、开发潜力以及对旅游市场的贡献度。通过实地考察和调研，了解旅游资源的知名度和美誉度，以及游客的满意度和忠诚度，从而确定其旅游价值。

资源特色评价是指对旅游资源的独特性、稀缺性和代表性进行评价。独特性是指旅游资源在形态、文化、生态等方面与其他资源相比具有明显差异；稀缺性是指旅游资源的数量有限，难以满足大量游客的需求；代表性则是指旅游资源能够代表某一地域或文化的特色。

资源功能评价是指旅游资源对旅游者的旅游需求满足程度的评价。这包括对旅游资源的观赏价值、休闲价值、娱乐价值、教育价值等方面的评估。通过评价旅游资源的各种功能，可以明确其开发方向和市场需求，为资源开发提供依据。

分类体系的建立是资源评价的重要环节。根据旅游资源的类型、特色和价值，建立科学、合理的分类体系，有利于旅游资源的针对性开发和管理。分类体系应该遵循科学性、系统性和可操作性的原则，将旅游资源划分为不同的层次和类型，为资源开发提供指导和支持。

（二）资源整合与优化配置方法

在当前旅游业蓬勃发展的背景下，资源整合与优化配置成了提升旅游目的地竞争力的关键环节。资源整合旨在通过整合分散的旅游资源，形成具有竞争力的旅游产品组合，从而增强旅游目的地的吸引力。而优化配置则是根据市场需求和资源配置效率，对旅游资源的配置方式进行优化，以提高资源的利用效率。

资源整合方面，首先要对旅游资源进行全面梳理，了解资源的分布、特色、优势等。在此基础上，通过政府引导、企业合作等方式，将具有互补性的旅游资源进行整合，形成旅游产品组合。例如，可以将自然风光、历史文化、民俗风情等不同类型的旅游资源进行组合，打造具有独特魅力的旅游线路。还可以通过与周边地区的合作，实现旅游资源的共享与互补，从而扩大旅游目的地的影响力。

在资源优化配置方面，需要充分考虑市场需求和资源利用效率。要对市场需求进行深入分析，了解游客的出游意愿、消费习惯等，以便针对性地配置旅游资源。要对旅游资源的利用效率进行评估，了解哪些资源得到了充分利用，哪些资源存在闲置或浪费现象。在此基础上，可以通过优化资源配置方式，提高资源的利用效率。例如，可以通过调整旅游产品的供给结构，满足游客多样化的需求；可以通过提高旅游服务的质量和水平，提升游客的满意度和忠诚度；可以通过加强市场营销和推广，提高旅游目的地的知名度和美誉度。

资源整合与优化配置是提升旅游目的地竞争力的关键手段。通过资源整合，可以形成具有竞争力的旅游产品组合；通过优化配置，可以提高资源的利用效率。未来，旅游业应继续加强资源整合与优化配置工作，推动旅游业的持续、健康、快速发展。

（三）可持续利用策略制定

在可持续利用策略的制定中，环保理念被置于首要位置。强调在旅游资源开发中，必须注重资源保护和生态环境的改善，以实现旅游业的可持续发展。具体而言，需要制定一系列可持续利用策略，以应对旅游活动对自然环境和文化遗产的潜在影响。

限制旅游人数是关键。通过设定合理的旅游容量，可以有效避免过度开发和资源过度利用，保护自然环境的原始性和完整性。加强资源管理也是必不可少的。对旅游资源进行科学规划和管理，可以确保其可持续利用，并为未来的发展留下足够的空间。推广生态旅游和绿色旅游也是可持续利用策略的重要组成部分。这些旅游方式强调与自然环境的和谐共生，能够减少对环境的破坏，增强游客的环保意识和责任感。

通过上述措施，可以确保旅游资源的可持续利用，为旅游业的高质量发展奠定坚实的基础。

二、旅游产品与服务高质量创新

（一）产品创新思路及方向

产品创新是推动旅游业持续发展的关键动力。在产品创新方面，旅游企业应注重个性化和特色化，以满足游客的多样化需求。产品创新需要充分考虑游客的个性化需求，通过提供定制化的旅游产品，让游客在旅行中获得独特的体验。例如，针对喜欢探险的游客，可以开发探险游；针对喜欢美食的游客，可以推出美食游等。这些定制化的旅游产品能够满足游客的个性化需求，提高他们的满意度。

产品创新也需要注重特色化。在旅游产品同质化严重的今天，只有具有特色的旅游产品才能吸引游客的注意力。因此，旅游企业应深入挖掘当地的文化、历史、地理等资源，将这些元素融入旅游产品中，形成独特的旅游产品特色。例如，可以开发以当地文化为主题的旅游活动，或者推出具有当地特色的美食、手工艺品等，让游客在旅行中感受到当地的文化魅力。

在产品创新的方向上，应以市场需求为导向，关注游客的体验和满意度。具体来说，产品创新应向智能化和文化化方向发展。智能化是指利用现代科技手段，提高旅游产品的智能化水平，为游客提供更加便捷、高效的服务。例如，可以开发智能导游系统，为游客提供个性化的导览服务；或者利用大数据技术，分析游客的喜好和行为，为他们推荐更加符合他们需求的旅游产品。文化化则是指将文化元素融入旅游产品中，提高旅游产品的文化内涵和附加值。例如，可以开发文化旅游产品，让游客在旅行中了解当地的文化历史、风土人情等，从而增强他们的文化体验和认同感。

（二）服务质量提升途径

服务质量是影响旅游行业整体水平的关键因素，因此，服务质量提升成为旅游业发展的重要课题。下面将深入探讨通过提高服务人员素质、优化服务流程等方式来提升旅游服务质量，以期为旅游业的可持续发展提供参考。

服务人员是旅游服务的直接提供者，其素质直接影响到游客的满意度和忠诚度。因此，提高服务人员素质是提升服务质量的关键。具体来说，需要加强对服务人员的培训，提高他们的服务技能、专业素养和沟通能力。同时，还需要建立完善的激励机制，激发服务人员的积极性和创造力，使他们能够更好地为游客提供服务。

服务流程是旅游服务的重要环节，优化服务流程可以提高服务效率，降低服务成本，从而提升游客的满意度。在优化服务流程方面，可以通过引入先进的技术和管理模式，对服务流程进行精细化管理，减少烦琐的环节和冗余的操作。同时，还需要加强对服务流程的监控和评估，及时发现问题并进行改进，确保服务流程的高效和顺畅。

除了提高服务人员素质和优化服务流程外，还需要注重服务质量提升的研究和探索。随着旅游市场的不断变化和游客需求的日益多样化，传统的服务模式和产品已经难以满足游客的需求。因此，需要不断探索新的服务模式和产品，以满足游客的个性化需求。具体来说，可以通过市场调研、客户反馈等方式，了解游客的需求和期望，然后结合企业的实际情况，开发出符合游客需求的新产品和服务。

通过提高服务人员素质、优化服务流程以及注重服务质量提升的研究和探索，可以有效地提升旅游服务质量，提高游客的满意度和忠诚度。这不仅可以促进旅游业的发展，还可以推动整个社会的文明进步与和谐发展。

（三）客户满意度评价体系

在旅游行业中，客户满意度是衡量旅游产品和服务质量的重要标尺。为了构建一个科学、全面的客户满意度评价体系，需要对评价体系的各个环节进行深入研究和设计。

需要明确评价体系的构成。评价体系应包括多个维度，如旅游产品、服务质量、旅游设施、旅游环境等。每个维度下应设置具体的评价指标，以便游客能够清晰地表达自己的满意度。例如，旅游产品维度可以设置产品质量、产品创新、产品特色等评价指标；服务质量维度可以设置服务态度、服务效率、服务专业性等评价指标。

需要确定评价指标的权重。不同维度的评价指标对游客满意度的影响程度不同，因此需要对各个评价指标进行权重分配。权重分配应基于游客对旅游产品和服务的重视程度，以及各个评价指标在整体评价中的相对重要性。

在评价体系构建过程中，我们还需要注意评价指标的可衡量性和可操作性。评价指标应具有明确的标准和衡量方法，避免主观性和模糊性。同时，评价指标应易于收集和分析，以便及时发现问题并采取改进措施。

为了确保评价体系的科学性和有效性，还需要进行定期的评估和调整。通过评估，可以了解评价体系的运行效果，发现存在的问题和不足之处，并及时进行调整和改进。

三、旅游市场高质量开拓与营销

（一）目标市场定位与细分策略

目标市场定位与细分策略是旅游资源开发的关键环节，它直接决定了旅游产品的市场接受度和市场竞争力。在进行这一目标之前，必须对旅游资源进行充分的分析和评估，以确保我们的产品能够满足特定市场的需求和偏好。

一是目标市场定位。目标市场定位是指根据旅游资源特色、产品特点等，明确旅游产品或服务主要面向哪些市场群体。这一过程需要我们进行深入的市场研究，了解不同市场群体的需求和偏好，以及旅游习惯和消费水平。通过对比分析，可以找到与产品相匹配的市场群体，从而进行精准的市场定位。例如，可以将旅游产品定位为高端旅游市场，专注于提供高品质、高附加值的服务和体验，以满足高端客户的需求。

二是细分策略制定。在确定了目标市场之后，需要进一步制定细分策略。这要求根据市场需求和竞争态势，将目标市场划分为若干个具有相似需求和偏好的细分市场。这些细分市场可以根据年龄、性别、收入水平、兴趣爱好等多种因素进行划分。针对不同的细分市场，我们需要制定不同的产品和服务策略，以满足其特定的需求和偏好。例如，对于年轻人市场，我们可以提供更加时尚、刺激的旅游产品，而对于老年人市场，则可以提供更加注重舒适和健康的旅游产品。

（二）营销策略优化及渠道

营销策略优化方面，企业应注重品牌建设和营销效率提升，以更好地推广旅游目的地，提升知名度和美誉度。品牌是旅游目的地的重要资产，它代表着目的地的形象、文化和价值。因此，企业需要加强品牌建设，通过广告、公关活动、社交媒体等手段，打造独特的品牌形象，提高品牌知名度和美誉度。同时，还需要注重品牌保护，避免品牌被滥用或破坏。

营销效率提升是营销策略优化的重要方面。企业应该通过数据分析，了解目标客户的需求和偏好，制定更为精准的营销策略。例如，针对不同客户群体，制定不同的旅游产品和服务，以满足其个性化和多样化的需求。还应该注重营销渠道的选择和优化，提高营销效率和效果。

在渠道拓展方面，企业需要设计多渠道拓展方案，以扩大营销覆盖面和提高营销效果。线上渠道是当下旅游营销的重要渠道，企业应该加强与在线旅游平台、社交媒体、短视频平台等合作，通过广告投放、内容营销、直播带货等方式，吸引更多的潜在客户。同时，还可以利用大数据和人工智能技术，进行精准营销和个性化推荐，提高转化率和客单价。

线下渠道同样不可忽视。企业应该加强与旅行社、酒店、景区等合作伙伴的关系，共同推广旅游产品和服务。同时，还可以通过举办旅游节庆活动、旅游推介会等方式，吸引更多的游客前来旅游。通过线上线下相结合的方式，构建多元化的营销渠道，提高营销效果和市场占有率。

（三）品牌建设与口碑传播机制

在品牌建设与口碑传播机制研究方面，文化旅游行业应深入挖掘文化内涵，打造独特的文旅品牌。品牌建设是提升旅游目的地形象和知名度的重要手段，需注重品牌形象的塑造和维护，通过统一的品牌形象和营销策略，提高品牌认知度和美誉度。

具体而言，可借鉴全国跨界融合的"爆品"案例，如西安大唐不夜城的"不倒翁小姐姐"与"盛唐密盒"，通过创意活动和数字化手段，将文化内涵与旅游体验相结合，形成独特的品牌吸引力。同时，口碑传播机制也是提高旅游目的地口碑和影响力的关键，应深入研究游客的分享和传播行为，激发游客的分享欲望，提高口碑传播的效果。

四、旅游产业高质量融合与协同发展

（一）产业融合的实践意义

产业融合理论主要探讨不同产业之间如何通过技术创新、市场拓展、资源整合等方式实现产业边界的模糊化和产业形态的创新化。这一理论强调产业之间的相互作用、资源整合与互补，对于推动产业协同发展、提升产业整体竞争力具有重要意义。

产业融合的定义和特点是理解这一现象的基础。产业融合不是仅仅两个或更多产业的简单相加，而是通过技术创新、市场拓展、资源整合等方式，使得原本独立的产业在边界处发生交叉、渗透和融合，形成新的产业形态和竞争优势。这种融合过程具有模糊性、创新性、动态性和协同性等特点，能够打破传统产业的界限，促进产业之间的融合和协同发展。

在实践层面，产业融合已经成为推动产业升级和经济发展的重要动力。以旅游产业为例，产业融合现象在旅游业中得到了广泛应用。旅游业与农业、文化产业、信息技术产业等产业的融合，推动了农业旅游、文化旅游、智慧旅游等新型旅游形态的发展。这些新型旅游形态不仅丰富了旅游产品的供给，也提高了旅游服务的质量和效率，为旅游业的可持续发展注入了新的活力。例如，农业旅游将农业生产与旅游活动相结合，使游客在体验农业生产的同时，也能感受到乡村的田园风光和民俗文化，从而提高旅游的趣味性和参与度。

（二）协同发展理念与模式创新

协同发展理念作为现代产业发展的重要指导思想，其在旅游产业中的应用日益显著。这一理念强调不同产业之间的协作与配合，旨在通过共享资源、共建平台、共同市场等方式，实现产业协同发展，实现互利共赢。在旅游产业中，协同发展理念注重旅游产业链上下游的协作与整合，推动旅游产业与其他相关产业的融合发展。

协同发展理念在旅游产业中的具体实践，主要体现在模式创新上。通过跨界合作、共享资源的方式，推动旅游业与餐饮业、交通运输业等产业的融合发展。例如，旅游业与餐饮业的结合，可以通过特色美食的推广，吸引游客的注意力，提高旅游目的地的吸引力。通过建设旅游度假区、旅游综合体等方式，实现旅游产业内部的协同发展。这些项目通常集餐饮、住宿、娱乐、购物等多种功能于一体，能够满足游客的多元化需求，提高旅游产业的综合效益。

线上线下融合也是协同发展理念在旅游产业中的重要体现。随着互联网技术的不断发展，线上旅游逐渐成为游客获取旅游信息、预订旅游产品的重要途径。因此，旅游企业必须加强与线上平台的合作，通过线上线下融合，提升旅游服务效率和体验。例如，通过在线旅游平台，游客可以方便地查询旅游线路、预订酒店和门票，实现一站式服务。同时，旅游企业也可以通过平台获取游客的反馈和数据，优化旅游产品和服务，提高客户满意度。

（三）影响因素及动力机制

在旅游产业融合与协同发展的过程中，多种因素共同作用于其发展的各个环节，并推动其持续向前。这些因素主要包括政策扶持、技术创新、市场需求和资源整合能力等，它们相互关联、相互促进，共同构成了旅游产业融合与协同发展的动力机制。

政策扶持是旅游产业融合与协同发展的政策基础。政府通过制定相关政策，如财政支持、税收优惠、土地使用等，为旅游产业的融合提供了良好的政策环境和发展空间。政策的引导和支持，使得旅游产业与其他产业的融合更加顺畅，资源配置更加合理，从而推动了旅游产业的协同发展。

技术创新是推动旅游产业融合与协同发展的关键驱动力。随着科技的不断进步，旅游产业的信息化、智能化水平不断提高，为旅游产业的融合提供了技术支持和保障。技术创新不仅能够推动旅游产品的创新和升级，还能够打破传统产业的边界，促进不同产业之间的融合与协同发展。

市场需求是旅游产业融合与协同发展的根本动力。随着消费者需求的不断变化，旅游产业必须不断创新，以满足消费者的需求。在市场需求的推动下，旅游产业与其他产业的融合越来越紧密，为旅游产业的发展注入了新的活力和动力。

资源整合能力是决定旅游产业融合与协同发展效果的关键因素。资源整合能力的高低直接影响到旅游产业的竞争力和融合效果。通过优化资源配置，实现资源共享和优势互补，可以推动旅游产业与其他产业的深度融合和协同发展，提高旅游产业的整体效益和竞争力。

第四节　研究思路及方法

一、总体研究框架

旅游高质量发展是当前旅游业发展的重要方向，其研究思路及方法对于推动旅游业转型升级、提升旅游业的整体竞争力具有重要意义。以下是旅游高质量发展研究的一般思路。

（一）研究思路

1.明确研究目标

首要任务是明确旅游高质量发展的研究目标，包括提升旅游业的整体竞争力、优化旅游产业结构、增强旅游创新能力等。

2. 梳理理论基础

通过广泛收集和阅读相关文献，对高质量、经济高质量、旅游业高质量发展等概念进行界定。借鉴国内外关于旅游质量、旅游产业质量等研究成果，为旅游高质量发展的研究提供坚实的理论基础。

3. 分析影响因素

深入分析影响旅游高质量发展的关键因素，如政策环境、市场需求、资源禀赋、技术水平等。通过这些因素的综合分析，揭示旅游高质量发展的内在机制和动力源泉。

4. 构建评价体系

根据旅游高质量发展的特点和要求，构建一套科学合理的评价体系。该体系应包括旅游经济效益、社会效益、生态效益等多个维度，以全面反映旅游高质量发展的整体水平。

5. 提出对策建议

基于以上研究和分析，提出推动旅游高质量发展的对策建议。这些建议应涵盖政策支持、技术创新、人才培养、市场开拓等多个方面，以形成推动旅游高质量发展的合力。

（二）研究视角与方法选择

在探讨旅游高质量发展时，选择合适的研究视角与方法论显得尤为重要。这不仅关系到研究过程的科学性，更直接影响到研究结果的准确性与实用性。本研究将从多个视角切入，并综合运用多种研究方法，以期全面、深入地剖析旅游高质量发展的内涵与实现路径。

1. 研究视角的多元性

（1）全域旅游视角

全域旅游作为一种新的区域协调发展理念和模式，强调旅游产业的全面性、协调性和可持续性。从这一视角出发，可以更加全面地审视旅游高质量发展的各个方面，包括旅游资源整合、旅游产品创新、旅游服务提升等。例如，在湖北省恩施州利川市的全域旅游研究中，通过分析其旅游发展基本状况及存在的问题，提出了推动利川全域旅游高质量发展的对策及建议。

（2）地理学视角

地理学视角注重从地理空间角度探讨旅游产业的发展规律与特点。通过地理学的方法和技术手段，可以深入分析旅游资源的空间分布、旅游市场的地域结构以及旅游产业的空间布局等问题，为旅游高质量发展提供科学依据。以广西崇左市江州区卜花村为例，从地理学视角出发，研究了其旅游业的发展历程、成就及存在的问题，并提出了相应的解决策略。

（3）文化视角

文化是旅游的灵魂，旅游是文化的载体。从文化视角出发，可以深入挖掘旅游资源的文化内涵，提升旅游产品的文化品位，增强旅游目的地的文化吸引力。同时，通过文化旅游的融合发展，还可以推动文化的传承与创新，实现文化与旅游的互利共赢。例如，在摩梭文化旅游的研究中，通过重塑游客的想象身份和提升文化旅游属性，构建了地方认同，实现了旅游的可持续发展。

2.方法论的综合性

（1）文献分析法

通过系统梳理和分析国内外关于旅游高质量发展的相关文献，可以掌握该领域的研究现状和发展趋势，为后续研究提供理论支撑和参考依据。

（2）实地考察法

通过实地考察旅游目的地或旅游景区，可以获取第一手的数据和资料，更加直观地了解旅游高质量发展的实际情况和问题所在。同时，实地考察还有助于发现新的研究问题和切入点。

（3）案例分析法

通过选取具有代表性的旅游高质量发展案例进行深入剖析，可以总结出一般性的规律和经验，为其他地区的旅游高质量发展提供借鉴和启示。例如，在利川全域旅游和卜花村旅游业的研究中，都采用了案例分析法来探讨其高质量发展的路径和策略。

二、主要研究方法

（一）定性研究方法

在旅游高质量发展研究中，定性研究方法的应用具有不可忽视的价值。定性研究以其深入、细致的特点，能够揭示旅游高质量发展过程中的深层次问题，为政策制定和实践操作提供有力支持。

定性研究方法在旅游高质量发展研究中的应用主要体现在以下几个方面：首先，通过深度访谈、焦点小组讨论等手段，可以获取旅游行业内部人士、专家学者以及游客的真实想法和体验，从而深入了解旅游高质量发展的实际状况。这些第一手资料对于揭示旅游高质量发展的现状、问题和挑战具有重要意义。

其次，定性研究方法中的案例分析能够对旅游高质量发展的典型案例进行深入研究。通过对比分析不同案例的成败得失，可以总结出旅游高质量发展的成功经验和失败教训，为其他旅游目的地提供借鉴和参考。

最后，定性研究方法还可以运用内容分析等技术，对旅游相关的政策文件、规划报告等文本资料进行深入剖析。这有助于发现政策制定和实施过程中存在的问题和不足，为政策优化提供科学依据。

在旅游高质量发展研究中，定性研究方法的作用主要体现在以下几个方面：一是能够揭示旅游高质量发展的本质特征和内在规律，为理论研究提供有力支撑；二是能够发现旅游高质量发展过程中存在的问题和挑战，为实践操作提供指导方向；三是能够总结旅游高质量发展的成功经验和失败教训，为政策制定和实践操作提供借鉴和参考。

定性研究方法虽然具有诸多优点，但也存在一定的局限性。例如，定性研究方法的样本量相对较小，可能无法全面反映旅游高质量发展的整体状况；同时，定性研究方法的结果受研究者主观因素的影响较大，需要研究者具备较高的专业素养和分析能力。因此，在运用定性研究方法进行旅游高质量发展研究时，应充分考虑其优缺点，结合实际情况进行合理选择。

为了克服定性研究方法的局限性，可以尝试将定性研究与定量研究相结合，通过两种方法的相互补充和验证，提高研究的信度和效度。同时，还可以借助现代科技手段，如大数据分析、文本挖掘等技术，对定性研究方法进行改进和创新，以适应旅游高质量发展研究的需要。

在旅游高质量发展研究中，定性研究方法的应用及作用不可忽视。通过合理运用定性研究方法，可以深入揭示旅游高质量发展的本质特征和内在规律，为政策制定和实践操作提供有力支持。

（二）定量研究方法

在旅游高质量发展研究中，定量研究方法发挥着至关重要的作用，它能够通过数据的收集、处理和分析，为研究者提供客观、可量化的依据，从而更准确地揭示旅游高质量发展的内在规律和影响因素。

在数据收集方面，定量研究方法主要依赖于问卷调查、实地考察、统计数据等多元化的数据来源。问卷调查是一种常用的数据收集手段，通过设计科学合理的问卷，向旅游者、旅游从业者等相关人群收集信息，以了解他们对旅游高质量发展的认知和态度。实地考察则更注重于对旅游目的地的现场观察和调研，以获取第一手的数据资料。此外，还可以利用政府、企业等发布的统计数据，这些数据通常具有较高的权威性和准确性，能够为研究提供有力的数据支持。

数据处理是定量研究中的关键环节。在收集到原始数据后，需要进行清洗、整理、转换等操作，以保证数据的准确性和可用性。这一过程中，可能需要运用到数据统计和分析软件，如 SPSS、Excel 等，以提高数据处理的效率和准确性。通过数据处理，研究者可以提取出有价值的信息，为后续的数据分析奠定基础。

数据分析是定量研究方法的核心内容。在这一阶段，研究者需要运用统计学原理和方法，对数据进行深入挖掘和分析。例如，可以利用描述性统计来呈现旅游高质量发展的现状和特点；通过相关性分析、回归分析等探究各影响因素与旅游高质量发展之间的关系；运用聚类分析、因子分析等方法对旅游高质量发展的类型和特征进行划分。这些分析方法能够帮助研究者发现数据背后的规律和趋势，为旅游高质量发展的策略制定提供科学依据。

在实际应用中，定量研究方法需要与定性研究方法相结合，以充分发挥各自的优势。定量研究能够提供客观、精确的数据支持，而定性研究则能够深入探究旅游高质量发展的内在机制和动因。通过将两者相结合，研究者可以获得更全面、更深入的认识，从而提出更具针对性的建议和策略。

定量研究方法在旅游高质量发展研究中具有不可替代的作用。通过科学的数据收集、处理和分析，我们可以更准确地把握旅游高质量发展的现状和问题，为未来的旅游发展提供有力的支持和指导。同时，定量研究方法也需要与定性研究方法相互配合，以实现更全面、更深入的研究。

值得注意的是，定量研究方法的应用也需要遵循一定的伦理和规范。在数据收集过程中，应尊重被调查者的隐私和权益，确保数据的真实性和可靠性。在数据处理和分析过程中，应严格遵守学术诚信原则，避免数据造假和滥用。

随着旅游业的快速发展和旅游市场的日益复杂化，定量研究方法在旅游高质量发展研究中的重要性将越发凸显。未来，我们可以进一步探索和创新定量研究方法，以更好地适应旅游高质量发展的研究需求，推动旅游业的持续健康发展。

（三）案例选择与分析

在旅游高质量发展的实证研究中，案例的选择与分析是极为关键的一环。典型案例不仅能直观展现旅游高质量发展的实际状况，还能为验证研究思路与方法的可行性提供有力支撑。

在案例选择方面，我们依据旅游高质量发展的核心要素和特征，精心挑选了国内外几个具有代表性的旅游目的地作为研究对象。这些案例分别代表了不同的旅游发展阶段、资源类型和管理模式，从而确保了研究的全面性和多样性。具体来说，选择了国内外知名的旅游城市、自然风光保护区以及文化遗产旅游地等，以期从不同角度揭示旅游高质量发展的内涵与规律。

在案例分析过程中，我们采用了定性与定量相结合的研究方法。首先，通过实地考察、深入访谈等方式，收集了大量一手资料，对案例地的旅游发展现状、存在问题及未来发展潜力进行了全面了解。同时，我们还运用问卷调查、数据统计等定量方法，对旅游高质量发展的各项指标进行了量化评估，从而更加客观地评价了案例地的旅游发展质量。

通过深入分析这些典型案例，发现旅游高质量发展确实受到诸多因素的影响，包括政策环境、资源条件、市场需求、创新能力等。这些因素在不同案例地中的表现和作用机制各不相同，但共同构成了旅游高质量发展的动力系统。此外，还发现旅游高质量发展与地区经济发展水平、社会文化环境等因素密切相关，呈现出一定的地域性和阶段性特征。

在验证研究思路与方法可行性方面，典型案例的分析结果为我们提供了有力证据。通过对比不同案例地的发展状况和研究结果，可以清晰地看到研究思路与方法在实际应用中的有效性和适用性。这不仅进一步坚定了我们对研究思路与方法的信心，也为后续研究的深入开展奠定了坚实基础。

总的来说，通过典型案例的选择与分析，不仅深入了解了旅游高质量发展的实际状况，还成功验证了研究思路与方法的可行性。这一研究过程不仅丰富了对旅游高质量发展的认识，也为推动旅游产业的持续健康发展提供了有益借鉴。

（四）研究发现与讨论

在旅游高质量发展的实证研究中，通过深入剖析典型案例，可以获得一系列重要的研究发现。这些发现不仅验证了我们的研究思路与方法的可行性，还为进一步推动旅游高质量发展提供了有力的支撑。

通过研究发现，旅游高质量发展的核心在于提升游客体验和满意度。这涉及旅游产品的创新、服务质量的提升以及旅游环境的优化等多个方面。例如，在某知名旅游目的地，通过实地考察和问卷调查发现，游客对当地的自然风光和文化遗产给予了高度评价，但同时也对旅游设施、交通便利性以及导游服务等方面提出了一些改进意见。这些反馈为我们优化旅游产品和服务提供了宝贵的参考。

研究还发现旅游高质量发展与地区经济发展水平密切相关。在经济发达的地区，旅游业往往能够得到更多的资金和政策支持，从而实现更快更好的发展。然而，这并不意味着经济欠发达地区就无法实现旅游高质量发展。相反，通过充分挖掘和利用本地资源，发挥比较优势，这些地区同样能够打造出独具特色的旅游产品，吸引游客前来体验。

还注意到旅游高质量发展需要政府、企业和社区等多方共同参与和协作。政府应制定科学合理的旅游发展规划和政策，引导和规范旅游市场秩序；企业应不断提升自身的创新能力和服务水平，满足游客多样化的需求；社区则应积极参与到旅游开发中来，分享旅游发展带来的红利，同时保护和传承好本地的文化和自然环境。

基于以上研究发现，提出以下针对性建议以促进旅游高质量发展：一是加强旅游产品创新和服务质量提升，以满足游客日益多样化的需求；二是加大对旅游业的投入和政策支持力度，特别是在经济欠发达地区，要充分利用好各种资源，推动旅游业成为地区经济发展的重要引擎；三是加强政府、企业和社区之间的沟通与协作，形成旅游发展的合力，共同推动旅游高质量发展迈上新台阶。

在实践层面，提出了一系列切实可行的路径与对策，以推动旅游高质量发展从理论走向实践。这些建议涵盖了政策制定、产业布局、服务提升等多个方面，旨在为相关部门和企业提供有益的参考和指导。

旅游高质量发展将成为引领旅游产业转型升级的重要力量。随着全球旅游市场的不断变化和消费者需求的日益多样化，旅游高质量发展将更加注重游客体验、文化传承和生态保护，推动旅游产业实现更加全面、均衡和可持续的发展。同时，新技术、新业态的不断涌现也将为旅游高质量发展注入新的活力和动力，推动其不断迈上新的台阶。

总的来说，通过实证研究深入了解了旅游高质量发展的内涵、特征和影响因素，提出了一系列具有针对性的建议。相信这些建议将对未来旅游业的发展产生积极的影响，推动旅游业实现更加全面、协调和可持续的发展。

思考题

1. 旅游高质量发展相关的理论基础有哪些？
2. 如何理解旅游高质量发展的理论框架？
3. 旅游高质量发展的研究方法有哪些？

第四章

旅游高质量发展系统

前面章节介绍了旅游高质量发展提出的背景、定义及内涵，以及相关理论基础、理论框架及研究方法。本章旨在通过阐述旅游高质量发展系统产生的背景及意义，讨论旅游高质量发展系统的定义与内涵，以及旅游高质量发展系统的学理基础，然后介绍旅游高质量发展系统的构建思路及路径，进而进行旅游高质量发展系统建模。在此基础上，探讨旅游高质量发展系统的主要特征及本质。

第一节　旅游系统产生的背景

一、旅游系统沿革

美国旅游规划专家 Gunn 教授于 1972 年提出了旅游系统的概念，并于 2002 年提出了旅游功能系统模型。Leiper（1979）的旅游地理系统模型将旅游视为客源地与目的地之间通过旅游通道相连而形成的空间体系。Mathieson 和 Wall（1982）的旅游概念综合模型从旅游需求、旅游目的地、客源特点、旅游的影响及控制等方面，阐释了旅游客源地、旅游目的地之间的相互作用、相互影响及其管控机制。Gunn（1988）提出由需求和供给板块构成的旅游功能系统概念。Sessa（1988）的旅游抽象系统模型认为旅游系统就是一个与区域全球化发展相联系的全球系统（global system）。吴必虎（1998；2001）提出旅游系统应包括客源市场系统、出行系统、目的地系统和支持系统四个组成部分，每个子系统又包括很多要素，这些要素相互作用、相互影响，从而构成特定的区域旅游系统。杨新军等（1998）将旅游功能系统作为分析市场导向下旅游规划的理论工具。

Leiper（1990）认为旅游系统要素包括旅游者、旅游客源地、交通通道和旅游目的地以及旅游产业要素（旅行社、航空公司、交通部门、宾馆、餐厅、娱乐部门等一切为旅游者提供服务的机构）。Gunn（1994）的区域旅游发展模型和旅游系统功能模型通过区分供给与需求来定义旅游系统，其区域旅游发展模型显示出旅游供给与需求是如何相互作用以促进区域旅游发展的。王家骏（1999）的旅游系统模型把旅游系统分为客源市场系统、目的地系统、出行系统和支持系统四个部分。D.A.Fennell（2002）的旅游要素系统模型认为旅游系统就是休闲—游憩—体验—度假—旅游共同构成的综合系统。王迪云（2006）的旅游耗散结构系统模型把旅游耗散结构与外部环境之间的各种交互作用综合定义为一个完整的旅游耗散结构系统。Walker 等（1999）的旅游发展模型包括了经济模型、资源需求模型、市场模型、旅游者行为模型。"六要素"旅游系统模型以旅游者为中心，将旅游者在旅游活动中的旅游行为归纳为"食、住、行、游、购、娱"六大要素子系统。"三体"旅游系统模型以旅游活动为中心，将旅游活动实施实现的所有影响因子概括为主体、客体和媒体三方面。杨桂华等（2000）及陈玲玲等（2012）提出了生态旅游"四体"系统模型。

此外，郭来喜（1982；1985；2000）、彭华（1995；1997；1999）、保继刚（1986）、孙多勇等（1990）、吴必虎（1998；1999）、吴人韦（1999）、刘锋（1999；2000）、钟韵和彭华（2001）等，从不同角度对旅游系统和生态旅游系统进行了不同程度的研究。2002 年，Gunn 提出了一个新的旅游功能系统模型，在此模型中，供给和需求两个最基本要素之间的相互匹配构成了生态旅游系统的基本结构，在供给子系统中，吸引物、促销、交通、信息和服务之间存在着相互依赖关系。黎雪琳等（2006）从系统工程角度出发认为旅游系统是由游客系统、旅游服务设施系统、生态系统和旅游管理者系统四部分组成。邓超颖、张建萍（2012）依据自组织理论和动力学基本原理构建了生态旅游可持续发展动力系统。

目前，我国最具代表性的生态旅游系统理论模型是杨桂华等（2000）及陈玲玲等（2012）提出的"四体"生态旅游系统模型，该模型认为生态旅游系统由主体（生态旅游者）、客体（生态旅游资源）、媒体（生态旅游业）和载体（生态旅游环境）四要素构成。覃建雄（2018）在杨桂花和陈玲琳成果的基础上，提出了生态旅游动力学系统的概念。这些成果为旅游高质量发展系统的提出奠定了理论基础和重要框架。

在未来旅游业发展的趋势上，随着科技的进步和消费者需求的不断升级，旅游业将朝着更加智能化、个性化、多元化的方向发展。一方面，大数据、人工智能等技术的应用将使得旅游服务更加精准、高效；另一方面，消费者对旅游体验的需求也将越来越高，这将推动旅游业不断创新，提供更加丰富多彩的旅游产品和服务。未来，旅游业需要不断创新与变革，以适应市场需求的变化和消费者的期望。

二、高质量发展要求下的旅游转型

在高质量发展要求下，旅游业的转型升级显得尤为重要。这一转型不仅涉及产业结构的优化，更关乎服务质量的提升、可持续发展理念的融入，以及科技创新的引领。

旅游业作为国民经济的重要支柱，其高质量发展对于推动经济持续增长、促进社会就业、提升人民生活水平具有重要意义。然而，随着全球旅游市场的竞争加剧和消费者需求的日益多样化，传统旅游业面临诸多挑战，如资源环境压力、服务质量参差不齐、创新能力不足等。因此，旅游业亟须进行转型升级，以适应高质量发展要求。

转型升级的首要任务是优化产业结构。这包括推动旅游产业从传统观光型向休闲度假型、文化体验型等多元化发展转变，以满足不同消费者的个性化需求。同时，应加大对旅游基础设施和公共服务的投入，提升旅游目的地的可进入性、可停留性和可体验性，为游客提供更加便捷、舒适的旅游环境。

服务质量的提升是旅游业转型升级的核心。在高质量发展阶段，游客对旅游服务的要求更加精细化、个性化。因此，旅游企业应注重提升员工素质，加强服务标准化建设，完善旅游服务质量评价体系，以确保游客能够享受到优质、高效的旅游服务。此外，旅游企业还应积极运用大数据、人工智能等现代信息技术，提高服务智能化水平，为游客提供更加便捷、个性化的服务体验。

可持续发展理念的融入是旅游业转型升级的必然要求。在旅游业快速发展的同时，资源环境压力也日益凸显。为实现旅游业的可持续发展，必须摒弃过度开发、粗放经营的传统模式，转向资源节约型、环境友好型的发展路径。这要求旅游企业加强生态环境保护，推广绿色旅游产品，引导游客树立绿色消费观念，共同推动旅游业与生态环境的和谐发展。

科技创新是旅游业转型升级的重要驱动力。随着科技的不断进步，尤其是互联网、大数据、人工智能等技术的广泛应用，为旅游业创新发展提供了有力支撑。旅游企业应积极拥抱科技变革，加强与科技企业的合作交流，探索旅游业与科技融合的新模式、新业态。通过科技创新，不仅可以提升旅游服务的质量和效率，还可以为游客带来更加新颖、有趣的旅游体验。

在高质量发展要求下，旅游业的转型升级需要从产业结构优化、服务质量提升、可持续发展理念融入和科技创新引领等多个方面入手。只有不断适应市场变化，满足游客需求，才能实现旅游业的持续健康发展，为推动经济社会全面进步做出更大贡献。

三、旅游高质量发展系统的提出

旅游高质量发展系统概念的提出是在国内外旅游业界及学术界对旅游业发展趋势和质量要求不断提升的背景下逐渐形成的。国内外研究背景的交会和融合，为旅游业高质量发展提供了丰富的理论支撑和实践指导。

（一）国内现实背景

首先是政策导向。近年来，中国政府高度重视旅游业的发展，出台了一系列旨在推动旅游业高质量发展的政策措施。这些政策不仅强调了旅游业在国民经济中的战略性地位，还提出了加强旅游公共服务、完善旅游设施、提升旅游品质等具体要求。例如，党中央首次以旅游发展为主题召开的重要会议，提出了完善现代旅游业体系、推动旅游业高质量发展的总体思路和重点任务，其中加强旅游公共服务工作、完善旅游公共服务体系是重要内容。

为了推动旅游业的高质量发展，国家和地方政府出台了一系列相关政策措施，涵盖了旅游服务的多个方面。具体主要包括优化旅游服务中心、加强线上信息服务、整合旅游信息资源、完善旅游交通设施、提升旅游交通服务、加强旅游应急救援、开展旅游惠民活动、改善旅游消费环境等方面。这些政策导向体现了国家对旅游业发展的高度重视和全面规划，旨在通过多方面措施，推动旅游业实现高质量发展，满足人民日益增长的美好生活需要。

其次是市场需求变化。随着中国经济的快速发展和人民生活水平的提高，旅游已经成为人民群众休闲娱乐、增长见识的重要方式。旅游散客化、消费大众化、出游个性化、需求品质化特征日益明显，人民群众对旅游公共服务有着越来越高的期待。游客对旅游产品的品质、服务、体验等方面的要求不断提高，促使旅游业必须向高质量发展方向转型。

旅游高质量发展的市场需求变化背景涉及经济增速变化、技术变革推动、消费群体细分、旅游市场变迁、生活方式转变、政策导向支持、供给结构优化和文旅深度融合等多个方面。这些变化为旅游业的发展带来了新的机遇和挑战，要求旅游业必须不断创新和优化，以满足市场需求，实现高质量发展。

最后是学术研究。旅游高质量发展的国内研究在于推动旅游业转型升级、提升旅游服务质量、促进旅游经济增长、增强旅游国际竞争力以及促进文化与旅游的深度融合，为实现旅游业的高质量发展提供理论支持和实践指导。随着中国经济的快速发展和人民生活水平的不断提高，旅游业已经成为国民经济战略性支柱产业，其发展质量不仅影响着产业本身的可持续性，也关乎国家经济结构的优化调整和社会就业的稳定增长。进入新时代，面对国内外环境的深刻变化，旅游业的发展正面临着新的机遇与挑战，高质量发展的议题越发凸显。

国内学术界对旅游业高质量发展的研究日益深入，从产业结构优化、创新能力提升、文旅融合、生态保护等多个角度探讨了旅游业高质量发展的路径和策略。研究表明，旅游业高质量发展水平总体呈现逐年上升趋势，但各省份之间旅游业高质量发展水平差异明显，未来提升旅游业高质量发展水平应重点从优化产业结构、提高旅游创新质量、深化文旅融合、加强生态保护等方面入手。

（二）国外发展环境

首先，联合国旅游组织质量支持委员会对旅游（产品）质量进行了界定，认为旅游质量是旅游过程的结果，这一结果意味着在可接受的价格水平上，符合相互接受的合同条款和基本的质量要素，如旅游产品和服务要具有功能安全性与心理安全性、可进入性、透明性和原真性等。这一定义强调了旅游产品质量的综合性和可持续性，为旅游业高质量发展提供了国际标准和参考。

其次，全球旅游业发展趋势要求旅游高质量发展。全球化、信息化和智能化是全球旅游业发展的重要趋势。随着科技的进步和互联网的发展，旅游业正经历着深刻的变革，包括旅游产品的创新、服务模式的转变以及营销策略的升级等。这些变革要求旅游业必须不断提升自身的竞争力和创新能力，以适应全球旅游业的发展趋势和市场需求。

最后，国际旅游市场竞争倒逼旅游高质量发展。国际旅游市场竞争日益激烈，各国都在努力提升本国旅游业的吸引力和竞争力。旅游业高质量发展成为各国旅游业发展的共同目标和追求。通过加强国际合作、推动旅游创新、提升旅游品质等方式，各国都在努力提升本国旅游业在全球旅游市场中的地位和影响力。

在全球旅游市场竞争日益激烈的背景下，我国旅游业面临着转型升级的迫切需求。传统的以数量扩张为主的粗放式发展模式已难以适应新时代的要求，而高质量发展则成了旅游业可持续发展的必然选择。因此，探究旅游高质量发展系统的实质，对于指导我国旅游业实现高质量发展具有重要的理论和实践意义。

第二节 旅游高质量发展系统概述

一、旅游高质量发展系统的定义

旅游高质量发展系统的核心在于创新驱动和持续优化。通过技术创新、管理创新和服务创新，不断推动旅游产业的转型升级，提高旅游产品和服务的附加值和竞争力。同时，加强政策引导和市场监管，营造公平竞争的旅游市场环境，保障旅游者和旅游经营者的合法权益。

旅游高质量发展系统是近年来旅游领域研究的热点之一，其实质在于构建一个综合旅游动力系统，以推动旅游业的持续、健康和高效发展。这一系统不仅关注旅游经济增长的数量，更强调质量和效益的提升，以及旅游产业结构的优化和升级。

旅游高质量发展系统是一个综合性的概念，它涉及旅游业的各个方面，包括经济、社会、环境等多个维度。这一系统以高质量发展为核心目标，致力于提升旅游业的整体竞争力和可持续发展能力。

在基本概念方面，旅游高质量发展系统强调的是一种全面、协调、可持续的发展理念。它不仅关注旅游业的经济效益，更注重旅游活动对社会文化、生态环境的综合影响。这种发展理念要求旅游业在保持快速增长的同时，必须兼顾质量效益、社会效益和生态效益，实现旅游业的全面进步和协调发展。

旅游高质量发展系统的内容涉及多个层面和维度，包括旅游资源的开发与保护、旅游产品的创新与提升、旅游市场的拓展与营销、旅游服务的完善与优化等。这些方面相互关联、相互影响，共同构成了旅游高质量发展系统的复杂网络。本章旨在通过深入分析这一系统的构成要素和运行机制，揭示其内在规律和发展趋势，为旅游业的高质量发展提供科学依据和策略建议。

旅游高质量发展系统的特点主要体现在以下几个方面：一是创新性，即系统不断创新发展模式，推动旅游业转型升级；二是协调性，即系统内部各要素之间保持协调发展，形成优势互补、良性互动的格局；三是绿色性，即系统坚持绿色发展理念，注重生态环境保护，实现旅游业与生态环境的和谐发展；四是开放性，即系统积极融入全球旅游市场，加强国际合作与交流，提升旅游业的国际竞争力；五是共享性，即系统坚持以人为本，让旅游发展的成果更多更公平地惠及全体人民。

在构成要素方面，旅游高质量发展系统主要包括旅游资源、旅游市场、旅游产业、旅游环境等多个要素。这些要素之间相互关联、相互影响，共同构成了一个有机的整体。其中，旅游资源是旅游业发展的基础，旅游市场是旅游业发展的导向，旅游产业是旅游业发展的主体，旅游环境则是旅游业发展的重要保障。

数字经济在旅游高质量发展系统中也扮演着重要的角色。数字技术的应用为旅游业的高质量发展提供了新的动力和支撑。通过大数据、云计算、移动互联网等技术的运用，可以实现旅游资源的优化配置、旅游市场的精准营销、旅游产业的智能化升级以及旅游环境的实时监测与保护。

旅游高质量发展系统是一个以高质量发展为核心目标，包含多个维度和要素的综合性系统。它强调全面、协调、可持续的发展理念，注重创新、协调、绿色、开放和共享的特点，并依赖于数字经济的支撑和推动。通过不断优化和完善这一系统，可以推动旅游业实现更高质量、更有效率、更加公平、更可持续的发展。

二、旅游高质量发展系统的内涵

（一）发展理念阐释

在深入探讨旅游高质量发展系统的内涵时，发展理念的阐释显得尤为重要。这些理念不仅为旅游业的持续发展提供了指导原则，还反映了行业对社会责任和环境保护的深刻认识。以下是对旅游高质量发展系统所秉承的几个核心发展理念的详细阐释。

可持续发展理念是旅游高质量发展系统的基石。在旅游业快速增长的背景下，如何平衡经济效益、社会福祉和生态环境之间的关系成了一个亟待解决的问题。可持续发展理念强调在满足当代人旅游需求的同时，不损害未来世代满足其需求的能力。这意味着旅游业的发展必须建立在生态环境保护的基础之上，确保自然和文化资源的永续利用。为了实现这一目标，旅游高质量发展系统注重规划先行，科学布局旅游项目，避免过度开发和无序竞争。同时，通过推广绿色旅游、生态旅游等新型旅游方式，引导游客形成文明、环保的旅游习惯，共同维护旅游目的地的生态环境。

创新驱动理念为旅游高质量发展系统注入了源源不断的动力。在全球化、信息化的时代背景下，旅游业正面临着前所未有的变革。传统的旅游产品和服务已经难以满足日益多样化的市场需求，因此，创新成了推动旅游业高质量发展的关键所在。创新驱动理念鼓励旅游业者积极探索新技术、新模式和新业态，以创新的思维和手段解决行业发展中的瓶颈问题。例如，通过运用大数据、人工智能等现代信息技术，提升旅游服务的智能化水平；通过开发特色旅游线路和产品，满足游客个性化、体验化的需求；通过跨界融合，打造"旅游＋文化""旅游＋体育"等多元化业态，拓展旅游业的发展空间。

除了可持续发展和创新驱动，共享发展理念也是旅游高质量发展系统不可或缺的一部分。旅游业是一个具有高度关联性和综合性的产业，其发展成果应该惠及全社会。共享发展理念强调旅游业在创造经济效益的同时，也要关注社会公平和民生福祉。为了实现这一目标，旅游高质量发展系统积极推动旅游产业与相关产业的融合发展，带动地区经济的整体提升。同时，通过完善旅游基础设施和公共服务体系，提高旅游目的地的可进入性、可停留性和可体验性，让更多人能够享受到旅游业发展带来的红利。此外，还要注重保护当地居民的合法权益，尊重他们的文化传统和生活方式，确保他们能够从旅游业发展中获得实实在在的利益。

旅游高质量发展系统所秉承的发展理念是多维度的、全方位的，它们共同构成了推动旅游业高质量发展的思想基础。在未来的发展中，只有深入贯彻落实这些理念，才能确保旅游业的持续健康发展，为社会经济文化的全面进步贡献更大的力量。

（二）发展目标设定

在旅游高质量发展系统的内涵中，发展目标的设定是至关重要的环节。这些目标不仅指引着旅游业的进步方向，还衡量着发展成果的优劣。旅游高质量发展系统的发展目标涵盖了多个层面，其中经济效益、社会效益和生态效益是核心组成部分。

经济效益是旅游高质量发展系统的首要目标。旅游业的繁荣对于促进经济增长、增加就业机会具有显著作用。通过提升旅游产品和服务的品质，吸引更多国内外游客，从而增加旅游收入，推动相关产业的协同发展。同时，旅游业还能带动地区经济的均衡发展，缩小城乡差距，提高居民收入水平。

社会效益是旅游高质量发展系统不可或缺的目标。旅游业的发展应致力于提升社会文明程度，丰富人们的精神文化生活。通过旅游活动，人们可以增进对不同文化的理解和尊重，促进文化交流与融合。此外，旅游业还应关注弱势群体的旅游需求，提供无障碍旅游服务，让更多人享受到旅游带来的乐趣和益处。

生态效益是旅游高质量发展系统必须重视的目标。旅游业的发展应与生态环境保护相协调，实现绿色发展、可持续发展。在旅游资源开发过程中，应严格遵守生态保护原则，避免对自然环境造成破坏。同时，推广生态旅游、低碳旅游等环保理念，引导游客文明旅游、绿色消费。通过旅游业的可持续发展，为子孙后代留下宝贵的自然和文化遗产。

为了实现这些发展目标，旅游高质量发展系统需要采取一系列措施。例如，加强旅游基础设施建设，提高旅游服务的质量和效率；推动旅游产业创新发展，打造特色旅游产品，提升市场竞争力；加强旅游市场监管，保障游客权益和旅游市场秩序；加强旅游人才培养和引进，为旅游业发展提供有力的人才支撑。

旅游高质量发展系统的发展目标设定是一个综合性、多层次的过程。通过明确经济效益、社会效益和生态效益等核心目标，并采取相应的实施措施，可以推动旅游业实现全面、协调、可持续的发展，为社会经济的繁荣和人民生活的改善作出积极贡献。

（三）发展路径选择

在旅游高质量发展系统的内涵探讨中，发展路径的选择显得尤为关键。它不仅是实现旅游发展目标的桥梁，更是推动旅游业持续、健康发展的重要保障。因此，本节将深入剖析旅游高质量发展路径的选择依据，并提出切实可行的策略建议。

1.路径选择依据

旅游高质量发展路径的选择，首先需要立足于旅游业的实际情况和发展趋势。具体而言，应综合考虑以下几个方面。

（1）市场需求与变化：随着经济社会的发展和人们生活水平的提高，旅游市场需求呈现出多样化、个性化的特点。因此，在选择发展路径时，必须充分考虑市场需求的变化，以满足游客的多元化需求为出发点和落脚点。

（2）资源禀赋与特色：不同地区的旅游资源禀赋和特色各异，这是选择发展路径的重要依据。应依托当地独特的旅游资源，打造具有地方特色的旅游产品，从而形成竞争优势，提升旅游发展的质量和效益。

（3）技术进步与创新：现代科技的发展为旅游业带来了前所未有的机遇。通过运用大数据、云计算、物联网等先进技术，可以实现旅游服务的智能化、便捷化，提升游客体验。因此，在选择发展路径时，应重视技术进步与创新的作用，推动旅游业与科技深度融合。

（4）生态环境与保护：旅游业的发展必须与生态环境保护相协调。在选择发展路径时，应坚持绿色发展理念，注重生态环境保护与修复，实现旅游业的可持续发展。

2.具体路径与策略

基于上述分析，实现旅游高质量发展目标的具体路径与策略如下。

（1）优化旅游产品结构：针对市场需求的变化，应调整和优化旅游产品结构。一方面，丰富旅游产品体系，开发多样化的旅游产品，如文化旅游、生态旅游、乡村旅游等；另一方面，提升旅游产品品质，注重细节和服务质量，打造精品旅游产品。

（2）加强旅游基础设施建设：完善的基础设施是旅游业高质量发展的基石。应加大投入力度，加强旅游交通、住宿、餐饮等基础设施建设，提高旅游接待能力和服务水平。同时，推进智慧旅游建设，运用现代科技手段提升旅游服务效率和质量。

（3）推动旅游产业融合发展：旅游产业具有较强的关联性和带动作用。应积极推动旅游产业与其他相关产业的融合发展，如文化、农业、体育等，形成旅游产业链和产业集群，提高旅游产业的整体竞争力和综合效益。

（4）强化旅游市场营销推广：有效的市场营销推广是提升旅游知名度和影响力的关键。应充分利用互联网、社交媒体等新媒体平台，加强旅游宣传和推广工作。同时，开展丰富多样的旅游节庆活动、特色旅游线路推广等，吸引更多游客前来旅游消费。

（5）加强旅游人才队伍建设：高素质的人才是旅游业高质量发展的核心保障。应重视旅游人才的培养和引进工作，建立完善的人才激励机制和培训体系。同时，加强与高校、科研机构等的合作与交流，推动旅游人才队伍的优化和升级。

三、系统要素及结构框架

（一）系统要素组合

在构建旅游高质量发展系统的过程中，关键要素的识别与分析是至关重要的。这些要素不仅单独影响着旅游的发展质量，而且彼此之间相互关联、相互制约，共同构成了一个复杂的系统。以下是对旅游高质量发展系统关键要素的详细分析。

旅游资源作为旅游业发展的基础，其质量、独特性以及可持续性对于旅游高质量发展具有决定性影响。高质量的旅游资源能够吸引更多游客，提升旅游目的地的知名度和竞争力。同时，旅游资源的可持续性也是确保旅游业长期稳健发展的关键。

旅游环境同样是旅游高质量发展系统不可或缺的一部分。它既包括自然环境，如气候、空气质量、水质等，也包括社会环境，如政策法规、市场秩序、文化氛围等。良好的旅游环境能够为旅游者营造舒适、安全的旅游氛围，增强其旅游体验的深度和广度。同时，优美的自然环境和和谐的社会环境也是吸引旅游者的重要因素，对于提升旅游目的地的综合竞争力具有积极意义。

服务质量是评价旅游高质量发展水平的另一重要指标。优质的服务能够提升游客满意度，进而促进游客的忠诚度和口碑传播。服务质量涵盖了旅游过程中的各个环节，包括交通、住宿、餐饮、导游服务等。每一个环节的服务质量都直接影响着游客的整体旅游体验。

除了旅游资源和服务质量，旅游设施也是旅游高质量发展系统中不可或缺的要素。完善的旅游设施能够为游客提供更加便捷、舒适的旅游环境，从而提升游客满意度。旅游设施包括交通设施、住宿设施、娱乐设施等，这些设施的建设和管理水平直接影响着旅游业的发展质量。

旅游政策与法规也是影响旅游高质量发展的重要因素。合理的旅游政策能够引导旅游业朝着更加健康、可持续的方向发展，而完善的法规体系则能够规范旅游市场秩序，保障游客权益，提升旅游业整体形象。

在旅游高质量发展系统中，还有一个不可忽视的要素是旅游人才。高素质的旅游人才是推动旅游业高质量发展的关键力量。他们不仅具备专业的知识和技能，还能够不断创新，为旅游业注入新的活力和动力。

旅游高质量发展系统的关键要素包括旅游资源、服务质量、旅游设施、旅游政策与法规以及旅游人才。这些要素相互依存、相互影响，共同构成了旅游高质量发展的支撑体系。在未来的旅游业发展中，应更加注重这些要素的协同作用，以实现旅游业的持续、健康、高质量发展。同时，还需不断适应市场变化和游客需求的变化，对旅游高质量发展系统进行持续优化和完善，以更好地满足人民群众对美好生活的向往和追求。

（二）系统结构框架

深入分析旅游高质量发展系统的关键要素的目的是要构建一个完整且高效的旅游高质量发展系统框架。此框架不仅整合了旅游资源、服务质量等核心要素，还融入了创新、协调、绿色、开放、共享的发展理念，以确保旅游业的持续进步与全面提升。

1. 核心理念层

旅游高质量发展系统的构建，首先需要确立明确的发展理念。在此框架中，核心理念层居于中心地位，为整个系统提供价值导向和行动指南。具体而言，该层次强调以下几点。

（1）创新驱动：鼓励旅游业在技术、管理、服务等方面进行创新，以适应市场变化和游客需求。

（2）协调发展：注重旅游业与区域经济、社会文化等各方面的协调发展，实现互利共赢。

（3）绿色生态：坚持绿色发展理念，保护自然生态环境，推动旅游业与生态环境的和谐共生。

（4）开放合作：积极拓展国际旅游市场，加强国际合作与交流，提升旅游业的国际竞争力。

（5）共享成果：确保旅游业发展成果惠及广大民众，提高游客满意度和居民获得感。

2. 要素支撑层

围绕核心理念层，要素支撑层为旅游高质量发展系统提供坚实的基础。这一层次主要包括以下几个方面。

（1）旅游资源开发与保护：合理开发旅游资源，同时注重资源保护，确保旅游资源的可持续利用。

（2）旅游设施建设与服务提升：完善旅游基础设施和公共服务设施，提高旅游服务质量和效率。

（3）旅游市场监管与规范：加强旅游市场监管，规范旅游市场秩序，保障游客合法权益。

（4）旅游人才培养与引进：重视旅游人才培养和引进工作，提高旅游业从业人员的专业素质和服务水平。

（5）旅游科技创新与智慧旅游：推动旅游科技创新，发展智慧旅游，提升旅游业的科技含量和创新能力。

3. 实践操作层

实践操作层是旅游高质量发展系统的具体实施环节。在这一层次中，各相关部门和企业需根据核心理念层和要素支撑层的指导，制定详细的发展规划和实施方案。具体而言，应关注以下几个方面。

（1）制定旅游高质量发展规划：结合地区实际和市场需求，制定科学合理的旅游高质量发展规划。

（2）实施旅游项目与投资计划：策划并实施具有市场前景和潜力的旅游项目，吸引社会资本投入旅游业发展。

（3）加强旅游宣传与营销推广：通过多种渠道和方式宣传地区旅游资源和产品，提高市场知名度和美誉度。

（4）开展旅游合作与交流活动：积极参与国内外旅游合作与交流活动，拓宽合作领域和渠道，提升地区旅游业的影响力。

（5）监测评估与持续改进：建立旅游高质量发展监测评估机制，定期对旅游业发展情况进行评估分析，及时发现问题并采取改进措施。

通过构建包含核心理念层、要素支撑层和实践操作层的完整且高效的旅游高质量发展系统框架，可以为旅游业的持续进步与全面提升提供有力的支撑和保障。

第三节 系统构建的学理基础

一、系统动力学原理

系统动力学，作为一种研究复杂系统动态行为的方法论，强调系统内部各要素之间的相互作用和反馈机制。其基本原理主要包括系统的整体性、动态性、反馈性和非线性等特性。在旅游高质量发展动力学系统的构建中，这些原理发挥着至关重要的作用。

系统动力学的整体性原理要求将旅游高质量发展视为一个整体系统，而非孤立、分散的各个部分。这一原理强调系统内各要素之间的相互关联和协同作用，共同推动旅游高质量发展的进程。例如，在旅游高质量发展动力学系统中，旅游资源、旅游市场、旅游产业等多个要素相互依存、相互影响，共同构成了一个有机的整体。

动态性原理是系统动力学的核心思想之一。它强调系统状态随时间的推移而不断变化，这种变化既可能是渐进的，也可能是突变的。在旅游高质量发展动力学系统中，各种内外部因素的不断变化会对系统产生持续的影响，从而引发系统状态的动态调整。因此，需要密切关注系统的动态变化，及时调整相关策略和措施，以适应不断变化的市场环境和发展需求。

反馈性原理是系统动力学中的重要机制。它指的是系统输出与输入之间的相互作用关系，即系统的输出结果会反过来影响系统的输入，从而形成一个闭环的反馈过程。在旅游高质量发展动力学系统中，这种反馈机制表现为旅游市场的供需关系、旅游资源的开发与保护之间的平衡等。通过建立有效的反馈机制，可以及时发现并纠正系统运行中的偏差和问题，确保旅游高质量发展动力学系统的稳定和可持续发展。

非线性原理也是系统动力学中不可忽视的一个方面。它指的是系统各要素之间的相互作用并非简单的线性叠加关系，而是存在着复杂的非线性关系。这种非线性关系可能导致系统出现意想不到的行为和结果。在旅游高质量发展动力学系统中，各种因素之间的非线性相互作用使得系统的发展轨迹充满了不确定性和挑战性。因此，需要充分认识到这种非线性关系的存在，以更加开放和包容的态度面对系统发展中可能出现的各种情况和问题。

系统动力学的基本原理和方法为旅游高质量发展动力学系统的构建提供了有力的理论支撑。通过运用这些原理和方法，可以更加深入地理解旅游高质量发展的内在机制和动力源泉，为制定更加科学、合理的旅游发展策略和措施提供有力的依据。同时，这些原理和方法也可以帮助更好地应对旅游高质量发展中可能出现的各种挑战和问题，推动旅游事业实现更加全面、协调、可持续的发展。

二、系统的作用机制

（一）机制内涵与外在表现

旅游高质量发展系统的作用机制，是一个深入且多维度的概念，它涉及系统内各要素之间的相互作用、相互影响以及由此产生的整体效应。机制的内涵和外在表现共同构成了这一作用机制的完整框架。

从机制的内涵来看，旅游高质量发展系统的作用机制主要体现在以下几个方面：一是各构成要素之间的协同作用。旅游高质量发展系统包含诸多要素，如旅游资源、旅游市场、旅游设施、旅游服务等，这些要素之间通过相互关联、相互制约，形成一个有机的整体。协同作用是这些要素之间产生"1+1>2"效应的关键，也是推动系统高质量发展的内在动力。二是系统的动态平衡。旅游高质量发展系统是一个动态变化的系统，它需要在不断变化的环境中保持自身的平衡和稳定。这种动态平衡不仅体现在系统内部各要素之间的平衡，也体现在系统与外部环境之间的平衡。三是持续的创新和优化。旅游高质量发展系统需要不断创新和优化，以适应市场需求的变化和产业升级的趋势。这种创新和优化包括技术创新、管理创新、服务创新等多个方面，是推动系统高质量发展的关键路径。

从机制的外在表现来看，旅游高质量发展系统的作用机制主要体现在旅游产业的发展质量上。首先，它表现为旅游产业的经济效益和社会效益的显著提升。通过高质量发展，旅游产业能够创造更多的经济价值，同时带动相关产业的发展，为社会提供更多的就业机会。同时，旅游产业的社会效益也会得到显著提升，如提高人们的生活质量、推动文化交流与传承等。其次，它表现为旅游产业的可持续性和韧性的增强。高质量发展要求旅游产业在发展过程中注重生态环境保护、资源合理利用等方面的问题，从而实现产业的可持续发展。同时，通过构建完善的应对机制，旅游产业能够更好地应对各种风险和挑战，展现出更强的韧性。

总的来说，旅游高质量发展系统的作用机理是一个复杂而深刻的概念，它既有内在的协同作用、动态平衡和创新优化等内涵，也有外在的经济效益和社会效益提升、可持续性和韧性增强等表现。这些内涵和外在表现共同构成了旅游高质量发展系统作用机理的完整框架，为推动旅游产业的高质量发展提供了重要的理论支撑和实践指导。

（二）系统运行机制

在旅游高质量发展系统中，运行机制扮演着至关重要的角色，它决定了系统是否能够高效、稳定地运行。本部分将深入探究旅游高质量发展系统的运行机制，重点围绕运行机制和协同机制展开分析。

运行机制是推动旅游高质量发展系统持续演进的核心力量。在旅游行业中，运行机理主要源于市场需求、政策引导以及技术创新等多个方面。市场需求作为最直接的动力，随着消费者对旅游品质和服务要求的不断提升，推动着旅游业向更高质量、更个性化的方向发展。政策引导则通过制定相关法规和标准，为旅游业高质量发展提供有力的制度保障和指引。技术创新则是旅游业高质量发展的关键驱动力，通过引入新技术、新业态，不断提升旅游产品和服务的科技含量和附加值，从而推动整个行业的升级换代。

协同机制则是保障旅游高质量发展系统各要素之间协调配合、形成合力的关键。在旅游业中，协同机制主要体现在产业协同、区域协同以及跨部门协同等多个层面。产业协同要求旅游业内部各个子行业之间加强合作，形成完整的产业链条，共同提升旅游产品和服务的整体质量。区域协同则强调不同地区之间旅游资源的互补和协同发展，通过打破地域壁垒，实现旅游资源的优化配置和共享。跨部门协同则要求政府、企业、社会等各方力量加强沟通与协作，共同解决旅游业发展中遇到的各类问题，推动旅游业实现高质量发展。

在运行机制和协同机制的共同作用下，旅游高质量发展系统得以持续、稳定地运行。然而，这并不意味着系统的运行机制是固定不变的。相反，随着外部环境的变化和内部要素的调整，旅游高质量发展系统的运行机制也需要不断地进行优化和完善。例如，面对全球旅游业竞争日益激烈的形势，我国旅游业需要进一步加强创新驱动，通过研发新产品、新业态，提升旅游业的国际竞争力。同时，还需要加强政策引导和监管力度，确保旅游业在追求经济效益的同时，不忘社会责任和环境保护，实现可持续发展。

旅游高质量发展系统的运行机理是一个复杂而动态的过程，它涉及多个方面的因素和多个层面的协同作用。只有深入理解并不断优化这些运行机制，才能推动旅游业实现更高质量、更可持续的发展。

三、系统的动力机制

（一）内部动力

在旅游高质量发展系统中，内部动力是推动系统持续演进和发展的核心力量。这些动力源自系统内部各要素之间的相互作用和影响，共同构成了系统发展的内在逻辑和机制。

旅游资源禀赋是旅游高质量发展系统的基石。一个地区拥有丰富的自然和人文旅游资源，能够吸引大量游客前来观光游览，从而推动旅游产业的快速发展。这些资源的独特性、稀缺性和吸引力，成为系统内部的重要动力，不断激发旅游市场的活力和潜力。

旅游市场需求是系统发展的另一重要内部动力。随着人们生活水平的提高和消费观念的转变，旅游已经成为人们休闲娱乐、放松身心的重要方式。不同层次的游客对旅游产品和服务的需求日益多样化、个性化，这要求旅游高质量发展系统必须不断创新和优化，以满足市场的多元化需求。这种需求拉动效应，推动了系统内部的不断升级和完善。

旅游产业结构的优化升级也是系统内部的重要动力之一。随着旅游市场的不断扩大和旅游产业的深入发展，旅游产业结构逐渐从单一的观光旅游向休闲度假、文化体验、生态旅游等多元化方向发展。这种结构优化升级不仅提高了旅游产业的附加值和竞争力，也为系统内部的创新发展提供了有力支撑。

科技创新在旅游高质量发展系统内部动力中也占据着重要地位。互联网、大数据、人工智能等新一代信息技术的广泛应用，为旅游产业的创新发展提供了强大动力。通过科技创新，可以实现旅游资源的智能化管理、旅游服务的个性化定制、旅游营销的精准化推广等，从而提升旅游高质量发展系统的整体效能和竞争力。

政策环境也是影响旅游高质量发展系统内部动力的重要因素。政府对旅游产业的政策扶持、法规保障以及基础设施建设等方面的投入，为旅游高质量发展提供了良好的外部环境和条件。这些政策措施的落地实施，能够激发系统内部的创新活力和发展潜力，推动旅游产业实现更高质量的发展。

旅游高质量发展系统的内部动力主要源自旅游资源禀赋、旅游市场需求、旅游产业结构优化升级、科技创新以及政策环境等多个方面。这些要素之间相互作用、相互影响，共同推动了旅游高质量发展系统的持续演进和发展。

（二）外部动力

在旅游高质量发展系统的动力机制中，外部环境起着至关重要的推动作用，同时也带来了一系列的挑战。这些外部动力因素包括但不限于政策环境、市场需求、科技创新以及国际旅游发展趋势等。

政策环境是旅游高质量发展系统的重要外部动力。政府的旅游政策、法规以及相关规划不仅为旅游业提供了发展的方向和指引，还通过财政支持、税收优惠等措施为旅游业创造了良好的发展环境。例如，政府推动的旅游产业升级政策，旨在提升旅游服务质量和效益，促进旅游业与相关产业的融合发展，从而为旅游高质量发展系统注入了强大的动力。然而，政策环境的变化也可能对旅游高质量发展系统带来挑战，如政策调整可能导致旅游业发展方向的不确定性，需要系统具备足够的灵活性和适应性来应对。

市场需求是另一个关键的外部动力因素。随着消费者旅游需求的日益多样化和个性化，旅游业需要不断创新和升级以满足市场需求。这种市场需求的变化推动了旅游高质量发展系统不断优化旅游产品、提升服务质量，并加强与相关产业的协同发展。然而，市场需求的波动性和不确定性也可能给系统带来风险，如旅游淡旺季的明显差异、突发事件对旅游市场的冲击等，都需要系统具备强大的抗风险能力和快速响应机制。

科技创新对旅游高质量发展系统的推动作用日益显著。信息技术、大数据、人工智能等先进科技在旅游业中的广泛应用，不仅提高了旅游服务的智能化和便捷化程度，还为旅游业带来了新的发展模式和商业机会。例如，智慧旅游平台的兴起为游客提供了更加个性化的旅游体验，同时也为旅游企业提供了精准的市场营销和数据分析工具。然而，科技创新也带来了新的挑战，如数据安全、隐私保护等问题需要系统给予足够的关注和应对。

国际旅游发展趋势也是不可忽视的外部动力因素。随着全球化的深入发展，国际旅游市场的竞争日益激烈，各国都在积极推动旅游业的高质量发展以提升国际竞争力。这种国际竞争态势促使旅游高质量发展系统不断吸收国际先进经验和技术，加强与国际旅游市场的联系和合作。同时，国际旅游市场的波动和不确定性也可能对系统产生影响，如国际政治经济环境的变化、跨国旅游合作的复杂性等都需要系统具备全局视野和应对策略。

外部环境对旅游高质量发展系统既具有推动作用又带来挑战。系统需要充分把握外部动力因素带来的机遇，积极应对挑战，以实现持续、健康、高质量的发展。

第四节 系统构建思路及路径

一、构建思路

旅游高质量发展系统的构建需要从明确发展目标、分析发展要素、制定发展战略、实施行动计划、构建保障体系以及持续监测与评估等多个方面入手，形成一套完整、科学、有效的系统框架。旅游高质量发展系统的构建是一个复杂而系统的工程，它涉及多个方面和层面的协同与整合。以下是一套构建旅游高质量发展系统的思路。

（一）明确发展目标

需要明确旅游高质量发展的目标，这包括提升旅游业的经济贡献度、增强游客满意度、促进文化交流和传承、推动生态保护和可持续发展等方面。

（二）分析发展要素

市场机会：深入研究旅游市场的发展趋势和游客需求，把握市场机会，为旅游高质量发展提供方向。

资源能力：评估旅游资源的丰富程度、独特性和开发潜力，以及旅游业的基础设施、服务能力和管理水平。

竞争优势：分析旅游业在市场竞争中的优势和劣势，明确自身的定位和发展方向。

利益相关者：识别旅游活动的利益相关者，包括政府、企业、游客、社区等，并协调他们的利益诉求。

（三）制定发展战略

根据发展目标和分析结果，制定旅游高质量发展的战略。这包括：

深化供给侧结构性改革：提供更多优质旅游产品和服务，加强区域旅游品牌和服务整合，完善现代旅游业体系。

推动旅游业与其他产业融合发展：如"旅游+""+旅游"，通过与其他产业的融合，拓展旅游业的产业链和价值链。

提升旅游服务质量：加强旅游从业人员的培训和管理，提高服务水平和质量，满足游客的多样化需求。

强化科技创新：利用数字化、网络化、智能化等技术手段，提升旅游业的智能化水平和运营效率。

（四）实施行动计划

完善旅游基础设施：加强交通、住宿、餐饮等基础设施建设，提升旅游服务的便捷性和舒适度。

优化旅游产品结构：开发多样化的旅游产品，满足游客的不同需求，如休闲度假、文化旅游、生态旅游等。

加强旅游市场监管：建立健全旅游市场监管体系，加强执法检查，维护旅游市场秩序和游客权益。

推动生态文明建设：坚持绿色、可持续发展观，大力推进生态旅游发展，保护生态环境和自然景观。

（五）构建保障体系

政策法规体系：建立健全与旅游高质量发展相适应的政策法规体系，为旅游业的发展提供法律保障和政策支持。

人才保障体系：加强旅游人才的培养和引进，建立一支高素质、专业化的旅游人才队伍。

资金保障体系：加大资金投入，支持旅游基础设施建设和旅游产品开发，推动旅游业的快速发展。

（六）持续监测与评估

建立旅游高质量发展的监测和评估体系，定期对旅游业的发展状况进行评估和分析，及时发现问题并采取措施加以解决。同时，根据市场变化和游客需求的变化，不断调整和优化旅游高质量发展的战略和行动计划。

二、系统框架设计

在旅游高质量发展动力学系统的构建过程中，系统框架设计是至关重要的一环。这一环节不仅关乎整个系统的稳定性和运行效率，更直接影响着旅游高质量发展的实现路径和成效。因此，必须精心设计系统框架，以确保各要素之间的协调与配合，共同推动旅游业的持续健康发展。

需要明确旅游高质量发展动力学系统的核心构成要素。这些要素包括但不限于旅游资源、市场需求、政策环境、科技创新以及人才支撑等。每一个要素都在系统中扮演着重要的角色，共同构成了一个复杂而有序的动力学体系。

在明确了核心构成要素之后，接下来的任务是确立这些要素之间的关系。这种关系并非简单的线性联系，而是呈现出多维度的交互作用。例如，旅游资源的丰富程度直接影响着市场需求的大小，而市场需求的变动又会反过来影响旅游资源的开发和利用方式。同样，政策环境的变化会对科技创新和人才支撑产生深远影响，进而作用于旅游资源和市场需求。

为了更直观地展现这些关系，可以借助图表、模型等可视化工具进行系统框架的绘制。在这个过程中，需要特别注意保持整体框架的清晰性和逻辑性，以便后续的分析和优化工作能够顺利进行。

完成了系统框架的初步设计后，我们还需要对其进行验证和优化。这一步骤的目的是确保所设计的框架能够真实反映旅游高质量发展动力学系统的实际运行状况，并具备足够的灵活性和适应性以应对未来的变化和挑战。为此，我们可以采用案例分析、数据模拟等方法对框架进行实证检验，并根据检验结果进行相应的调整和完善。

通过上述步骤，可以逐步构建出一个科学、合理且实用的旅游高质量发展动力学系统框架。这个框架不仅能够帮助全面了解旅游业的发展现状和趋势，还能为政策制定、战略规划以及实践操作提供有力的支持和指导。最终，它将推动旅游业实现更高质量、更可持续的发展，为经济社会的全面进步做出积极贡献。

三、关键要素识别与优化

在旅游高质量发展动力学系统的构建过程中，关键要素的识别与优化是至关重要的环节。这些要素不仅直接影响着系统运行的效率和效果，更是决定旅游高质量发展能否实现的关键因素。

（一）关键要素的识别

在识别关键要素时，需要综合考虑旅游高质量发展的各个方面，包括但不限于旅游资源、旅游市场、旅游服务、旅游管理以及旅游环境等。每一个方面都有其独特的地位和作用，共同构成了旅游高质量发展动力学系统的核心框架。

（1）旅游资源的识别：旅游资源是旅游发展的基础，其质量和特色直接决定了旅游产品的吸引力和竞争力。因此，我们需要对旅游资源进行全面的调查和评估，明确其类型、分布、特点以及开发潜力，为后续的优化和利用提供有力支持。

（2）旅游市场的识别：旅游市场是旅游发展的导向，其需求和变化直接影响着旅游产品的开发和营销策略。需要密切关注市场动态，了解游客的需求偏好和消费趋势，以便及时调整产品结构和市场策略，满足市场的多元化需求。

（3）旅游服务的识别：旅游服务是旅游发展的核心，其质量和水平直接影响着游客的满意度和忠诚度。我们需要对旅游服务进行全方位的评估和提升，包括服务态度、服务效率、服务质量以及服务创新等方面，努力打造高品质的旅游服务体系。

（4）旅游管理的识别：旅游管理是旅游发展的保障，其科学性和规范性直接关系到旅游行业的健康有序发展。我们需要加强管理制度的建设和完善，提高管理效率和水平，确保旅游行业的规范运行和持续发展。

（5）旅游环境的识别：旅游环境是旅游发展的依托，其优美度和舒适度直接影响着游客的旅游体验和满意度。我们需要注重生态环境的保护和改善，加强旅游设施的建设和完善，营造宜居宜游的旅游环境。

（二）关键要素的优化

在识别出关键要素后，需要针对这些要素提出具体的优化措施，以促进系统的高效运行。这些措施应围绕提升旅游资源品质、拓展旅游市场空间、提高旅游服务水平、加强旅游管理效能以及改善旅游环境等方面展开。

（1）提升旅游资源品质：通过深入挖掘旅游资源的文化内涵和特色价值，加大资源的整合和开发力度，打造一批具有地方特色和市场竞争力的旅游产品。同时，注重资源的保护和可持续利用，确保旅游资源的永续发展。

（2）拓展旅游市场空间：通过多元化的营销策略和渠道拓展，扩大旅游市场的覆盖面和影响力。加强与国内外旅游机构的合作与交流，推动旅游产品的国际化发展。同时，关注新兴市场和消费群体，开发符合其需求的旅游产品。

（3）提高旅游服务水平：加强旅游从业人员的培训和管理，提高其专业素质和服务意识。推动旅游服务的标准化和规范化发展，建立健全服务质量监控和反馈机制。鼓励创新服务模式和技术应用，提升旅游服务的智能化和便捷化水平。

（4）加强旅游管理效能：完善旅游管理制度和法规体系，确保各项政策的落实和执行效果。加强行业监管和加大执法力度，打击违法违规行为，维护市场秩序和消费者权益。推动旅游行业的信息化和数字化发展，提高管理效率和决策水平。

（5）改善旅游环境：重视生态环境的保护和修复工作，加强对旅游景区的环境监测和管理。树立绿色旅游和低碳旅游的发展理念，倡导文明旅游和环保行为。加强旅游设施的建设和完善工作，提高旅游景区的可进入性、可停留性和可体验性。

通过关键要素的识别与优化工作，可以进一步完善旅游高质量发展动力学系统的构建工作，推动旅游行业的持续健康发展。

第五节　旅游高质量发展系统建模

一、旅游高质量发展系统建模

旅游高质量发展系统的最大特征是强调系统的能量守恒与动力学特点，即构成旅游高质量发展大系统的各个子系统之间相互作用、相互影响所形成的完全不同的全新动力学系统——旅游高质量发展动力学系统，一个完整的旅游耗散的结构系统。旅游高质量发展系统中不同子系统及其变量和影响因子之间的相互作用，会产生不同类型、方式和程度的动力学效果，可以用端元函数来表达彼此之间的动力学关系。

旅游高质量发展的实施和实现，要求从全域、动态的理念和系统理论视角对旅游高质量发展动力学系统进行研究和指导。旅游高质量发展动力学系统包含高质量旅游主体（H）、高质量旅游客体（O）、高质量旅游媒体（M）和高质量旅游载体（E）四个子系统。其中，高质量旅游主体子系统是驱动旅游高质量动力学系统发展变化的驱动力，主要依托客源地高质量游客群主动到客源地区进行旅游活动，故称为高质量旅游消费动力学子系统；高质量旅游客体子系统是旅游高质量动力学系统发展的前提和基础，没有高质量旅游客源地吸引力就没有高质量旅游发生的前提，亦称为高质量旅游吸引力子系统；高质量旅游媒体子系统是旅游高质量发展动力学系统运行的支持保障，没有高质量旅游企事业就很难实现高质量旅游客源地与旅游目的地之间的互动，也称为高质量旅游支持动力学子系统；高质量旅游载体子系统则是旅游高质量发展系统实施与实现的背景支撑和环境条件，没有高质量的旅游发展环境作为背景和条件旅游高质量发展动力学系统则难以实现，也称为高质量旅游环境动力学子系统。具体地说，高质量旅游者是高质量旅游消费的决策者和高质量旅游业形成发展的驱动力，是旅游高质量发展系统运行的推动者；高质量旅游资源或景区是高质量旅游者经历、体验和消费的对象，是旅游高质量发展系统运行的物质基础；高质量旅游业是为满足高质量旅游者消费需求而创造条件的企事业，是旅游高质量发展系统运行的支持和保障；生态旅游载体子系统由不同层级的旅游环境有机构成，是政治、自然、经济、社会、技术的综合集成，是旅游业高质量发展的硬软件环境条件，也是旅游高质量发展系统生存运行发展的环境基础（图4-1）。

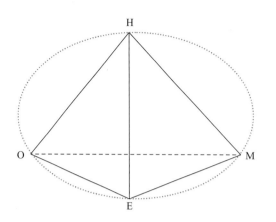

H—高质量旅游主体子系统

O—高质量旅游客体子系统

M—高质量旅游媒体子系统

E—高质量旅游载体子系统

HOME代表旅游高质量发展动力系统

图 4-1　旅游高质量发展系统 HOME 模型

从系统动力学观点来看，旅游高质量发展动力学系统 HOME 模型中，H、O、M、E 这四个子系统之间相互联系、相互作用，构成了一个复杂的大系统，即旅游高质量发展动力学系统（high-quality tourism dynamic system，HQDS），可称为旅游高质量主体、客体、媒体与载体协调发展系统（简称 HOME 系统）。HQDS 或 HOME 系统作为一个非线性、高阶次的四面体和动态综合体，旅游系统具有复杂性、功能多样性、层次性、地域性、动态性、自组织性、自相似性等特征。它不仅具有可持续发展系统的一般特征，而且系统内部结构及子系统之间相互作用机制比一般系统要复杂得多，旅游高质量发展依赖于 EDS 或 HOME 系统内各子系统内部诸变量之间的动力学关系：彼此间的协调程度（协调度）、发展程度（发展度）、持续程度（持续度）。

HQDS 或 HOME 系统是一个高度开放的系统，无论是高质量旅游主体、高质量旅游客体，还是高质量旅游媒体和高质量旅游载体，都与外界存在千丝万缕的联系。如高质量旅游主体子系统的高质量旅游者存在迁移产生高质量旅游流，涵盖高质量旅游信息流、高质量旅游物流、高质量旅游能流和高质量旅游价值流的一个复杂子系统。此外，高质量旅游客体子系统的旅游资源或高质量旅游产品存在市场交换；高质量旅游媒体子系统中的高质量旅游业是其经济本质，就是以高质量"游客搬运"为前提，在异地（旅游地）进行终端消费的经济效果，并促进旅游地经济产业发展；高质量旅游载体子系统中的高质量环境存在着相互影响，社会环境存在着比较和借鉴，经济环境存在着资金的流动和货物的进出口等。正是上述各种子系统、微系统、各种变量和影响因子之间，不同层级、不同方向、不同角度、不同功能等的沟通和交流，组成了动态性、高阶次、多元化的旅游高质量动力学系统。

旅游高质量发展动力学系统是一项复杂的系统工程，不仅涉及经济社会的方方面面，而且涉及经济活动、社会活动和自然界的复杂关系，涉及人与经济社会环境、自然环境的相互作用。这就需要采取系统科学的方法来进行研究，即复杂的旅游高质量发展系统理论构建与解决，需要系统论、信息论、控制论、协同论、结构耗散理论等的结合，才能充分发挥其应有的作用。

所谓系统科学的方法，就是按照客观事物本身的系统性，把研究对象放在系统的框架中加以科学考察的方法。即把研究对象作为一个有一定组成、结构与功能的整体，从系统的观点出发，通过分析整体与部分（不同级别小系统）之间、整体与外部环境之间、部分（不同级别小系统）之间的相互作用和相互制约关系，综合地、精确地、动态地考察对象，求得整体功能最佳的科学方法。其显著特征是整体性、综合性、联系性、动态性和最佳化。

二、旅游高质量发展系统动力学关系

图 4-1 表明四个不同层次的动力学关系。最低层次是单一端元（子系统）内部的动力学关系，第二个层次是任意两个端元（子系统）之间的动力学关系，第三个层次是任意三个端元（子系统）之间的动力学关系，最高层次的是同时由四个端元（子系统）之间所形成的动力学关系 HOME。一个端元（子系统）在旅游高质量发展动力学系统中，同时受到三个层次多种变量的影响。从端元之间的关系上看，就受到三种端元子系统的影响；从平面关系上看，一个端元就受到三个平面的影响；从多维关系上看，就是与其他三个端元一起构成由四个面组成的一个四面体。应该说明的是，旅游高质量发展动力学系统是一个不同级别、各类变量之间全方位、多元化、立体性的动态综合体，现实中是很难厘清彼此间那种具体、直接的动力学关系的。这里为便于理解，暂且分为线状、平面和多维三种动力学关系，加以阐述。

（一）线状动力学关系

即两端元（子系统）之间相互影响所产生的动力学关系。为避免"线性""非线性"等可能带来的误解，这里将点—点之间的线性关系称为"线状动力学关系"。任意两个端元之间，彼此连成一条直线，彼此之间相互作用、方向相反，表示直线式的一次函数关系，表达彼此之间的直接互动关系。这种直线关系是最简单、最直接的关系，如高质量旅游主体—客体之间、高质量旅游主体—媒体之间、高质量旅游主体—载体之间、高质量旅游客体—媒体之间、高质量旅游客体—载体之间、高质量旅游媒体—载体之间的关系。从图 4-1 中可以看出，任意端元的直线关系包括三种，如高质量旅游主体端元除了高质量旅游主体—客体之间关系外，还有高质量旅游主体—媒体之间、高质量旅游主体—载体关系，亦即任何一种端元之间的关系只是针对某主端元而言三种关系中的一种，这说明某一端元在旅游高质量发展系统中的稳定性，同时受到另外三个端元不同程度和形式的动力学影响。

1. 高质量旅游主体—客体之间的动力学关系

高质量旅游主体与旅游客体之间的关系（图 4-1 中的 HO 关系）是旅游高质量发展系统中最为重要、最为关键、起决定性作用的动态平衡关系。所有其他端元之间的关系 HM、HE、OE、OM、EM 关系均围绕着 HO 关系发挥作用。没有 HO 关系，HM、HE、OE、OM、EM 关系就无法构成完整的旅游高质量发展系统。

高质量旅游者（H）到高质量旅游目的地（O）去消费高质量旅游产品，是旅游高质量发展的产生和发展的必要前提。前者是主动的、自由的、活跃的，后者是相对被动的、受限的、相对静止的。前者对后者产生的作用主要包括：①由于高质量旅游者差异化的需求、欲望和动机，迫使自己到所需的旅游地去旅行，高质量旅游者相关的高质量旅游流本身即为一种多向的动力学系统，所带来的高质量资金流、高质量信息流、高质量物质流、高质量能量流、高质量价值流对高质量旅游地具有特定的吸引力，这种无形的吸引力会转化为无形的冲击波；②高质量旅游者在高质量旅游地体验高质量旅游过程中，对高质量旅游地产生的有形的作用力，包括对旅游地自然生态的影响，对生态社区的影响，对当地文化及景观资源变迁的影响，对当地人文精神、理念和价值观的冲击，从而影响高质量旅游地的经济、社会、文化和自然诸方面；③最大的冲击力就是由于低质量旅游业的非生态化和城镇化发展，大量开发休闲房地产、旅游房地产，导致旅游目的地新型城镇乃至城市的诞生，意味着原有自然—人文综合生态系统的消亡。

高质量旅游客体（O）对高质量旅游主体（H）的反作用力主要包括：①高质量旅游地具有原生态美的高质量旅游资源或者高质量旅游产品对不同类型高质量旅游者产生不同类型和程度的吸引力，这种吸引力大小取决于旅游资源或产品的吸引力大小，而吸引力大小又取决于资源或产品的比较特色和比较优势。②高质量旅游地的吸引力不是一成不变的，而是随着时空的变化和周围环境的变化而变化的，这与旅游地生命周期的利用、经营管理成效密切相关。同一个高质量旅游地，不同的经营管理者所带来的吸引力大小、生命周期长短是不同的。善于科学管理和更新产品的经营管理者，高质量旅游地的吸引力是独特的，目的地产品周期是持久的。反之，则吸引力很弱小、周期是短暂的。③高质量旅游地对旅游者的反作用力。若高质量旅游地具有明显吸引力的高质量旅游资源或产品，还具有高质量旅游社区、高质量旅游环境、高质量经济社会环境和高质量人文环境，则高质量旅游地不仅对高质量客源地具有明显的吸引力，而且对客源地旅游高质量发展具有促进作用。④高质量旅游地具有明显的教育功能，包括激发、引导、启迪、激励、示范、警示、带动和教育功能，传播美学功能、科教科普功能，高质量旅游目的地良好的遗产保护、生态环保意识、科学发展观理念、和谐的人文氛围，不仅对社区发展意义重大，更重要的是通过其辐射、散布、影响和带动作用，影响着广大旅游者，对客源地人文教育和社会进步具有重要意义。

2. 其他端元之间的线状关系

即高质量旅游主体—媒体 HM、高质量旅游主体—载体 HE、高质量旅游客体—载体 OE、高质量旅游客体—媒体 OM、高质量旅游媒体—载体 ME 的直线关系，这些关系均围绕着 HO 关系发挥作用。同样，没有其他直线关系，高质量旅游主体—客体 HO 关系很难起作用，产生真正的生态旅游业。上述关系中，高质量旅游主体—媒体 HM 说明了旅游者与旅游业之间的互动关系；高质量旅游客体—载体 OE 关系表明旅游过程中，旅游目的地与旅游发展环境之间的各种直接与间接关系；高质量旅游客体—媒体 OM 关系说明旅游地与旅游业之间各种要素的互动关系；高质量旅游媒体—载体 ME 关系表明旅游业与旅游环境之间的直接与间接的关系。正是上述的这些关系的相互作用和相互促进，才促进了高质量旅游主体—客体 HO 的产生乃至生态旅游系统的稳定。这里仅以高质量旅游主体—媒体 HM 为例进行具体阐述。

高质量旅游主体—媒体 HM，即高质量旅游主体与旅游媒体之间的直线关系。亦即高质量旅游者与高质量食、住、行、游、购、娱要素中某一相关部门发生的直接关系，彼此关系互动过程中产生的作用力也是相互的。若旅游者与旅游媒体各要素之间彼此都是正能量、建设性的，则彼此产生的作用力是正能量的、建设性的，将大大促进旅游业的高质量发展，反之，若彼此之间是负能量的、非建设性的，则不利于旅游业高质量发展。例如，旅游者 A 到某地 B 去旅游，过程中就直接涉及旅游媒体小系统中的食、住、行、游、购、娱各个环节，并间接与旅游组织部门（如旅游协会、旅游组织机构等）有关。下面分几种情况进行说明。

（1）旅游者是高质量旅游者，即自觉负责任的旅游者。主要存在三种情况：

一是在旅游过程中，如果食、住、行、游、购、娱各个服务环节都是满意的、友好的、绿色的，这说明高质量旅游主体 H 与旅游媒体 M 之间是正能量的相互关系，合作过程中会产生相互信任、相互鼓励、相互促进，激发共同发展前进的动力，这就有利于旅游业的高质量发展。这是希望的一种理想状态。

二是在旅游过程中，如果食、住、行、游、购、娱各个服务环节都是不满意的、不友好的、不节约的，这说明高质量旅游主体 H 与旅游媒体 M 之间是非正能量的相互关系，合作过程中高质量旅游者对旅游媒体会产生不信任感，甚至打消再去旅游的念头，其结果就会不利于旅游业高质量发展。

三是通常情况是，食、住、行、游、购、娱各个服务环节中，往往遇到一种或几种环节不如意，这也会影响到高质量旅游者的心情甚至不满情绪，从而影响到高质量旅游者与旅游媒体之间的关系，结果会带来旅游高质量发展的不利影响。要改变这种不利状况，首先是旅游媒体相关环节要加强自身建设，其次是相关旅游组织部门的监督管理等。

（2）旅游者是不称职或不负责任的旅游者。主要存在三种情况：

一是在旅游过程中，如果食、住、行、游、购、娱各个服务环节都是满意的、友好的、绿色的，该旅游者可能会"大开眼界"，会不同程度地受到各个环节的真诚和热情所感染，受到教育并取得进步。但对于高质量旅游媒体 M 而言，很可能是消极的一面，即受到挫折打击。这说明旅游主体 H 与高质量旅游媒体 M 之间是负能量与正能量的相互关系，这需要加强旅游者的培训与教育，提高自身的环境伦理道德和人文修养。

二是在旅游过程中，若食、住、行、游、购、娱任一环节都是不满意的、不友好的、不节约的，这说明旅游主体 H 与旅游媒体 M 之间是负正能量、非建设性的相互关系，很显然其结果就会极大地阻碍旅游业的高质量发展。这说明旅游者不是高质量旅游者，旅游媒体不是高质量旅游媒体，均没有达到高质量旅游要求的门槛。

三是在旅游过程中，如果食、住、行、游、购、娱各个服务环节都是不满意的、不友好的、不节约的，这说明旅游主体 H 与旅游媒体 M 之间并非正能量的相互关系，合作过程中彼此会产生不信任感，其结果就会不利于旅游高质量发展。

（二）平面动力学关系

即三端元（子系统）之间相互作用所形成的基于平面的综合动力学关系（图4-1）。

任意三个端元彼此联系构成一个完整的三角平面，如高质量旅游主体（H）、高质量旅游客体（O）、高质量旅游环境（E）之间，可以构成一个三角平面 HOE。若以高质量旅游主体（H）为主端元与另外两个端元任意组合，可以构成两个三角平面，分别是 HOM 和 HEM，表达的是三个端元互为函数，其中之一端元作为函数时与另两个端元之间的关系，构成完整的二次函数关系。同理，若以高质量旅游客体为主端元，则其与另两个端元组成的三个三角平面分别为 OHE、OHM、OEM，分别代表三个不同的二次函数。同理，若以高质量 M 为主端元，则形成的三个三角平面分别为MHO、MHE、MEO；而以高质量 E 为主端元所形成的三个三角平面分别为：EOH、EOM、EHM。若分别减去一个重复的三角平面 OHE、MHO、MEO、EOH、EHM，则共存有 4 个三角平面，即 HOE、HOM、HEM 和 OEM，即表明由四个端元任意组合形成四个不同的三角平面，即三个二次函数。

首先,HOE 即高质量旅游主体（H）—高质量旅游客体（O）—高质量旅游环境（E）组合构成的三角平面关系，代表的是以 H 为函数，以 O 和 E 为变量构成的二元方程式，即 H=aO+bE，该式子表明高质量旅游主体这个变量随着高质量旅游客体和高质量旅游环境而变化。同理可得，O= aH+bE 和 E=aO+bH。同样的，高质量旅游客体也随着高质量旅游主体和高质量旅游环境而变化，高质量旅游环境也随着高质量旅游主体和高质量旅游客体而发生变化。

其次，HOM 即高质量旅游主体（H）—高质量旅游客体（O）—高质量旅游媒体（M）组合构成的三角平面关系，代表的是以 H 为函数，以 O 和 M 为变量构成的二元方程式，即 H=aO+bM，该式子表明高质量旅游主体这个变量随着高质量旅游客体和高质量旅游媒体而变化。同理可得，O= aH+bM 和 M=aO+bH。同样的，高质量旅游客体也随着旅游主体和高质量旅游媒体而变化，高质量旅游媒体也随着高质量旅游主体和高质量旅游客体而发生变化。

再次，HEM 即高质量旅游主体（H）—高质量旅游媒体（M）—高质量旅游环境（E）组合构成的三角平面关系，代表的是以 H 为函数，以 M 和 E 为变量构成的二元方程式，即 H=aM+bE，该式子表明高质量旅游主体这个变量随着高质量旅游媒体和高质量旅游环境而变化。同理可得，M= aH+bE 和 E=aM+bH。同样的，高质量旅游媒体也随着高质量旅游主体和高质量旅游环境而变化，高质量旅游环境也随着高质量旅游主体和高质量旅游媒体而发生变化。

最后，OEM 即高质量旅游客体（O）—高质量旅游媒体（M）—高质量旅游环境（E）组合构成的三角平面关系，代表的是以 O 为函数，以 M 和 E 为变量构成的二元方程式，即 O=aM+bE，该式子表明高质量旅游客体这个变量随着高质量旅游媒体和高质量旅游环境而变化。同理可得，M= aO+bE 和 E=aO+bM。同样的，高质量旅游媒体也随着高质量旅游主体和高质量旅游环境而变化，高质量旅游环境也随着高质量旅游客体和高质量旅游媒体而发生变化。该式子成立的前提是在旅游高质量发展系统中。

上述二次函数关系的意义是，任一个主端元（函数）随着另外两个次端元（变量）的变化而变化，在三者共享的同一个三角平面中，这个三角平面即为一个动态的平面，随着另外两个端元或其中任一端元的变化而变化。如高质量旅游主体—高质量旅游客体—高质量旅游媒体构成的旅游高质量发展系统（HOM）中，可以看成三种情况：一是旅游主体是标准的高质量旅游者，旅游客体和旅游媒体都是规范的高质量旅游客体和高质量旅游媒体，则该旅游系统才是真正意义上的旅游高质量发展系统；二是旅游主体是合格的高质量旅游者，旅游客体和旅游媒体中某一个是规范的而另一个是不合格的，则说明该旅游系统不是真正意义上的旅游高质量发展系统，最多是一个准高质量发展的旅游系统；三是旅游主体不是高质量旅游者，旅游客体和旅游媒体多不合格，则说明该旅游系统根本不是旅游高质量发展系统。旅游高质量发展系统与非旅游高质量发展系统之间是动态变化的，是可以通过函数和变量的修正而相互转换的，即旅游高质量发展系统可以转变为非旅游高质量发展系统，同样非旅游高质量发展系统可以转变为旅游高质量发展系统。

（三）多维动力学关系

即旅游高质量发展动力学系统中四端元（子系统）之间的多元、高阶、复杂的动态动力学关系。从图 4-1 中可看出，四个端元任意组合形成六个代表一次函数的直线关系，六个代表一次函数的直线任意组合形成代表四个二次函数关系的三角平面 HOE、HOM、HEM 和 OEM，四个二次函数关系的三角平面 HOE、HOM、HEM 和 OEM 相互联系、有机组合，彼此共同构成一个完整的四面体 HOME，这个四面体就是通过高质量旅游主体—高质量旅游客体—高质量旅游媒体—高质量旅游环境四个端元（函数）之间，经过不同类型、级别、能量的变量之间，相互影响、有机构建而彼此共同构成的一个多元、动态的动力学体系，就很好地表达了一个完整的旅游高质量发展动力学系统，含义主要包括：（1）一个完整的旅游高质量发展动力学系统包括高质量旅游主体（H）、高质量旅游客体（O）、高质量旅游媒体（M）、高质量旅游环境（E）四个端元函数及其相关变量和影响因子；（2）四个端元之间通过点、线、面等形式的相互作用、相互影响，构成一个不可分割、有机统一的完整体系，即旅游高质量发展动力学系统；（3）这个旅游高质量发展系统是一个多元、动态、综合的有机动力学系统，任何一个端元函数或者相关因子的变化，均导致整个旅游高质量发展动力学系统不同侧面、不同层次和程度的变化。

以高质量旅游主体 H 为主端元的四面体 HOME 这个三次函数，可以简单表达成：

H=HOE+HOM+HEM+OEM。其成因意义是，任一主端元三次函数（立体）等于其他三个代表二次函数的次端元之间的相互作用和相互影响的结果。其中，任意三个端元之间的面函数的变化都会带来主端元的立体变化。如在四面体 HOME 这个三次函数关系中，高质量旅游主体 H 端元不仅以指数变化的形式影响着其他三个端元，即客源市场的变化不仅带来旅游客源地的变化、旅游媒体部门机构的变化，还影响着旅游高质量发展环境及其变化。这种变化是从客源市场引起，可以说旅游业的发展不仅给旅游目的地、旅游企事业带来变化，同时也改善了整个旅游发展环境即整个社会经济环境的变化。同样，另外三个端元旅游作为二次函数引起的各自三个三角面的变化，从而引起整个四面体的变化，即旅游高质量发展动力学体系的变化。

从四面体 HOME，可以看出：

（1）一个地区、一个国家，乃至全世界的高质量旅游业，可看成一个四面体结构的旅游高质量发展系统，旅游业高质量发展涉及各个方面，只有每个方面都保持良好的支持状态，才是真正的高质量旅游业，或者说这个地区或者国家的旅游业是真正的高质量旅游业和健康发展的旅游业。单一的客源地、单一的旅游客体、单一的旅游媒体或单一的旅游发展环境状况，不能代表、衡量这个地区或国家的高质量旅游业。

（2）旅游高质量发展系统是一个时刻处于动态平衡的动力学系统，这种系统保持动态平衡的前提是构成这个系统的各级亚系统、小系统、微系统及其相关函数、变量、影响因子之间达到某种动态平衡。同样，假如这个大系统中，某一个亚系统、小系统、微系统或者其中的函数、变量、影响因子发生了变化，则这个大系统的稳定状态就受到影响。真正意义上的旅游高质量发展系统，是相关各级子系统、各函数、诸变量、诸因子之间达到动态平衡的结果。

（3）从影响方式和程度上看，无论是大系统、子系统、小系统、微系统，还是函数、变量和影响因子，彼此之间的影响方式不是简单的单向或双向的，而是多向、多面、多方位的，是立体的和综合的，影响的程度不是简单、直接的一次函数式的，而是高次方、指数式的变量影响程度，这种多方位、指数式的立体、动态影响，带来的后果是剧烈的、爆炸式的。亦即所谓的"蝴蝶效应"，微小的副作用或负能量，会带来整个旅游高质量发展系统的崩溃。同样，正能量、建设性、友好型的影响因子，哪怕是微不足道的，其结果对旅游高质量发展系统的促进作用也是巨大的。

第六节　旅游高质量发展系统特征

一、高质量旅游主体子系统

　　从旅游高质量发展系统看，高质量旅游主体就是客源地旅游者相关各因素相互影响、相互作用的动态综合体，它构成旅游高质量发展系统的旅游主体子系统。该子系统由不同层级、不同类型的亚系统组成，各亚系统又由各种微系统所构成，而各微系统又由各种变量和因子所组成，统称高质量旅游消费动力子系统。

　　旅游者的旅游活动过程并非偶然、独立的单一行为过程，而是一个受周围客观、主观、硬环境、软环境等各种因素相互影响、相互作用的一个错综复杂的过程，是随时受个人动因、外界因素和旅游地三大变量同时作用影响的复杂系统。该子系统认为，旅游者并非独立的一个游客个体或者单纯的游客群体，而是随时随地受到所在环境各种因素综合作用的复杂综合体。该子系统并非生态旅游者自身独立、静止的子系统，而是随时受到外界和旅游地因素影响的动态综合子系统。该系统通过旅游客体子系统、媒体子系统和载体子系统的相互作用，促进旅游业这个大系统的运行和发展。

　　该子系统具体涉及三个变量或者三个更次一级的亚系统，即游客亚系统、外界因素亚系统和旅游地亚系统（图4-2）。其中，游客亚系统即由游客自身及其影响因素组合形成的小系统，外界因素亚系统特指游客所在区域影响游客亚系统的各种外界因素的综合体，旅游地亚系统特指旅游目的地各种因素的变化对游客行为动机所产生的各种行为变化的影响因素的综合体。

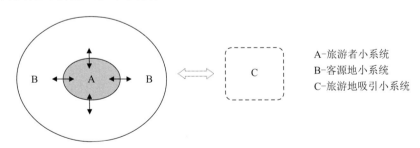

A-旅游者小系统
B-客源地小系统
C-旅游地吸引小系统

图4-2　高质量旅游主体子系统

（一）游客亚系统

即游客自身各种因素相互作用、相互影响，最终造成游客某种动机行为的综合复杂过程。游客的动机和行为具体表现在旅游活动过程各个环节中。但其小系统的影响因素复杂多样。游客自身的能动性影响因素，包括可自由支配收入、休闲时间、身体状况、家庭人口结构、社会阶层、受教育程度等。

通常游客需求动机分成五个层次，生理需求、安全需求、爱的需求、受尊重的需求和自我实现的需求。前两者属于物质性的需求，后三者属于精神方面的需求。这些需求通过高质量旅游可以体现为各种具体形式，包括从对宁静环境、新鲜空气、绿色食物、清澈水源、朴实交往等的生理需求，到亲近自然、了解自然、寻找净心、强身健体、休闲娱乐、学习培训，以及生态审美、获得友谊、得到尊重、实现理想等的精神需求。

相应的影响因素涉及高质量旅游者自身的知识、艺术、法律、道德、习俗等，具体包括生态文化、民族习俗、宗教文化、价值观等，这与个人的家庭结构、社会阶层有关。另外，高质量旅游者培训，尤其是自然知识、环境意识、环境教育等方面的培训；旅游者行为，保护性旅游行为及其转化，如游客行为从亲近自然、学习自然到保护自然的转化等都是高质量旅游者自身的影响因素。

（二）外界因素亚系统

属于被动性的综合环境影响因素，如当地经济水平、社会环境、出游数量、频次及特征、人口结构特征、对旅游业的支持程度、相关政策法规（带薪休假制度等）、旅游习惯和传统、生活水准和品质要求等，对旅游者出游动机和行为会产生各种方式或程度的影响。

旅游市场因素包括：（1）游客人口特征环境因子。包括年龄层次、性别、家庭生命周期（单身、新婚夫妇、中年、老年）、职业、受教育程度、宗教信仰、种族民族、国籍等。（2）心理因素环境因子，如社会阶层、生活方式、个性特征等。（3）游客行为因素环境因子，包括购买动机（观光、休闲度假、商务会议、奖励、探亲访友）、个人旅游、结伴旅游、家庭旅游、单位旅游，以及旺季、淡季、寒暑假、节假日等。

（三）旅游地亚系统

其影响因素如自然资源环境、社会环境、可进入性、信息资料及物质条件，更具体的是旅游地旅游产品的更新、可进入性的改善、旅游环境的提升，尤其是物美价廉的旅游产品的产出等，会相应地对旅游者产生各种吸引力。

可见，基于旅游主体需求系统所形成的推动力是旅游高质量发展的直接推动力，是其发展的内因，旅游需求市场的存在是旅游高质量发展的根本。旅游者需求、政府推动、旅游发展、生态旅游已经成了旅游发展的趋势和潮流，成了一种时尚，亲朋好友的推荐、社会舆论的导向等产生了对生态旅游的巨大需求，从而形成一种合力推动旅游高质量发展。

（四）高质量旅游主体亚系统的主要特征

高质量旅游主体亚系统具备明确的旅行规划与准备、尊重与包容的旅行态度、深度体验与成长的旅行追求以及分享与反思的旅行习惯。这些特征共同构成了他们独特的旅行风格和品质，使他们在旅行中不仅能够获得身心的愉悦和放松，还能实现自我价值的提升和心灵的成长。与传统旅游主体亚系统相比，高质量旅游者通常具备一系列显著且积极的特征，这些特征不仅体现在他们的旅行行为和态度上，还深入他们的价值观和生活方式中。

1. 旅行规划与准备

明确的目的地与行程：高质量旅游者在出发前会有详尽的规划和准备，包括明确的目的地选择、合理的行程安排以及充足的预算规划。他们通常会进行深入的调研，了解目的地的文化背景、自然景观和当地特色，以确保旅行的质量和深度。

丰富的知识储备：在旅行前，高质量旅游者会主动学习相关知识，如历史、文化、地理等，以便在旅行中更好地理解和欣赏所见所闻。这种知识储备不仅提升了旅行的乐趣，也使他们成为更有深度和见解的旅行者。

2. 旅行态度与行为

尊重与包容：高质量旅游者在旅行中展现出对当地文化、习俗和环境的尊重与包容。他们不会因文化差异而歧视或冒犯当地人，而是积极融入并学习当地的生活方式。

环保意识：他们注重环境保护，不乱扔垃圾、不破坏自然景观和文物古迹，积极参与环保活动，以身作则地推广绿色旅游理念。

文明旅游：高质量旅游者遵守旅游地的规定和礼仪，不参与任何违法违规的行为，如乱涂乱画、擅自进入禁区等。他们懂得保护旅游资源，尊重当地居民的权益。

3. 旅行体验与收获

深度体验：高质量旅游者追求的是深度而非浅尝辄止的旅行体验。他们愿意花时间去深入了解当地的文化、历史和风俗，与当地人交流互动，体验真正的当地生活。

学习与成长：旅行对他们来说不仅是一次放松身心的机会，更是一个学习和成长的过程。他们通过旅行拓宽视野、增长见识、提升自我认知。

情感共鸣与心灵触动：高质量旅游者在旅行中往往能够找到与内心的共鸣点，无论是自然景观的壮丽、人文历史的厚重还是当地人的热情好客，都能触动他们的心灵，留下深刻的记忆。

4. 旅行后的分享与反思

分享经历：高质量旅游者乐于分享自己的旅行经历和感受，通过文字、图片或视频等形式记录并传播旅行中的美好瞬间和深刻体验。这种分享不仅有助于传播旅游文化，还能激发更多人对旅行的热爱和向往。

反思与总结：旅行结束后，他们会进行反思和总结，思考旅行中的得失、感悟和成长。这种反思有助于他们更好地认识自己、提升自我修养和旅行品质。

二、高质量旅游客体子系统

从旅游高质量发展系统的观点看，高质量旅游客体并非单一的高质量旅游资源，而是指特定范围的空间区域内具有原生态吸引力的一切事物的总和，即高质量旅游客体亚系统，包括旅游资源（旅游景区）、旅游社区、生态环境、旅游设施、软件服务、人文氛围、精神要素等，既包括自然环境，也包含人文景观，既涵盖乡村资源，也涉及城市生态景观，只要是具有原生态美吸引力的硬软件都可以看作高质量旅游客体。正是上述不同级别、不同类型变量和因素的相互作用和影响，才组合构成了旅游地综合吸引力综合体（图 4-3）。统称旅游吸引动力子系统或旅游目的地体系。

传统的旅游客体就是旅游资源即旅游吸引物。依此逻辑，这里的旅游客体子系统就是旅游地各种旅游吸引物（和旅游产品）及其影响因素的综合体。广义的旅游客体就是旅游者旅游活动和消费旅游产品的场所诸要素相互关系的统称，包括旅游景区景点景观（旅游吸引物）和旅游环境。对自然旅游区而言，旅游景区景点是旅游客体的核心，是游客到此地旅游的核心吸引物，属于狭义的高质量旅游客体。周围的旅游社区和生态环境可统称为旅游环境（即旅游发展微环境）。但随着旅游发展和游客需求个性化和多元化，旅游社区和生态环境与旅游景区组合在一起，构成了统一的高质量旅游客体，即广义的高质量旅游客体。

对人文旅游区而言，人文景区景点属于核心旅游吸引物，周围的旅游社区和生态环境可统称为旅游环境。对城镇型旅游区而言，特色街巷、街区、路段、社区等属于核心旅游吸引物，而周围的城区和城市社区则可统称为旅游环境。对乡村型旅游客体而言，核心吸引物与旅游环境往往是协调统一不可分的综合体。旅游区与周围的自然及人文环境是渐变的。

高质量旅游客体吸引力属于综合吸引力的概念，是各种自然、人文，硬件、软件，物质和非物质的复杂的综合体，或者是各种要素吸引力相互作用、相互影响形成的综合吸引力。高质量旅游客体吸引力子系统包括三个方面的亚系统，即旅游景区（资源）亚系统、旅游环境亚系统和条件要素亚系统。这三个亚系统吸引力相互作用、相互影响，形成高质量旅游客体综合吸引力亚系统。

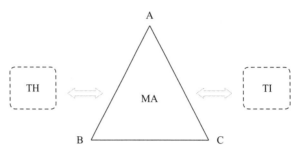

A-资源亚系统，包括旅游资源的特色、价值功能、规模、组合
B-环境亚系统，包括政治、经济、社会、技术
C-条件亚系统，包括区位条件、客源环境、开发状况
MA-旅游地综合吸引力
TH-旅游主体子系统
TI-旅游媒体子系统

图 4-3　高质量旅游客体子系统

（一）旅游资源亚系统

高质量旅游资源亚系统中，旅游景区（资源或吸引物）自身小系统涉及资源特色、资源价值、资源功能、资源规模、资源组合、资源容量等吸引力变量。资源特色包括特殊度和奇特度，旅游价值包括观赏价值、科学价值、文化价值、美学价值、市场价值，功能价值涉及功能性、功能多样性、功能协调性，资源规模包括景点数量、景点大小、景区面积及其关系，景区组合涉及相异度、协调度和丰度，资源容量涉及容人量、容时量、环境容量、气氛容量等。

（二）旅游环境亚系统

旅游资源环境亚系统涵盖自然生态条件、经济社会条件、区位条件等变量。其中，自然生态条件系指旅游客体除了旅游资源或景区以外周边相关自然生态环境，包括气候、植被、动植物、水文、地质地貌等自然条件，生态环境涉及环境的分带性、生物多样性、成分特殊性、生态原始性、系统协调性、景点多样性、景观美观性等。

社会环境条件包括：交通条件、通信条件、政治环境、经济条件、城镇分布与功能、基础设施、投资环境、施工条件等。评价指标主要有可进入性、接待可行性、供需调节度、游览适宜度、社会安全系数、工程建设难易度等。

（三）条件要素亚系统

包括区位条件、客源环境、开发现状和开发序次。其中，区位条件评价指标包括地理区位条件、交通区位条件、市场区位条件以及与其他资源地之间的关联区位条件。客源环境条件评价指标有客源范围、辐射半径、客源层次、客源回馈和客源季节性变化等。开发情况涵盖开发度、成熟度、投资大小、开发顺序等。

以上所述三个亚系统，即旅游资源亚系统、旅游环境亚系统和条件要素亚系统之间，彼此相互作用、相互影响构成相对独立、相互影响的旅游客体子系统，形成旅游客体子系统综合吸引力。

应该说明的是，高质量旅游客体子系统是高质量旅游动力大系统中吸引旅游者以及旅游者消费旅游产品的区域空间综合体，随着该子系统各个变量或者部分变量的更新变化，会重新激活、激发旅游客源地的旅游吸引力，从而影响到旅游主体子系统及其他子系统。

（四）高质量旅游客体亚系统的主要特征

高质量的旅游客体子系统具有空间性、文化性、美学价值、功能性和可持续性等多重特征。这些特征共同构成了旅游客体子系统的独特魅力，为游客提供丰富多样的旅游体验。高质量的旅游客体子系统在旅游业中扮演着至关重要的角色，它不仅吸引着游客的目光，还承载着丰富的文化内涵和美学价值。与传统的旅游客体子系统相比，高质量的旅游客体子系统具有如下重要特征。

1. 空间性

地域广泛性：旅游客体子系统通常覆盖广泛的地域，包含多样的自然景观和人文景观，为游客提供丰富的旅游体验。

稳定性：尽管自然景观和人文景观都可能随时间发生一定的变化，但高质量的旅游客体子系统通常具有相对稳定的特征，能够持续吸引游客。

组合性：构景要素的组合性使得旅游客体子系统能够呈现出多样化的景观组合，满足游客的不同需求。

2. 文化性

历史积淀性：人文旅游资源往往具有深厚的历史文化价值，是历史的见证和文化的传承。

民族文化性：各民族独特的文化元素，如寺庙建筑、服饰、语言等，为旅游客体子系统增添了独特的文化魅力。

时代精神性：人文景观随社会变化而变化，反映了不同时代的社会风貌和精神风貌。

3. 美学价值

自然景观的美学特征：包括形象美、色彩美、形态美和声音美，这些美学特征能够触动人的感官，为游客带来愉悦的旅游体验。

人文景观的美学价值：历史遗迹、主题公园等人文景观不仅具有历史价值，还通过艺术设计和文化内涵展现出独特的美学价值。

4. 功能性

启智功能：旅游客体子系统中的自然景观和人文景观往往蕴含着丰富的知识和智慧，能够激发游客的思考和感悟。

人格塑造功能：自然景观和人文景观中的某些元素能够塑造游客的人格品质，如翠竹的刚直象征等。

文化认同和审美观念塑造：通过文化传统类和文化创新类景观的游览，游客能够加深对不同文化的理解和认同，形成独特的审美观念。

5. 可持续性

生态保护：高质量的旅游客体子系统注重生态保护，确保自然景观和人文景观的可持续发展。

文化传承：在开发旅游资源的同时，注重文化遗产的保护和传承，使游客能够感受到原汁原味的文化魅力。

三、高质量旅游媒体子系统

从旅游高质量发展系统的观点看，高质量旅游业发展所需的支持保障体系并非旅游企事业机构的简单相加，而是这些支持保障机构的全方位无缝衔接和鼎力相助。因而，高质量旅游企事业这里称为高质量旅游媒体子系统。高质量旅游媒体并非传统单一的旅游业务部门，如旅游经营商、批发商、零售代理商、会议安排组织商、预订代理服务商，而是涵盖了旅游消费子系统和旅游吸引子系统之间发生作用所需要的相关机构、部门和单位，包括旅游交通部门、住宿接待部门、餐饮服务部门、旅游商品经营部门、旅游娱乐场所经营部门和目的地各级各类旅游组织部门等，以及上述诸机构和部门之间的全方位、立体性、无缝对接，共同构成旅游业发展的旅游支持系统，统称为旅游支持子系统（图 4-4）。

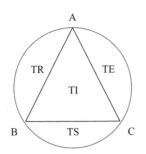

A-旅游企业亚系统
B-旅游机构亚系统
C-旅游业协会亚系统
TR-旅游资源体系
TE-旅游设施体系
TS-旅游服务体系
TI-旅游业子系统

图 4-4 高质量旅游媒体子系统

该子系统是构建高质量旅游主体与高质量旅游客体两个不同地理空间子系统之间的旅游活动相关支持保障体系各种变量和要素的综合体。高质量旅游媒体子系统的实现过程中，高质量旅游资源（景区）、旅游设施和旅游服务构成高质量旅游经营管理的三大核心要素体系。其中，高质量旅游资源的开发利用综合过程，为高质量旅游者需求提供前提和基础；高质量旅游设施体系是旅游活动实现的一系列硬件支持，为高质量旅游者需求提供实现条件；旅游服务体系包括旅游活动过程中的一系列劳动、管理和政策支持。高质量旅游媒体子系统的具体实施与实现，需要上述诸机构和部门之间的多元化、全方位、立体性的综合作用和鼎力相助，这个过程就是旅游高质量管理体制。

（一）旅游企业亚系统

即旅游业务、旅游交通、住宿接待、餐饮服务、旅游商品经营、旅游娱乐场所经营部门等各种部门构成的相应的小系统。其中，旅游业务部门包括旅游业务部门、旅游经营商、旅游批发商、旅游零售代理商、会议安排组织商、预订服务代理商等；旅游交通部门涉及航空公司、海运公司、铁路公司、城市公共汽车、长途汽车公司等；住宿接待部门包括涉外饭店、宾馆、农场出租住房、出租公寓或别墅、度假村、野营营地等；餐饮服务部门涉及旅游定点餐厅、宾馆餐饮部、老字号特色小吃、民间美食城、餐饮摊点、商贩；旅游商品经营部门涉及旅游定点购物商店、旅游商品直销厂家、大型商场、商店、超市、纪念品摊点、商贩等；游览娱乐场所经营部门涉及国家公园或花园、主题公园、博物馆、娱乐城或休闲中心、自然历史文化遗产等。

作为高质量旅游业子系统的亚系统，尽管这些部门大小、性质、功能、组织类型、服务范围皆不同，但它们都是在一致目标下谋求发展，相互间存在不可分割的紧密联系。Middleton（1998）认为旅行社业、旅游饭店业和旅游交通业构成了旅游业的三大支柱。但随着网络技术、大数据、自驾游、自由行时代的到来，高质量旅游企业子系统正在转变成涉及所有相关要素之间复杂的关系综合体。

（二）旅游机构亚系统

国外许多国家都有专门的政府机构负责旅游业管理，这些机构统称为国家旅游组织（National Tourism Organization，NTO）。NTO 主要是制定、执行旅游法规，规范市场竞争秩序，保护旅游业的良性发展。日本的中央旅游管理机构分为内阁、运输省、观光厅三个层次。日本的地方旅游管理机构没有统一的模式，而是因地制宜灵活设置，或隶属于劳动部门，或隶属于林业或文化部门。

泰国旅游管理最高机构是旅游管理委员会，它由内务部、交通部、外交部、国家环境委员会、国家经济和发展委员会、立法委员会的高级官员和泰国航空公司总裁、泰国旅游局局长以及行业工会领袖等组成，管理和监督旅游局的工作。泰国旅游局是旅游委员会领导下的旅游行政管理机构，其职责包括市场促销、投资引导、信息统计、教育培训、行业管理、景点开发、受理游客投诉等。

英国的旅游总局主要负责向国外宣传推销旅游业。英国的基层旅游管理机构是地区旅游委员会，其经费由私人企业、地方政府和旅游局共同承担。还有很多民间协会积极维护本行业的利益。这些协会制定本行业的条例准则，为行业内的企业提供信息服务，为行业内的人员培训等。

我国以旅游组织的职能范围为划分标准，划分为国家级旅游组织和地方性旅游组织。涉及国家、地方、集体、个人和外资企业以及活跃在旅游经济的各个领域，成为我国旅游业的有机组成部分，具体包括所在地区或者国家各级旅游管理机构、国家旅游组织、地区或市州旅游组织、地方旅游组织等。

（三）旅游业协会亚系统

日本、泰国、英国等国的行业协会在旅游经济活动中的作用十分显著，既是企业之间的横向联结点，又是政府与企业之间的中介。政府通过行业协会对旅游业实行间接管理，既有利于企业间的信息交流和横向联合，增加行业的保险功能，又有利于发挥行业协会的作用，处理好国家与企业之间的关系。

（四）高质量旅游媒体亚系统的主要特征

与传统的旅游媒体亚系统相比，高质量旅游媒体亚系统的主要特征包括智能化、绿色化、融合化，以及服务要素的协同性与高效率等方面。

1. 智能化

数字化、智能化和网络化是现代旅游业亚系统最鲜明的技术特征。通过人工智能技术、大数据分析等手段，实现旅游服务的精准推送、旅游资源的智能调度等，提升旅游体验和运营效率。

2. 绿色化

旅游业亚系统注重环境保护和可持续发展，推广低碳旅游、生态旅游等理念。通过节能减排、资源循环利用等措施，减少旅游活动对自然环境的影响。

3. 融合化

旅游业亚系统与其他行业的融合程度较高，形成多元化的产品和服务供给能力。如文旅融合、农旅融合等，丰富了旅游产品的内涵和外延。

4. 服务要素的协同性

旅游服务要素如住宿、餐饮、交通、景点等相互关联，共同构成旅游服务的整体框架。高质量的旅游业亚系统注重各要素之间的协同配合，提升整体服务水平。

5. 高效率

高效的旅游管理和运营机制是高质量旅游业亚系统的重要特征。通过优化旅游资源配置、提升旅游服务效率等措施，满足游客的多样化需求。

高质量旅游媒体亚系统的内涵及本质主要表现在：

（1）智能化技术应用：智能导游系统、虚拟现实旅游体验、智能酒店服务等，为游客提供更加便捷、个性化的旅游服务。

（2）绿色旅游产品开发：推广绿色旅游线路、低碳交通工具、环保住宿设施等，降低旅游活动对环境的负面影响。

（3）跨行业融合创新：如文化旅游产品、乡村旅游项目等，将旅游与文化、农业等产业相结合，提升旅游产品的文化内涵和附加值。

（4）服务品质提升：加强旅游从业人员培训，提升服务意识和技能水平；完善旅游投诉处理机制，保障游客权益。

此外，随着人工智能技术的不断发展，未来可以进一步探索其在旅游业中的应用，如智能推荐系统、智能客服等，以提升旅游服务的智能化水平。继续加强绿色旅游理念的宣传和推广，鼓励游客参与绿色旅游活动，共同推动高质量旅游业的可持续发展。

四、高质量旅游载体子系统

从旅游高质量发展系统的观点看，高质量旅游载体不仅是旅游地的自然生态环境，也不只是旅游区的环境容量管理，还是指整个生态旅游业形成、运营、管理、发展整个过程中所依托的各种外界环境要素的综合，既包括旅游地环境，也包括客源地环境，还包括区域、跨区域、国内乃至世界环境，既包括自然环境，也包括文化环境、经济环境和社会环境，更包括投资环境和人文氛围，尤其是高质量旅游业运营管理过程中的各种要素环境的相互关系和影响。上述各种级别、各种要素之间全方位、多元化、立体性的相互作用和相互影响所形成的复合体，构成高质量旅游载体，即高质量旅游载体子系统。

（一）大环境亚系统

大环境主要是指国际局势和国家间关系状况、国际战略环境、国家战略政策，国内外旅游大环境、国际关系和国际交流情况、国际政治环境（法律环境）、经济、文化、体育、商务、民间交往等。国际大环境对于旅游业发展的影响，主要表现在具有一定的周期性。国际大环境与中环境即各国旅游发展环境之间相互作用、相互影响，形成不同层级之间环境变量的作用力（图4-5）。如"二战"影响的是整个全世界的旅游业发展，伊拉克战争及中东局势对中东地区乃至西亚地区旅游业的发展，以及俄乌战争对整个欧洲旅游的影响，当然除了目前欧美流行的"战争旅行"外。当前国际矛盾的特点、世界战略格局的调整方向、国际地缘政治的变化趋势，以及经济全球化进程中出现的各种问题，使当代旅游业发展存在许多不确定性。

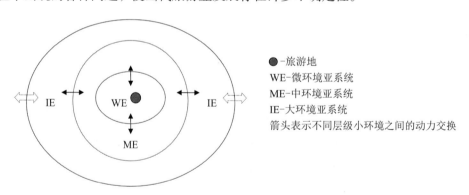

图 4-5　高质量旅游载体子系统

（二）中环境亚系统

中环境包括两个层次：一是国家环境，主要表现在国家大的方针政策是否有利于旅游业的发展，从党的十一届三中全会以来，我国的旅游业发展政策是坚定和一致的，把旅游业作为我国国民经济发展的先导产业和人民群众满意的服务业，促进了我国40多年来旅游业的稳定飞速发展；二是地方环境，由于我国自然条件的特殊性、生态环境的复杂性以及经济发展条件的差异性，不同省份、市州乃至县区，具有各自不同的旅游发展禀赋和基础，当地政府会采取不同的旅游发展政策和导向，进而造成不同地区旅游发展状况的参差不齐。根据中国的体制政策，除了国家外，省（区、市）级、市（州）级、县（市、区）级对旅游发展产生不同程度的影响。通常包括了省级、市级、县级三个层次。中环境对当地旅游业发展具有关键性意义。主要变量包括政治、经济、社会、文化、技术等，具体涉及国家政局稳定性和法律法规的一致性、经济环境的持续性、社会安全与治安状况、文化包容性和好客度、科技水平的影响。

（三）微环境亚系统

特指旅游目的地除了旅游客体子系统以外，其他环境影响要素的统称，如历史文化、人文要素、经济要素、社会因素、整体生态环境状况等，都会对旅游地高质量旅游吸引力产生一定的影响。尤其在我国，由于旅游业发展的历史原因，旅游地周边综合环境与景区环境往往差距较大，具有很大的治理、提升空间，如基础、配套和服务设施、旅游人文环境、旅游环境卫生、旅游氛围等，提升和完善周围综合环境是提高旅游地综合吸引力和旅游景区产品更新的重要环节和路径。不同地区的旅游地存在差异，尤其是世界各大洲的原住民旅游地。由于旅游地的千差万别，使旅游地微环境成为当今研究的热点。旅游地微环境亚系统与旅游客体子系统互为独立统一的整体，彼此之间有时功能互补，有时角色互换，共同促进地方旅游经济社会生态的协调发展。

大环境—中环境—微环境不同层级小系统之间彼此相互作用构成梯级环境系统，与不同类型要素变化带来其他层级环境的动力学影响。高质量旅游载体子系统不同层级之间的动力学关系与可持续发展指标等级体系具有可对比性：大环境亚系统层对应于总体层，代表着可持续发展总体运行态势和效果；中环境亚系统中的国家级、省级、市县级分别对应于系统层、状态层、变量层；微环境系统层对应于要素层，是可测、可比、可获得的指标体系层。

综上，旅游高质量发展不只是高质量旅游主体，或高质量旅游客体，更不单是高质量旅游媒体和高质量旅游载体单方面的事情，还是高质量旅游主体、高质量旅游客体、高质量旅游媒体和高质量旅游载体诸方面的有机统一、全面融合和鼎力相助。只有从高质量旅游主体—高质量旅游客体—高质量旅游媒体—高质量旅游载体这一复杂综合、动态系统的视角去把握，才能科学、全面地进行旅游高质量发展动力学系统的定义。旅游高质量发展动力学系统就是以系统动力学理论为指导的高质量旅游开发，走可持续发展之路，促进经济社会文化生态全域健康协调发展。

（四）高质量旅游载体亚系统的主要特征

高质量的旅游发展环境具有资源丰富多样、生态保护良好、气候宜人、基础设施完善、服务质量高、社区参与积极、经济发展稳定、旅游市场繁荣、政策支持有力、规划管理科学以及文化底蕴深厚和文化交流活跃等主要特征。这些特征共同构成了高质量旅游发展环境的综合优势，为旅游业的持续繁荣和健康发展提供了有力保障。高质量的旅游发展载体亚系统是旅游业持续繁荣和健康发展的基石，它涵盖了多个方面，包括自然环境、社会环境、经济环境、政策环境以及文化环境等。

1. 自然环境特征

资源丰富多样：高质量旅游发展环境通常拥有丰富的自然旅游资源，如壮丽的自然景观、独特的地质地貌、丰富的生物多样性等，这些资源为旅游业提供了丰富的物质基础。

生态保护良好：自然环境的高质量发展强调生态保护，确保旅游资源的可持续利用。这包括实施有效的环境保护措施，如限制游客数量、保护野生动植物、维护生态平衡等，以减少旅游活动对自然环境的负面影响。

气候宜人：良好的气候条件也是高质量旅游发展环境的重要特征之一。适宜的气候条件不仅有利于旅游资源的保护和开发，还能提升游客的旅游体验。

2. 社会环境特征

基础设施完善：高质量旅游发展环境需要具备完善的基础设施，如交通、住宿、餐饮、通信等。这些设施的完善程度直接影响游客的旅游体验和满意度。

服务质量高：旅游服务是旅游业的重要组成部分，高质量旅游发展环境要求提供优质的服务，包括热情周到的接待、专业的导游服务、便捷的旅游咨询等。

社区参与积极：当地社区的积极参与是高质量旅游发展环境的重要特征之一。社区参与不仅有助于提升旅游服务质量，还能促进当地经济的发展和文化的传承。

3. 经济环境特征

经济发展稳定：稳定的经济环境是旅游业发展的基础。高质量旅游发展环境通常位于经济发展稳定、收入水平较高的地区，这为旅游业的发展提供了良好的经济支撑。

旅游市场繁荣：高质量的旅游发展环境通常拥有繁荣的旅游市场，包括丰富的旅游产品、多样的旅游线路、活跃的旅游消费等。这些市场特征能够吸引更多的游客，推动旅游业的持续发展。

4. 政策环境特征

政策支持有力：政府对旅游业的支持力度是高质量旅游发展环境的重要保障。政府可以通过制定优惠政策、加大投资力度、完善法律法规等方式，为旅游业的发展提供良好的政策环境。

规划管理科学：科学的旅游规划和有效的管理是高质量旅游发展环境的关键。政府应制定科学合理的旅游发展规划，明确旅游业的发展目标、重点任务和保障措施，同时加强旅游市场的监管和管理，确保旅游业的健康有序发展。

5. 文化环境特征

文化底蕴深厚：高质量旅游发展环境通常拥有丰富的文化遗产和深厚的文化底蕴。这些文化遗产不仅为旅游业提供了独特的旅游资源，还能促进文化的传承和发展。

文化交流活跃：在高质量旅游发展环境中，文化交流是旅游业的重要组成部分。通过举办文化节庆活动、开展文化交流项目等方式，可以促进不同文化之间的交流与融合，提升旅游业的文化内涵和品位。

五、旅游高质量发展系统的本质

（一）旅游高质量发展系统实质上为一综合的旅游动力系统

综上分析，旅游高质量发展系统实为一个随着外界条件和时间而变化的动态平衡的动力学系统。构成该旅游系统的旅游主体、旅游客体、旅游媒体、旅游环境四个端元本身，分别就是随着环境和时间而变化的动态端元变量，而且每一端元变量又是由许多动态要素所组成的动态函数，这些变量和函数是具有多层级的、多功能的、多结构的综合动态系统，旅游高质量发展本身是一个多层次、多要素、多目标开放的复杂系统，基于耗散结构论、协同学以及突变理论的自组织理论应用于旅游高质量发展系统研究，从复杂性、协同竞争性、突变性三个角度来研究动力系统的结构、各要素的竞争与协同过程，以及突变的各种情况，为旅游高质量发展系统的优化提供理论和实践方面的指导。

旅游高质量发展系统的最大特征是强调系统的能量守恒与动力学特点，即构成旅游高质量发展大系统的各子系统之间相互作用、相互影响所形成的完全不同的全新动力系统——旅游高质量发展动力学系统，一个完整的旅游耗散结构系统。旅游高质量发展系统中不同子系统及其影响因子之间的相互作用（作用力及其方向和大小），会产生不同类型、方式和程度的动力学效果，可以用端元函数来表达彼此之间的相互关系。

首先是上述四端元变量中任意两个端元彼此连成一条直线，如旅游主体与旅游客体之间、旅游主体与旅游媒体之间、旅游主体与旅游环境之间（其他以此类推），表示线状的一次函数关系，表达彼此之间的直接互动关系。

其次是任意三个端元彼此联系构成一个完整的三角平面，如旅游主体（H）、旅游客体（O）、旅游环境（E）之间构成的三角平面 HOE，同理还有三角平面 HOM、HEM、OEM 等，表达的是三个端元互为函数，其中之一端元作为函数时与另两个端元之间的关系，构成完整的二次函数关系。

最后是四个三角平面 HOE、HOM、HEM、OEM 相互联系，彼此共同构成一个完整的四面体，这个四面体就很好地表达了一个完整的旅游高质量发展动力学系统，含义包括：（1）一个完整的旅游高质量发展动力学系统包括旅游主体（H）、旅游客体（O）、旅游媒体（M）、旅游环境（E）四个端元函数及其相关影响因子；（2）四个端元之间通过点、线、面等形式的相互作用、相互影响，构成一个不可分割、有机的完整系统，即生态旅游动力学系统；（3）这个旅游高质量发展动力学系统是一个多元、动态、综合的有机动力学系统，任何一个端元函数或者相关因子的轻微变化，均导致整个旅游高质量发展动力学系统不同侧面、不同层次和程度的变化。

（二）旅游高质量发展系统的本质是自觉负责任的旅游系统

1. 旅游高质量发展系统与自觉负责任旅游系统的自洽关系

在旅游高质量发展系统中，自觉负责任是一个核心概念，它贯穿于系统的各个层面和要素之间。自觉负责任不仅是一种道德要求，更是实现旅游可持续发展的关键所在。在旅游系统中，自觉负责任具有特定的内涵和表现形式。

从理念层面来看，旅游高质量发展与自觉负责任都强调了可持续性。旅游高质量发展不仅关注旅游业的经济效益，更注重其在社会、文化、环境等多方面的综合效益。这一理念与自觉负责任所倡导的对社会、环境和未来负责任的态度高度契合。二者都致力于推动旅游业的可持续发展，确保旅游活动与自然环境和社会文化的和谐共生。

在目标层面上，旅游高质量发展旨在提升旅游产品和服务的质量，满足游客日益多样化的需求，同时注重旅游业的创新、协调和绿色发展。而自觉负责任则强调在旅游发展过程中，应主动承担起对环境、社会和文化的责任，以实现旅游业的长期可持续发展。这两者的目标都是推动旅游业的转型升级，提高旅游业的整体竞争力和社会贡献度。

进一步分析，我们可以发现旅游高质量发展与自觉负责任在行动策略上也存在共通之处。为了实现高质量发展，旅游业需要不断创新，提升服务品质，加强与其他产业的融合发展，这些都是自觉负责任旅游的重要体现。同时，自觉负责任也要求旅游业在发展过程中关注生态环境保护、文化遗产传承和社会责任履行，这些都是推动旅游高质量发展的关键因素。

在旅游业快速发展的今天，我们越来越认识到，只有坚持高质量发展的理念，才能实现旅游业的可持续增长。而自觉负责任的视角为我们提供了一个全新的思路和方法，来审视和评价旅游业的发展状况。通过揭示旅游高质量发展与自觉负责任在理念、目标等方面的共通性，我们可以更加清晰地认识到，推动旅游业的高质量发展，需要我们从多个角度出发，综合考虑经济、社会、环境和文化等多方面因素，实现旅游业的全面、协调和可持续发展。

除了理念和目标上的共通性，旅游高质量发展与自觉负责任在实践中也相互补充、相互促进。例如，在旅游资源开发过程中，注重生态环境保护和文化遗产传承，不仅可以提升旅游产品的质量和吸引力，还能体现旅游业的自觉负责任态度。同样，在提供旅游服务时，关注游客需求和满意度，不断优化服务流程和质量，也是实现旅游高质量发展的重要途径。这种以游客为中心的服务理念，正是自觉负责任思想在旅游业中的具体应用。

总的来说，旅游高质量发展与自觉负责任之间存在着密切的内在联系。它们共同致力于推动旅游业的可持续发展，提升旅游业的整体竞争力和社会贡献度。在未来的发展中，我们应该更加深入地研究和探讨这种内在联系，以便更好地指导旅游业的实践活动，实现旅游业的高质量发展。同时，我们也应该倡导更多的旅游企业和从业者树立自觉负责任的意识，积极参与到旅游高质量发展的进程中来，共同推动旅游业的繁荣与进步。

2. 旅游高质量发展系统与自觉负责任旅游系统的动力机制

在旅游高质量发展与自觉负责任之间，存在着一种紧密的互动机制。这种机制不仅体现了两者在理念上的契合，更揭示了它们在实践中的相互促进和共同发展。

旅游的高质量发展对自觉负责任的实践起到了推动作用。随着旅游业的快速发展，游客对旅游体验的要求越来越高，这促使旅游从业者必须更加注重服务质量、环境保护和文化传承等方面。为了实现这些目标，从业者需要积极承担起自觉负责任的角色，通过提升服务质量、保护生态环境和尊重当地文化等方式，来推动旅游业的高质量发展。这种推动力不仅有助于提升旅游业的整体形象，还能为旅游业带来更加可持续的发展前景。

自觉负责任的实践也进一步促进了旅游的高质量发展。在旅游业中，自觉负责任意味着从业者需要遵循一系列道德规范，尊重游客、尊重环境、尊重文化。这种负责任的态度和行为不仅能够提升游客的满意度，还能增强游客对旅游目的地的信任和忠诚度。同时，通过积极履行社会责任，旅游企业也能赢得更好的社会声誉和品牌形象，从而吸引更多游客，推动旅游业的高质量发展。

在实际操作中，这种互动机制体现得尤为明显。例如，在开发旅游资源时，注重生态环境保护和当地文化的传承，不仅可以为游客提供更加丰富的旅游体验，还能促进当地经济的可持续发展。又如，在提供旅游服务时，注重游客的需求和体验，积极解决游客遇到的问题，不仅能够提升游客满意度，还能为企业带来更多的口碑和回头客。

这种互动机制并非单向的，而是双向的、动态的。旅游高质量发展与自觉负责任在实践中相互影响、相互塑造，共同推动着旅游业的进步。当然，这种互动机制的形成并非一蹴而就，而是需要政府、企业和游客等多方面的共同努力。政府需要加强对旅游业的监管和引导，推动企业积极履行社会责任；企业需要树立正确的经营理念，注重服务质量和生态环境保护；游客也需要提高自身素质，尊重当地文化和风俗习惯。

总的来说，旅游高质量发展与自觉负责任之间存在着紧密的互动关系。这种关系不仅体现在理念上的契合，更在于实践中的相互促进和共同发展。通过深入探讨这种互动机制，我们可以更好地理解旅游业的发展趋势，为推动旅游业的高质量发展提供有益的参考。同时，也为旅游从业者提供了一种全新的视角和思考方式，引导他们更加注重自觉负责任的实践，为旅游业的可持续发展贡献力量。

（三）旅游高质量发展系统的本质是可持续创新驱动系统

1. 创新驱动与旅游高质量发展

创新驱动是推动旅游高质量发展的关键因素之一，它通过促进旅游产业内部的创新和变革，为旅游业的持续繁荣注入新的活力。这种驱动力量主要体现在技术创新和管理创新两大方面。在技术创新方面，随着科技的飞速发展，越来越多的先进技术被应用到旅游行业中，极大地提升了旅游服务的质量和效率。例如，大数据和人工智能技术的应用，使得旅游企业能够更准确地分析游客需求，提供个性化的旅游服务。智能导游系统、虚拟现实技术等也为游客带来了全新的旅游体验。这些技术创新不仅提高了旅游业的竞争力，也满足了游客日益多样化的需求。管理创新则是从制度和流程上对旅游业进行优化和改进。面对激烈的市场竞争，旅游企业需要不断创新管理模式，提高运营效率和服务质量。例如，通过引入先进的酒店管理系统，可以提高酒店的客房预订、服务响应等效率；通过优化旅游线路设计，可以提供给游客更加合理、舒适的旅游行程。这些管理上的创新，有助于旅游企业在市场中保持领先地位，实现持续稳定的发展。

创新驱动还体现在旅游产品的开发上。随着消费者对旅游体验要求的提升，传统的旅游产品已经难以满足市场需求。因此，旅游企业需要不断创新，开发出更具特色和吸引力的旅游产品。例如，结合当地的文化特色，打造独具特色的文化旅游产品；或者利用自然资源，开发户外探险、生态旅游等新兴旅游产品。这些创新性的旅游产品，能够吸引更多的游客，推动旅游业的持续发展。创新驱动对旅游发展的影响是深远的。它不仅促进了旅游业的技术进步和管理优化，还推动了旅游产品的创新和升级。在创新驱动的引领下，旅游业将不断迈向高质量发展的新阶段，为游客提供更加优质、多样的旅游体验。而且，这种创新驱动还体现在旅游行业的市场营销策略上。随着互联网和社交媒体的发展，旅游企业需要不断创新营销手段，以吸引和留住消费者。例如，利用大数据分析，精准推送个性化的旅游信息和优惠活动；通过社交媒体平台，与消费者进行互动，提升品牌形象和知名度。这些创新的营销策略，有助于提高旅游企业的市场竞争力，进一步推动旅游业的繁荣发展。创新驱动并不仅仅局限于旅游行业内部。它还需要政府、教育机构等多方共同参与，形成产学研用一体化的创新体系。政府可以出台相关政策，鼓励和支持旅游企业进行技术创新和管理创新；教育机构则可以培养更多具有创新意识和能力的人才，为旅游业的发展提供源源不断的智力支持。

总的来说，创新驱动是推动旅游高质量发展的核心动力。它通过促进技术创新、管理创新和产品创新等多方面的变革，为旅游业注入新的活力。在未来的发展中，我们应继续深化创新驱动的理念和实践，推动旅游业实现更加全面、协调、可持续的发展。

2. 可持续性与创新驱动的融合

在探讨可持续性与创新驱动的融合以实现旅游高质量发展的过程中，我们不得不关注这两个核心要素之间的内在联系和相互作用。可持续性为旅游发展提供了长远的视角和稳定的基石，而创新驱动则为旅游发展注入了源源不断的活力和动力。二者的有机融合，不仅有助于推动旅游产业的转型升级，更是实现旅游高质量发展的关键所在。

可持续性为旅游发展指明了方向。在全球化、信息化日益普及的今天，旅游业的发展已经不能仅仅局限于短期的经济利益，而必须更多地考虑到生态环境、社会文化以及经济效益的可持续性。这意味着，旅游业的发展需要遵循一定的伦理和规范，确保在满足游客需求的同时，不损害自然环境和社会文化的完整性。因此，将可持续性理念融入旅游发展，不仅是对未来负责的表现，更是旅游业自身发展的必然要求。

创新驱动为旅游发展提供了强大的动力。随着科技的飞速进步和市场竞争的日益激烈，传统的旅游发展模式已经难以适应新的形势和需求。而创新驱动则能够通过引入新技术、新理念和新模式，打破传统束缚，推动旅游业的创新发展。例如，通过运用大数据、人工智能等先进技术，我们可以更加精准地了解游客的需求和偏好，为他们提供更加个性化、高质量的旅游服务。同时，创新驱动还可以帮助我们优化旅游产业结构，提高资源利用效率，从而降低运营成本，增强市场竞争力。

要实现可持续性与创新驱动的融合，需要从多个层面入手。首先，政策层面需要制定和完善相关政策法规，明确旅游业发展的可持续性原则和创新驱动战略，为二者的融合提供有力的政策保障。其次，企业层面需要积极引入新技术和管理理念，加强内部创新体系建设，提高自主创新能力，同时注重履行社会责任，推动旅游业的绿色发展。最后，社会层面需要加强公众教育和意识提升，培养全社会的可持续发展意识和创新精神，为旅游业的可持续发展和创新驱动营造良好的社会环境。

在具体实践中，可以通过一系列案例来展示可持续性与创新驱动融合的成果。例如，某些地区通过引入智能电网技术，实现了对旅游景区能源的高效管理和利用；还有一些旅游企业通过开发独具特色的文化旅游产品，成功吸引了大量游客前来体验，同时也有效保护了当地的文化遗产。这些成功案例不仅证明了可持续性与创新驱动融合的可行性，更为我们未来推动旅游高质量发展提供了宝贵的经验和启示。

可持续性与创新驱动的融合是实现旅游高质量发展的必由之路。只有通过将这两个核心要素有机结合，我们才能够推动旅游业的转型升级，实现更加绿色、创新、可持续的发展。

思考题

1. 什么是旅游高质量发展系统？

2. 旅游高质量发展系统的本质特征是什么？

3. 旅游高质量发展的学理基础有哪些？

第五章

高质量旅游主体

在第四章关于旅游高质量发展系统框架的基础上，本章节重点阐述高质量旅游主体的主要内容，具体主要包括高质量旅游主体的定义及内涵、高质量旅游者的类型及特征、高质量旅游者的行为规范及责任、高质量旅游者培养与引导四个方面。

第一节　高质量旅游主体概述

一、定义及内涵

（一）定义

高质量旅游主体是旅游业发展的重要推动力量。通过提升旅游服务质量、丰富旅游产品供给、加强文化宣传与教育以及完善旅游监管体系等措施，可以培养更多高质量旅游主体，推动旅游业的持续健康发展。高质量旅游主体，通常指的是具备高素质、高需求和高满意度的旅游者，他们在旅游活动中扮演着至关重要的角色。

高质量旅游主体是现代旅游业发展的重要推动力量。他们不仅满足了自身多元化的旅游需求，还促进了旅游业的创新和升级，为旅游目的地的经济、文化和社会发展做出了积极贡献。同时，他们也成了文明旅游和环保旅游的倡导者和践行者，为旅游业的可持续发展注入了新的活力。

（二）内涵

高质量旅游主体的内涵主要表现在如下几个方面：

高质量旅游主体，作为现代旅游业的重要组成部分，是指那些具备多元化需求、注重深度体验、积极传播文化、保护生态环境、具备安全意识、倡导文明旅游、促进经济消费以及享受高品质旅游服务的旅游者。以下是高质量旅游主体定义的详细阐述。

1. 旅游者需求多元

高质量旅游主体在旅游需求上展现出明显的多元化特征。他们不仅追求传统的观光游览，还热衷于参与各种体验式旅游活动，如文化考察、探索冒险、休闲度假等。这种多元化的需求促使旅游业不断创新，提供更加丰富多样的旅游产品和服务。

2. 注重旅游体验

高质量旅游主体在旅游过程中更注重体验的深度和广度。他们期望通过旅游获得独特的文化体验、情感体验和心灵体验，而不是仅仅停留在表面的观光游览。因此，他们更倾向于选择那些能够提供深度文化体验和个性化服务的旅游产品。

3. 文化负载与传播

高质量旅游主体在旅游过程中不仅是文化的接受者，更是文化的传播者。他们通过参与当地的文化活动、与当地居民交流互动，深入了解目的地的文化传统和风俗习惯，并将这些文化元素带回自己的家乡，成为文化交流的桥梁和纽带。

4. 保护生态文化

高质量旅游主体具备强烈的环保意识，他们在旅游过程中始终关注生态环境的保护。他们不仅遵守当地的环保规定，还积极参与各种环保活动，如垃圾分类、节能减排等，为保护目的地的生态环境和文化遗产贡献自己的力量。

5. 具备安全意识

高质量旅游主体在旅游过程中始终保持高度的安全意识。他们了解并遵守旅游目的地的安全规定，注意个人财物的安全，同时在紧急情况下能够迅速采取措施保护自己和同伴的安全。

6. 倡导文明旅游

高质量旅游主体是文明旅游的倡导者和践行者。他们尊重目的地的文化传统和风俗习惯，遵守旅游目的地的法律法规，不随意破坏旅游资源，不制造垃圾污染，以身作则，为其他旅游者树立榜样。

7. 促进经济消费

高质量旅游主体在旅游过程中通常会进行较多的经济消费，不仅为旅游目的地带来直接的旅游收入，还促进了当地经济的发展和就业。他们的消费行为不仅满足了自身的需求，也为旅游目的地的经济发展做出了贡献。

8. 享受旅游服务

高质量旅游主体对旅游服务有着较高的要求，他们期望获得高品质的旅游服务体验。因此，他们通常会选择那些服务品质高、服务态度好的旅游企业和旅游产品，并在享受服务的过程中给予积极的反馈和评价。

二、作用与影响

高质量旅游者在旅游中的意义和作用是多方面的，他们不仅丰富了个人的人生经历，促进了身心健康，还推动了旅游业的发展，对社会经济产生了积极的推动作用。因此，我们应该重视高质量旅游者的需求，提升旅游品质，为他们提供更好的旅游体验。

高质量旅游者在旅游中的意义和作用是多方面的，不仅对个人有着深远的影响，同时也对旅游业以及社会经济产生积极的推动作用。以下是对高质量旅游者在旅游中的意义和作用的具体阐述。

（一）对个人的意义和作用

1. 丰富人生经历

高质量旅游者通过旅行，能够亲身接触到不同的文化、历史和自然景观，从而丰富自己的人生经历。这些经历不仅能够提升个人的文化素养和审美能力，还能够激发对生活的热爱和对未知的探索欲望。

2. 促进身心健康

旅行中的运动和观光活动有助于锻炼身体，增强身体素质。同时，远离日常生活的喧嚣，享受大自然的美景和宁静，能够缓解压力，放松心情，对心理健康也有积极的促进作用。

3. 增进人际交往

旅行中，高质量旅游者有机会结识来自不同地域、不同文化背景的人，通过交流和互动，能够增进彼此之间的了解和友谊，拓宽社交圈子。

（二）对旅游业的推动作用

1. 提升旅游品质

高质量旅游者对旅游品质有着较高的要求，他们注重旅游体验的深度和广度，追求个性化的旅游服务。这促使旅游业不断提升服务质量，创新旅游产品，以满足高质量旅游者的需求，从而推动旅游业的整体升级。

2. 促进旅游经济发展

高质量旅游者的消费能力较强，他们在旅游过程中的花费通常较高，包括住宿、餐饮、交通、购物等方面。这有助于增加旅游目的地的经济收入，促进当地经济的发展。

3.传播旅游形象

高质量旅游者在旅行过程中，会通过各种渠道分享自己的旅游经历和感受，包括社交媒体、旅游论坛等。他们的正面评价和传播有助于提升旅游目的地的知名度和美誉度，吸引更多的游客前来旅游。

（三）对社会经济的积极作用

1.推动文化交流

高质量旅游者在旅行中，会接触到不同的文化和风俗，通过交流和互动，能够促进不同文化之间的理解和融合，增进民族团结和社会和谐。

2.促进区域协调发展

旅游业的发展有助于推动区域经济的协调发展。高质量旅游者的到来能够带动当地的基础设施建设、就业增加和产业升级，从而推动区域经济的整体发展。

3.提升环保意识

高质量旅游者通常具备较强的环保意识，他们在旅行过程中会关注生态环境的保护，遵守当地的环保规定。这有助于提升公众的环保意识，推动旅游业的可持续发展。

第二节　高质量旅游者的类型及特征

一、高质量旅游者的特征

高质量旅游者具有多样化的类型和特征，他们各自以独特的旅游方式和价值取向推动旅游业的发展。了解这些类型和特征有助于我们更好地理解高质量旅游者的需求和行为模式，从而为他们提供更加贴心和个性化的旅游服务。

（一）行为特征

1.计划性与灵活性并重

高质量旅游者在出行前通常会进行周密的计划，包括目的地选择、行程安排、预算控制等。同时，他们也具备高度的灵活性，能够根据实际情况调整行程，应对突发情况。

2. 注重体验与互动

高质量旅游者不仅追求观光游览，更注重深度体验和互动。他们喜欢参与当地的文化活动，与当地人交流，体验地道的民俗风情。他们倾向于选择那些能够提供个性化服务和深度体验的旅游产品。

3. 文明旅游

高质量旅游者具备高度的文明旅游意识，尊重目的地的文化传统和风俗习惯，遵守当地的法律法规和环保规定。他们注重保护旅游资源，不乱扔垃圾、不破坏自然景观和文化遗产。

（二）心理状态

1. 积极的心态

高质量旅游者通常具备积极的心态，对旅游目的地充满好奇和期待。他们能够在旅行中保持愉悦的心情，享受每一次与大自然的亲密接触和人文的深度交流。

2. 开放与包容

高质量旅游者具备开放和包容的心态，能够接纳不同的文化和观念。他们善于在旅行中学习和成长，通过与他人交流来拓宽自己的视野和知识面。

（三）旅游方式

1. 多样化的旅游方式

高质量旅游者不拘泥于单一的旅游方式，他们喜欢尝试不同的旅游形式，如自驾游、背包游、徒步游等。多样化的旅游方式能够让他们更加深入地了解目的地的风土人情和文化特色。

2. 注重品质与深度

高质量旅游者在选择旅游产品时，更注重品质与深度。他们愿意为高品质的旅游产品和服务买单，以获得更好的旅游体验。他们喜欢深入探索目的地的历史、文化、风俗等方面，以获取更多的知识和感悟。

（四）价值取向

1. 环保与可持续

高质量旅游者具备强烈的环保意识和可持续发展理念。他们关注旅游目的地的生态环境和文化遗产保护，积极参与环保活动和可持续旅游项目。他们通过选择环保的交通工具、住宿方式等，减少对环境的影响，为可持续旅游做出贡献。

2. 文化与传承

高质量旅游者注重文化的传承与发展。他们通过参与当地的文化活动、学习当地的语言和历史等方式，深入了解目的地的文化内涵。他们愿意为保护和传承当地的文化遗产做出贡献，通过购买当地的手工艺品、品尝当地的美食等方式，支持当地的文化产业发展。

（五）对旅游目的地的影响

1.促进经济发展

高质量旅游者的到来能够促进旅游目的地的经济发展。他们通过消费带动当地餐饮、住宿、交通等产业的发展，为当地居民创造就业机会和收入来源。

2.提升旅游形象

高质量旅游者的文明旅游行为和积极反馈能够提升旅游目的地的形象和知名度。他们通过分享自己的旅游经历和感悟，吸引更多的游客前来旅游观光。

二、高质量旅游者划分依据及类型

（一）按行为动机分类

在旅游领域中，高质量旅游者以其独特的旅游方式和鲜明的个性特征，成为推动旅游业发展的重要力量。根据旅游行为、心理需求及价值取向的不同，高质量旅游者可以细分为以下八大类型，每类旅游者都有其独有的特征和表现。

1.探究思考型

特征：探究思考型旅游者热衷于深入了解旅游目的地的历史、文化、风俗等，他们不仅满足于表面的观光游览，更希望通过旅行获得深度的知识积累和文化体验。这类旅游者往往喜欢参观博物馆、古迹遗址等，与当地人交流，以获取更多的第一手资料。

行为表现：在旅行前，他们会进行大量的研究和准备，包括阅读相关书籍、观看纪录片、了解目的地的文化背景等。在旅行过程中，他们喜欢提问，寻求深入的理解，并乐于分享自己的发现和感悟。

2.悠游自乐型

特征：悠游自乐型旅游者追求的是放松和享受，他们更看重旅行中的舒适度和愉悦感。这类旅游者通常喜欢选择风景优美的度假胜地，享受自然风光和宁静的环境。

行为表现：他们倾向于选择高品质的酒店和度假村，享受各种休闲娱乐设施，如SPA、高尔夫球场等。在旅行过程中，他们更倾向于自由安排时间，随心所欲地享受每一刻。

3.计划规划型

特征：计划规划性强的高质量旅游者注重旅行的计划和安排，他们喜欢提前制定详细的行程表，包括交通、住宿、景点等各个方面。这类旅游者通常希望能够在有限的时间内尽可能地游览更多的景点，体验更多的活动。

行为表现：他们会利用各种旅游网站和 App 进行行程规划，确保每一个细节都安排得当。在旅行过程中，他们通常会严格遵守行程表，以确保旅行的顺利进行。

4. 乐观开朗型

特征：乐观开朗型旅游者通常具有积极向上的心态，他们喜欢与人交往，乐于尝试新事物。这类旅游者通常能够在旅行中迅速适应新环境，与当地人建立良好的关系。

行为表现：他们喜欢参加各种社交活动，如当地的节日庆典、文化交流活动等。在旅行过程中，他们通常会保持积极的心态，即使遇到困难和挫折也能够迅速调整心态，继续享受旅行。

5. 独立行动派

特征：独立行动派的高质量旅游者喜欢独自旅行，他们喜欢按照自己的节奏和兴趣安排行程。这类旅游者通常具有较强的自我探索和冒险精神，愿意尝试不同的旅行方式和路线。

行为表现：他们更倾向于选择背包旅行或自驾游等相对自由的旅行方式。在旅行过程中，他们通常会自己寻找住宿和交通方式，并乐于与当地人交流，了解当地的文化和生活方式。

6. 珍惜情感型

特征：珍惜情感型旅游者注重与家人、朋友或伴侣之间的情感交流，他们喜欢选择与亲爱的人一起旅行，共同创造美好的回忆。这类旅游者通常会将旅行视为一种情感交流和加深关系的契机。

行为表现：他们通常会选择适合家庭或情侣的旅行目的地和活动，如海滩度假、山区徒步等。在旅行过程中，他们会珍惜与亲人在一起的时光，共同享受旅行的乐趣和美好。

7. 眼界宽广型

特征：眼界宽广型旅游者喜欢探索不同的文化和环境，他们通常具有丰富的旅行经验和广泛的视野。这类旅游者通常希望通过旅行拓宽自己的视野和知识面，了解不同国家和地区的文化、历史、风俗等。

行为表现：他们喜欢选择具有独特文化或自然风光的旅行目的地，如偏远地区、少数民族聚居地等。在旅行过程中，他们通常会积极融入当地的生活和文化环境，与当地人进行深入的交流和互动。

8. 文明旅游型

特征：文明旅游型旅游者注重旅游过程中的行为规范和道德准则，他们尊重目的地的文化传统和风俗习惯，遵守当地的法律法规和环保规定。这类旅游者通常认为旅游不仅是一种享受和放松的方式，更是一种学习和成长的机会。

行为表现：他们在旅行过程中会严格遵守旅游行为规范，不乱扔垃圾、不破坏旅游资源、不干扰当地居民的正常生活。同时，他们还会积极传播文明旅游的理念和做法，为其他旅游者树立榜样。

（二）按责任层次分类

在前人研究成果基础上，笔者倾向于按层次标准划分思路对高质量旅游者进行划分，即高质量旅游精英、高质量旅游者、潜在高质量旅游者三种类型。

1. 高质量旅游精英

在人与大自然关系的价值取向上，高质量旅游精英对大自然充满了尊重、敬畏与关爱，认为人与自然是一种平等的朋友关系，倡导天地人和谐统一。这种人群构成唤醒地球村民觉醒的引领者、全球可持续发展的先行者和地球大家庭的守护者。其主要特征表现为如下几点。

（1）具有强烈的自觉责任感

高质量旅游精英是真正意义上的严格的生态旅游者，他们不会因为曾经去过所谓的非生态旅游区消费而曾经是非生态旅游者，也不会因为正在经历所谓的非生态旅游区经历而正在成为非生态旅游者，也不会因为将要到非生态旅游区去旅游而退变为非生态旅游者或者传统的大众旅游者。这种层次的高质量旅游精英立志以保护周围环境为己任，以全球可持续发展为目标。在他们的理念中，旅游者是天—地—人这个巨大系统中的一个组成部分，旅游者有责任和义务维护这个巨大系统的友好、协调可持续发展。他们不会因为某个旅游区是所谓的非生态旅游区而不热衷前往去体验旅游活动，也并不会因为去了这种非生态旅游区去体验，就退变成了非生态旅游者。

强烈的责任意识使高质量旅游精英表现出深刻的环境责任感和特别的社区利益责任感，他们认为个人行为将促进自然和社区的保护，他们不仅以身作则，还乐于帮助他人改正对环境和社区不负责任的行为。

（2）具有强烈的生态意识

高质量旅游精英与其居住地、向往地甚至旅游区的性质没有直接关系。这种高质量旅游精英所在的地区或者国家，可能其国民生态意识较强或者较弱，但并不会从本质上影响其成为高质量旅游精英。这种高质量旅游精英曾经经历的旅游地给他们带来的只是不同的旅游体验，而不会从根本上改变他们作为高质量旅游精英的本质。相反，他们会在旅游过程中有意或无意地传递、扩散生态理念，间接或者直接地影响、加深甚至引领旅游地社区的生态意识，从而有利于所谓的非生态旅游地向生态旅游地转化或者促进生态旅游地向更严格层次的生态旅游地发展。

高质量旅游精英具有强烈的生态意识，所以他们对旅游舒适度的要求很低，例如，他们不会为了自身的方便要求修筑公路、索道，不会偏爱大型酒店住宿，而更愿意住在当地社区开办的家庭旅馆或民宿里。相反，他们还希望在旅行过程中有体力上的挑战，偏爱富有挑战性的高质量旅游体验，他们更强调个人对自然和社区的体验，希望能亲自了解当地的生态环境和人文社区。

（3）具有低碳的旅游行为

高质量旅游精英具有不同于大众旅游者的旅游行为，最大的特点是具有低碳、友好、与环境和谐沟通的旅游行为。他们拥有完全主动、自觉的旅游态度，主动接近大自然和社区，喜欢关注和思考环境和问题。正因如此，他们往往喜欢那些距离遥远、保持着相对原始状态的自然区域。高质量旅游精英喜欢自己安排旅游过程，或者以最低环境影响程度的方式进行，或者进行专业化的旅行。真正意义上的高质量旅游精英正体现出了生态旅游的核心思想，他们具有充分的生态意义与文明道德。强调自身安全与环境安全的统一。在旅游花销方面，凡是不利于环境保护和社区的事情，他们会斤斤计较。相反，凡是有利于周围环境和社区保护的支出，他们会落落大方。他们坚守自己的信念和人生观，他们对自己勤俭节约，不喧哗、不炫耀，极低调。他们对周围环境慷慨大方，乐善好施，不会人云亦云，更不会改变自己环保和社区的理念和生态信念。

2. 高质量旅游者

高质量旅游者构成高质量旅游者市场的重要组成部分，并随着人类经济社会发展和文明进步，普通旅游者数量不断增多。他们是高质量旅游精英的强大后盾。他们基本具备高质量旅游者的条件，相当于高质量旅游精英群体的中低级形式。高质量旅游者在人与自然和社区关系的价值取向上，初步了解并认可环境中心论，对大自然和社区具有一定程度的尊重与关爱，认为人与自然是一种平等的朋友关系。其主要特征表现为以下三个方面。

（1）具有一定的自觉责任感

高质量旅游者属于真正意义上的高质量旅游者，他们具有一定程度的人文素养、思想境界和环保意识。普通高质量旅游者学会了尽力保护周围环境（硬环境和软环境）和社区利益，他们乐于学习，努力了解可持续发展理念。他们明白旅游者应该有责任和义务维护各种生态旅游区。他们了解生态旅游相关知识和生态旅游相关原则和技能。他们正是在努力成为高端生态旅游者的奋斗之路上。

高质量旅游者由于具有一定的自觉意识，表现出一定的环境和社区责任感，他们认识到个人行为将促进自然和社区的保护，他们学会以身作则，也开始乐于帮助他人改正对环境和社区不负责任的行为。

（2）具有一定的生态意识

作为高质量旅游精英的中低级形式，高质量旅游者初步具备不同旅游地和环境对其生态理念的影响。高质量旅游者经历的旅游地给他们带来的只是不同的旅游体验，一般不会改变他们作为高质量旅游者的本质。他们会在旅游过程中呈现一定自觉性的言行举止，可能间接或者直接地影响到旅游地社区的生态意识。

高质量旅游者具有一定的生态意识，所以他们对旅游舒适度的要求一般，例如，他们能够做到不会为了自身的方便要求修筑公路、索道，可以没有大型酒店住宿，可以住在当地社区开办的家庭旅馆或民宿里。而且，他们在旅行过程中可以适应体力上的挑战，喜欢具有挑战性的生态旅游体验，他们希望能增加个人对自然的体验，也希望能亲自了解当地的生态环境和社区。

（3）具有一定的生态旅游行为

高质量旅游者具有不同于大众旅游者的旅游行为，其特征主要表现在具有一定的低碳、友好、与环境及社区和谐沟通的理念。他们具有一定的环保和社区主动性以及自觉性，不排斥接近大自然和社区，比较关心和善于思考环境和社区问题。高质量旅游者可以自己安排旅游过程，在旅行过程中能够注意到环保和社区问题。

高质量旅游者存有生态旅游的核心思想，他们具有一定的生态意识与生态道德，提倡自身安全与环境安全的统一。在旅游花销方面，能同时考虑到自身旅游活动所带来的经济效益、社会效益和生态效益。他们已具备一定的环保理念、生态道德和社区利益保护意识。

3. 潜在高质量旅游者

潜在高质量旅游者是绝大多数普通大众旅游者成为高质量旅游者的重要阶段。相当于真正的生态旅游者的初级形式，或者称为准高质量旅游者。潜在高质量旅游者在人与自然关系的价值取向上，现阶段具有明显的人类中心论倾向，认为人类优于自然界，或独立于自然界，他们只是把大自然当作一种旅游消费对象。潜在高质量旅游者的主要来源：一是大众旅游者中具有一定人文素养、通过自身锤炼、自修和努力而转变为高质量旅游者的那部分游客；二是普通的大众旅游者中通过高质量旅游者感染或者受到后期培训教育转变而来的那部分游客；三是新兴的潜在高质量旅游者。与前两类相比，潜在高质量旅游者最大的特点之一就是其正处在摇摆不定的状态，即在高质量旅游者和大众旅游者之间摇摆不定，受周边环境的影响很大。其主要特征表现为以下三个方面。

（1）具有一定或表层的生态意识

潜在高质量旅游者往往只有中等或者表层的生态意识，所以对旅游舒适度的要求较高。他们希望景区能提供足够的设施和服务条件，希望在旅行途中也获得都市中的享受。潜在高质量旅游者的生态旅游体验是以一日游为基础的短途旅游体验，他们更喜欢通过导游解说、小径上的指示标牌或解译中心来获得有关自然的知识，而不愿自己去了解相关的生态知识。

（2）具有浅显的自觉责任感

潜在高质量旅游者对环境保护和社区所具有的责任感不像真正的生态旅游者那样深刻，他们可能会约束自己不做破坏环境的事情，但通常对别人破坏环境的行为置之不理。通常有意识、无意识地表现出浅显的自觉责任感。

（3）旅游行为类似大众旅游者

潜在高质量旅游者的旅游态度是被动的，他们跟随旅游团队来到生态旅游景区，只停留短暂的时间。他们通常不喜欢那些需要长途跋涉的生态旅游目的地，更愿意选择交通便利、距离较短的目的地。他们对大自然和社区只是轻微的接触，缺乏与自然环境和社区的深入交流。潜在高质量旅游者喜欢由旅行社或旅游经营机构替他们安排行程，以大规模旅游团队的旅游方式旅行。一般的大众生态旅游者在本质上其实是大众旅游者，两者是可以互相转换的。潜在高质量旅游者通过偶尔与自然环境和社区接触，以显示与其他选择普通旅游方式的旅游者有所不同。当然，潜在高质量旅游者占了整个生态旅游者市场的大部分。

第三节　高质量旅游者的行为规范及责任

一、高质量旅游者权益与责任

高质量旅游者的权益与责任是相互关联的，旅游者在享受旅游带来的愉悦和放松的同时，也应承担起相应的责任和义务。只有共同维护旅游市场的健康发展，才能保障旅游者的合法权益，推动旅游业的可持续发展。因此，高质量旅游者应自觉遵守法律法规和道德规范，积极参与旅游资源的保护和环境维护工作，共同营造一个和谐、安全、绿色的旅游环境。

在旅游活动中，高质量旅游者作为旅游市场的主体之一，不仅享有广泛的权益，同时也承担着相应的责任。以下是对高质量旅游者权益与责任的详细阐述，旨在促进旅游市场的健康发展，保障旅游者的合法权益，同时也强调旅游者的责任担当。

（一）高质量旅游者的权益

1. 自主选择旅游产品

高质量旅游者有权根据自己的兴趣和需求，自主选择适合的旅游产品，包括旅游线路、住宿、餐饮、交通工具等。旅游经营者应提供多样化的旅游产品，以供旅游者选择，并不得强制或变相强制旅游者接受其指定的服务。

2. 知情及求偿权利

高质量旅游者有权在旅游前了解旅游产品的详细信息，包括价格、行程安排、服务质量等。若旅游过程中发生服务质量问题或损害旅游者权益的情况，旅游者有权向旅游经营者提出投诉，并要求合理的赔偿。

3. 拒绝强制交易行为

高质量旅游者有权拒绝任何形式的强制交易行为，如旅游经营者在旅游过程中要求旅游者购买指定商品、参加自费项目等。旅游者应坚决维护自己的合法权益，避免被不法经营者侵害。

（二）高质量旅游者的责任

1. 遵守法律法规及规定

高质量旅游者在旅游过程中应遵守国家法律法规以及旅游目的地的相关规定，不得进行违法乱纪的行为。旅游者应尊重当地的社会秩序和公共道德，维护良好的旅游形象。

2. 尊重当地风俗习惯

高质量旅游者应尊重旅游目的地的风俗习惯和文化传统，不得歧视或冒犯当地居民。在与当地人交流时，应保持礼貌和尊重，促进文化交流与和谐共处。

3. 保护旅游资源环境

高质量旅游者应积极参与旅游资源的保护和环境维护工作。在旅游过程中，应遵守环保规定，不乱扔垃圾、不破坏自然景观和文化遗产。旅游者还应积极参与生态旅游和可持续旅游项目，推动旅游业的绿色发展。

4. 维护旅游秩序安全

高质量旅游者应遵守旅游秩序和安全规定，不得在景区内大声喧哗、乱涂乱画等。在游览过程中，应注意个人安全，遵守景区管理规定，确保旅游活动的顺利进行。同时，旅游者还应积极协助旅游经营者维护旅游秩序和安全，共同营造一个和谐、安全的旅游环境。

二、高质量旅游者行为规范

高质量旅游者的行为规范，是每位旅行者的责任与担当，也是促进旅游业健康发展的重要基石。让我们从我做起，从现在做起，共同努力，让每一次旅行都成为传播文明、促进交流的美好经历。

在当今全球旅游蓬勃发展的时代，高质量旅游者不仅以享受美好的旅行体验为目标，更肩负着传播文明、保护环境、遵守秩序等多重责任。为了共同营造一个和谐、有序、可持续的旅游环境，以下列出高质量旅游者应遵循的行为规范，旨在引导每一位旅行者成为文明旅游的践行者。

（一）尊重当地风俗文化

1. 理解并尊重

在踏上异国他乡的土地时，首先应了解并尊重当地的风俗习惯、宗教信仰和文化传统。避免因无知而做出冒犯行为，以开放的心态去体验和接纳不同文化的独特魅力。

2. 礼貌交流

在与当地人交流时，使用礼貌用语，展现友好态度，避免任何形式的歧视和偏见。

（二）保护旅游生态环境

1. 减少环境影响

选择环保的交通方式，如公共交通、骑行或步行；在景区内不乱扔垃圾，分类投放；避免使用一次性塑料制品，保护自然景观不受破坏。

2. 支持绿色旅游

参与和支持可持续发展的旅游项目，如生态旅游、农业旅游，为当地环保事业贡献力量。

（三）遵守旅游目的地规定

1. 了解并遵守

提前了解目的地的法律法规和旅游规定，如开放时间、游览路线、禁止事项等，确保旅游活动合法合规。

2. 积极响应

遵守景区提示牌上的各项指示，如遇紧急情况，立即按照指引行动，配合工作人员管理。

（四）维护景区公共秩序

1. 排队等候

在购票、上车、参观等场合，遵守公共秩序，排队等候，不插队、不拥挤。

2. 保持安静

在博物馆、图书馆等需要保持安静的场所，不大声喧哗，使用手机时尽量降低音量，以免影响他人。

（五）理性安全地消费

1. 明明白白消费

事先了解并比较服务价格，避免被不合理的价格所误导；在购物时，理性消费，不轻信虚假宣传。

2. 注意个人安全

参与水上、登山等高风险活动时，穿戴好防护装备，遵循专业人士的指导，确保个人安全。

（六）尊重旅游工作者

1. 礼貌待人

对旅游从业者（如导游、司机、酒店员工等）保持礼貌和尊重，理解他们的工作辛苦，合理表达需求和意见。

2. 公正评价

在旅行结束后，通过正规渠道给予客观公正的评价，为后来者提供参考，同时也是对服务者努力的一种认可。

（七）尊重知识产权法律

1. 尊重原创

在旅游过程中，尊重他人的摄影作品、艺术作品等知识产权，未经允许不擅自拍摄、复制或传播。

2. 合法使用

在使用旅游 App、在线预订等服务时，遵守相关隐私政策和版权条款，不泄露个人信息，不非法使用数据。

（八）遵守旅游安全规定

1. 安全意识

始终保持警惕，注意人身和财产安全，避免携带大量现金，妥善保管贵重物品。

2. 应急准备

了解基本的急救知识和目的地常见的安全问题，准备必要的应急药品和联系信息，以便在紧急情况下迅速反应。

第四节 高质量旅游者培养与引导

一、高质量旅游者的行为特征

高质量旅游者的行为特征体现了对旅游的深度理解和热爱，他们不仅追求旅行中的物质享受，更注重精神层面的提升和成长。这些特征不仅为旅游者个人带来了丰富的旅行体验，也为旅游市场的健康发展和旅游文化的传播做出了积极贡献。

在多元化的旅游市场中，高质量旅游者以其独特的行为特征，成了推动旅游行业持续发展和提升旅游体验的重要力量。他们不仅追求旅行中的愉悦与放松，更注重深度体验、文化交流和自我成长。以下是对高质量旅游者行为特征的详细解析，旨在启发更多旅游爱好者向更高层次的旅游体验迈进。

（一）深度探究思考

高质量旅游者倾向于对旅行目的地进行深入研究，不仅关注表面的景点和美食，更乐于挖掘背后的历史文化、风土人情和社会变迁。他们在旅行前会做大量功课，了解目的地的历史背景、民俗传统、建筑风格等，以便在旅途中更好地理解和感受。

（二）事先准备充分

高效规划和细致准备是高质量旅游者的重要特征。他们会提前制订详细的行程计划，包括交通、住宿、景点安排等，确保旅途顺畅。同时，还会根据目的地的气候、文化特点准备相应的装备和物品，如适合当地气候的衣物、语言学习资料、安全用品等。

（三）心态开放平和

高质量旅游者拥有开放的心态，对未知充满好奇和尊重。他们乐于接受和适应新环境，对待不同文化和观念持包容态度，不轻易评判和批判。这种平和的心态不仅有助于建立良好的人际关系，还能让旅行更加丰富多彩。

（四）消费观念理性

在旅游消费上，高质量旅游者注重性价比和品质，不盲目追求奢华或过度消费。他们善于寻找性价比高的住宿、餐饮和娱乐项目，同时，也愿意为独特的体验和高质量的服务支付合理费用。

（五）时间观念较强

高质量旅游者珍视旅行中的每一刻，合理规划时间，确保在有限的时间内尽可能多地体验和感受。他们懂得平衡休息与探索，避免在旅途中过于疲劳或错过精彩瞬间。

（六）尊重服务人员

对旅游服务人员保持尊重和礼貌，是高质量旅游者的一大特点。他们理解服务人员的工作辛苦，尊重他们的劳动成果，以积极、友善的态度与之交流，共同营造和谐的旅游环境。

（七）行动独立自主

高质量旅游者倾向于独立规划旅行路线和行程，喜欢按照自己的节奏和兴趣去探索。他们善于利用网络资源、旅游指南和当地人的建议，自主解决旅途中的问题，享受独立旅行的自由和乐趣。

（八）热爱生活自然

高质量旅游者热爱大自然，珍惜每一次亲近自然的机会。他们乐于徒步、骑行、露营等户外活动，深入自然腹地，感受大自然的壮丽与宁静。同时，他们也注重环境保护，遵守旅游地的环保规定，努力减少对自然环境的负面影响。

二、高质量旅游者的行动指南

高质量旅游者的行动指南，是每一位热爱旅行、尊重自然、尊重文化的旅行者应当遵循的行为准则。让我们从我做起，从现在做起，共同守护这片美丽的地球，让每一次旅行都成为一次负责任、有意义的文化交流与自然探索之旅。

在追求美好旅行体验的同时，高质量旅游者深知自身行为对环境、社会和文化的深远影响。因此，他们不仅在旅途中寻找乐趣与启发，更以实际行动践行环保、尊重与责任。以下是一份为高质量旅游者量身定制的行动指南，旨在引导每一位旅行者在享受自然风光与文化魅力的同时，成为负责任的旅游实践者。

（一）选择环保交通

1. 优先考虑公共交通

选择地铁、公交、火车等公共交通工具，减少碳排放，支持绿色出行。

2. 骑行与步行

在可行的情况下，选择骑行或步行探索城市，不仅环保，还能更深入地感受当地风情。

3. 拼车或共享出行

利用拼车服务或共享汽车，减少车辆使用，降低对环境的影响。

（二）节约水电资源

1. 关闭不必要电源

离开住宿场所时，记得关闭空调、电视、灯光等电器，节约能源。

2. 节约用水

洗漱时控制用水量，尽量使用节水型设备，不随意浪费水资源。

3. 合理使用热水

避免长时间开启热水器，根据实际需要调节水温，减少能源消耗。

（三）保护生态环境

1. 不乱扔垃圾

将垃圾带回指定回收点，特别是塑料、玻璃瓶等不易降解的物品。

2. 不破坏植被

在户外活动时，避免践踏草地、折损树枝，保护自然景观的完整性。

3. 不干扰野生动物

尊重野生动物的生存空间，不投喂、不追逐、不干扰其自然习性。

（四）遵守公共秩序

1. 排队等候

在购票、乘车、参观等场合，遵守公共秩序，不插队、不拥挤。

2. 保持安静

在图书馆、博物馆等需要保持安静的场所，不大声喧哗，尊重他人。

3. 尊重标识

遵守景区、公园等公共场所的指示标识，不擅自进入禁区，不破坏公共设施。

（五）珍爱文物古迹

1. 不触摸文物

参观博物馆、古迹时，保持一定距离，不触摸、不刻画，保护历史文化遗产。

2. 遵守拍照规定

尊重景区拍照规定，不在禁止拍照区域使用相机或手机，避免对文物造成损害。

3. 了解历史背景

在参观前，了解文物古迹的历史背景，增强文化认知，提升游览体验。

（六）尊重他人权利

1. 尊重当地习俗

了解并尊重目的地的文化习俗和宗教信仰，避免做出冒犯行为。

2. 礼貌沟通

与当地居民交流时，使用礼貌用语，尊重他们的意见和感受。

3. 尊重隐私

在拍摄人物照片前，征得其同意，尊重他人的隐私权。

（七）文明礼貌待人

1. 友善交流

对服务人员、导游等保持礼貌和尊重，感谢他们的服务和帮助。

2. 宽容理解

面对文化差异和误解，保持开放和宽容的态度，积极沟通解决问题。

3. 文明用餐

在餐厅用餐时，遵守餐桌礼仪，不浪费食物，保持餐桌整洁。

（八）优选生态旅游

1. 选择生态旅游项目

优先选择那些对自然环境影响较小的旅游项目，如徒步、观鸟、生态摄影等。

2. 支持可持续旅游

选择那些支持当地经济发展、注重生态保护、维护社会公平的旅游服务。

3. 参与环保活动

在旅途中，积极参与植树造林、海滩清洁等环保公益活动，为环境保护贡献力量。

思考题

1. 什么是高质量旅游主体？高质量旅游主体与旅游者有什么关系？

2. 高质量旅游主体的类型及特征有哪些？

3. 高质量旅游者的行为规范及责任是什么？

4. 如何才能成为高质量旅游者？

高质量旅游客体

本章系旅游高质量发展系统框架的重要组成部分。接着第五章介绍关于高质量旅游主体的主要内容，这里重点阐述高质量旅游客体的主要内容，具体包括定义及关键要素、高质量旅游客体的主要构成、高质量旅游客体的类型及特征、高质量旅游客体的标准和要求等。

第一节　高质量旅游客体概述

一、定义及关键要素

高质量旅游客体具备自然风光优美、历史文化丰富、旅游设施完善、游客体验优化以及可持续发展和生态保护等特点。这些特点共同构成了高质量旅游客体的核心竞争力，为旅游者提供了独特、丰富且可持续的旅游体验。高质量旅游客体，通常指的是那些能够满足旅游者深层次需求，提供独特、丰富且可持续旅游体验的旅游目的地、景点或旅游产品。

这些客体不仅具备优美的自然风光、丰富的历史文化底蕴，还注重生态保护、文化传承和游客体验的优化。

（一）自然风光与生态环境

高质量旅游客体往往拥有得天独厚的自然风光，如壮丽的山川湖泊、秀美的田园风光、独特的地质奇观等。这些自然景观不仅为旅游者提供了视觉上的享受，更是心灵上的洗礼。同时，这些客体还注重生态环境的保护与修复，确保旅游活动不会对自然环境造成破坏。

（二）历史文化与民俗风情

高质量旅游客体通常拥有丰富的历史文化资源和独特的民俗风情。这些资源包括古建筑、遗址遗迹、传统手工艺、民俗表演等，它们共同构成了旅游地的文化灵魂。通过参观这些文化景点，旅游者可以深入了解当地的历史发展、文化传承和民俗习惯，增强文化认同感和归属感。

（三）旅游设施与服务

高质量旅游客体在旅游设施和服务方面也具有显著优势。它们通常拥有完善的交通网络、便捷的住宿条件、丰富的餐饮选择和专业的旅游服务团队。这些设施和服务不仅提高了旅游者的舒适度，还为他们提供了更加便捷、个性化的旅游体验。

（四）游客体验与互动性

高质量旅游客体注重游客体验的优化和互动性的提升。它们通过设计丰富的旅游活动和项目，如徒步、骑行、探险、文化体验等，让游客在参与中感受旅游的乐趣。同时，这些客体还注重与游客的互动，通过提供定制化的旅游服务、开展游客满意度调查等方式，不断满足游客的个性化需求。

（五）可持续发展与生态保护

高质量旅游客体在发展过程中，始终将可持续发展和生态保护放在首位。它们通过制定科学合理的旅游规划、加强生态环境保护、推动绿色旅游产品开发等方式，确保旅游活动的可持续性和生态性。这些措施不仅有助于保护当地的生态环境和文化遗产，还为旅游业的长期发展奠定了坚实基础。

二、高质量旅游客体的内涵及特征

在全球化旅游趋势日益显著的背景下，高质量旅游客体成了吸引国内外游客的关键因素。这些旅游客体不仅提供了丰富的旅游资源和独特的旅游体验，还在旅游形象、服务品质、环境共享、基础设施、知名度以及发展规划等多个方面展现出了显著的优势。这些特征共同构成了高质量旅游客体的核心竞争力，为游客提供了独特而难忘的旅游体验。以下是对高质量旅游客体内涵及特征的详细阐述。

（一）旅游形象突出

高质量旅游客体通常具有鲜明的旅游形象，能够迅速吸引游客的注意。这种形象往往与旅游客体的自然风光、文化遗产、民俗风情或标志性建筑等紧密相关。通过有效的品牌建设和市场营销，这些形象成了游客心中的"名片"，提升了客体的知名度和吸引力。

（二）旅游产品丰富

高质量旅游客体提供多样化的旅游产品，满足不同层次、不同需求的游客。这些产品可能包括自然景观游览、文化遗产体验、休闲度假、冒险运动等多种类型。丰富的旅游产品不仅提高了游客的满意度，还促进了旅游客体的旅游经济多元化发展。

（三）旅游服务优质

服务品质是衡量旅游客体质量的重要标准之一。高质量旅游目的地注重提升旅游服务水平，为游客提供专业、热情、周到的服务。这包括酒店住宿、餐饮娱乐、交通出行、导游讲解等各个环节。优质的服务体验能够增强游客的满意度和忠诚度，促进目的地的口碑传播。

（四）主客共享环境

高质量旅游客体强调主客共享环境，即当地居民与游客共同享有美好的自然和人文环境。这要求目的地不仅关注游客的需求，还要关注当地居民的生活质量和幸福感。通过合理的规划和管理，实现游客与居民之间的和谐共处，提升目的地的整体形象和吸引力。

（五）旅游资源多样

高质量旅游客体拥有丰富的旅游资源，包括自然景观、文化遗产、民俗风情、美食体验等多个方面。这些资源的多样性和独特性为游客提供了丰富的旅游体验。通过整合和优化资源，形成独特的旅游产品和线路，提升目的地的竞争力。

（六）基础设施完善

基础设施的完善是高质量旅游客体的重要特征之一。这包括交通网络、住宿设施、餐饮娱乐、公共卫生等多个方面。完善的基础设施不仅能够提高游客的便利性和舒适度，还能够为目的地带来更好的经济效益和社会效益。

（七）高知名度美誉

高质量旅游客体通常具有较高的知名度和美誉度。这得益于目的地的独特魅力、优质服务以及有效的宣传推广。知名度和美誉度的提升有助于吸引更多的游客前来旅游，促进目的地的旅游业发展。

（八）持续发展规划

高质量旅游客体注重持续发展规划，确保旅游业的可持续发展。这包括制定科学合理的旅游规划、加强环境保护和文化遗产保护、推动旅游产业升级和创新发展等方面。通过持续发展规划，实现旅游业的长期稳定发展，为目的地带来持久的经济效益和社会效益。

第二节　高质量旅游客体的主要构成

一、高质量旅游目的地

（一）定义

高质量旅游目的地是指那些能够提供卓越旅游体验、满足游客多样化需求，并在自然资源、文化遗产、基础设施建设、旅游服务、安全保障、环境保护、地方特色以及游客满意度等方面均表现出色的旅游区域或地域空间。这样的目的地不仅能够吸引游客前来游览，还能够促进当地经济的发展和文化的传承。

高质量旅游地通常具备独特的自然风光、丰富的文化底蕴、完善的旅游设施、优质的旅游服务、良好的口碑与知名度以及可持续发展与生态保护等特点。这些特点共同构成了高质量旅游地的核心竞争力，为旅游者提供了全方位、高品质的旅游体验。旅游地未必是旅游目的地。

（二）主要内涵

一个高质量的旅游目的地不仅以其独特的魅力吸引着游客，更在多个维度上提供了卓越而全面的旅游体验。高质量旅游目的地以其独特的自然景观、丰富的文化底蕴、优质的旅游服务、完善的基础设施、有效的安全保障、良好的环境保护、深度的旅游体验以及高游客满意度，共同构成了吸引全球游客的独特魅力。

第一，要有独特自然景观。高质量旅游目的地往往拥有令人叹为观止的自然风光，这些景观可能是壮丽的山川湖海、独特的地质奇观、或是丰富的生物多样性。例如，新西兰的皇后镇以其雄伟的山脉和清澈的湖泊闻名于世，每年吸引着无数寻求冒险与自然美景的游客。独特的自然景观是旅游目的地的核心竞争力，为游客提供远离尘嚣、亲近自然的宝贵机会。

第二，具有丰富的文化底蕴。文化底蕴深厚是高质量旅游目的地的另一大特征。这不仅包括悠久的历史遗迹、传统艺术、民俗风情，还涉及当地人的生活方式和价值观。如意大利的罗马，凭借其丰富的历史遗迹和博物馆，以及地道的意大利美食和文化活动，让游客能够深入体验古罗马的辉煌与意大利的文化精髓。文化底蕴的展现，使旅游不仅仅是观光，更是一种文化和心灵的交流。

第三，体现优质的旅游服务。高质量的旅游服务是确保游客体验满意度的重要一环。这涵盖了从预订、接待、导游服务到交通、住宿、餐饮等多个方面。优秀的旅游服务团队应具备专业知识、热情友好，能够及时响应游客需求，提供个性化服务。例如，日本的一些城市和景区以其无微不至的服务态度和高效便捷的旅游设施，赢得了"顾客至上"的美誉。

第四，提供完善的基础设施。完善的基础设施是高质量旅游目的地的基石。这包括便捷的交通网络（如公共交通、道路、机场）、安全舒适的住宿设施、现代化的会议中心及展览设施等。例如，新加坡凭借其高效的公共交通系统和先进的城市规划，为游客提供了无缝连接的旅行体验，极大提升了旅游便利性。

第五，配备安全的保障措施。安全是旅游活动的前提，高质量旅游目的地应建立完善的安全管理体系。这涉及到自然灾害预警系统、紧急救援服务、医疗设施、旅游区域的监控与巡逻等。澳大利亚的大堡礁地区通过严格的环境保护和安全游泳区域划分，确保了游客在自然探索中的安全。

第六，良好的环境保护。高质量旅游目的地注重可持续发展，实施有效的环境保护措施。这包括生态旅游项目的开发、垃圾分类与回收、水资源管理、野生动植物保护等。冰岛通过限制游客数量、推广低碳交通方式和对自然环境进行最小干预的旅游活动，成功平衡了旅游业发展与生态保护的关系。

第七，具有深度的旅游体验。高质量的旅游体验不仅仅是走马观花，更重要的是提供深度文化体验和互动机会。这可以通过参与当地节日庆典、手工艺体验、农业观光、社区交流等方式实现。例如，泰国的清迈通过其丰富的手工艺市场和烹饪课程，让游客能够亲身体验泰国文化的精髓。

第八，游客满意度高。最终，高质量旅游目的地的评价标准在于游客的满意度。通过问卷调查、在线评论、社交媒体反馈等方式收集游客意见，持续改进服务，是提高游客满意度的关键。瑞士以其高水平的清洁度、服务质量和社会和谐，连续多年在游客满意度调查中名列前茅。

（三）案例分析

中国云南省的丽江市，正是这样一个集诸多优点于一身的高质量旅游目的地。丽江以其独特的自然景观、丰富的文化底蕴、优质的旅游服务、完善的基础设施、特色住宿体验、美食文化体验、游客安全保障以及环保可持续发展等多方面的优势，成了国内外游客心中的高质量旅游目的地。未来，丽江将继续努力提升旅游品质和服务水平，为游客提供更加美好的旅行体验。

（1）独特的自然景观。丽江位于云南省西北部，地处云贵高原与青藏高原的连接地带，拥有独特的自然风光。玉龙雪山是丽江最著名的自然景观之一，其雄伟的山峰、常年积雪的壮丽景象，吸引了无数游客前来观赏。此外，丽江古城周边的黑龙潭、束河古镇的清澈溪流和宁静田园风光，也为游客提供了亲近自然、放松身心的绝佳去处。

（2）丰富的文化底蕴。丽江不仅拥有令人惊叹的自然景观，其文化底蕴同样深厚。丽江古城，作为世界文化遗产，拥有800多年的历史，是中国保存最为完好的少数民族古城之一。古城内的纳西族民居、石板街道、小桥流水以及独特的东巴文化，都展现了丽江深厚的历史底蕴和独特的文化魅力。

（3）优质的旅游服务。丽江在旅游服务方面同样表现出色。从机场、火车站到古城的交通接驳，再到景区内的导游服务、旅游咨询，丽江都提供了便捷、周到的服务。此外，丽江的旅游业者还积极推广个性化旅游项目，如徒步、骑行、摄影等，以满足游客的多样化需求。

（4）完善的基础设施。丽江的基础设施建设不断完善，为游客提供了舒适、便捷的旅行环境。古城内外的道路、桥梁、停车场等交通设施完备，住宿、餐饮、购物等旅游服务设施一应俱全。同时，丽江还积极推进智慧旅游建设，通过旅游App、网站等渠道，为游客提供实时、准确的旅游信息。

（5）特色住宿体验。丽江的住宿体验独具特色。从传统的纳西族民居客栈，到现代化的度假酒店，丽江的住宿选择多样且充满地方特色。游客可以在客栈中体验纳西族的民俗文化，也可以在度假酒店中享受奢华的住宿体验。

（6）美食文化体验。丽江的美食文化同样令人难以忘怀。丽江的美食以纳西族风味为主，如纳西烤鱼、鸡豆凉粉、酥油茶等，都是游客不可错过的美味。此外，丽江的夜市和小吃街也充满了诱人的美食，让游客在品尝美食的同时，感受丽江的夜生活氛围。

（7）游客安全保障。丽江在游客安全保障方面同样下足了功夫。古城内外设有多个治安岗亭和监控摄像头，确保游客的人身安全。同时，丽江还建立了完善的应急救援体系，一旦发生意外情况，能够迅速响应并妥善处理。

（8）环保可持续发展。丽江注重生态环境的保护和可持续发展。在旅游业发展过程中，丽江积极推广绿色旅游理念，实施垃圾分类、资源回收等环保措施。同时，丽江还加强了对玉龙雪山等自然景观的保护和管理，确保游客在欣赏美景的同时，不对自然环境造成破坏。

二、高质量旅游景区

同样作为旅游客体子系统，旅游景区与旅游目的地、旅游地、旅游资源、旅游度假区，这几个概念经常搞混。其实它们之间有着不同的定义。旅游景区、旅游度假区和旅游目的地地都属于旅游产品的范畴，是针对旅游市场而言的三种不同的产品形态，旅游景区发展的目标形态就是旅游目的地，旅游度假区发展的更高形态是旅游目的地。旅游景区与旅游度假区最核心的区别在于其功能性。一个是观光产品，一个是度假产品。同时两者的管理归属也不同。在特定情况下，旅游景区通常向旅游度假区转型。旅游资源是资源的范畴，不属于旅游产品，更不能面向市场。旅游地是一种大众口语，就是旅游之地之意，不是所有的旅游地都属于旅游目的地。

（一）主要内涵

传统语境下，旅游景区是指以旅游及其相关活动为主要功能或主要功能之一的区域场所，能够满足游客参观游览、休闲度假、康乐健身等旅游需求，具备相应的旅游设施并提供相应的旅游服务的独立管理区，主要围绕着山、江、河、湖、海、寺、庙、公园等，这些都是狭义的景区。从空间形态上讲，旅游景区包括乡村景区（含村寨型景区）、城镇景区、城市景区等。

在高质量发展背景下，高质量旅游景区是指那些具备独特自然风光、丰富文化底蕴、完善旅游设施、优质旅游服务以及良好口碑的旅游景区。这些景区通常能够满足旅游者的多样化需求，提供独特而丰富的旅游体验。高质量的旅游景区通常具备一系列特定的标准和特征，这些标准不仅涵盖了自然景观和人文景观的吸引力，还包括了旅游设施、服务质量、管理效率以及可持续性等多个方面。

第一，具有独特的旅游景观。如自然景观拥有独特的自然风光，如壮丽的山川、秀美的湖泊、丰富的动植物资源等。人文景观有深厚的历史文化底蕴，如古迹遗址、民俗风情、艺术表演等，能够吸引游客深入了解当地的历史和文化。

第二，完善的旅游设施。包括便利、良好的交通条件，包括便捷的公共交通和充足的停车设施；提供多样化的住宿选择和高质量的餐饮服务，满足不同游客的需求；配备安全、有趣的游乐设施，提升游客的游玩体验。

第三，优质的服务质量。涉及三个方面：提供专业、热情的导游服务，帮助游客更好地了解景区；保持景区的整洁和卫生，为游客提供良好的游览环境；加强景区安全管理，确保游客的人身和财产安全。

第四，高效的管理效率。如景区的规划和管理应科学合理，确保游客的游览路线顺畅、不拥挤；利用现代信息技术提高管理效率，如在线购票、智能导览等；注重景区的环境保护，实现旅游业的可持续发展。

第五，具有丰富的文化内涵。深入挖掘当地的历史和文化，通过展览、表演等形式展示给游客；举办各种文化节庆活动，吸引游客参与，增进对当地文化的了解和认同。

第六，具有良好的口碑和品牌形象。景区应具备良好的社会声誉和品牌形象，吸引更多游客前来游览；积极回应游客的反馈和建议，不断改进和提升景区的服务质量。

随后是可持续旅游发展。注重生态保护和资源节约，避免过度开发和污染。推广绿色旅游和低碳旅游，鼓励游客参与环保行动。

（二）典型案例

1. 案例一：自然类高质量旅游景区

张家界国家森林公园以其独特的自然景观、深厚的人文底蕴、完善的设施、周到的服务、到位的环保措施、有力的安全保障、丰富的活动以及良好的游客口碑，成了国内外游客心中的高质量旅游胜地。以下详细解析张家界国家森林公园作为高质量旅游景区的典型案例。

（1）自然景观独特。张家界国家森林公园位于湖南省张家界市，以其独特的砂岩峰林地貌闻名于世。这里拥有数千座拔地而起的石峰，形态各异，宛如一幅幅生动的天然画卷。其中的天子山、袁家界、杨家界等景区，更是以奇峰异石、云海日出、幽谷秀水等自然奇观著称，被誉为"扩大的盆景，缩小的仙境"。

（2）人文底蕴深厚。张家界国家森林公园不仅自然景观独特，还蕴含着深厚的人文底蕴。这里是土家族、苗族等少数民族的聚居地，游客可以在这里体验到丰富的民俗文化、传统手工艺和独特的民族风情。此外，张家界的历史遗迹和传说故事也为景区增添了浓厚的人文色彩。

（3）设施完善便捷。张家界国家森林公园在基础设施建设方面投入巨大，为游客提供了便捷、舒适的旅游环境。景区内设有完善的交通网络，包括观光车、索道等，方便游客快速到达各个景点。同时，景区内的餐饮、住宿、购物等旅游服务设施一应俱全，满足了游客的多样化需求。

（4）服务周到细致。张家界国家森林公园注重提升服务质量，为游客提供周到细致的服务。景区内的导游和工作人员都接受过专业培训，能够为游客提供准确、热情、专业的服务。此外，景区还设有游客服务中心，为游客提供旅游咨询、投诉处理、失物招领等一站式服务。

（5）环保措施到位。张家界国家森林公园在环保方面采取了多项措施，确保景区的可持续发展。景区内实施了严格的垃圾分类和回收制度，减少了垃圾对环境的污染。同时，景区还加强了生态保护和恢复工作，通过植树造林、水土保持等措施，维护了景区的生态平衡。

（6）安全保障有力。张家界国家森林公园在安全保障方面做得非常到位。景区内设有多个治安岗亭和监控摄像头，确保游客的人身安全。同时，景区还制定了完善的安全管理制度和应急预案，一旦发生紧急情况，能够迅速响应并妥善处理。此外，景区还定期对游客进行安全教育，增强游客的安全意识。

（7）活动丰富多样。张家界国家森林公园为游客提供了丰富多样的旅游活动。除了观赏自然景观外，游客还可以参与徒步、攀岩、漂流等户外探险活动，感受大自然的魅力。此外，景区还定期举办文化节庆活动，如土家风情园的歌舞表演、张家界国际乡村音乐节等，让游客在欣赏美景的同时，还能领略到当地的民俗文化。

（8）游客口碑良好。张家界国家森林公园凭借其独特的自然景观、深厚的人文底蕴、完善的设施、周到的服务、到位的环保措施、有力的安全保障以及丰富的活动，赢得了游客的广泛赞誉和好评。游客们纷纷表示，这里的旅游体验非常愉快，值得一游再游。

2. 案例二：苏州园林及文化体验区

苏州园林及文化体验区以其丰富的历史文化底蕴、精美的古典园林艺术、独特的宗教文化建筑、丰富的非遗文化体验、丰富的文物与艺术展示、独特的民俗风情展示、多样的研学课程开发以及文旅融合发展，成为一个高质量的人文旅游景区，吸引了大量国内外游客前来游览和体验。

（1）历史文化底蕴。苏州作为国家历史文化名城，拥有2500多年的建城史。自春秋吴国建城以来，苏州始终是江南地区的政治、经济、文化中心。古城格局肌理和生活风貌保存完整，如平江历史文化街区，至今仍保持着古朴的水乡风貌和浓郁的江南文化气息。

（2）古典园林艺术。苏州古典园林是中国园林艺术的杰出代表，以拙政园、留园、网师园等为代表，展示了高超的造园技艺和深厚的文化底蕴。拙政园是苏州最大的古典园林，占地78亩，以水为中心，山水萦绕，厅榭精美，花木繁茂，具有浓郁的江南水乡特色。网师园虽小，但布局紧凑，景致丰富，被誉为"小园极则"。

（3）宗教文化建筑。苏州的宗教文化建筑同样丰富多彩，如寒山寺、西园寺等。寒山寺因唐代诗人张继的《枫桥夜泊》而名扬天下，每年吸引了大量游客前来祈福和游览。西园寺则以精美的佛教建筑和深厚的佛教文化底蕴著称，是了解和研究佛教文化的重要场所。

（4）非遗文化体验。苏州的非遗文化丰富多彩，如苏绣、昆曲、评弹等。游客可以在苏州刺绣研究所、昆曲博物馆等地亲身体验非遗文化的魅力。苏绣以其精美的针法和丰富的色彩，赢得了"东方明珠"的美誉；昆曲则是中国最古老的戏曲形式之一，被誉为"百戏之祖"。

（5）文物与艺术展示。苏州的博物馆和美术馆收藏了大量的文物和艺术品，如苏州博物馆、苏州美术馆等。苏州博物馆以展示苏州地区的历史文物和艺术品为主，藏品丰富，包括书画、瓷器、玉器、铜器等。苏州美术馆则经常举办各类艺术展览，为游客提供了欣赏艺术、了解艺术的平台。

（6）民俗风情展示。苏州的民俗风情同样丰富多彩，如每年的端午节龙舟赛、中秋节赏月活动等。此外，游客还可以在苏州的老街小巷中，体验到地道的江南水乡生活，品尝到苏州的特色小吃，如松鼠桂鱼、清汤蟹粉小笼等。

（7）研学课程开发。苏州凭借其丰富的历史文化资源，开发了一系列研学课程，如园林艺术鉴赏、非遗文化传承、历史文物研究等。这些课程不仅适合学生群体，也吸引了大量成人游客参与，成为了一种新的旅游体验方式。

（8）文旅融合发展。苏州在文旅融合发展方面取得了显著成效。一方面，苏州通过举办各类文化节庆活动、艺术展览等，丰富了旅游产品的文化内涵；另一方面，苏州还积极开发了一批以文化为主题的旅游线路和产品，如古典园林游、非遗文化体验游等，满足了游客对文化旅游的多样化需求。同时，苏州还注重提升旅游服务质量，通过完善旅游设施、优化旅游环境等措施，提升了游客的旅游体验。

三、高质量旅游资源

（一）定义及特征

旅游资源通常指的是能够为旅游业所利用，并能产生经济效益、社会效益和环境效益的各种事物和现象，包括尚未开发的自然资源和人文资源。高质量旅游资源是指那些具备独特性、稀缺性、高度观赏性和体验性、良好保护和管理、显著经济效益和社会效益以及符合可持续发展原则的自然与人文资源。这些资源是旅游业发展的重要支撑和动力源泉，对于推动旅游业的高质量发展具有重要意义。

（二）主要内涵

高质量旅游资源是指那些能够满足旅游者多样化、深层次需求，提供独特、丰富且可持续旅游体验的资源。这些资源通常具备以下内涵特点。

1. 独特性和稀缺性

高质量旅游资源往往具有独特的自然景观或深厚的人文底蕴，这些资源在地理分布、形态表现或文化内涵上都具有显著的区别于其他资源的特征，且相对稀缺，难以复制或替代。

2. 高度的观赏性和体验性

这些资源能够为游客提供高质量的观赏和体验机会，无论是自然景观的壮丽、人文景观的深厚，还是活动的丰富多样，都能让游客在旅游过程中获得愉悦和满足。

3. 良好的保护和管理

高质量旅游资源注重生态保护和文化传承，通过有效的管理和保护措施，确保资源的可持续利用。同时，也注重提升服务质量，为游客提供安全、舒适、便捷的旅游环境。

4. 显著的经济效益和社会效益

这些资源能够吸引大量游客前来游览，带动当地旅游业的发展，促进经济增长和就业增加。同时，也能够提升当地的知名度和美誉度，增强文化自信和民族自豪感。

5. 符合可持续发展原则

高质量旅游资源在开发和利用过程中，注重遵循可持续发展原则，平衡经济效益、社会效益和环境效益的关系，确保资源的长期可持续利用。

（三）具体案例分析

1. 高质量自然旅游资源

（1）双河溶洞（贵州）

特色：亚洲第一、世界第五长的溶洞，地质景观丰富，包括地下河、地下瀑布、地下梯田等。

评价：双河溶洞的开发程度较低，但其独特的自然景观和地质价值使其成为高质量旅游资源的典型案例。

（2）北盘江大峡谷（贵州）

特色：长达300千米，被《中国国家地理》评为中国最美喀斯特峡谷之一。

评价：尽管目前开发程度不高，但北盘江大峡谷的自然景观和地理位置使其具备成为高质量旅游资源的潜力。

（3）坝陵河峡谷（贵州）

特色：拥有世界落差最大的瀑布之一——滴水滩瀑布，以及大树崖瀑布群等自然景观。

评价：坝陵河峡谷的自然风光壮丽，瀑布群等景观尚未被充分开发，但其独特的自然景观成为高质量旅游资源的候选。

2. 高质量人文旅游资源

（1）荻港徐缘生态旅游开发有限公司（浙江湖州）

特色：通过活化乡村非遗文化和促进农文旅融合发展，实现了乡村旅游的振兴。

评价：该公司通过创新旅游产品和提升服务质量，成功地将乡村资源转化为高质量旅游资源，为当地经济发展注入了新的活力。

（2）南沙区（广州）

特色：通过举办企业现场宣讲会、樱花节等活动，精准把握旅游需求，促进游客人数稳步增长。

评价：南沙区利用政策措施的引领作用，构建合作平台，实现了旅游资源的有效整合和利用，为高质量旅游资源的开发提供了有力支持。

这些典型案例展示了高质量旅游资源的多样性和潜力。无论是自然景观还是人文资源，只要具备独特魅力、高度可持续性以及能够为游客提供卓越体验，都有可能成为高质量旅游资源。同时，这些案例也为我们提供了宝贵的经验和启示，即在旅游资源的开发和利用过程中，应注重生态保护、文化传承和可持续发展，确保资源的长期可持续利用和游客的满意度。

四、高质量旅游社区

高质量旅游社区是指那些能够为旅游者提供全方位、高品质旅游服务的社区。高质量旅游社区通常具备丰富的旅游资源、完善的旅游设施、优质的旅游服务、良好的社区氛围以及智能化的旅游体验等特点。这些特点共同构成了高质量旅游社区的核心竞争力，为旅游者提供了全方位、高品质的旅游服务。这些社区通常具备以下特点。

（一）丰富的旅游资源

高质量旅游社区拥有丰富的旅游资源，包括自然景观、人文景观、历史遗迹等。这些资源为旅游者提供了多样化的旅游选择，满足他们不同的旅游需求。同时，这些社区还注重资源的保护与可持续利用，确保旅游业的长期发展。

（二）完善的旅游设施

高质量旅游社区具备完善的旅游设施，如便捷的交通网络、舒适的住宿条件、丰富的餐饮选择和专业的旅游服务团队。这些设施和服务不仅提高了旅游者的舒适度，还为他们提供了更加便捷、个性化的旅游体验。例如，社区内可能设有旅游咨询中心、游客服务中心等，为旅游者提供全方位的旅游信息和帮助。

（三）优质的旅游服务

高质量旅游社区注重旅游服务的提升，通过培训导游、优化服务流程、加强安全管理等措施，确保旅游者能够享受到高品质的旅游服务。社区内的服务人员通常具备专业的知识和技能，能够为旅游者提供准确、及时、周到的服务。

（四）良好的社区氛围

高质量旅游社区通常具备良好的社区氛围，居民热情友好，乐于助人。这种氛围使得旅游者能够感受到家的温暖和归属感，从而更加享受旅游过程。同时，社区还注重文化传承和民俗活动的举办，为旅游者提供了更多了解当地文化和风俗的机会。

（五）智能化的旅游体验

随着科技的发展，高质量旅游社区也越来越注重智能化的旅游体验。例如，通过大数据和人工智能技术，为旅游者提供个性化的旅游推荐和行程规划；利用物联网技术，实现旅游设施的智能化管理和维护；通过社交媒体和在线旅游平台，加强与旅游者的互动和沟通，提高服务质量和游客满意度。

（六）案例分析

以一些成功的旅游社区为例，如北京蟹岛绿色生态度假村和天山明月城等。这些社区不仅拥有丰富的自然资源和人文景观，还注重旅游设施的建设和服务质量的提升。例如，蟹岛度假村以生态农业和旅游度假为一体，为旅游者提供了清新自然、远离污染的高品质生活体验；天山明月城则注重城市文化的传承和融入，为旅游者提供了独特的夜经济文旅街区体验。

第三节　高质量旅游客体的类型及特征

一、自然生态型

（一）主要内涵

自然生态型高质量旅游客体是指那些以自然景观和生态环境为主要吸引物的旅游目的地或旅游产品。自然生态型高质量旅游客体具备独特的自然风光、丰富的生物多样性、良好的生态环境、丰富的生态旅游活动、生态教育和保护意识以及规范的生态旅游管理等多个方面的特征。这些特征共同构成了自然生态型高质量旅游客体的核心竞争力，为游客提供了独特而难忘的生态旅游体验。高质量旅游客体的详细阐述。

1. 独特的自然风光

自然生态型高质量旅游客体通常拥有令人叹为观止的自然风光，如壮丽的山川、秀美的湖泊、广袤的草原、奇特的地貌等。这些自然景观是自然生态型旅游客体的核心吸引物，能够为游客提供视觉上的享受和心灵上的愉悦。例如，中国的张家界国家森林公园、九寨沟等，以其独特的自然风光吸引了无数国内外游客。

2. 丰富的生物多样性

自然生态型高质量旅游客体通常具备丰富的生物多样性，包括各种珍稀的动植物和独特的生态系统。这些生物多样性不仅为游客提供了丰富的观赏对象，还为他们提供了深入了解自然生态的机会。游客可以在这些旅游客体中观察到各种珍稀的动植物，了解它们的生态环境和生存状态，从而加深对自然生态的认识和保护意识。

3. 良好的生态环境

自然生态型高质量旅游客体通常拥有良好的生态环境，包括清新的空气、纯净的水源、肥沃的土壤等。这些良好的生态环境是自然生态型旅游客体的基础条件，能够为游客提供舒适、健康的旅游环境。同时，这些生态环境也是保护生物多样性、维护生态平衡的重要保障。

4. 生态旅游活动丰富

自然生态型高质量旅游客体通常会提供丰富多样的生态旅游活动，如徒步旅行、观鸟、摄影、野生动植物观察等。这些活动不仅能够满足游客对自然生态的好奇心和探索欲，还能够促进游客与自然生态的互动和交流，从而加深对自然生态的认识和理解。

5. 生态教育和保护意识

自然生态型高质量旅游客体通常注重生态教育和保护意识的传播。通过提供生态知识讲解、生态体验活动等方式，增强游客的生态意识和保护意识。同时，这些旅游客体还通常会采取一系列措施来保护和恢复生态环境，如实施垃圾分类、节能减排、生态修复等，以确保自然生态的可持续发展。

6. 生态旅游管理规范

自然生态型高质量旅游客体在旅游管理方面通常比较规范。他们会制定详细的旅游规划和管理制度，确保旅游活动的有序进行和生态环境的保护。同时，他们还会加强对游客的引导和监管，确保游客在旅游过程中遵守相关规定和礼仪，减少对生态环境的影响和破坏。

（二）代表案例

这些典型案例展示了自然生态型高质量旅游客体的多样性和丰富性，无论是湿地生态旅游、高山徒步探险，还是珍稀动物保护、湖泊观鸟，都为游客提供了与自然亲密接触和深度体验的绝佳机会。

1. 湿地生态旅游

湿地生态旅游的典型案例之一是湖北的洪湖湿地自然保护区。2008年，洪湖湿地被列入《国际重要湿地名录》，成为全球知名的湿地资源。为了保护这一宝贵资源，湖北省启动了"湿地生态旅游城"项目，旨在平衡生态保护与旅游发展。该项目紧扣湿地主题，运用科学手段落实水上高端度假项目，同时充分挖掘水景观，丰富湿地水体验，是一个集高端休闲度假及大众休闲游览于一体的湿地生态时尚休闲度假区。

2. 高山徒步探险区

珠穆朗玛峰东坡的嘎玛沟徒步线路是高山徒步探险的典范。这条线路位于西藏定日县与定结县之间，全长约80千米，海拔从2000多米的谷底攀升至8000多米的雪山。沿途可欣赏到连绵的雪山冰川、高山湖泊和原始森林，是世界上最美丽的山谷之一。徒步者可以在这里体验到纯粹的自然环境和与世隔绝的宁静。

3. 珍稀动物保护区

尼泊尔皇家奇特旺国家公园是珍稀动物保护区的典型代表。公园以保护濒临灭绝的独角犀牛、老虎、大鳄鱼等野生动物而著称，现有珍稀的亚洲独角犀牛400头。此外，公园内还有约50种哺乳动物、450种鸟类和45种两栖类及爬行类动物。为了更好地保护这些珍稀动物，公园与联合国教科文组织、世界野生动物基金会等国际组织展开了广泛合作。

4. 湖泊观鸟生态区

杭州江洋畈生态湿地公园是城市荒野理论景观的代表，也是湖泊观鸟生态区的典型案例。该湿地公园充分利用城市中的湿地资源，营造了一个丰富的生态系统。在这里，游客可以近距离观察到各种鸟类，并体验与自然和谐共生的城市生态空间。

5. 原始森林体验区

四川九寨沟和黄龙是原始森林体验区的杰出代表。这些地区拥有茂密的原始森林和多样的植被，为游客提供了丰富的自然景观和独特的生态体验。九寨沟以其多彩的湖泊和瀑布闻名，而黄龙则以钙华景观著称，两者都是自然生态旅游的热门目的地。

6. 峡谷探险风景区

西藏的雅鲁藏布江大峡谷是峡谷探险风景区的代表。这个雄伟的峡谷以其深邃、奇特和壮丽的自然景观吸引着无数探险者和游客。沿着峡谷徒步或乘坐漂流筏，游客可以领略到峡谷的险峻和自然的原始魅力。

7. 生态科学考察地

邯郸园博会的水生态修复实验性景观是一个生态科学考察地的典型案例。该景观通过结合不同类型的人工湿地系统，形成了一个沉浸式的生活景观，旨在展示基于自然的途径在废水净化和固体废物回收方面的潜力。这里不仅是游客休闲的好去处，也是生态科学研究和学生教育的宝贵资源。

8. 滨湖湿地休闲区

广州海珠国家湿地公园是滨湖湿地休闲区的典范。这个湿地公园通过近十年的保护、修复和利用，成功将原本生命单一的万亩果园转变为生物多样性丰富的全球最大城央生命共同体。在这里，游客可以欣赏到丰富的植物和鸟类，体验与城市自然交融的湿地生态空间。

二、乡村型

乡村型高质量旅游客体以其独特的自然景观、丰富的民俗文化、农业生产与旅游的结合以及完善的旅游设施与服务等特征，为游客提供了高品质、多层次的乡村旅游体验。同时，这些旅游客体还注重主客共享与可持续发展，为乡村旅游的长期发展奠定了坚实基础。

乡村型高质量旅游客体，主要指的是那些以乡村地区特有的自然景观、田园风光、民俗文化和农业生产为基础，通过开发会务度假、休闲娱乐等项目，为游客提供高品质乡村旅游体验的旅游目的地或旅游产品。以下是对乡村型高质量旅游客体的详细分析。

（一）自然景观与田园风光

1. 独特的地理环境

乡村型高质量旅游客体通常拥有独特的地理环境，如山川、湖泊、草原、田园等，这些自然景观为游客提供了亲近自然、感受大自然之美的机会。

2. 田园风光

广阔的田野、金黄的稻田、翠绿的茶园等田园风光，是乡村型高质量旅游客体的重要组成部分，为游客带来了宁静、舒适的乡村氛围。

（二）民俗文化

1. 丰富的民俗活动

乡村地区通常保留着丰富的民俗活动，如农耕文化展示、民间手工艺制作、传统节日庆祝等，这些活动为游客提供了深入了解乡村文化、体验乡村生活的机会。

2. 独特的民俗建筑

乡村型高质量旅游客体中，往往还保留着独特的民俗建筑，如传统民居、庙宇、祠堂等，这些建筑不仅具有历史价值，还能让游客感受到乡村文化的深厚底蕴。

（三）农业生产

1. 农业观光

乡村型高质量旅游客体通常会将农业生产与旅游相结合，开展农业观光活动，如水果采摘、蔬菜种植体验等，让游客亲身体验农业生产的乐趣。

2. 农产品销售

通过销售农产品，如新鲜水果、蔬菜、土特产等，乡村型高质量旅游客体不仅为游客提供了购买农产品的渠道，还促进了当地农业经济的发展。

（四）旅游设施与服务

1. 完善的旅游设施

乡村型高质量旅游客体通常具备完善的旅游设施，如游客中心、停车场、餐饮住宿设施等，为游客提供便捷、舒适的旅游环境。

2. 优质的服务

乡村型高质量旅游客体注重提升服务质量，为游客提供专业、热情的导游讲解、旅游咨询等服务，确保游客在乡村地区的旅游体验愉快而难忘。

（五）主客共享与可持续发展

1. 主客共享

乡村型高质量旅游客体强调当地居民与游客之间的和谐共处，通过举办各种文化交流活动，增进游客对乡村文化的了解和认同，同时促进当地居民与游客之间的友好互动。

2. 可持续发展

乡村型高质量旅游客体注重生态环境的保护和旅游资源的可持续利用，通过实施垃圾分类、节能减排等措施，减少旅游活动对生态环境的影响，确保乡村旅游的可持续发展。

（六）典型案例

这些典型案例展示了乡村型高质量旅游客体的多样性和丰富性，无论是民俗文化体验、三产融合发展，还是生态养老、文化艺术创作，都为游客提供了独特的乡村旅游体验，促进了乡村经济的可持续发展。

1. 民俗文化体验村

云南丽江束河古镇：作为纳西族文化的缩影，束河古镇以其保存完好的古建筑群、独特的东巴文化和浓郁的民族风情吸引着国内外游客。在这里，游客可以参与纳西族的传统节日庆典，如三朵节，体验纳西古乐，品尝地道的纳西美食，深入了解纳西族的民俗文化和历史。

2. 三产融合发展村

浙江安吉余村：余村是中国美丽乡村建设的典范，通过发展乡村旅游、绿色农业和生态工业，实现了一、二、三产业的深度融合。游客可以在这里体验农家乐，参与有机蔬菜采摘，参观生态茶园，同时享受乡村民宿的舒适与宁静，感受乡村经济的多元化发展。

3. 乡村生态养老村

江苏宜兴张渚镇善卷村：善卷村依托其优美的自然风光和清新的空气，打造了一个集养生、休闲、度假于一体的生态养老村。村内设有老年公寓、健康管理中心、生态农场等设施，为老年人提供了一个远离城市喧嚣、亲近自然的养老环境。

4. 文化艺术创作村

福建福州永泰嵩口镇月洲村：月洲村以其悠久的历史和丰富的文化底蕴，吸引了众多艺术家和文艺青年前来定居创作。村内设有艺术家工作室、画廊、手工艺品店等，游客可以在这里欣赏到各种艺术作品，甚至参与艺术创作，感受乡村文化的独特魅力。

5. 农业公园旅游区

山东兰陵国家农业公园：兰陵国家农业公园是一个集农业生产、观光旅游、科普教育于一体的综合性农业公园。公园内设有现代农业展示区、果蔬采摘区、农耕文化体验区等，游客可以在这里了解现代农业技术，体验农耕乐趣，品尝新鲜农产品。

6. 乡村自驾营地村

四川稻城亚丁自驾游营地：稻城亚丁自驾游营地位于稻城亚丁景区附近，为自驾游客提供了完善的露营设施和服务。营地周边风景如画，游客可以在此享受自驾的乐趣，同时探索稻城亚丁的神秘与美丽。

7. 市民农园体验村

上海崇明前卫村：前卫村是上海著名的市民农园体验村，游客可以在这里租赁土地，亲自种植蔬菜、水果等农产品，体验农耕生活的乐趣。此外，前卫村还设有农产品加工坊、农家乐餐厅等，让游客在享受劳动成果的同时，也能品尝到地道的乡村美食。

8. 乡村庄园度假村

北京密云古北水镇司马台庄园：司马台庄园位于古北水镇景区内，是一个集住宿、餐饮、娱乐于一体的豪华乡村庄园。庄园内设有别墅、客房、餐厅、SPA 等设施，游客可以在这里享受高品质的住宿体验，同时游览古北水镇的美丽风光，感受中国传统文化的魅力。

三、都市型

都市型高质量旅游客体以其丰富的都市文化、历史遗迹与现代建筑、时尚购物与休闲娱乐、城市景观与生态环境、独特的现代建筑、时尚购物体验、多样化的休闲娱乐设施、独特的城市景观、便捷的交通设施以及优质的服务质量和环保意识等特征，为游客提供了高品质、多层次的都市旅游体验。这些特征共同构成了都市型高质量旅游客体的核心竞争力，为都市旅游的长期发展奠定了坚实基础。以下是对都市型高质量旅游客体的详细分析。

（一）都市文化与历史遗迹

1. 多元复合的城市文化

都市型高质量旅游客体通常拥有多元复合的城市文化，包括街头文化、社区文化、广场文化、庆典文化等，这些文化元素共同构成了都市旅游的核心吸引力。

2. 丰富的历史遗迹

城市作为历史的见证者，往往保留着丰富的历史遗迹，如古建筑、古城墙、古遗址等。这些历史遗迹不仅是城市文化的象征，也是吸引游客的重要因素。

（二）现代建筑与时尚购物

1. 独特的现代建筑

都市型高质量旅游客体中，往往拥有许多独特的现代建筑，如摩天大楼、艺术中心、博物馆等。这些建筑不仅体现了城市的现代化水平，也为游客提供了独特的视觉体验。

2. 时尚购物体验

都市旅游中的购物体验也是吸引游客的重要因素之一。高质量的都市旅游客体通常拥有完善的购物设施，如购物中心、商业街、特色市场等，为游客提供丰富的购物选择。

（三）休闲娱乐与夜生活

1. 多样化的休闲娱乐设施

都市型高质量旅游客体注重为游客提供多样化的休闲娱乐设施，如电影院、剧院、游乐场、健身房等，满足游客的多种需求。

2. 丰富的夜生活

都市旅游中的夜生活也是吸引游客的重要因素之一。高质量的都市旅游客体通常拥有丰富多彩的夜生活，如夜市、酒吧、音乐会等，为游客提供独特的夜晚体验。

（四）城市景观与交通

1. 独特的城市景观

都市型高质量旅游客体通常拥有独特的城市景观，如城市天际线、水际线、城市公园等。这些景观不仅为游客提供了视觉上的享受，也体现了城市的独特魅力。

2. 便捷的交通设施

都市旅游中的交通设施也是影响游客体验的重要因素之一。高质量的都市旅游客体通常拥有便捷的交通设施，如地铁、公交、出租车等，为游客提供方便的出行条件。

（五）服务质量与旅游设施

1. 优质的服务质量

都市型高质量旅游客体注重提升服务质量，为游客提供专业、热情的导游讲解、旅游咨询等服务，确保游客在都市地区的旅游体验愉快而难忘。

2. 完善的旅游设施

高质量的都市旅游客体通常具备完善的旅游设施，如游客中心、停车场、餐饮住宿设施等，为游客提供便捷、舒适的旅游环境。

（六）城市生态环境

都市型高质量旅游客体注重城市生态环境的保护。通过绿化美化、节能减排等措施，提升城市的生态环境质量。这些措施不仅为游客提供了更加舒适、健康的旅游环境，还促进了城市的可持续发展。

（七）可持续发展与环保意识

1. 可持续发展

都市型高质量旅游客体注重旅游资源的可持续利用和生态环境的保护。通过实施节能减排、垃圾分类等措施，减少旅游活动对生态环境的影响，确保都市旅游的可持续发展。

2. 环保意识

高质量的都市旅游客体还注重培养游客的环保意识，通过宣传和教育活动，引导游客尊重自然环境、保护生态资源。

（八）案例展示

这些典型案例展示了都市型高质量旅游客体的多样性和丰富性，无论是都市文化体验、商务会展交流，还是现代设施游览、休闲娱乐活动，都为游客提供了独特的都市旅游体验，满足了不同游客的需求和期待。

1. 都市文化体验

上海外滩：作为上海的标志性景点，外滩不仅拥有壮观的万国建筑群，还融合了现代都市的繁华与历史文化的底蕴。游客可以在这里漫步黄浦江畔，欣赏浦江两岸的璀璨夜景，体验上海独特的都市文化氛围。

2. 商务会展交流

北京国家会议中心：作为亚洲最大的会议中心之一，国家会议中心每年举办众多国际性和全国性的商务会展活动。这些活动不仅促进了商务交流与合作，也为游客提供了了解行业动态、拓展人脉的绝佳机会。

3. 现代设施游览

深圳欢乐谷：欢乐谷是一个集游乐设施、演艺表演、主题景区于一体的大型主题公园。其现代化的游乐设施、高科技的演艺表演和富有创意的主题景区，为游客提供了丰富多彩的游览体验。

4. 休闲娱乐活动

广州长隆欢乐世界：长隆欢乐世界是一个集主题公园、动物园、水上乐园等多功能于一体的综合娱乐休闲区。游客可以在这里享受刺激的游乐设施、观赏精彩的动物表演、体验水上运动的乐趣，享受都市生活的轻松与愉悦。

5. 历史文化探寻

西安古城墙：西安古城墙是中国现存规模最大、保存最完整的古代城垣。游客可以登上城墙，漫步在古老的石板路上，感受历史的厚重与文化的传承。同时，城墙周边的回民街、钟鼓楼等景点也是探寻西安历史文化的好去处。

6. 网红景点打卡

重庆洪崖洞：洪崖洞以其独特的巴渝传统建筑和夜景灯光效果，成为重庆的网红景点。游客可以在这里品尝地道的重庆火锅，欣赏江景夜景，打卡拍照，留下美好的旅行回忆。

7.特色美食品味

成都宽窄巷子：宽窄巷子是成都的标志性文化街区，这里汇聚了众多地道的川菜小吃和特色餐馆。游客可以在这里品尝到正宗的四川火锅、串串香、担担面等美食，感受成都的美食文化。

8.社交活动参与

上海新天地：新天地是一个集时尚购物、餐饮娱乐、艺术文化于一体的综合商业区。这里不仅有各种高档餐厅、酒吧、咖啡厅等社交场所，还经常举办各种艺术展览、音乐会等文化活动。游客可以在这里结识新朋友，参与社交活动，享受都市生活的多彩与活力。

四、过渡型

（一）都市—乡村型

都市—乡村型高质量旅游客体以其独特的融合特色、高质量的旅游体验、可持续发展和生态保护等特点，成为当前旅游市场的重要组成部分。未来，随着旅游业的不断发展和人们旅游需求的日益多样化，这类旅游客体将继续发挥重要作用，为游客提供更加丰富多彩的旅游体验。

都市—乡村型高质量旅游客体，指的是那些融合了都市的现代化特色与乡村的自然生态及文化风情，为游客提供多样化、高品质旅游体验的旅游目的地或旅游产品。这类旅游客体通常位于都市周边或城乡结合地带，既保留了乡村的原始韵味，又融入了都市的便捷与舒适。以下是对都市—乡村型高质量旅游客体的详细分析。

1.融合都市与乡村的特色

（1）都市元素

这类旅游客体往往融合了都市的现代化元素，如现代化的休闲设施、便利的交通网络、丰富的购物和餐饮选择等。这些元素为游客提供了更加便捷和舒适的旅游体验。

（2）乡村元素

同时，它们也保留了乡村的自然生态和文化风情，如优美的田园风光、传统的农耕文化、丰富的农产品等。这些元素为游客提供了亲近自然、体验乡村生活的机会。

2.高质量的旅游体验

（1）多样化活动

都市—乡村型高质量旅游客体为游客提供了多样化的旅游活动选择，如农业观光、乡村采摘、民俗体验、户外探险等。这些活动不仅丰富了游客的旅游体验，还促进了城乡文化的交流与融合。

（2）完善的设施

它们通常拥有完善的旅游设施，包括游客中心、停车场、餐饮住宿设施等。这些设施为游客提供了便捷、舒适的旅游环境，提升了游客的满意度和忠诚度。

3. 可持续发展与生态保护

（1）注重生态保护

都市—乡村型高质量旅游客体在开发过程中注重生态保护，通过实施节能减排、垃圾分类等措施，减少旅游活动对生态环境的影响。同时，它们还注重保护乡村的原始风貌和文化遗产，避免过度商业化对乡村文化的破坏。

（2）推动可持续发展

这些旅游客体还通过推动可持续发展，促进城乡经济的协同发展。例如，通过发展乡村旅游，带动乡村地区的农产品销售、农家乐等产业发展，为乡村地区提供更多的就业机会和收入来源。

4. 案例展示

（1）北京蟹岛绿色生态度假村

位于北京朝阳区金盏乡境内，是一个集生态农业与旅游度假为一体的大型项目。它充分利用乡村的自然资源和生态环境，结合都市的休闲需求，为游客提供了高品质的生态旅游体验。同时，它还通过发展生态农业和有机食品产业，推动了乡村地区的经济发展。

（2）成都周边乡村旅游

成都周边的乡村旅游也具有较高的质量。这些旅游客体通常位于都市郊区或乡村地区，拥有优美的田园风光和丰富的文化遗产。通过发展农业观光、乡村采摘等活动，它们为游客提供了多样化的旅游体验。同时，这些旅游客体还注重生态保护和文化传承，推动了乡村地区的可持续发展。

（二）自然生态—乡村型

自然生态—乡村型高质量旅游客体以其独特的自然风光、丰富的生态资源和深厚的文化底蕴，为游客提供了高品质的生态旅游体验。在未来的发展中，应注重生态保护、提升服务质量、丰富旅游产品和加强宣传推广，以推动这些旅游客体的可持续发展。

乡村型高质量旅游客体，特别是那些以自然生态为主题的，往往以其独特的自然风光、清新的空气、丰富的生物多样性和宁静的乡村氛围，吸引着大量的游客前来体验。自然生态—乡村型高质量旅游客体，是指那些以乡村自然环境为基础，结合当地生态资源和文化特色，为游客提供高品质生态旅游体验的旅游目的地。这些旅游客体通常拥有丰富的自然资源，如森林、湖泊、湿地、山脉等，以及独特的乡村文化和生态景观。

1. 典型案例

（1）生态农业度假村

案例描述：生态农业度假村通常位于乡村地区，以生态农业为基础，结合旅游度假功能，为游客提供综合性的生态旅游体验。这些度假村通常设有农业体验区、生态餐厅、休闲垂钓区等功能区域，让游客在享受自然美景的同时，也能深入了解农业生产和乡村文化。

代表案例：北京蟹岛绿色生态度假村，该度假村以生态农业和生态旅游为核心，为游客提供了丰富的农业体验和休闲娱乐设施。

（2）乡村生态旅游区

案例描述：乡村生态旅游区通常依托乡村地区的自然风光和生态资源，打造具有特色的生态旅游项目。这些旅游区通常设有徒步、骑行、摄影等户外旅游活动，以及生态餐厅、民宿等配套设施，让游客在亲近自然的同时，也能享受到高品质的住宿和餐饮服务。

代表案例：余村"两山"实践生态旅游区，该旅游区以绿色发展为引领，农业产业为支撑，美丽乡村为依托，探索出了一条三产联动、城乡融合、农民富裕、生态和谐的科学发展道路。

（3）自然生态景区

案例描述：自然生态景区通常位于乡村或偏远地区，以自然风光和生态资源为主要特色。这些景区通常设有观景台、生态步道、科普教育区等功能区域，让游客在欣赏自然美景的同时，也能了解到生态保护的重要性。

代表案例：秦岭自然风光区，秦岭地区位于我国南方和北方的分界线，拥有丰富的自然风光和生物多样性，是游客亲近自然、了解生态保护的重要去处。

（4）乡村自然保护区

案例描述：乡村自然保护区通常是为了保护某一特定区域的生态环境而设立的。这些保护区通常设有严格的保护措施和管理制度，以确保生态环境的稳定和可持续发展。同时，这些保护区也向游客开放，提供科普教育、生态旅游等功能。

代表案例：我国各地的乡村自然保护区，如东北虎豹国家公园、大熊猫国家公园等，这些保护区不仅保护了珍稀濒危物种的栖息地，也为游客提供了了解自然、亲近自然的机会。

2. 特点与优势

（1）自然资源丰富

自然生态—乡村型高质量旅游客体通常拥有丰富的自然资源，如森林、湖泊、湿地等，为游客提供了多样化的旅游体验。

（2）生态环境优美

这些旅游客体通常位于乡村或偏远地区，空气清新、水质优良、环境宁静，是游客逃离城市喧嚣、放松身心的理想去处。

（3）文化底蕴深厚

乡村地区通常拥有丰富的文化遗产和民俗文化，这些文化元素为旅游客体增添了独特的魅力。

（4）生态旅游体验

这些旅游客体通常注重生态旅游的发展，通过提供农业体验、户外探险、科普教育等活动，让游客在享受自然美景的同时，也能了解到生态保护的重要性。

3. 发展趋势与建议

（1）注重生态保护

在开发自然生态—乡村型高质量旅游客体的过程中，应注重生态保护，避免对生态环境造成破坏。

（2）提升服务质量

应不断提升旅游服务的质量和水平，为游客提供更加便捷、舒适、个性化的旅游体验。

（3）丰富旅游产品

应结合当地资源和文化特色，开发多样化的旅游产品，满足游客的不同需求。

（4）加强宣传推广

应加大宣传推广力度，提高这些旅游客体的知名度和影响力，吸引更多的游客前来体验。

（三）自然—都市型

自然—都市型高质量旅游客体以其独特的自然风光、丰富的生态资源和深厚的文化底蕴，为游客提供了高品质的生态旅游体验。在未来的发展中，应注重生态保护、提升服务质量、丰富旅游产品和加强宣传推广，以推动这些旅游客体的可持续发展。

自然生态与都市环境的融合，在现代城市规划与旅游发展中正逐渐成为一种趋势。这种融合不仅提升了城市的生态质量，还为市民和游客提供了亲近自然、放松身心的机会。以下是对自然生态—都市型高质量旅游客体的详细阐述。

1. 主要特点

自然生态—都市型高质量旅游客体，是指位于都市区域或周边，以自然生态资源为基础，结合城市文化与功能，为游客提供高品质生态旅游体验的旅游目的地或场所。这些旅游客体通常具有以下特点。

（1）自然生态资源丰富

拥有丰富的自然资源，如公园绿地、湖泊湿地、山林草甸等，为游客提供多样化的生态体验。

（2）都市文化融合

将城市文化与自然生态相融合，形成独特的旅游氛围和体验。

（3）交通便利

位于都市区域或周边，交通便利，方便游客前往。

（4）设施完善

通常配备有完善的旅游设施和服务，如游客中心、停车场、餐饮住宿等，为游客提供便捷舒适的旅游体验。

2. 典型案例

（1）城市湿地公园

城市湿地公园是都市型高质量旅游客体的典型代表。这些公园通常位于城市周边或内部，拥有丰富的湿地资源和生物多样性。游客可以在这里欣赏到湿地风光，了解湿地生态知识，体验湿地探险等活动。例如，杭州的西溪国家湿地公园就是一个典型的城市湿地公园，它不仅拥有美丽的湿地风光，还融合了丰富的城市文化元素，为游客提供了独特的旅游体验。

（2）城市森林公园

城市森林公园是另一个重要的都市型高质量旅游客体。这些公园通常位于城市郊区或山地，拥有广阔的森林资源和优美的自然景观。游客可以在这里进行徒步、骑行、露营等户外活动，享受大自然的宁静与美好。例如，北京的奥林匹克森林公园就是一个典型的城市森林公园，它不仅为市民提供了休闲健身的场所，还成为城市绿肺和生态屏障。

（3）都市农业观光园

都市农业观光园是将农业与旅游相结合的一种新型旅游客体。这些园区通常位于城市近郊或内部，利用现代农业技术和设施，为游客提供农业观光、采摘体验、科普教育等服务。例如，上海的孙桥现代农业开发区就是一个典型的都市农业观光园，它不仅展示了现代农业的科技成果，还为游客提供了丰富的农业体验活动。

（4）城市生态廊道

城市生态廊道是指连接城市内部或周边不同生态区域的绿色通道，通常包括河流、绿地、公园等。这些廊道不仅有助于维护城市生态平衡和生物多样性，还为游客提供了休闲散步、骑行观光等机会。例如，纽约的中央公园就是一条著名的城市生态廊道，它不仅为市民提供了休闲娱乐的场所，还成了城市绿化的典范。

3. 发展建议

（1）加强生态保护

在开发自然生态—都市型高质量旅游客体的过程中，应注重生态保护，美化环境条件，避免对生态环境造成破坏。

（2）提升服务质量

应不断提升旅游服务的质量和水平，包括完善旅游设施、提升旅游产品、优化旅游线路、提高导游素质等。

（3）丰富旅游产品

应结合当地资源和文化特色，开发多样化的旅游产品，满足游客的不同需求。例如，可以推出生态旅游线路、农业体验活动、科普教育课程等。

（4）加强宣传推广

应加大宣传推广力度，提高这些旅游客体的知名度和影响力。可以利用社交媒体、旅游网站等平台进行宣传推广，吸引更多的游客前来体验。

第四节　高质量旅游客体的标准和要求

一、高质量旅游客体的标准

高质量旅游客体的标准涵盖了景观资源丰富度、文化内涵深厚度、设施服务完善度、游客体验满意度、生态环境友好度、安全管理规范度、交通便利直达性、多元业态融合度等多个方面。这些标准共同构成了高质量旅游客体的核心要素，为旅游产业的发展提供了有力支撑。在当今全球旅游市场日益繁荣的背景下，高质量旅游客体已成为吸引游客、提升旅游目的地竞争力的重要因素。为了明确并推动旅游客体向更高质量发展，以下将详细阐述高质量旅游客体的标准。

（一）景观资源丰富度

高质量旅游客体应拥有丰富的自然景观和人文景观资源。自然景观如山川湖泊、森林草原、海洋岛屿等，应具备良好的生态环境和观赏性；人文景观如古迹遗址、民俗文化、艺术表演等，应蕴含深厚的历史底蕴和文化价值。这些景观资源应具有独特性和多样性，能够满足不同游客的审美需求和文化探索欲望。

（二）文化内涵深厚度

高质量旅游客体应深入挖掘和展示其文化内涵。这包括地方历史、民俗文化、宗教信仰、艺术传统等多个方面。通过举办文化活动、建设文化展览馆、开展文化讲解等方式，让游客在旅游过程中深入了解当地的文化背景和历史传承，增强旅游的文化体验感。

（三）设施服务完善度

高质量旅游客体应具备完善的设施和服务体系。这包括住宿、餐饮、交通、购物、娱乐等多个方面。设施应满足游客的基本需求，如舒适的住宿环境、便捷的交通网络、丰富的餐饮选择等。服务应细致周到，如提供多语种导游服务、便捷的咨询投诉渠道、及时的应急救援等，以提升游客的满意度和舒适度。

（四）游客体验满意度

高质量旅游客体应注重提升游客体验满意度。通过优化旅游线路、丰富旅游产品、提高服务质量等方式，让游客在旅游过程中获得愉悦和满足。同时，还应积极收集游客反馈，及时改进和完善旅游服务，确保游客的满意度持续提升。

（五）生态环境友好度

高质量旅游客体应坚持绿色生态发展理念，注重保护生态环境。在旅游开发和运营过程中，应减少对自然资源的破坏和污染，推广低碳旅游和绿色消费。同时，还应加强环境教育和宣传，引导游客树立环保意识，共同维护美丽的自然环境。

（六）安全管理规范度

高质量旅游客体应具备完善的安全管理体系。这包括制定和执行严格的安全规章制度、加强安全设施建设和维护、提供及时有效的安全救援等。通过加强安全管理，确保游客在旅游过程中的生命安全和财产安全，提升旅游目的地的整体安全水平。

（七）交通便利直达性

高质量旅游客体应具备便捷的交通网络。这包括连接旅游客体与周边城市的交通线路、旅游客体内部的交通设施等。通过提供多样化的交通方式和便捷的交通服务，确保游客能够轻松、快捷地到达旅游客体，并方便地在旅游客体内部移动。

（八）多元业态融合度

高质量旅游客体应注重多元业态的融合。通过整合旅游、文化、商业、农业等多个产业，形成产业链和产业集群效应。这不仅可以丰富旅游产品供给，提升旅游产业的附加值，还可以促进当地经济发展和社会进步。同时，多元业态的融合还可以为游客提供更加丰富多彩的旅游体验。

二、高质量旅游客体的要求

高质量旅游客体的要求涵盖了独特景观资源、优良设施条件、优质服务质量、深厚文化底蕴、安全保障措施、生态环境友好、便捷交通网络、合理价格定位等多个方面。这些要求共同构成了高质量旅游客体的核心要素，为旅游产业的发展提供了有力支撑。

在当今竞争激烈的旅游市场中，高质量旅游客体不仅是吸引游客的关键，也是提升旅游目的地品牌形象、促进地方经济发展的重要因素。为了打造高质量旅游客体，以下从独特景观资源、完备设施条件、优质服务质量、深厚文化底蕴、安全保障措施、生态环境友好、便捷交通网络、合理价格定位八个方面，详细阐述其要求。

（一）独特的景观资源

高质量旅游客体应具备独特的自然景观或人文景观资源。自然景观如壮丽的山川、秀美的湖泊、广袤的草原等，应展现大自然的鬼斧神工；人文景观如历史遗迹、民俗文化、艺术瑰宝等，应蕴含深厚的历史文化底蕴。这些独特景观资源应成为旅游客体的核心吸引力，为游客提供独特的旅游体验。

（二）完备的设施条件

高质量旅游客体应具备完善的设施条件，以满足游客的基本需求和提升旅游体验。这包括舒适的住宿设施、完善的娱乐设施等。住宿设施应提供多样化的选择，满足不同游客的需求；娱乐设施应丰富多样，为游客提供多样化的休闲选择。

（三）优质的服务质量

高质量旅游客体应提供优质的服务，确保游客在旅游过程中得到良好的体验。这包括专业的导游服务、高效的咨询服务、及时的应急救援等。导游服务应提供准确、生动、有趣的讲解，帮助游客深入了解旅游客体的文化内涵和历史背景；咨询服务应快速响应游客的需求，提供有用的信息和建议；应急救援应迅速有效，确保游客在紧急情况下得到及时救援。

（四）深厚的文化底蕴

高质量旅游客体应深入挖掘和展示其文化底蕴，为游客提供丰富的文化体验。这包括历史故事、民俗文化、传统艺术等多个方面。通过举办文化活动、建设文化展览馆、开展文化讲座等方式，让游客在旅游过程中感受到当地文化的独特魅力。

（五）安全的保障措施

高质量旅游客体应建立完善的安全保障体系，确保游客在旅游过程中的安全。这包括制定和执行严格的安全规章制度、加强安全设施建设、提供及时有效的安全救援等。同时，还应加强游客的安全教育，增强游客的安全意识和提高自我保护能力。

（六）生态环境友好

高质量旅游客体应注重生态环境的保护和恢复，实现旅游发展与生态环境保护的和谐共生。这包括加强环境保护宣传教育、推广绿色旅游方式、减少旅游活动对生态环境的负面影响等。同时，还应加强生态旅游产品的开发，引导游客树立环保意识，共同维护美丽的自然环境。

（七）便捷交通网络

高质量旅游客体应具备便捷的交通网络，确保游客能够轻松到达和离开。这包括与周边城市的交通连接、旅游客体内部的交通设施等。通过优化交通规划、加强交通设施建设、提供多样化的交通方式等，确保游客在旅游过程中的便捷出行。

（八）合理价格定位

高质量旅游客体应提供合理的价格定位，确保游客在享受高品质旅游体验的同时，不会承担过高的经济负担。这包括住宿、餐饮、交通、门票等各个方面的价格。通过制定合理的价格策略、提供优惠活动等方式，吸引更多游客前来旅游，促进旅游产业的持续发展。

思考题

1. 什么是高质量旅游客体？高质量旅游客体与旅游资源有什么关系？

2. 高质量旅游客体的类型及特征是什么？

3. 高质量旅游客体的构成有哪些？

4. 高质量旅游客体的标准和要求是什么？

高质量旅游媒体

本章系旅游高质量发展系统框架的重要组成部分。接着第六章介绍关于高质量旅游客体的主要内容，这里重点阐述高质量旅游媒体的主要内容，具体包括传统旅游业及其转型、高质量旅游业内涵及特征、高质量旅游业类型划分等。

第一节　传统旅游业及其转型

一、传统旅游业构成

旅游业是一个综合性的行业，涵盖了多个方面和环节。这些环节相互关联、相互促进，共同构成了旅游业的完整产业链。以下是对旅游业的详细分类和解释。

（一）旅游业基本构成

旅游业主要由三部分构成，它们共同构成了旅游业的三大支柱。

1. 旅游业

狭义上主要指旅行社、旅游饭店、旅游车船公司以及专门从事旅游商品买卖的旅游商业等行业。广义上则包括与旅游相关的各行各业。

2. 交通客运业

为旅游者提供交通服务，包括航空、铁路、公路、水路等交通方式，确保旅游者能够便捷地到达旅游目的地。

3. 住宿业

以饭店为代表的住宿业为旅游者提供住宿服务，满足旅游者在旅途中的休息需求。为旅游者提供住宿、餐饮、娱乐等服务，是旅游者在旅游目的地的重要停留场所。

（二）旅游业细分行业

除了上述三大支柱外，旅游业还包括多个细分行业，它们共同为旅游者提供全方位的服务。

1. 旅行社

为旅游者提供旅游线路设计、旅游咨询、旅游预订等服务，是旅游者获取旅游信息、规划旅游行程的重要渠道。

2. 旅游车船公司

为旅游者提供交通接驳服务，包括旅游巴士、出租车、观光船等，确保旅游者能够便捷地在旅游目的地内移动。

3. 旅游景区

负责旅游景区的规划、建设、运营和管理，为旅游者提供游览、观光、娱乐等服务。

4. 旅游购物

为旅游者提供旅游纪念品、特产等商品的购买服务，满足旅游者的购物需求。

5. 旅游娱乐

为旅游者提供文化娱乐服务，包括演艺表演、民俗文化体验、主题公园等，丰富旅游者的旅游体验。

（三）旅游业延伸领域

随着旅游业的发展，还涌现出了一些延伸领域，它们与旅游业紧密相关，为旅游者提供更丰富、更便捷的服务。

1. 旅游电子商务

利用互联网和移动通信技术，为旅游者提供在线预订、信息查询、旅游攻略等服务，提高了旅游服务的便捷性和效率。

2. 旅游教育

培养旅游专业人才，包括旅游管理、酒店管理、导游等专业，为旅游业的发展提供人才支持。

3. 旅游研究

对旅游业的发展趋势、市场动态、消费者行为等进行深入研究，为旅游业的可持续发展提供理论支持。

二、旅游业转型的关键要素

旅游业是一个综合性的行业，涵盖了多个方面和环节。高质量旅游业的发展是在传统旅游业基础上转型升级而形成的一个系统工程，需要政府、企业、社会等多方面的共同努力，通过不断提升发展质量、创新服务内容、完善配套设施、强化文旅融合、科技赋能管理、监管服务质量、促进区域协同及挖掘资源价值，共同推动旅游业的转型升级与可持续发展。

在全球化与信息化的背景下，旅游业作为促进经济增长、文化交流与社会发展的重要力量，正面临着前所未有的发展机遇与挑战。高质量旅游业不仅要求提升旅游服务的整体水平，更强调在可持续发展、文化创新、科技应用等多个维度上的综合提升。以下是对高质量旅游业关键构成与发展方向的详细阐述，涵盖"提升发展质量""创新服务内容""完善配套设施""强化文旅融合""科技赋能管理""监管服务质量""促进区域协同""挖掘资源价值"八个方面。

（一）提升发展质量

高质量旅游业首先体现在其发展的可持续性上。这要求旅游业在追求经济效益的同时，注重环境保护与社会责任，实现经济效益、社会效益与环境效益的和谐统一。通过优化产业结构，提高资源利用效率，减少旅游活动对自然环境的负面影响，确保旅游业的长期健康发展。

（二）创新服务内容

随着消费者需求的日益多样化与个性化，高质量旅游业必须不断创新服务内容，提供更加丰富、独特的旅游体验。这包括开发新型旅游产品，如生态旅游、文化旅游、研学旅游等，以及利用现代科技手段，如虚拟现实、增强现实等，提升旅游服务的互动性和趣味性，满足不同层次、不同偏好的游客需求。

（三）完善配套设施

高质量的旅游体验离不开完善的旅游配套设施。这包括便捷的交通网络、舒适的住宿环境、丰富的餐饮选择、高效的旅游信息服务系统等。通过加大投入，优化布局，提升设施品质，可以显著提高游客的满意度和忠诚度，促进旅游业的持续繁荣。

（四）强化文旅融合

文化与旅游的深度融合是高质量旅游业的重要特征。通过挖掘地域文化、历史遗迹、民俗风情等资源，将其融入旅游产品设计与服务提供中，不仅能够丰富旅游体验的文化内涵，还能促进文化的传承与发展，增强旅游目的地的吸引力。

（五）科技赋能管理

现代科技的发展为旅游业的管理带来了革命性的变化。运用大数据、云计算、物联网等先进技术，可以实现旅游资源的精准配置、旅游流量的有效调控、旅游安全的实时监测，以及旅游数据的深度挖掘与分析，为旅游业的科学管理提供有力支撑。

（六）监管服务质量

高质量旅游业需要建立健全的旅游服务质量监管体系。通过制定严格的服务标准、加强行业自律、开展定期评估与反馈，确保旅游服务的规范化、标准化与专业化，提升整体服务质量，维护游客权益，营造公平、透明、健康的旅游市场环境。

（七）促进区域协同

旅游业的发展往往跨越多个地区、涉及多个行业。高质量旅游业要求加强区域间的合作与协同，共同规划旅游线路、打造旅游品牌、分享旅游资源，形成优势互补、利益共享的旅游产业格局，促进区域经济的均衡发展。

（八）挖掘资源价值

高质量旅游业的核心在于充分挖掘与利用旅游资源的独特价值。这既包括自然景观、历史遗迹等显性资源，也包括民俗文化、地方特色等隐性资源。通过科学规划、合理开发，将这些资源转化为具有市场竞争力的旅游产品，不仅能够提升旅游业的综合效益，还能促进地方文化的传承与创新。

第二节　高质量旅游业的内涵及特征

一、高质量旅游业的概念

高质量旅游业是旅游业发展的高级阶段，是指旅游业在发展过程中，注重提升服务质量、优化产品结构、加强行业管理、促进可持续发展等方面，以满足游客日益增长的多元化、个性化需求为核心，实现经济效益、社会效益和环境效益的和谐统一。具体来说，高质量旅游业体现在以下几个方面。

（一）优质的服务

提供高品质、高效率的旅游服务，包括但不限于接待、导游、餐饮、住宿、交通等方面。服务过程中注重细节，关注游客需求，提供个性化服务，使游客在旅途中感到舒适、满意。

（二）丰富的产品

提供多样化的旅游产品，满足不同游客的需求。这包括自然风光游、文化旅游、休闲度假游、探险游等多种类型，以及针对不同年龄层、兴趣爱好的定制化产品。

（三）健全的行业管理

加强行业自律，建立健全的管理体系，提高行业规范化、标准化水平。这包括制定严格的服务标准、加强人员培训、提升服务质量等方面，确保旅游业健康、有序发展。

（四）可持续发展

注重环境保护和可持续发展，避免对自然环境和文化遗产的破坏。在旅游规划和开发过程中，充分考虑资源和环境的承载能力，实现经济效益和生态效益的双赢。

（五）文化融合

将文化元素融入旅游业中，提升旅游产品的文化内涵。通过挖掘地方特色文化、举办文化活动等方式，增强游客的文化体验，促进文化的传承与创新。

（六）科技创新

运用现代科技手段提升旅游业的服务质量和效率。例如，利用大数据、人工智能等技术优化旅游服务流程，提高游客满意度；利用虚拟现实、增强现实等技术提供沉浸式的旅游体验。

二、高质量旅游业的内涵

高质量旅游业的内涵丰富而深刻，它不仅关乎旅游资源的有效利用与旅游服务的持续优化，更体现了对环境保护、文化传承、经济发展及游客需求的深刻关注。只有不断探索与实践，才能推动旅游业的高质量发展，实现旅游业的繁荣与可持续发展。

随着全球旅游业的蓬勃发展，高质量旅游业已成为推动经济、社会与文化进步的重要力量。高质量旅游业不仅关乎旅游资源的有效利用与旅游服务的持续优化，更体现了对环境保护、文化传承、经济发展及游客需求的深刻关注。

（一）旅游资源丰富多样

高质量旅游业的基础在于丰富的旅游资源。这既包括自然景观、历史文化遗址、民俗风情等自然与人文资源，也涵盖现代城市风貌、科技展览等新兴旅游资源。旅游资源的多样性为游客提供了丰富的选择空间，满足了不同游客的差异化需求。

（二）产品服务品质创新

高质量旅游业注重旅游产品与服务的品质与创新。通过不断优化旅游线路设计、提升服务质量、创新旅游产品形式，如生态旅游、文化旅游、休闲度假等，为游客提供更加新颖、有趣的旅游体验。同时，运用现代科技手段，如虚拟现实、增强现实等，增强旅游产品的互动性和趣味性，提升游客的满意度。

（三）旅游环境舒适安全

旅游环境的舒适与安全是高质量旅游业的重要标准。通过加强旅游基础设施建设，如道路、住宿、餐饮等，提升旅游环境的整体品质。同时，建立健全的安全保障体系，加强旅游安全监管，确保游客的人身安全与财产安全，为游客提供安心、舒心的旅游环境。

（四）服务个性差异满足

高质量旅游业强调服务的个性化与差异化。通过深入了解游客的需求与偏好，提供定制化、个性化的旅游服务，如专属导游、特色餐饮、主题住宿等，满足游客的多元化需求。这种个性化的服务方式不仅提升了游客的满意度，也增强了旅游产品的市场竞争力。

（五）环境保护文化传承

高质量旅游业注重环境保护与文化传承。在旅游开发与运营过程中，坚持绿色发展理念，减少对自然环境的破坏，保护生态多样性。同时，深入挖掘地方文化内涵，通过举办文化活动、建设文化设施等方式，传承与弘扬地方文化，提升旅游产品的文化价值。

（六）管理水平有效提升

高质量旅游业需要高水平的管理与运营。通过建立健全的管理体系，提升旅游服务的规范化、标准化水平。加强人员培训，提高从业人员的专业素养与服务水平。同时，运用现代管理工具与技术，如大数据、人工智能等，提升旅游管理的智能化与精细化水平。

（七）经济带动居民受益

高质量旅游业对经济发展具有显著的带动作用。通过吸引游客、扩大消费，促进旅游业的繁荣与发展，为当地经济注入新的活力。同时，旅游业的发展也为当地居民提供了更多的就业机会与收入来源，改善了居民的生活质量，实现了旅游业的共赢与可持续发展。

（八）创新发展适应需求

高质量旅游业需要不断创新与发展，以适应市场与游客需求的变化。通过密切关注市场动态与游客需求，及时调整旅游产品与服务策略，保持旅游业的活力与竞争力。同时，加强与科技、文化、教育等领域的跨界融合，推动旅游业的创新发展，为游客提供更加丰富、多元的旅游体验。

三、高质量旅游业的特征

高质量旅游业的特征体现了其在发展理念、运营模式、市场秩序及资源开发等方面的创新与变革。只有不断探索与实践，才能推动旅游业的高质量发展，实现旅游业的繁荣与可持续发展。随着全球旅游业的持续发展和转型升级，高质量旅游业已成为推动经济增长、促进文化交流、提升民众生活质量的重要力量。

（一）主客共享多元化

高质量旅游业强调旅游资源的公平性与共享性，不仅为高端游客提供优质的服务与体验，也关注中低端市场的需求，实现旅游服务的全民共享。这包括建设多层次的住宿设施、提供多样化的餐饮选择、开发适合不同消费水平的旅游线路等，确保各类游客都能享受到高质量的旅游服务。同时，通过优化旅游资源配置，促进旅游市场的均衡发展，减少旅游消费的不平等现象。

（二）科技手段提升效能

高质量旅游业充分利用现代科技手段，提升旅游服务的智能化、便捷化与高效化。这包括运用大数据、云计算等技术，实现旅游资源的精准配置与旅游流量的有效调控；利用人工智能、物联网等技术，提升旅游服务的个性化与互动性；通过移动支付、电子票务等便捷方式，提高游客的旅游体验与满意度。科技手段的应用不仅提升了旅游服务的效率与质量，也为旅游业的转型升级提供了强大动力。

（三）融合发展注重生态

高质量旅游业注重旅游与其他产业的融合发展，如文化、农业、体育等，形成多元化的旅游产品与服务体系。同时，在融合发展过程中，始终坚持生态优先的原则，加强对旅游资源的保护与管理，减少旅游活动对自然环境的负面影响。通过发展生态旅游、绿色旅游等方式，实现旅游业的可持续发展与生态环境的和谐共生。

（四）市场秩序健康规范

高质量旅游业需要建立健全的市场秩序与监管体系，确保旅游市场的公平竞争与健康发展。这包括制定完善的旅游法律法规、加大旅游市场监管与执法力度、建立旅游投诉与维权机制等。通过规范市场秩序，保护游客与旅游企业的合法权益，提升旅游业的整体形象与信誉度。

（五）供给体系高效运转

高质量旅游业要求旅游供给体系的高效运转与动态调整。这包括优化旅游产业结构、提升旅游服务质量、加强旅游基础设施建设等。通过完善供给体系，提高旅游资源的利用效率与旅游服务的供给能力，满足游客的多元化需求与市场的不断变化。

（六）资源开发因地制宜

高质量旅游业注重旅游资源的开发与利用要因地制宜、注重特色。根据不同地区的自然景观、人文历史与民俗风情等特点，开发具有地方特色的旅游产品与服务。同时，注重旅游资源的可持续利用与保护，避免过度开发与破坏，实现旅游资源的永续利用与旅游业的可持续发展。

（七）品牌建设创新引领

高质量旅游业强调品牌建设的重要性，通过打造具有地方特色的旅游品牌，提升旅游目的地的知名度与吸引力。同时，注重品牌建设的创新性与差异化，通过独特的旅游体验、优质的旅游服务与特色的旅游产品，形成具有竞争力的旅游品牌。品牌建设不仅提升了旅游目的地的市场竞争力，也为旅游业的转型升级与可持续发展提供了有力支撑。

第三节　高质量旅游的媒体类型划分

一、高质量旅游事业

高质量旅游事业与高质量旅游事业机构是推动旅游业高质量发展的重要力量，它们通过整合资源、创新服务、提升品质、履行责任等多方面的努力，共同推动旅游业的可持续发展，为人民群众提供更加优质、安全、舒适的旅游体验。

（一）定义

高质量旅游事业是指在旅游资源开发、服务提供、环境管理、产业效率、综合效应以及区域平衡发展等多个方面均达到高标准、严要求的旅游发展模式。其核心在于满足游客日益增长的个性化、多元化需求，同时促进旅游业的可持续发展。具体而言，高质量旅游事业应包含以下几个关键要素。

1. 旅游资源丰富性

高质量旅游事业依托丰富的自然景观、人文历史、民俗风情等旅游资源，为游客提供多样化的旅游体验。这些资源不仅具有独特的吸引力，还能与游客产生情感共鸣，留下深刻印象。

2. 服务品质与创新

高质量旅游事业强调服务品质的提升与创新，从预订、接待、导游讲解到售后服务，每个环节都力求做到细致入微、专业高效。同时，通过引入新技术、新理念，如智能化服务、定制化旅游等，为游客提供更加便捷、个性化的服务体验。

3. 环境舒适安全性

高质量的旅游环境应具备舒适性和安全性。这包括良好的自然景观保护、整洁的公共设施、安全的旅游设施以及高效的应急管理体系，确保游客在享受旅游乐趣的同时，能够感受到身心的放松与安全。

4. 个性化服务需求

随着旅游市场的不断细分，高质量旅游事业应能够精准捕捉游客的个性化需求，提供量身定制的旅游产品和服务，如主题旅游、探险旅游、康养旅游等，满足不同游客群体的特殊需求。

5. 产业效率提升

高质量旅游事业注重产业效率的提升，通过优化资源配置、加强行业协作、推动科技创新等手段，提高旅游产业链的整体效能，实现旅游业的快速健康发展。

6. 综合效应显著

高质量旅游事业不仅关注经济效益，更强调社会效益、文化效益和生态效益的协调统一。通过旅游活动，促进文化交流、提升区域形象、推动绿色发展，实现旅游业的全面可持续发展。

7. 区域平衡发展

高质量旅游事业致力于推动区域旅游资源的均衡开发，缩小地区间旅游业发展的差距，促进旅游业的区域协调发展，为全体人民提供公平、均等的旅游机会。

8. 游客满意度高

高质量旅游事业的核心是游客满意，通过提供优质的产品和服务，满足游客的期望和需求，提高游客的满意度和忠诚度，为旅游业的持续健康发展奠定坚实基础。

（二）特征

高质量旅游事业机构是指那些致力于推动高质量旅游事业发展的组织或机构。它们不仅具备专业的旅游业务能力和丰富的管理经验，还能够积极响应市场需求，创新旅游产品和服务，提升旅游行业的整体水平和竞争力。高质量旅游事业机构通常具备以下特点。

1. 专业性与创新性

拥有专业的旅游业务团队和创新能力，能够针对市场需求变化，提供个性化、定制化的旅游产品和服务。

2. 服务品质卓越

注重服务品质的提升，从产品设计、服务流程到售后服务，都力求做到细致入微、专业高效。

3. 社会责任感强

积极履行社会责任，关注环境保护、文化传承和社区发展，推动旅游业的可持续发展。

4. 行业影响力大

在旅游行业内具有较高的知名度和影响力，能够引领行业发展潮流，推动旅游产业的转型升级。

（三）类型及职责

高质量旅游事业机构在旅游业的发展中发挥着不可替代的作用。它们通过各自的职责和功能，共同推动旅游业的规范化、专业化、国际化进程，为人民群众提供更加丰富、优质、安全的旅游产品和服务。

高质量旅游事业的发展离不开各类专业机构的支持与推动。这些机构在旅游业的规范化、专业化、国际化进程中扮演着至关重要的角色。以下是高质量旅游事业机构的主要类型及其功能。

1. 政府旅游部门

政府旅游部门是旅游业发展的核心监管机构，负责制定旅游政策、规划旅游发展方向、监督旅游市场秩序、推动旅游产业升级等。它们通过宏观调控和政策引导，为旅游业的发展创造良好的外部环境。

2. 行业协会组织

行业协会组织是旅游业内的自律性组织，主要负责协调会员单位之间的关系，制定行业标准和规范，开展行业培训和交流活动，维护行业的整体利益和形象。它们通过行业自律和市场规范，提升旅游业的整体服务质量和竞争力。

3. 地方旅游组织

地方旅游组织是地方政府或旅游部门下属的专门机构，负责推动地方旅游资源的开发和利用，组织地方旅游节庆活动，宣传和推广地方旅游产品，提升地方旅游知名度和吸引力。它们通过资源整合和宣传推广，促进地方经济的繁荣和发展。

4. 国际／区域旅游组织

国际／区域旅游组织主要负责推动国际或区域间的旅游合作与交流，促进旅游资源的共享和优势互补，推动旅游市场的开放和扩大。它们通过国际合作与交流，为旅游业的发展开辟新的市场空间和合作渠道。

5. 旅游投资集团

旅游投资集团是旅游业内的投资主体，负责旅游项目的投资、开发和运营管理。它们通过资本运作和市场运作，推动旅游项目的建设和升级，提升旅游项目的品质和效益。

6. 旅游教育组织

旅游教育组织主要负责培养旅游人才，开展旅游教育和培训活动，推动旅游教育的创新和改革。它们通过人才培养和教育服务，为旅游业的发展提供源源不断的人才支持和智力保障。

7. 文物旅游保护中心

文物旅游保护中心是专门负责文物保护和旅游开发的机构，负责文物的保护、修复和利用工作，同时推动文物旅游资源的开发和利用。它们通过文物保护和旅游开发的有机结合，实现文物保护和旅游发展的双赢。

8. 综合执法大队

综合执法大队是旅游市场的执法机构，主要负责旅游市场的监督和管理，打击旅游违法行为，维护旅游市场秩序。它们通过严格执法和监管，保障旅游消费者的合法权益，促进旅游市场的健康有序发展。

二、高质量旅游企业

（一）定义及特征

高质量旅游企业是以卓越服务、生态保护、文化传承、管理规范、创新发展、人才培养、政府协同及游客体验为核心要素的企业。这些企业不仅为游客提供了优质的旅游产品和服务，还推动了旅游业的转型升级和可持续发展。在当今旅游业蓬勃发展的背景下，高质量旅游企业已成为推动行业转型升级、实现可持续发展的关键力量。

1. 服务品质卓越

高质量旅游企业以提供卓越服务为核心，从产品设计、行程安排、导游服务到售后服务，均力求达到行业顶尖水平。企业注重细节，确保游客在旅行过程中享受到专业、贴心、个性化的服务，从而提升游客满意度和忠诚度。

2. 生态保护有力

在追求经济效益的同时，高质量旅游企业高度重视生态保护，积极践行绿色旅游理念。企业通过建立完善的生态保护机制，实施垃圾分类、节能减排等措施，减少旅游活动对自然环境的影响，促进旅游与生态环境的和谐共生。

3. 文化传承重视

高质量旅游企业深知文化传承的重要性，致力于挖掘和传播地方文化特色。通过组织文化体验活动、推广非物质文化遗产等方式，让游客在旅游过程中深入了解当地文化，增强文化认同感和自豪感。

4. 管理规范高效

高质量旅游企业注重内部管理，建立了科学、规范、高效的管理体系。通过信息化手段提升管理效率，优化业务流程，确保企业运营的稳定性和可持续性。同时，企业还注重员工培训和激励，提高员工的专业素养和增强服务意识。

5. 创新融合发展

高质量旅游企业积极拥抱创新，推动旅游业与其他产业的融合发展。通过引入新技术、新业态和新模式，如智慧旅游、"旅游＋农业"、"旅游＋教育"等，为游客提供更加多元化、个性化的旅游产品和服务。

6. 人才培养专业

高质量旅游企业重视人才培养，建立了完善的人才培养体系。通过校企合作、定向培养、内部培训等方式，为企业培养了一批高素质、专业化的旅游人才。这些人才不仅具备扎实的专业知识和服务技能，还具备创新思维和团队协作能力。

7. 政府监管协同

高质量旅游企业积极与政府监管部门保持沟通与合作，共同推动旅游市场的规范化和标准化发展。企业积极响应政府政策，配合政府监管，共同维护旅游市场的公平竞争和消费者权益。

8. 游客体验优化

高质量旅游企业始终将游客体验放在首位，通过不断优化产品和服务，提升游客的旅游体验。企业注重收集游客反馈，及时调整经营策略，确保游客在旅游过程中享受到愉悦、舒适的体验。

（二）类型及职能

在旅游行业中，高质量旅游企业扮演着至关重要的角色。高质量旅游企业的类型和职责多种多样，它们共同构成了旅游产业的完整生态。这些企业需要不断提升自身的专业能力和服务水平，以满足游客的多样化需求，推动旅游产业的持续健康发展。

1. 直接旅游企业

直接旅游企业是指直接面向游客提供旅游产品和服务的企业。它们包括但不限于旅行社、酒店、景区管理公司等。这类企业的主要职责是确保旅游产品的品质与安全性，为游客提供舒适、愉快的旅游体验。它们需要密切关注市场动态，了解游客需求，不断创新旅游产品，以满足游客的多样化需求。

2. 辅助旅游企业

辅助旅游企业是为直接旅游企业提供支持与服务的企业，如旅游交通公司、餐饮企业、旅游购物场所等。这些企业的职责是为游客提供便捷的交通、美味的餐饮、丰富的购物选择等，以完善旅游产业链，提升游客的整体旅游体验。它们需要与直接旅游企业紧密合作，共同打造高品质的旅游产品。

3. 其他相关岗位

（1）旅游策划岗位。旅游策划岗位负责根据市场需求和游客喜好，设计具有吸引力的旅游产品。这些岗位人员需要具备丰富的旅游知识和创新思维，能够设计出独特、个性化的旅游线路和产品，以满足不同游客的需求。他们的职责还包括对旅游产品进行持续优化，以提升市场竞争力。

（2）旅游营销岗位。旅游营销岗位负责推广和销售旅游产品，提高旅游企业的知名度和市场份额。这些岗位人员需要了解市场趋势，制定有效的营销策略，通过线上线下多种渠道进行宣传和推广。他们的职责还包括收集和分析游客反馈，为旅游产品的优化提供数据支持。

（3）旅游运营岗位。旅游运营岗位负责旅游产品的日常运营和管理，确保旅游活动的顺利进行。这些岗位人员需要具备出色的组织协调能力和应急处理能力，能够妥善安排旅游行程，解决游客在旅途中遇到的问题。他们的职责还包括对旅游设施进行维护和管理，确保游客的安全和舒适。

（4）旅游人力资源。旅游人力资源部门负责招聘、培训和管理旅游企业的人才队伍。他们需要根据企业的业务需求，制订合理的人才招聘计划，选拔具备专业素养和良好服务意识的员工。同时，他们还需要为员工提供系统的培训和发展机会，提升员工的专业技能和综合素质。

（5）技术支持岗位。随着科技的不断发展，技术支持岗位在旅游企业中的地位日益重要。这些岗位人员负责开发和维护旅游企业的信息系统，提升企业的运营效率和客户服务水平。他们的职责还包括利用大数据、人工智能等先进技术，为旅游产品的设计和营销提供数据支持。

（6）法律事务岗位。法律事务岗位负责处理旅游企业的法律事务，确保企业的合法合规运营。这些岗位人员需要具备扎实的法律知识和丰富的实践经验，能够为企业提供法律咨询和风险防范建议。他们的职责还包括处理游客的投诉和纠纷，维护企业的合法权益。

三、高质量旅游行业协会

（一）定义及分类、内涵及职能

高质量旅游行业协会在推动旅游行业发展、提升服务质量、加强行业自律等方面发挥着重要作用。它们通过多样化的服务平台和引领作用，为会员提供全方位的支持和服务，推动旅游行业的持续健康发展。高质量旅游行业协会是由旅游行业内相关企业和个人自愿组成的非营利性组织，旨在促进旅游行业的健康发展，维护会员权益，加强行业自律，推动旅游交流与合作。

1. 行业性质分类

根据行业性质的不同，高质量旅游行业协会可以分为以下几类。

（1）旅行社协会

主要成员为旅行社企业，关注旅行社行业的规范发展、服务质量提升及市场拓展。

（2）酒店与住宿业协会

涵盖酒店、民宿、度假村等住宿业企业，致力于提高住宿服务质量、推动行业标准制定及人才培养。

（3）景区与旅游目的地协会

由景区管理机构、旅游目的地开发企业等组成，关注景区规划、环境保护、游客体验优化等方面。

（4）旅游教育与培训机构协会

专注于旅游人才的培养与教育，包括旅游院校、培训机构及行业专家等。

2. 地域范围分类

高质量旅游行业协会还可以按地域范围进行分类：

（1）全国性协会

覆盖全国范围内的旅游企业和个人，具有广泛的行业影响力。

（2）地方性协会

局限于某一特定地区或省份，服务于当地旅游行业的发展和会员企业的利益。

（3）国际性协会

跨越国界，连接全球旅游企业和个人，促进国际旅游交流与合作。

3. 职能目标分类

根据协会的主要职能和目标，可以进一步细分为：

（1）服务型协会

侧重于为会员提供法律咨询、市场拓展、人才培养等支持。

（2）规范型协会

注重行业标准的制定与执行，加强行业自律，提升服务质量。

（3）研究型协会

开展旅游行业研究，发布行业报告，为会员提供市场趋势和政策解读。

4. 会员结构分析

高质量旅游行业协会的会员结构多样，通常包括：

（1）企业会员

旅行社、酒店、景区、航空公司等旅游产业链上的相关企业。

（2）个人会员

旅游行业内的专业人士、学者、导游等。

（3）机构会员

旅游院校、研究机构、政府部门等。

5. 行业作用

高质量旅游行业协会在行业中发挥着重要作用：

（1）桥梁作用

连接政府与会员，传达政策信息，反映行业诉求。

（2）规范作用

制定行业标准，加强行业自律，提升行业整体水平。

（3）服务作用

为会员提供培训、咨询、市场拓展等全方位服务。

（4）平台作用

搭建交流平台，促进会员间的合作与资源共享。

6. 协会服务平台

高质量旅游行业协会通常拥有以下服务平台：

（1）信息交流平台

提供行业动态、政策解读、市场趋势等信息。

（2）培训与发展平台

开展行业培训、人才交流、职业发展指导等活动。

（3）市场拓展平台

组织展会、商务考察、市场推广等活动，帮助会员拓展市场。

（4）法律咨询与维权平台

为会员提供法律咨询、法律援助及权益保护服务。

7. 引领行业发展

高质量旅游行业协会通过以下方式引领行业发展：

（1）标准引领

推动行业标准的制定与执行，提升服务质量。

（2）创新引领

鼓励技术创新、产品创新和服务模式创新，推动行业转型升级。

（3）国际引领

加强国际交流与合作，引进国际先进经验和技术，提升我国旅游业的国际竞争力。

（二）与旅游企事业之间的关系

高质量旅游行业协会、高质量旅游事业与高质量旅游企业之间存在着密切的关联和相互作用。它们共同推动着旅游行业的健康发展，为人民群众提供更加优质、便捷、高效的旅游服务。以下是对这三者之间关系的详细阐述。

1. 高质量旅游行业协会与高质量旅游事业的关系

（1）引领与推动

高质量旅游行业协会作为行业的代表和引领者，通过制定行业标准、开展行业认证、推广先进经验等方式，推动旅游事业的规范化、标准化和高质量发展。协会通过组织研讨会、培训班等活动，促进旅游知识的普及和传播，提升旅游行业的整体素质和水平，从而推动旅游事业的进步。

（2）政策倡导与支持

高质量旅游行业协会积极向政府反映行业的愿望和要求，争取有利于旅游业发展的政策环境。协会通过参与政策制定和修订，为旅游事业的发展提供政策支持和保障。

（3）国际交流与合作

高质量旅游行业协会加强与国际旅游组织、国内外旅游协会等的交流与合作，推动旅游业的国际化发展。通过国际交流与合作，协会为旅游事业拓展国际市场、提升国际竞争力提供有力支持。

2. 高质量旅游行业协会与高质量旅游企业的关系

（1）桥梁与纽带

高质量旅游行业协会在政府与企业之间发挥着重要的桥梁和纽带作用。协会既向政府传达企业的诉求和愿望，又向企业宣传政府的政策法规，推动政策的贯彻落实。

（2）服务与支持

高质量旅游行业协会为会员企业提供多样化的服务，包括信息咨询、市场调研、教育培训、国际交流等。这些服务帮助企业提升竞争力，促进企业的健康发展。

（3）行业自律与监督

高质量旅游行业协会通过制定行业自律规范，引导会员企业遵守法律法规和职业道德规范。协会还接受政府委托，对旅游市场进行监督检查，维护良好的市场秩序，保障企业的合法权益。

3. 高质量旅游事业与高质量旅游企业的关系

（1）共同目标与愿景

高质量旅游事业与高质量旅游企业都致力于提升旅游行业的整体素质和水平，满足人民日益增长的美好生活需要。它们通过共同努力，推动旅游业的转型升级和高质量发展。

（2）相互促进与发展

高质量旅游事业的发展为高质量旅游企业提供了广阔的市场空间和良好的发展环境。同时，高质量旅游企业的创新发展和优质服务也推动了旅游事业的进步和繁荣。

第四节　旅游公共服务高质量发展

旅游公共服务是推动现代旅游业发展的重要内容，关系到广大游客的切身利益。为持续推进旅游公共服务高质量发展，文化和旅游部等九部委联合制定了《关于推进旅游公共服务高质量发展的指导意见》。下面是《意见》的主要内容。

一、总体要求

以习近平新时代中国特色社会主义思想为指导，全面贯彻落实党的二十大精神，深入学习贯彻习近平文化思想，以习近平总书记关于旅游发展的重要论述和重要指示精神为根本遵循，践行以人民为中心的发展理念，围绕国家重大发展战略，以重大项目为抓手，聚焦重点地区、重点环节、重点时段，集中力量解决旅游公共服务领域的短板和弱项，稳步提升保障能力，完善供给体系，持续提高旅游公共服务水平，为旅游业高质量发展提供有力支撑，不断满足人民日益增长的美好生活需要。

利用3到5年时间，基本建成结构完备、标准健全、运行顺畅、优质高效，与旅游业高质量发展相匹配的旅游公共服务体系，旅游公共服务有效供给明显扩大，服务效能明显提升，对薄弱领域、高峰时段和特殊人群的服务保障能力明显增强，人民群众对旅游公共服务的满意度明显提高。

二、主要任务

（一）优化旅游公共信息服务

1. 优化线下旅游服务中心布局

推动实施旅游咨询服务拓展工程。制定旅游服务中心相关标准，进一步明确旅游服务中心定位，完善信息咨询、宣传展示、投诉、便民等服务功能。以提升和改造既有设施为主，打造一批互动性强、体验感好、主客共享的新型旅游服务中心。积极推动旅游服务中心和旅游集散中心一体化建设，重点推动旅游信息服务进机场、车站、码头、高速公路服务区。鼓励有条件的地区在酒店大堂、便利店、租车点等设置旅游信息咨询点。

2. 加强线上旅游公共信息服务

推动实施智慧旅游公共服务平台建设工程。支持旅游目的地政府建设内容全面、信息准确、更新及时、便于查询的智慧旅游公共服务平台，鼓励在政府门户网站、官方公众号、小程序中设置旅游信息咨询专栏。推动各地充分运用人工智能技术，积极探索旅游公共信息智能问答服务。

3. 加强旅游公共信息服务资源整合

加强省市县之间旅游公共信息服务纵向联动，健全信息采集、上传、发布机制。推动文化和旅游与交通运输、气象、体育、水利、能源、应急管理、消防、市场监管等跨部门、跨行业的公共信息数据共享，强化旅游交通路况、景区客流预警、气象预报预警、灾害预警、重要节庆赛事、旅游经营单位及从业人员信用状况和服务质量等重要旅游公共信息的发布，提前预报，及时预警，科学引导群众错峰出游。

（二）完善旅游公共交通服务

1. 加强旅游交通基础设施建设

推动各地将干线公路与 A 级旅游景区、旅游度假区、红色旅游景点、乡村旅游重点村镇、美丽休闲乡村、夜间文化和旅游消费集聚区、丙级以上旅游民宿之间的连接道路建设纳入交通建设规划，支持有条件的地区形成连接主要旅游区（点）的旅游交通环线。推动各地建设一批各具特色、功能完备的自行车道、步道等旅游绿道。支持旅游航道建设。推动打造一批旅游公路。实施国家旅游风景道工程，制定国家旅游风景道标准，在保障安全通行的前提下推出一批配套服务好、道路风景美、文化特色鲜明的国家旅游风景道。实施旅游标识标牌建设工程。结合周边旅游资源，按照相关标准规范要求，因地制宜在交通基础设施中设置相应旅游引导标识标牌，切实提升标识标牌的规范性、辨识度和文化内涵，支持各地探索智能化旅游标识建设。鼓励在高速公路或城市快速路设置 4A 级及以上旅游景区旅游指引标志，在普通省干线公路、农村公路、城市道路设置 3A 级及以上旅游景区旅游指引标志。

2. 提升旅游交通公共服务设施建设和管理水平

推动实施旅游集散中心改造提升工程。依托机场、高铁站、大型客运码头、汽车客运站等交通枢纽，新建、改造一批旅游集散中心，完善旅游集散中心游客换乘、旅游客运专线、接驳接送、联程联运、客运专班、汽车租赁、票务代理、信息咨询、文化展示等功能。拓展跨区域旅游集散服务。促进旅游集散中心线上线下业务融合发展。鼓励各地建设一批服务于旅游区（点）的旅游停车场，加大生态停车场和立体停车场建设力度，完善停车场充电桩等新能源服务设施，探索推广智能化停车服务。推动各地在旅游高峰期，面向游客自驾车和旅游大巴增设更多临时停靠点。拓展高速公路服务区文化和旅游公共服务功能，形成一批特色主题服务区。推动有条件的国省干线公路在保障道路交通安全通畅的前提下，增设旅游驿站、观景台、自驾车旅居车营地、厕所等服务设施。

3. 优化旅游交通运输服务

优化配置重点旅游城市列车班次，增开重点旅游城市和旅游目的地旅游专列，增加旅游城市与主要客源地之间航线航班，增加旅游旺季航班配置，鼓励有条件的地方增开重要旅游区（点）直通车和旅游公交专线，在旅游景点增设公交站点。完善自驾车旅游服务体系。积极推动旅游交通联程联运。支持重点旅游城市开通具有当地文化特色、体验感强的旅游观光巴士线路。支持国内水路旅游客运精品航线的建设和发展。加强交通管理和智慧交通技术运用，缓解旅游高峰期拥堵问题。

（三）强化旅游应急救援服务

1. 加强旅游应急救援机制建设

推动各地将旅游应急管理纳入政府应急管理体系，健全部门联动的旅游安全应急救援机制，落实旅游经营单位安全主体责任，制定旅游应急预案，建立旅游突发事件应对机制，强化预警与应急响应联动。强化旅游重点领域和关键环节的安全管理。

2. 优化旅游应急救援设施设备布局

推动旅游区（点）配置应急救援报警装置，完善安全设施设备配备，加强消防车道、自动喷水灭火系统、消火栓、消防水源等消防设施建设改造。推动在游客集中的旅游区（点）设置医疗救助站、急救点，有条件的地方配备急救箱、自动体外除颤仪（AED）、应急救护一体机等急救设备设施。推动高原缺氧地区旅游区（点）、宾馆酒店配备供氧设施设备。指导 A 级旅游景区就近与县级以上综合医院建立定向协作救援机制，提高院前医疗急救能力。

3. 增强旅游应急救援的社会参与

引导各地用好旅行社责任保险的应急救援服务功能，鼓励游客购买附加救援服务的旅游意外险。支持各地广泛开展旅游安全宣传教育，将旅游安全与应急知识教育纳入旅游职业教育和旅游从业人员在职培训内容，增强旅游从业人员安全意识和提升应急救助技能。

（四）加强旅游惠民便民服务

1. 开展形式多样的旅游惠民便民活动

鼓励各地积极探索实施旅游消费惠民举措，有效释放旅游消费潜力。鼓励各地联合举办旅游消费促进活动，通过联合发行旅游消费一卡通等方式，促进游客跨区域流动。广泛开展旅游知识公益教育，推动旅游知识教育进校园、进社区。完善旅游投诉受理机制，提高游客投诉处理效率。优化旅游纠纷调解机制，保护游客切身利益。制定旅游志愿服务管理办法，加快建立旅游志愿服务管理和激励机制，引导各地常态化开展旅游志愿服务。

2. 推动旅游惠民便民设施建设改造

加强适应老年人、未成年人、孕婴、残疾人等群体需求的旅游公共服务设施建设改造。完善智慧旅游适老化服务。推动旅游区（点）配备无障碍旅游设施。引导相关城市及旅游目的地发展儿童友好旅游公共服务。推动实施旅游厕所质量提升工程。全面贯彻落实旅游厕所国家标准。重点加强中西部欠发达地区，以及高寒、高海拔、缺水、缺电地区旅游厕所建设。加强移动厕所配备，有效缓解旅游高峰期"如厕难"问题。鼓励有条件的旅游活动场所开展智慧旅游厕所建设，持续推动旅游厕所电子地图标注工作。推动实施旅游景区环境综合整治工程。结合乡村振兴、城市更新、农村人居环境整治提升等重点工作，对旅游景区及周边环境进行全面整治。

3. 提升入境旅游公共服务水平

加强入境游客较为集中区域的旅游服务中心外语咨询服务，提供必要的中外文旅游地图、旅游指南等免费旅游宣传材料，完善旅游服务中心"i"标识设置。鼓励重点旅游城市面向入境游客提供外文版线上信息咨询服务。在重点旅游城市公共场所以及 A 级旅游景区、旅游度假区等开展外文标识牌规范化建设行动。推动入境游客较多的景区开发多语种预约界面，将护照等纳入有效预约证件，并保留必要的人工服务窗口。优化入境旅游支付环境，加强相关软硬件设施配备，畅通移动支付、银行卡、现金等支付渠道，提升入境游客线上线下购买文化和旅游产品与服务的支付体验。推动入境游客快速通关、住宿登记、交通出行、电信业务、生活消费、景点预约等事务办理便利化。

（五）促进公共文化服务和旅游公共服务融合发展

1. 促进文化和旅游公共服务设施功能融合

鼓励有条件的地方推动公共图书馆、文化馆（站）、基层综合性文化服务中心和旅游服务中心一体化建设。推动将阅读、非遗展示、艺术表演等文化服务融入旅游服务中心、旅游集散中心等旅游公共服务场所。推动在游客比例较高的文化设施中，增加旅游信息咨询、旅游地图、旅游指南等旅游公共服务内容。鼓励地方在保护的前提下，依法合理利用文物建筑，丰富其旅游公共服务功能。在文物保护单位和历史文化名城（街区、村镇）的保护范围及建设控制地带建设旅游公共服务设施应符合相关保护要求。

2. 丰富旅游场所公共文化服务内容

推动实施公共文化服务进旅游场所工程。积极开展乡村文化旅游节庆活动。推动广场舞、村晚、村超、"村 BA"、艺术节庆、群众歌咏等文化体育活动，民间文化艺术、群星奖作品、文化讲座、美术展览、优秀剧目等优质文化资源进景区等旅游场所。在游客较为集中的旅游街区设置表演点位，积极开展街头艺术表演等文化活动。搭建各类民间文化艺术团体与旅游经营场所的沟通桥梁，进一步丰富旅游场所的文化内涵。

3. 增强公共文化场所旅游吸引力

推动博物馆、美术馆、公共图书馆、文化馆、纪念馆、剧院、非物质文化遗产展示场所、考古遗址公园等完善旅游服务配套设施，提升旅游公共服务水平，培育主客共享的美好生活新空间。在确保文物安全的前提下，支持有条件的公共文化场所创建A级旅游景区，鼓励文博单位在旅游旺季科学调整开放时段。

三、组织保障

用好旅游发展基金等既有专项资金，引导社会力量加大投入，加强资金保障。推动将旅游公共服务设施用地纳入国土空间规划统筹考虑，在年度土地供应中合理安排旅游服务中心、集散中心、旅游停车场、公共营地等旅游公共服务设施新增建设用地，支持农村集体建设用地依法依规用于旅游公共服务设施建设。实施城乡旅游公共服务标准化建设工程。制定实施城市旅游公共服务、乡村旅游公共服务标准，引导全国重点旅游城市、全国乡村旅游重点村镇贯彻落实标准要求，充分发挥其引领和带动作用，为推进旅游公共服务高质量发展提供实践示范和制度建设经验。

思考题

1. 什么是高质量旅游媒体？高质量旅游媒体与旅游业有什么关系？
2. 高质量旅游媒体的内涵及特征是什么？
3. 如何进行高质量旅游媒体的类型划分？
4. 请阐述旅游公共服务高质量发展的主要任务。

第八章

高质量旅游环境

高质量旅游环境特指旅游业高质量发展所依托的综合环境条件。本章系旅游高质量发展系统框架的重要组成部分。接着第七章介绍关于高质量旅游媒体的主要内容，这里重点阐述高质量旅游环境的主要内容及特征，具体包括宏观旅游环境、目的地旅游环境、微观旅游环境等内容。

第一节　宏观旅游环境

一、定义及分类

旅游业高质量发展不仅受行业自身内部能力和发展潜力因素的影响，同时也受行业外部经营环境的影响。宏观环境从不同角度对任何行业都会产生不可估量的影响，它既为各行业的发展提供了机会，又对行业的发展构成挑战。因此，在进行旅游高质量发展研究及旅游高质量发展制定决策时，首先一定要对其进行宏观环境分析。

宏观旅游环境即所谓的旅游发展大环境。旅游大环境是一个由多种因素共同构成的复杂系统。这些因素之间相互联系、相互影响，共同塑造了一个地区的旅游特色和优势。旅游大环境是一个相对宽泛的概念，它指的是在一定范围内，影响旅游活动及其相关因素的各种自然和人为因素的总体。这些因素共同构成了一个复杂而多样的系统，对旅游业的发展和游客的旅游体验产生深远影响。

高质量的旅游发展大环境需要稳定的政局、有力的政策支持、有效的政府监管与治理、广泛的国际合作与交流、绿色发展与可持续发展等政治环境的支持。这些因素共同构成了旅游业发展的坚实基础，为旅游业的高质量发展提供了有力的保障。了解和认识旅游大环境，有助于我们更好地把握旅游业的发展方向，促进旅游业的可持续发展。

这里所涉及的高质量旅游宏观环境特指某一个高质量旅游目的地旅游业发展所依托的各种外部环境之间、环境各要素之间的综合关系的总和。这种宏观环境可能小到县区级环境或市州级环境或者省级环境，大到全国乃至国内外环境和国际环境。

从范围上讲，大环境包括全球环境、跨洲环境、国家环境等。从内容要素上，它主要涉及自然、经济社会、政治法律、文化背景和科学技术等多个方面。下面主要从政治、经济、社会、科技四个方面，对旅游发展大环境进行阐述。

二、政治环境

（一）概述

高质量的旅游发展大环境需要稳定的政局、有力的政策支持、有效的政府监管与治理、广泛的国际合作与交流、绿色发展与可持续发展等政治环境的支持。这些因素共同构成了旅游业发展的坚实基础，为旅游业的高质量发展提供了有力的保障。高质量的旅游发展大环境中的政治环境是至关重要的因素，它为旅游业的健康发展提供了坚实的基础和有力的保障。

政治环境主要包括所在地区政权的性质和政权的稳定性、立法依据和立法体系的完备程度、所在地区是否加入政治联盟及政治联盟的有关条款，以及政府的宏观产业政策、政府开明程度等因素。旅游业是第三产业的重要组成部分，作为世界上发展最快的新兴产业之一，世界各国政府对旅游业发展加大了支持力度。我国提出要大力发展旅游、文化、体育和休闲娱乐等面向民生的服务业。旅游业的法律法规和行业管理制度日趋完善，执法行为更加规范，依法治理优胜劣汰的竞争机制和良好的旅游市场秩序，旅游发展环境将逐渐形成，旅游发展将逐渐步入有序化、规范化、法治化的轨道，政府将根据发展实际，借鉴国际经验，加强旅游法治建设和完善行业自律，消费环境会让旅游者更加放心舒心。

随着新型国际关系的构建和国际环境的变化，旅游业将启动新一轮的对外开放，国内外旅游市场一体化进程将加快，与国际市场、国际规则、国际水平将进一步接轨。中国入境旅游、出境旅游的规模不断扩大，旅游业将进一步发挥提升国家软实力的作用，我国旅游业在世界旅游界的话语权将继续增强，国际地位和影响力不断提升，参与国际规则、标准的制定与应用的空间进一步扩大。

（二）政局稳定与政策支持

1. 政局稳定

稳定的政局是旅游业发展的前提。政治环境的稳定能够确保旅游业的长期规划和投资得到顺利实施，为游客提供一个安全、稳定的旅游环境。在稳定的政治环境下，旅游企业可以更加专注于业务发展和服务提升，无须过多担忧政治风险。

2. 政策支持

政府通过制定和实施一系列与旅游业相关的法律法规和政策，为旅游业的发展提供了有力的制度保障。这些政策可能包括税收优惠、资金扶持、土地供应等方面的优惠措施，旨在降低旅游企业的运营成本，提升其竞争力。

政府还通过加强旅游基础设施建设、提升旅游服务质量、推动旅游与文化融合等方式，为旅游业的高质量发展提供了全方位的支持。

（三）政府监管与治理

1. 加强监管

政府通过加强旅游市场监管，打击非法经营和欺诈行为，维护了旅游市场的公平竞争和游客的合法权益。政府还建立了完善的旅游投诉处理机制，确保游客的投诉能够得到及时、有效地处理。

2. 治理创新

政府积极推动旅游治理创新，利用大数据、云计算等现代信息技术手段，提升旅游治理的智能化、精细化水平。通过建立旅游大数据中心、智慧旅游平台等，政府可以更加精准地掌握旅游市场动态和游客需求，为旅游业的发展提供更加科学、精准的决策支持。

（四）国际合作与交流

1. 推动国际合作

政府积极加强与国际旅游组织的合作与交流，借鉴国际先进经验，推动旅游业的高质量发展。通过举办国际旅游博览会、参加国际旅游交易会等方式，政府可以扩大旅游业的国际影响力，吸引更多的国际游客来中国旅游。

2. 加强文化交流

政府通过推动旅游业与文化产业的融合发展，加强中外文化交流，增进各国人民之间的了解和友谊。通过举办文化节、旅游节等活动，政府可以展示中国的文化魅力和旅游资源，提升中国的国际形象。

（五）绿色发展与可持续发展

1.绿色发展理念

政府将绿色发展理念贯穿于旅游业的发展全过程，推动旅游业向绿色、低碳、环保的方向发展。通过加强旅游生态环境保护、推广绿色旅游产品和服务等方式，政府可以降低旅游业对环境的影响，实现旅游业的可持续发展。

2.可持续发展战略

政府制定了旅游业可持续发展战略，明确了旅游业的发展目标和方向。通过加强旅游资源的开发和保护、提升旅游服务质量等方式，政府可以推动旅游业的可持续发展，为游客提供更加优质、可持续的旅游体验。

三、经济环境

（一）概述

高质量的旅游发展大环境离不开稳定、繁荣的经济环境的支撑。经济环境作为旅游业发展的物质基础和市场背景，对旅游业的兴衰和发展趋势具有决定性影响。宏观经济稳定与增长、居民收入与消费结构升级、金融市场与投资环境优化、区域经济一体化与协同发展以及国际贸易与国际合作等因素共同构成了旅游业发展的坚实基础。这些因素相互促进、相互支撑，共同推动了旅游业的高质量发展。

经济环境主要是指所在地区的社会经济制度、经济发展水平、产业结构、劳动力结构、物资资源状况、消费水平、消费结构及国际经济发展动态等，是指构成企业生存和发展的社会经济状况和国家经济政策，是影响消费者购买能力和支出模式的因素，它包括收入的变化，消费者支出模式的变化等。企业的经济环境是指企业面临的社会经济条件及其运行状况、发展趋势、产业结构、交通运输、资源等情况。经济环境是企业最直接感受到的环境因素。对经济环境的分析可以从以下四个方面展开：①经济总量分析；②可支配收入分析；③利率、汇率、投资率分析；④经济全球化趋势分析。

国内生产总值反映了经济整体实力。随着我国经济的不断发展，中国旅游业面临重大发展机遇：中国经济持续快速增长，必将对旅游需求增长发挥基础性的支撑作用。城乡居民收入将稳定增长，这将进入世界旅游界公认的旅游业爆发性增长阶段。随着经济的发展，人们的生活水平日益提高，人们的可自由支配的金钱和闲暇的时间变多了，这为人们旅游动机的产生创造了条件，因为有可自由支配的金钱和闲暇的时间是旅游产生的条件。另外，人们的养生意识提高了，于是更多人开展了以健身疗养为目的的健康疗养旅游。还有，人们的受教育水平提高了，大家对精神文明的追求也上升了，于是更多人有了外出旅游的动机，为的是开阔眼界，或者是感受中国的悠久历史文化，或者进行科研考察。商业化程度的提高，商务旅游也随之发展起来了。

人民币的升值与贬值，对旅游业产生很复杂的影响。从出境游、入境游及国内游三个方面进行分析。随着人民币升值，首先出境旅游将掀起新浪潮。居民境外消费能力相对变强，居民境外购物将进一步受到刺激，一些潜在游客也会在升值的心理下加入出境游的队伍。其次，对入境游产生一定的影响。美元和欧元价值相对缩水，入境旅游价格相对抬升。因此入境旅游整体上会面临利空的局势。人民币汇率升值对国内旅游市场的影响表现在替代效应和收入效应两个方面：一方面，人民币汇率提高后，国内旅游价格相对于出境游价格上涨。原计划在国内旅游的居民受汇率上升的影响而选择出境旅游，分流的游客可能对国内饭店和景区的接待量产生影响，从而不利旅游业的发展。另一方面，人民币升值带来的收入效应将有利于居民旅游消费的增长，主要表现在居民财产增加，消费能力提升。

（二）宏观经济稳定与增长

1. 经济稳定

宏观经济稳定是旅游业发展的基础。稳定的经济增长、合理的物价水平、较低的失业率等宏观经济指标，能够增强消费者的信心和购买力，进而促进旅游消费的增长。在稳定的经济环境下，旅游企业可以更加准确地预测市场需求和趋势，制定合理的经营策略和投资计划。

2. 经济增长

经济增长为旅游业提供了广阔的发展空间。随着国内生产总值的持续增长，人们的收入水平不断提高，旅游消费能力也随之增强。经济增长还带动了旅游基础设施的完善和服务水平的提升，为游客提供了更加便捷、舒适的旅游体验。

（三）居民收入与消费结构

1. 居民收入增长

居民收入的稳定增长是旅游业发展的重要推动力。随着居民收入水平的提高，人们对旅游的需求和消费能力也随之增强。尤其是中高收入群体的扩大，为旅游业提供了更加广阔的市场空间和高品质的消费需求。

2. 消费结构升级

消费结构的升级促进了旅游业的转型升级。随着人们生活水平的提高和消费观念的转变，旅游消费需求逐渐从低层次向高品质、多样化转变。游客不再满足于传统的观光旅游，而是更加注重旅游过程中的体验和感受，这推动了全域旅游、休闲度假旅游、文化旅游等新型旅游业态的发展。

（四）金融市场与投资环境

1. 金融市场稳定

金融市场的稳定为旅游业提供了良好的融资环境。稳定的金融市场有助于降低旅游企业的融资成本，提高其融资效率。同时，金融市场的稳定也为投资者提供了更多的投资机会和收益保障，吸引了更多的社会资本投入旅游业。

2. 投资环境优化

政府通过出台一系列优惠政策，如税收优惠、资金扶持、土地供应等，优化了旅游业的投资环境。这些政策降低了旅游企业的投资成本，提高了其投资回报率，吸引了更多的社会资本和外资进入旅游业。

（五）区域经济一体化与协同发展

1. 区域经济一体化

区域经济一体化推动了旅游业的协同发展。通过加强区域间的合作与交流，实现了旅游资源的共享和优势互补。这有助于提升旅游业的整体竞争力，为游客提供更加丰富的旅游产品和服务。

2. 协同发展机制

政府通过建立协同发展机制，加强了对旅游业发展的统筹规划和协调指导。这有助于避免重复建设和恶性竞争，实现旅游业的可持续发展。

（六）国际贸易与国际合作

1. 国际贸易环境

国际贸易环境的稳定为旅游业提供了更多的国际客源。随着全球经济一体化的深入发展，国际贸易往来日益频繁，为旅游业带来了更多的国际游客。同时，国际贸易也促进了旅游产品的国际化，推动了旅游业向更高水平的发展。

2. 国际合作与交流

政府通过加强与国际旅游组织的合作与交流，借鉴国际先进经验，推动了旅游业的高质量发展。通过举办国际旅游博览会、参加国际旅游交易会等方式，政府可以扩大旅游业的国际影响力，吸引更多的国际游客来中国旅游。

四、社会环境

（一）概述

高质量的旅游发展大环境离不开良好的社会环境。社会环境作为旅游业发展的重要背景和依托，对旅游业的兴衰和发展趋势具有重要影响。高质量的旅游发展大环境需要良好的社会环境作为支撑。社会稳定与安全感、居民素质与文化氛围、教育与科技水平、旅游观念与消费习惯以及环保意识与可持续发展等因素共同构成了旅游业发展的坚实基础。这些因素相互促进、相互支撑，共同推动了旅游业的高质量发展。

旅游发展离不开整体社会环境的支撑。旅游区的交通设施、社会治安状况、管理水平、用地状况、物价水平、居民的文化素质、文明程度及友好态度等都会影响旅游区的发展及空间布局。另外，国家休假制度对区域旅游空间布局也有较大影响。近年来，随着我国休假制度的改变，特别是双休日的实行、带薪假期及公共假日的增加，居民用于游憩休闲的时间越来越多，城市郊区的旅游资源得以有效开发，扩展了区域旅游网络，使区域空间布局发生了很大改变。

社会文化环境通过两个方面影响旅游企业和旅游行业：一是影响人口总量和人口分布、居民的价值观和生活方式，从而影响他们对产业和对企业的态度；二是影响旅游企业内部成员的价值观和工作态度，从而影响企业士气。现如今，社会文化呈现如下发展趋势：①更关心环境；②中老年顾客市场成长；③个性化需求增长；④生活节奏加快；⑤单亲家庭和没孩子的双亲家庭增多；⑥劳动力和市场的多样性增加。更关心环境，则旅游业在进行旅游规划和开发的时候要注意对旅游资源环境的美化和维护。中老年顾客市场成长，则旅游业要多开发些适合中老年的旅游产品，如疗养等。个性化需求增加则说明旅游者对旅游业的要求变高了。城市化进程加快，生活节奏加快，人们的生活压力增加，人们都渴望回归自然，则旅游业要多开发些自然、休闲、娱乐性质的旅游产品。

（二）社会稳定与安全感

1. 社会稳定

社会稳定是旅游业发展的前提。一个稳定的社会环境能够确保旅游业的长期规划和投资得到顺利实施，为游客提供一个安全、可靠的旅游目的地。社会稳定还意味着旅游资源的有效保护和合理开发，避免了因社会动荡而导致的旅游资源破坏和旅游收入减少。

2. 安全感

游客在旅游过程中需要感受到强烈的安全感。这包括人身安全、财产安全以及信息安全等方面。政府和社会各界应加强治安管理，提高安全防范水平，确保游客在旅游过程中的安全。

（三）居民素质与文化氛围

1.居民素质

居民素质的高低直接影响旅游业的发展。高素质的居民能够为游客提供优质的服务和热情的接待，增强游客的满意度和忠诚度。同时，居民素质的提高也有助于提升旅游地的整体形象和吸引力。

2.文化氛围

浓厚的文化氛围是旅游业发展的重要资源。具有独特文化特色的旅游地能够吸引更多的游客前来参观和体验。政府和社会各界应加强对地方文化的挖掘和保护，推动文化与旅游的融合发展。

（四）教育与科技水平

1.教育水平

教育水平的高低决定了旅游从业人员的整体素质和服务水平。受过良好教育的旅游从业人员队伍能够为游客提供更加专业、细致的服务。同时，教育水平的提升也有助于提高居民的文化素养和审美能力，为旅游业的发展提供更好的人才保障。

2.科技水平

科技水平的进步为旅游业的发展提供了更多的可能性和机遇。例如，通过大数据、人工智能等技术的应用，可以实现对旅游资源的精准管理和优化配置。同时，科技水平的提升也为游客提供了更加便捷、高效的旅游服务体验。

（五）旅游观念与消费习惯

1.旅游观念

随着人们生活水平的提高和消费观念的转变，越来越多的人开始注重旅游的品质和体验。这要求旅游业必须不断提升服务质量、丰富旅游产品、创新旅游方式以满足游客的需求。同时，游客对旅游目的地的选择也越来越多元化和个性化。因此，旅游业应根据市场需求和游客偏好进行精准定位和差异化发展。

2.消费习惯

游客的消费习惯对旅游业的发展具有重要影响。例如，随着线上旅游平台的兴起和移动支付技术的普及，越来越多的游客开始通过线上渠道进行旅游预订和支付。这要求旅游业必须加强对线上市场的开发和拓展，提升线上服务质量和效率以满足游客的需求。

（六）环保意识与可持续发展

1.环保意识

环保意识的提高是旅游业可持续发展的重要保障。政府和社会各界应加强对旅游环保的宣传和教育力度，增强游客和居民的环保意识。同时，旅游业应加强对旅游资源的保护和合理利用，避免过度开发和环境污染等问题。

2. 可持续发展

可持续发展是旅游业发展的重要方向。政府和社会各界应加强对旅游可持续发展的研究和规划力度，推动旅游业与环境保护、经济发展和社会进步的协调发展。通过推动绿色旅游、生态旅游等新型旅游业态的发展，可以实现旅游业的可持续发展和长期繁荣。

五、科技环境

（一）关于科技环境

高质量的旅游发展大环境需要先进的科技环境作为支撑。信息技术、互联网与移动通信技术、新兴技术以及科技创新与旅游业融合发展的趋势共同构成了旅游业发展的坚实基础。这些因素相互促进、相互支撑，共同推动了旅游业的高质量发展。科技环境作为旅游业创新发展的重要驱动力，正在深刻改变旅游业的发展模式、服务方式和游客体验。

科技环境对生态旅游业发展具有重要的支撑作用。科技环境对经济及企业行业的影响是累计渐进的。科技环境分析的主要内容包括技术水平和技术发展趋势、技术对产业的影响、技术的社会影响和信息化影响四个方面。

随着技术水平的提高，交通随之发展起来了，如喷气式飞机、动车的快速发展和高速公路的发展，为旅游者的外出旅游提供了更为便利和快捷的条件。细胞技术或基因技术对濒危动植物种形成有效保护，从而保持了旅游动植物环境的吸引力。高新技术的综合应用创造出新的旅游资源和产品，可以使一些原来不具备旅游吸引力的资源成为新的旅游吸引物或提升它们的吸引力，如主题公园和游乐场的各种高科技模拟技术和游乐设施。应用了高新技术后，许多文物古迹资源得到了保护，增强了它们可持续发展的能力。现代科技在促进社会经济发展的同时，会对社会产生负面影响，如环境污染、生态失衡、对传统伦理的挑战等，这些都会对旅游业产生不良影响，使旅游地的自然环境和人文环境受到严重的损害，旅游可持续发展变得艰难。因此，要充分认识到现代科技给旅游业带来的机遇和挑战，在发展旅游中要善于应用现代科技手段，同时也要谨防现代科技对旅游业的负面影响。

尤其是科技创新能帮助旅游供应商们排除市场干扰，为客户提供相关的交易与更方便的客户服务；社交网络技术正在改变旅游业的形态；新技术使得企业能以更方便、更快捷、更低成本的方式提供客户服务；多平台数据提升了用户参与度；云技术供应商能帮助企业巩固市场；旅游分销企业需要在整个旅游周期中采取更新的做法；大数据让旅游更智能化；旅游企业正使用新工具来应对大量的数据，以便更好地分析公司业绩和预测未来市场趋势；移动通信技术改进旅游流程；新的内容趋势挑战产品分销模式。

（二）信息技术在旅游业的应用

1.大数据与云计算

大数据和云计算技术的应用，使得旅游业能够更精准地分析游客需求、预测市场趋势和优化资源配置。通过大数据分析，旅游企业可以了解游客的消费习惯、偏好和反馈，从而制定更加精准的营销策略和服务方案。

2.人工智能

人工智能技术在旅游业的应用日益广泛，如智能导游、智能客服、智能推荐等。这些应用不仅提高了旅游服务的效率和质量，还为游客提供了更加个性化、便捷的服务体验。

3.物联网技术

物联网技术使得旅游资源的管理和监控更加智能化。例如，通过物联网技术，可以实时监测旅游景区的客流量、环境质量等关键数据，为景区的安全管理和资源调度提供有力支持。

（三）互联网与移动通信技术的发展

1.在线旅游平台

随着互联网和移动通信技术的飞速发展，越来越多的游客通过在线旅游平台进行旅游预订和支付。这些平台提供了丰富的旅游产品、便捷的服务流程和优惠的价格，极大地满足了游客的多样化需求。

2.移动支付与智能设备

移动支付技术的普及使得游客在旅游过程中可以更加便捷地完成支付操作。同时，智能设备的广泛应用也为游客提供了更加便捷、高效的旅游服务体验，如智能手环、智能手表等可穿戴设备。

（四）新兴技术在旅游业的应用探索

1.虚拟现实与增强现实

虚拟现实和增强现实技术为游客提供了更加沉浸式的旅游体验。通过这些技术，游客可以在家中就能"游览"世界各地的名胜古迹、自然风光等。

2. 区块链技术

区块链技术在旅游业的应用主要集中在旅游产品的溯源、防伪和交易等方面。通过区块链技术，可以确保旅游产品的真实性和安全性，提高游客的信任度和满意度。

（五）科技创新与旅游业融合发展的趋势

1. 智慧旅游

智慧旅游是科技创新与旅游业融合发展的重要方向。通过运用现代信息技术手段，实现旅游服务的智能化、便捷化和个性化。智慧旅游的发展将推动旅游业向更高质量、更高效益的方向发展。

2. 跨界融合

科技创新正在推动旅游业与其他产业的跨界融合。例如，旅游业与教育产业的融合催生了研学旅行等新兴业态；旅游业与体育产业的融合则推动了体育旅游的发展。这些跨界融合不仅丰富了旅游产品的内涵和外延，还为游客提供了更加多样化、个性化的旅游体验。

（六）科技环境对旅游业的影响与挑战

1. 提升服务质量

科技环境的发展使得旅游企业能够运用先进的技术手段提升服务质量。例如，通过智能客服系统可以实时解答游客的疑问，通过大数据分析可以精准预测游客需求并提前做好准备。

2. 创新旅游产品

科技环境的发展为旅游产品的创新提供了更多可能性。例如，通过虚拟现实技术可以打造虚拟旅游产品，通过增强现实技术可以为游客提供更加丰富的互动体验。

3. 加强监管与安全保障

科技环境的发展也要求旅游企业加强监管和安全保障工作。例如，通过运用物联网技术可以实时监测旅游景区的安全状况，通过运用人工智能技术可以实现对旅游市场的智能监管和预警。

4. 应对挑战与机遇

面对科技环境的发展变化，旅游企业需要积极应对挑战并抓住机遇。例如，加强技术研发和创新能力培养，加强与科技企业的合作与交流，提升员工的科技素养和创新能力等。

第二节 目的地旅游环境

一、传统目的地旅游环境

相对旅游宏观环境而言，目的地旅游环境特指旅游目的地（旅游区）所在区域的旅游发展环境，包括综合区位环境、自然生态环境、历史文化生态环境、经济生态环境、社会生态环境五个方面。

（一）综合区位环境

区位环境理论强调空间性、区域性、系统性，区域空间结构理论、区域经济增长理论、区域发展阶段理论等成为现代区位理论的基础。不同的旅游开发对象，其规模及涉及区域大小不同，如区域旅游、旅游目的地、旅游区，其生态旅游发展的区位环境内容和要素不同。这里仅以旅游目的地为例进行综合区位环境条件分析阐述。

1. 地理区位

地理区位环境对旅游发展具有推动或制约作用，旅游客流的强度与方向决定旅游空间布局。良好的地理区位条件，能够吸引众多游客，以较低投资换取较高的旅游收入，推动旅游业的发展。旅游目的地区域旅游业发展涉及自然、生态、政治、经济、社会、文化等诸多因素，所以旅游目的地在不同区域范围内的自然、生态、政治、经济、社会、文化等因素框架中的位置，至关重要。其中，地理区位一方面指生态旅游目的地的相对位置，另一方面指该生态旅游目的地与旅游发展其他要素（如地质、生态、政治、经济、社会、文化等）的空间联系。

旅游发展需要适宜的自然环境、社会环境和区位条件。自然环境通常指存在于人类社会周围的自然界，是旅游业的物质基础。自然环境是自然旅游资源开发和人文资源形成的基础。自然环境中风景秀丽、生机盎然、清洁无秽的生态环境对人会产生巨大的吸引力。另外，自然环境的地区差异是人们产生异地游动机的自然基础。所有这一切，都与地质背景、自然条件、地理区位和生态环境密不可分。从这一点讲，地理区位是基础的、根本的。

从旅游空间组织的角度来看，旅游区域的区位条件主要包括：旅游区与外部客源地间的区位关系、旅游区的内部区位条件、旅游区与其他旅游区间的空间关系。地理区位分析的要点就是，要从纷繁复杂的要素区位分析中，提取与旅游业发展相关的诸要素区位的各种特色有机结合形成地理区位的比较优势，以及地理区位与交通区位、经济区位等要素之间的关系。

首先是纬度条件。影响太阳高度、昼长、太阳辐射量、气温日较差，年较差（低纬度地区气温日、年较差小于高纬度地区）。随着纬度的不同，自然生态环境条件有差异，生态旅游发展方式和模式不同。正因为纬度条件变化所带来的不同地理单元自然地理、生态环境、经济社会和文化环境的不同，才造成了全世界客源地与旅游地之间纷繁复杂的旅游网格现象，所以说纬度条件是决定性因素。

其次是地形（高度、地势）要素。地势起伏状况、主要地形分布状况。阴坡、阳坡，不同海拔的山地、平原、谷地、盆地，如谷地盆地地形热量不易散失，高大地形对冬季风阻挡，同纬度山地比平原日较差、年较差小等。地势平坦、土壤肥沃，便于农耕，有利于交通联系，节约建设投资，人口集中。热带地区城市分布在高原上；山区城市分布在河谷、开阔的低地。

再次是海拔条件。不同海拔条件的地理单元，如高原、山地、平原、谷地、盆地，其自然环境条件和经济社会背景存在差异，所在地区的旅游客源地和旅游地体不同。山地区域海拔越高，带谱可能越复杂。如青藏高原很多高山峡谷地区，之所以出现"一日游四季，十里不同天"的景象，是由于海拔条件的急剧变化所致。通常情况下，生态度假区产品最佳海拔条件在 1000~2000 米。

最后是综合条件及其变化。上述环境条件与气候、水文、土壤、生态、动植物、交通、经济、社会、人文之间的关系。

2. 交通区位

交通条件对旅游业的发展有巨大的促进作用，交通区位条件直接影响客源地与生态旅游区之间的距离以及旅游目的地的旅游吸引力和可进入性，影响着旅游资源开发规模和开发质量，影响着旅游者旅游动机、旅游消费和旅游质量，进而影响生态旅游业可持续发展。旅游业发展中的交通问题主要包括公路等级差距、交通设施质量、交通服务质量、交通信息化数字化程度、交通环保理念。

旅游区与外部客源地的区位关系，主要是指客源地在旅游区周围的分布和相互距离。通常，客源地的分布相对集中，距旅游区较近，则易形成数量大、稳定性强的客流。这种现象从本质上看，是距离衰减规律在发挥作用。虽然旅游区与外部客源地间的直线距离是固定的，但随着科学技术的进步和交通条件的改善，交通费用开支所占比重可能降低，旅游交通所花费的时间也会越来越少，即旅游区与外部客源地间相对区位关系的改变影响着旅游空间的规划布局。

交通区位因素多种多样，主要包括交通方式、交通线的区位因素、交通点的区位因素三方面。其中就交通方式而言，包括铁路、公路、航空、水路等，不同交通方式其优缺点有差异。就交通线的区位因素而言，包括完善路网、经济发展需要、人口与城市分布需要、自然条件、科学技术五个方面。其中社会经济条件是主导因素，自然条件是限制因素（主要是地形、地势、地质、河流、气候等）。就交通点的区位因素而言，交通点包括车站、港口、航空港等。其建设也都会受到经济、社会、技术和自然等因素的影响和制约。

交通区位分析的重点是分析旅游目的地的交通区位优势。旅游目的地的交通区位通常与依托城市（镇）密切相关。主要包括两个方面：一是抵达依托城市（镇）的便捷程度。依托城市（镇）系指旅游景区直接的主要客源集散城市（镇），依托城市（镇）可跨越行政区划。主要包括：直达机场到依托城市（镇）的距离远近。直达机场系指直达依托城市（镇）的民用机场，包括军民两用机场。依托城市（镇）有高速公路进、出口，包括高速公路进、出口通达旅游景区。依托城市（镇）有客运火车站，包括旅游景区有客运火车站。依托城市（镇）是否有客用航运码头，包括旅游景区有客用码头。

二是依托城市（镇）抵达旅游景区的便捷程度。包括旅游景区是否在依托城市（镇）内或者周边。抵达公路或客运航道（干线）等级，是一级公路或最高级客运航道还是二级或者三级。抵达公路或客运航道（支线）情况，路面硬化或航道畅通、桥涵完整或航道是否有障碍、护坡好坏。外部交通标志，专用外部交通标志，还是一般外部交通标志。旅游专项交通方式，有直达旅游专线，还是公交通达。

3. 经济区位

经济区位论是关于空间经济分布、结构及演变的理论。经济区位论主要包括：①关于区域空间结构，主要有"增长极核理论"；②关于区域经济增长，主要有"经济起飞理论""协同发展理论"等；③关于区域发展模型，主要有"经济部门结构理论""乘数效益理论""基础—非基础分析模型""投入—产出分析"以及各种规划模型和预测模型等。

经济区位特指某一经济体为其社会经济活动所占的场所。在经济空间系统中，区位概念则具有更为丰富的内涵。在一定的经济系统中，由于社会经济活动的相互依存性、资源空间布局的非均匀性和分工与交易的地域性等特征，各空间位置具有不同的市场约束、成本约束、资源约束、技术约束，从而具有不同的经济利益。在这一意义上，经济区位则更多地强调由地理坐标（空间位置）所标示的经济利益差别。

经济区位是地理范畴上的经济增长带或经济增长点及其辐射范围，区位是资本、技术及其他经济要素高度积聚的地区，也是经济快速发展的地区。在不同的经济区位上，人口分布、市场供求、资源分布等状况不同，其区位利益就存在差异，区位布局状况也就不同。正是各区位因素的差异，决定各区位的优劣，从而才导致区位的差异性。

一个地区的区位条件优劣，主要取决于如下因素：①地区性投入：该区位上不易转移的投入的供应情况。它具体是指存在于某一区位、难以从他处移入的原料供应品或服务等。②地区性需求：该区位上对不易转移的产品的需求状况。③输入的投入：从外部供给源输入该区位的可转移投入的供应情况。④外部需求：从向外部市场销售可转移产出中得到的净收入情况。由于这些区位因素不同，其区位利益具有很大的差别，从而也就决定了各个区位的相对优劣。

经济区位理论在旅游业发展中的应用产生旅游经济区位理论。旅游经济区位理论认为，任何一个旅游目的地，都处于特定的旅游经济区域框架中，由于不同旅游目的地的自然条件、地理区位、交通区位等存在差异，其旅游经济区位存在不同。某一特定旅游目的地可能位于特定的经济圈、经济区或者特区特定的空间位置，而且这个位置由于其区位条件的不同而具有各自不同的旅游经济发展潜力，并随时间和周围经济区的变化而变化。

4. 城镇依托关系

城镇是旅游业最有效的依托，以城镇作为支撑点的旅游资源的开发程度一般较高，旅游活动内容较丰富，吸引的游客较多，旅游业发展较迅速。相反，如旅游业无城镇作为依靠，旅游活动一般较单调，旅游服务较欠缺，势必影响旅游业的发展。因此，城镇是旅游业发展的后勤保障地，是旅游业发展的基地，是旅游业发展的重要依托，城镇化的有序推进有利于促进旅游业的迅速发展。反过来，旅游业又促进了城镇化的发展。因为旅游业的带动性强，旅游业的发展带来了活跃的人流、物流、资金流，带动了相关产业及城镇建设的发展。

城镇是人口与社会经济的聚集地，邻近资源区的中心城镇，既是客源市场的重要来源，也是信息中心、交通枢纽和技术、资金、能源、商品物资的供应源。大多数旅游者在前往旅游地的过程中，要经过这个"前院"。另外，资源区内部城镇居民点的作用不可低估，它常常是资源地开发的供应与保障中心，如通信、电力、加油、给水、污水处理等，一般离不开邻近村镇。它还提供劳力、物产、文娱、医疗、治安、养护管理等，从而成为资源区的"后院"。生态旅游资源丰富的地区，通常社会经济条件落后，因此应充分依托城市和乡镇。在一般情况下，可因地制宜地采用"游山水之间，食村镇风味，住城镇中心"的模式，以解决我国现阶段资金短缺、设施落后、环境破坏、季节闲置的旅游发展通病。

同样，旅游业对城镇化发展具有明显的促进作用，主要表现在：旅游业改善了城镇的基础设施条件，使城镇化整体的综合水平得以提高。旅游业的发展为村民提供了更多的就业机会，使村民的收入得到增加，提高了旅游区的经济发展水平。旅游业的发展提高了村民的素质和价值观念，促进了与现代社会的对接。旅游业的发展带来了人们生活方式的转变，从传统型向现代型转变。旅游业的发展带来了多种文化的冲击，使农民的视野得到开阔。

5. 旅游区位

旅游区位论是研究旅游客源地、目的地和旅游交通的空间格局、地域组织形式的相互关系及旅游场所位置与经济效益关系的理论，是区位选择理论在旅游业上的具体的应用。旅游区位理论以区位选择理论为基础，对旅游业的区位选择，进行具体的分析，对旅游业发展来说，资源、资金、交通、市场、政府、社会经济是主要旅游区位因素，自然生态、土地利用、城镇分布、研究开发、经营管理及其他因素是次要旅游区位因子。

旅游区位是指旅游目的地或旅游景区与其客源地相互作用中的相关位置、可达性及相对意义，可以划分为客源区位、资源区位、交通区位和认知区位四种（孙根年，2001）。旅游区位研究内容主要包括：①明确旅游区位的含义、类型、研究意义；②旅游区位与其他产业区位的比较研究；③传统的区位理论与旅游区位理论的关系；④构筑旅游区位研究理论体系与方法等；⑤重视区位研究的方法论，在旅游区位研究中要导入计量的数理统计方法、借助行为与知觉科学发展的成果，"扬弃"传统的区位理论的指导意义；⑥结合旅游区域空间竞争研究，突出旅游区位研究特色。旅游产品生产与消费的同时性特点决定了旅游消费的"推—拉"效应，即旅游者消费行为（空间行为）与旅游地的市场域之间的竞争、适应关系以及不同旅游地的等级、规模与类型等的差异与相似性决定的旅游地"空间竞争"的关系，是旅游区位研究的基础与特色。

旅游中心地是指旅游区域内凭借旅游资源、旅游设施与旅游服务，为满足一定旅游市场需要的旅游供给中心（章锦河，2001）。包含四层具体含义。

（1）旅游中心地是指旅游供给中心，即旅游需求释放中心（类似于旅游集散中心），旅游中心地应以旅游区域内的中心城市（镇）为载体。

（2）旅游中心地具有空间等级结构，表现为高级旅游中心地都大于几个次级旅游中心地，随着旅游中心地的等级层次的变化，旅游区域也呈现等级结构的变化，旅游区域内城镇体系结构影响旅游中心地的等级结构。

（3）高级旅游中心地的竞争力大小主要取决于其对外交通的便捷性、旅游资源的吸引力、旅游中心城市形象与旅游供给设施水平，而中、低级旅游中心地的竞争力大小主要取决于其与旅游区域内高级中心地之间的交通网络联系、旅游资源信息交换强度、旅游线路设计等因子。

（4）旅游中心地的等级结构影响其间旅游流的等级结构。一般而言高级中心地与区内中级中心地之间的旅游流流量大于高级中心地与区内低级中心地、中级中心地与低级中心地、各低级中心地之间的旅游流流量。

（二）自然生态环境

主要是自然地理情况，也有人称之为地脉。这些地理情况包括地质、地貌（形）、气候、水文、生物、土壤六个方面。这些资料有助于了解目的地地区的各种自然情况，有助于发现旅游资源，也有助于利用这些地理资源。在规划布局、设施的选址、环境的保护、旅游资源的考察利用、绿化与植物的培植等许多方面将需要这些地理情况的资料。

1. 自然背景条件

特指生态旅游发展所依托的旅游地质地理环境条件。即生态旅游发展所依托的地质背景、地理环境和自然条件综合的统称，诸如地质、地貌、气候、土壤、动植物等所组成的自然环境综合体。主要涉及地质背景、地理条件、地形地貌、水文环境、气候条件、环境生态、动植物、土壤特质、区位条件等。

地质背景主要涉及所处地区的大地构造条件、构造格局及演化，不同地质年代的地层岩性及时空分布，地质区位和地理区位，以及与旅游目的地旅游吸引物关系、地质安全、生态环境、土壤植被、水源、工程建设的关系。

地形地貌情况主要包括地理区位，地貌格局、地势特征及山水走势，山形地貌特征，最高海拔、最低海拔、平均海拔，以及这些山形地貌要素与旅游资源、环境条件，产品设计和基础设施建设之间的关系。

水文环境主要涉及所在地区水系与区域水系环境之间的关系，河流、湖泊、湿地、水库、温泉等空间分布及特征，以及水系高差、水深、容量、流速、水质，水文条件与该区生产、生活、经济、社会发展之间的关系。

气候条件包括所处的区域气候区、气候带，温度、湿度、光照、雨量等情况，常年温度、雨量、湿度等参数的变化，不同季节不同月份的气候参数变化，气候条件与当地生产、生活、经济、社会发展之间的关系。

动植物资源条件与当地旅游资源和旅游环境密切相关，包括动植物的类型、分布，珍稀动植物保护级别，森林覆盖率大小，代表动物类型及分布等。

2. 生态环境条件

生态环境条件是指存在于旅游目的地社区周围的，对人类生存和生态旅游发展产生直接或间接影响的各种天然形成的物质和能量的总体。典型的自然生态系统有森林、草原、荒漠以及海洋生态系统，还有介于水陆之间的湿地生态系统。生态旅游发展所需的自然生态旅游环境主要包括天然生态旅游环境、生态旅游空间环境和自然资源环境。

天然生态旅游环境：天然生态旅游环境是指由自然界的力量所形成的，受人类活动干扰少的生态旅游环境。主要包括自然保护区、森林公园、风景名胜区、植物园、动物园、林场及散布的一些古树名木等，其中又以自然保护区为主体。根据天然生态旅游环境的主体不同，可以划分为森林生态旅游环境、草原生态旅游环境、荒漠生态旅游环境、内陆湿地水域生态旅游环境、海洋生态旅游环境、自然遗迹生态旅游环境等。

生态旅游空间环境：生态旅游空间环境主要指能开展生态旅游的旅游景点、景区、旅游地的自然地理空间区域范围。主要是指生态旅游资源储存地、生态旅游者的活动范围及生态旅游业发展所需空间，包括生态旅游者对旅游资源的欣赏、享受，以及对空间和时间上的占有。

自然资源环境：自然资源环境主要指水资源、土地资源、自然能源等自然资源对生态旅游业生存和发展的影响与作用，也包括自然资源对生态旅游活动的敏感程度，其作用主要体现在这些自然资源对生态旅游业生存和发展的有利或限制作用，也影响到旅游地环境容量的问题。

3. 旅游舒适度分析

在进行生态旅游区或者旅游目的地开发、规划、研究中，旅游舒适度分析至关重要，构成旅游自然生态环境条件分析的重要组成部分，尤其是在作为生态旅游重要内容之一的生态度假开发建设研究中，旅游舒适度情况分析必不可少。主要涉及生态环境、气候条件、空气质量、地表水质、森林覆盖面积等重要的因素分析。尤其是旅游度假区游憩考虑旅游舒适度情况，选址时主要考虑如下条件要素。

一是自然安全调查。生态旅游度假区所在地区地质条件稳定，应避开山地自然灾害多发区，没有重金属超标、辐射性元素、地方病等的潜在威胁。

二是土壤本底调查。主要包括土壤的类型、性状、成分及分布，尤其是 F、I、Se

等放射性是否在标准值以下，重金属含量是否超标，有无氟中毒、甲状腺病、克山病等地方病史。

三是生态环境舒适度分析。涉及森林种类、分布、闭郁度、森林覆盖率，以及与气候、山水、溪流、景观之间的组合配套关系。生态良好、环境优美、风光秀美、环境幽静等是旅游度假区所在地域的刚性要求。

四是空气质量情况分析。包括空气质量常年国家标准，包括空气中的负氧离子浓度。良好的生态环境带来优质的空气负氧离子和丰富的植物芬多精资源，植物芬多精资源的开发利用，前景广阔。优异的空气，对于人体健康和长寿十分有利。

五是水质情况分析。包括旅游目的地水系所在区域水系的分布，雨水分布情况，以及与气候、空气、水质之间的联系，地表水质国家标准等。

六是常年年均温度情况分析。通常是连续 30 年左右气候分布情况，包括平均温度、最高温度、最低温度，温度与湿度关系，以及与周围相似地区对比等。

七是常年相对湿度分析。包括空气常年相对湿度分布、湿度与温度之间的关系及其对生态环境舒适度的影响。

八是云层分布情况分析。涉及所在区域全球层状云气候分布情况，及其与太阳紫外线强度关系分析。

九是日照风速情况分析。常年平均日照时数分布，每年、冬、春、夏和秋的平均风速，以及与旅游人体感觉关系。

十是降雨量及降雨率分析。常年降雨量分布情况，包括雨量大小、雨日多少，下雨与旅游生态环境及旅游活动的关系。

十一是旅游舒适期分析。对比分析所在地区的旅游舒适程度及"旅游舒适期"持续天数，以及与周边相似地区的特色优势比较。

（三）历史人文背景

这里特指所在地区的历史文化和人文生态旅游环境。主要是关于一个区域的历史文化情况，又称文脉。它是一个地方的文化脉络源流，了解一个区域的文脉特别有助于分析掌握它的人文类旅游资源。人文生态环境是一定条件下各种环境因子综合作用的结果，包括工作环境、物质条件、思维模式、行为方式、价值标准等因子。

1. 历史人文环境

历史人文环境可定义为：一定社会系统内外文化变量的函数，文化变量包括共同体的态度、观念、信仰系统、认知环境等。历史人文环境专指由于人类活动不断演变的社会大环境，是人为因素造成的、社会性的，而非自然形成的。是人类的社会、文化和生产生活动的地域组合。是社会本体中隐藏的无形环境，是一种潜移默化的民族灵魂。

历史人文环境涉及旅游目的地历史背景、地域文化、民族文化自豪感、共同价值观、生活方式、人口状况、文化传统、教育程度、风俗习惯、宗教信仰等。可以从区域历史沿革、人口、民族、文学、文艺、民俗、建筑、生活等方面来分析。

2. 传统文化

传统文化是所在地区居民及其祖先所创造的、世代所继承发展的、具有鲜明民族特色的、历史悠久、内涵博大精深、传统优良的文化。反映所在地区当地民族特质和风貌的民族文化，演化历史中的各种思想文化、观念形态等，除了儒家文化这个核心内容外，还包含其他文化形态，如道家文化、佛教文化等。

传统文化具体包括文化传统、农业文化、诸子百家、琴棋书画、传统文学、传统节日、传统戏剧、传统建筑、传统中医、宗教哲学、民间工艺、中华武术、地域文化、民风民俗、衣冠服饰、器物藏品、饮食厨艺、传说神话、神妖鬼怪等。

3. 人文景观

人文景观是指具有一定历史性、文化性，一定的实物和精神等表现形式的旅游吸引物。最主要的体现即聚落，其次有服饰、建筑、音乐等。而建筑方面的特色反映即宗教建筑景观，如伊斯兰建筑景观、佛教建筑景观。人文景观具有如下主要特点：①有旅游吸引力；②历史性，要求要有一定的历史时期的积累；③文化性，需要有一定的文化内涵；④多种表现形式，可以是实物载体，如文物古迹，也可以是精神形式，如神话传说、民俗风情。旅游目的地历史人文景观可分为以下四类。

文物古迹：包括古文化遗址、历史遗址和古墓、古建筑、古园林、摩崖石刻、古代文化设施和其他古代经济、文化、科学、军事活动遗物、遗址和纪念物。例如，北京的故宫、北海，西安的兵马俑，甘肃莫高窟石刻以及象征民族精神的古长城等闻名于世的游览胜地，都是前人留下的宝贵人文景观。

革命活动地：现代革命家和人民群众从事革命活动的纪念地、战场遗址、遗物、纪念物等。例如，新兴的旅游地井冈山除具有如画的风景外，还具有"中国革命的发源地、老一辈革命家曾战斗过的地方"这些人文因素，无疑使其成为特殊的人文景观。而大打"鲁迅牌"的旅游城市绍兴，起主导作用的鲁迅故居、三味书屋、鲁迅纪念堂等也都是这类人文景观。

综合人文景观：历史文化与现代经济、技术、文化、艺术、科学活动场所形成的各种主题人文景观，如高水准的音乐厅、剧院及各种展览馆、博物馆。农耕文化为主题的农业示范园、农业观光园把历史文化与科研、科普、观赏、参与结合为一体，符合新时代要求的历史人文观光地也是此类人文景观的一种。

民族人文景观：包括地区特殊风俗习惯、民族风俗，特殊的生产、贸易、文化、艺术、体育和节目活动，民居、村寨、音乐、舞蹈、壁画、雕塑艺术及手工艺成就等丰富多彩的风土民情和地方风情。如云南各民族独特的婚俗习惯、劳作习俗、不同的村寨民居形式、服饰、节日活动等。

（四）经济社会环境

经济环境主要涉及旅游目的地经济发展、经济计划、基础设施建设、对外交往等方面的情况。特别是一、二、三产业比值和产业结构。尤其是旅游目的地特色农业、特色工业与第三产业之间的关系。这些资料基本上是二手资料，可以在相关的资料里找到，如地方志、统计资料、年鉴、政府工作报告等。了解这些情况，可以看出一个地区投资和融资的能力、进行基础设施建设的能力，还可以了解人员的来往情况，大致的客源情况。

广义的社会环境包括整个社会经济文化体系，如生产力、生产关系、社会制度、社会意识和社会文化。地方政府对于旅游业的支持力度直接决定着当地旅游业的发展前景。社会生态环境包括旅游目的地交通条件、通信条件、经济状况和条件、城镇分布与功能、基础设施环境、投融资环境、竞争环境等。

二、高质量目的地旅游环境

目的地旅游环境系相对旅游大环境而言的，一般是指旅游目的地旅游运行所依赖的各种要素的综合。相当于传统所谓的旅游发展"小环境"。目的地旅游环境的范围随着旅游目的地的大小范围而变化。例如，假设旅游目的地指的是特定的某一个县、市、省（区市）或国家，那么相关的目的地旅游环境大致可以对应于相应的县、市、省（区市）甚至国家的旅游发展环境。相应地，高质量目的地旅游环境是指那些能够为游客提供卓越旅游体验，满足其多样化需求，同时具备可持续发展能力的旅游目的地所营造的综合环境。

旅游的高质量发展不仅要求保持旅游业的快速发展态势，更需要在提升产业发展质量、运营效率、挖掘资源价值以及促进消费提质升级等方面下功夫。目的地旅游高质量发展环境需要从环境质量评价、旅游设施完善度、服务质量监管、多业态融合创新、数字化智能运营、文化特色挖掘、政府监管协同性和区域协同联动性等多个方面进行全面提升。只有这样，才能为游客提供一个舒适、便捷、愉悦的旅游环境，推动旅游业的高质量发展。

（一）高质量的生态环境

旅游环境质量评价是利用科学手段，从环境与旅游的适应性角度对旅游区环境质量进行测定，从而确定其环境质量水平。这不仅包括水体的洁净程度、透明度，大气的粉尘浓度、有害气体浓度、气味，还涉及环境噪声水平、自然净化能力等方面。同时，旅游区自身环境如气温、湿度、季节变化、绿化水平等也是重要评价指标。高质量旅游环境应确保这些因素均达到或超过游客的期望，为游客提供一个舒适、健康的旅游环境。

（二）旅游设施完善度

旅游设施的完善度直接影响游客的旅游体验。这包括便捷的交通网络、舒适的住宿设施、先进的娱乐设施以及完善的公共卫生设施等。旅游设施不仅要满足游客的基本需求，还应具备高度的安全性和舒适性，确保游客在旅游过程中能够享受到优质的服务。例如，在住宿设施方面，高质量旅游环境应提供多样化、高品质的住宿选择，以满足不同游客的需求。

（三）服务质量监管

服务质量是旅游业的核心竞争力之一。加强旅游服务质量监管，提升旅游服务质量，是推进旅游业供给侧结构性改革的主要载体。这要求旅游企业建立健全质量管理体系，大力推广应用先进质量管理方法，创新旅游服务质量管理模式，完善消费后评价体系。同时，政府相关部门也应加强监管，规范市场秩序，保障游客权益，推动旅游业的健康发展。

（四）多业态融合创新

旅游业的高质量发展要求加速产业融合创新，持续释放旅游消费潜力。这不仅要促进旅游与商业、交通、文化、体育等产业的融合，还要推动"音乐＋旅游""演出＋旅游""赛事＋旅游"等细分领域的融合。通过融合创新，可以推出多种类型特色旅游产品，提升项目体验性、互动性，满足游客日益增长的新型旅游需求。

（五）数字化智能运营

数字化智能运营是提升旅游业运营效率和服务质量的重要手段。旅游业应充分利用大数据、数智化手段，提升管理、服务效率，深入分析游客画像并解决游客痛点。例如，通过智能导览系统、在线预订平台等数字化工具，可以为游客提供更加便捷、高效的旅游服务。

（六）文化特色挖掘

文化特色是旅游业高质量发展的灵魂。高质量旅游环境应深入挖掘当地文化资源，打造具有地方特色的旅游产品和文化体验活动。这不仅有助于提升旅游产品的吸引力，还能促进当地文化的传承和发展。例如，通过举办文化节庆活动、建设文化主题公园等方式，可以让游客更加深入地了解当地的文化底蕴。

（七）政府监管协同性

政府监管协同性是确保旅游业高质量发展的关键。旅游服务环节涉及文旅、文物、宗教、市场监管、交通运输、食品健康、应急管理、园林、生态环境等多个部门的管理协同。政府应加强部门之间的信息共享与互通、联合执法与监管、政策制定与协调，以维护市场秩序、保障游客权益、推动旅游业的健康发展。

（八）区域协同联动性

区域协同联动性是提升旅游业整体竞争力的重要途径。不同省份的旅游业高质量发展应以是否与周边重要客源地或城市圈深入协同联动为衡量标准。通过资源共享、客源互荐、宣传推广、招商引资等方式，可以加强区域之间的合作与交流，共同推动旅游业的发展。例如，京津冀、长三角、珠三角等城市群或经济圈内的旅游业可以通过协同联动，实现资源共享、优势互补、共同发展。

第三节　旅游微观环境

高质量旅游发展微观环境是指影响旅游企业和服务质量的各种微观因素的总和，这些因素直接关系到游客的旅游体验和满意度。高质量旅游发展微观环境包括基础设施与服务设施、旅游资源与环境质量、服务质量与人员素质、科技应用与创新以及安全保障与应急预案等多个方面。这些因素共同构成了高质量的旅游发展微观环境，为游客提供了舒适、便捷、安全的旅游体验。

一、基础设施与服务设施

（一）交通设施

高质量的交通设施是旅游业发展的基础，包括便捷的公共交通、完善的自驾路线以及舒适、安全的交通工具，能够满足不同游客的出行需求。例如，提供从主要交通枢纽到景区的直达交通，以及景区内的观光车、缆车等便捷交通工具。

（二）住宿设施

高质量的住宿设施是提升游客体验的关键。包括多样化的住宿选择，如酒店、民宿、客栈等，满足不同游客的住宿需求。住宿设施应提供干净、舒适的住宿环境，以及周到、贴心的服务。

（三）餐饮设施

提供地方特色美食和多样化的餐饮选择，满足游客的味蕾需求。餐饮设施应注重卫生、安全和服务质量，确保游客的饮食健康。

（四）公共服务设施

包括景区内的指示牌、休息设施、卫生间等，应布局合理、标识清晰、卫生整洁。提供便捷的旅游信息服务，如旅游咨询中心、自助导游设备等。

二、旅游资源与环境质量

（一）自然景观

保护自然景观的完整性和原生态，提供优美的自然风光，如山川、湖泊、森林等。合理规划景区内的游览路线和观景平台，确保游客能够充分欣赏自然景观。

（二）人文景观

挖掘和保护地方文化和历史遗迹，提供具有文化内涵的旅游资源，如博物馆、古迹遗址等。通过文化展示和互动体验活动，让游客深入了解地方文化和历史。

（三）环境质量

维护良好的景区环境，包括空气质量、水质、噪声等，确保游客能够在舒适的环境中游览。加强景区内的环境卫生管理，及时清理垃圾和废弃物，保持景区的整洁和美观。

三、服务质量与人员素质

（一）服务态度

旅游从业人员应具备热情、友好、耐心的服务态度，能够积极回应游客的需求和疑问。提供个性化的服务，根据游客的需求和偏好提供定制化的旅游方案和建议。

（二）服务技能

旅游从业人员应具备专业的服务技能，包括导游讲解、急救处理、外语沟通等。定期对从业人员进行培训和考核，提高服务质量和专业水平。

（三）服务效率

提供高效的服务流程，减少游客的等待时间和不便之处。及时处理游客的投诉和反馈，积极解决问题并提升游客满意度。

四、科技应用与创新

（一）智能服务

利用大数据、云计算等现代科技手段，提供智能化的旅游服务，如在线预订、智能导航、智能语音导游等。通过智能设备监测景区的客流量、环境质量等数据，为游客提供更加便捷、舒适的旅游体验。

（二）虚拟现实与增强现实

应用虚拟现实和增强现实技术，为游客提供沉浸式的旅游体验。通过虚拟现实技术重现历史场景或自然景观，让游客在虚拟环境中感受旅游的乐趣。

（三）数字化管理

建立数字化的景区管理系统，实现景区的智能化管理，包括票务管理、游客管理、资源管理等。通过数字化管理提高景区的运营效率和服务质量，为游客提供更加便捷、高效的旅游体验。

五、安全保障与应急预案

（一）安全管理制度

建立健全的安全管理制度，包括消防、安防等安全设施的完备程度和质量。定期对安全设施进行检查和维护，确保其正常运行和有效性。

（二）安全风险控制

识别和控制景区内的安全风险，包括自然灾害、人为事故等。制定应急预案和处置措施，确保在突发事件发生时能够及时、有效地应对。

（三）游客安全教育

加强游客的安全教育，增强游客的安全意识和提高自我保护能力。在景区内设置安全提示标识和警示牌，提醒游客注意安全事项和遵守景区规定。

思考题

1. 什么是高质量旅游环境？
2. 高质量旅游环境的类型及特征是什么？
3. 高质量旅游目的地环境的主要内容有哪些？
4. 如何提高旅游高质量发展环境？

第九章

高质量旅游产品

高质量旅游产品是旅游高质量发展的核心和支撑，高质量旅游产品体系的构建有利于实现旅游业的高质量全面发展。通过加强二者的协同发展，可以推动旅游业的转型升级和持续繁荣。在前述旅游高质量发展系统及其各子系统结构基础上，本章具体阐述旅游高质量旅游产品体系的相关内容，具体包括旅游高质量产品的定义及内涵、高质量旅游产品的分类、高质量旅游产品认证流程与标准、高质量旅游产品开发、高质量旅游产品营销等。

第一节　定义及内涵

一、定义及关键特征

（一）定义

高质量旅游产品是指那些在设计、服务、体验、可持续性等多个维度上均表现出色，能够满足甚至超越游客期望，为目的地带来良好口碑与经济效益的旅游产品或服务。高质量旅游产品是旅游业发展的核心竞争力，它要求旅游从业者不断创新、提升服务质量、注重文化融合与可持续发展，以确保游客获得满意的旅游体验，推动旅游业的健康、可持续发展。

（二）关键特征

高质量旅游产品的关键特征主要包括：

1. 创新性与多样性

高质量旅游产品往往具有创新性，能够结合市场需求与目的地特色，设计出独特且多样化的旅游产品。这些产品可能包括新颖的旅游线路、独特的住宿体验、丰富的文化活动或互动式的娱乐项目，旨在满足不同游客群体的个性化需求。

2. 卓越的服务质量

服务质量是衡量旅游产品质量的重要标准之一。高质量旅游产品提供全方位、高效率、个性化的服务，从预订、接待、导游讲解到售后服务，每一个环节都力求做到细致入微，让游客感受到宾至如归的舒适与便利。

3. 深度体验与文化融合

高质量旅游产品注重为游客提供深度的文化体验，通过参与式活动、文化展示、民俗体验等形式，让游客深入了解目的地的历史、文化、风土人情。这种文化融合不仅增强了旅游产品的吸引力，也促进了文化的传承与交流。

4. 可持续性与环境保护

高质量旅游产品强调可持续发展，注重在旅游活动中保护自然环境与文化遗产，减少对当地生态与社区的负面影响。通过推广绿色旅游、低碳旅游理念，实现经济效益、社会效益与环境效益的和谐统一。

5. 安全与可靠性

安全是旅游产品的基本要求。高质量旅游产品确保游客在旅行过程中的安全与健康，提供完善的安全保障措施，如紧急救援服务、健康监测与预防措施等，让游客能够安心享受旅游的乐趣。

6. 价值感与满意度

高质量旅游产品通过提供物有所值的旅游体验，使游客感到物超所值。游客在旅行结束后，能够留下深刻而美好的记忆，对旅游产品给予高度评价，形成口碑效应，为目的地带来持续的市场吸引力。

二、高质量旅游产品的内涵

高质量旅游产品体系是一个多维度、多层次的概念，它要求我们在产品设计与服务提供中，不仅要注重创新与多样性，更要兼顾地方特色、环境保护、产业融合与可持续发展等多个方面，以实现旅游业的高质量发展，满足人民日益增长的美好生活需要。在全球化与信息化快速发展的今天，旅游业已成为推动经济增长、文化交流与环境保护的重要力量。高质量旅游产品体系作为旅游业发展的核心驱动力，不仅关乎游客的满意度与忠诚度，更对目的地形象塑造、产业结构优化及可持续发展具有深远影响。

高质量旅游产品体系的深刻内涵，主要表现在如下几个方面。

（一）丰富多元产品

高质量旅游产品体系的基石在于其丰富性与多样性。这要求旅游产品不仅涵盖传统的观光游览，还应包括休闲度假、文化旅游、生态旅游、红色旅游、探险体验、亲子研学等多种类型，以满足不同年龄层、兴趣偏好及消费能力的游客需求。通过不断的产品创新与迭代，确保旅游市场活力充沛，提升目的地吸引力。

（二）结合地方特色

将地方特色融入旅游产品是构建高质量体系的关键。地方特色包括自然景观、历史文化、民俗风情、地方美食等，是目的地独一无二的魅力所在。通过深入挖掘与创意转化，将这些元素融入旅游产品设计之中，不仅能增强游客的文化体验感，还能促进地方文化的传承与发展，实现文化自信与旅游经济的双赢。

（三）高科技沉浸式体验

高科技手段的应用为旅游产品带来了革命性的变化。利用虚拟现实和增强现实技术、大数据、物联网等前沿科技，打造沉浸式旅游体验，如虚拟旅游、智能导览、互动展览等，使游客能够身临其境地感受目的地魅力，提升旅游体验的趣味性与互动性，满足游客对新鲜、刺激、个性化的追求。

（四）高质量环境体系

高质量旅游产品体系离不开良好的环境支撑。这包括自然环境的保护与美化，以及旅游设施的安全、卫生与便捷性。通过建立完善的生态环境保护机制，确保旅游活动不对自然环境造成破坏；同时，提升旅游服务设施的标准与质量，为游客提供一个舒适、安全、健康的旅游环境。

（五）产业融合创新

推动旅游业与其他产业的深度融合，如农业、工业、文化、科技等，形成"旅游+"的多业态发展模式，不仅能够丰富旅游产品供给，还能促进产业结构的优化升级。通过跨界合作与模式创新，如乡村旅游、工业旅游、文化旅游融合项目，实现经济效益与社会效益的双丰收。

（六）人才支撑全链条

高质量旅游产品体系的构建离不开人才的支持。从产品设计、市场营销、服务管理到后期维护，各个环节都需要专业人才的参与与贡献。通过加强人才培养与引进，建设一支高素质、专业化的旅游人才队伍，为旅游产品体系的持续优化与创新提供智力保障。

（七）转变盈利模式

传统依赖门票收入的盈利模式已难以满足高质量旅游产品体系的发展需求。通过拓展收入来源，如旅游商品开发、文化创意产品销售、旅游金融服务等，实现盈利模式的多元化与可持续性。同时，注重提升旅游产品的附加值，提高游客的消费意愿与满意度，形成良性循环。

（八）可持续发展目标

高质量旅游产品体系的构建应以可持续发展为目标。这意味着在追求经济效益的同时，也要兼顾社会与环境的长期利益。通过实施绿色旅游、低碳旅游策略，减少旅游活动对环境的负面影响；同时，注重社区参与与利益共享，促进旅游与地方社会的和谐发展，实现经济效益、社会效益与环境效益的统一。

第二节　高质量旅游产品的特点与本质

一、高质量旅游产品特点

（一）构成

旅游产品种类繁多，主题比较鲜明，涉及绝大多数类型的专项旅游产品。通常而言，成熟的旅游产品从构成要素上讲，主要包括以下几个方面：（1）旅游吸引物；（2）旅游活动项目；（3）旅游线路；（4）旅游设施；（5）旅游服务；（6）旅游商品。

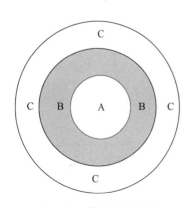

图9-1　高质量旅游产品（景区产品）要素构成

不同类型的旅游产品，其物质组成稍有不同。如点状旅游产品——旅游景点而言，其组成要素就只有核心吸引物，或者旅游活动项目或建设项目。面状旅游产品包括了旅游吸引物、旅游活动项目、旅游线路、旅游设施、旅游服务。而立体旅游产品则同时涵盖了旅游吸引物、旅游活动项目、旅游线路、旅游设施、旅游服务、旅游商品及其他业态。

按产品构成要素的重要性划分，一个成熟的高质量旅游景区产品通常包括核心层（A）、中间层（B）和拓展层（C）三个部分（图9-1）。

1. 核心层（A）

即旅游景区的吸引物或称为核心产品，即旅游景区产品的核心部分，如世界遗产地都江堰景区的水利工程景观，九寨沟景区的"六绝"——翠海、叠瀑、彩林、雪峰、蓝冰、藏情。这些要素分别构成所在旅游景区产品的吸引物或者核心产品，是最重要、起决定性作用的产品要素，是旅游景区产品的基础和根本，位于产品要素圈层构架的核心层。该核心层通常是保护的核心对象，是不允许或无须过多加工、修饰的，杜绝大规模的旅游开发建设。核心层是旅游景区产品可持续发展的基石。所有其他旅游建设项目或旅游活动项目、旅游配套设施、旅游服务设施、旅游接待配置、旅游商品等，均围绕核心层的功能和需求进行分布和配置资源。

2. 中间层（B）

即旅游景区产品的旅游项目或称为有形产品（或形式产品），构成旅游景区产品的重要组成部分，如都江堰景区除了水利工程这个吸引物或核心产品以外，旅游者进行旅游活动或消费旅游产品所必需的建设项目或活动项目或某一空间的旅游设施或旅游服务等，就是相当于中间层。又如，九寨沟景区除了翠海、叠瀑、彩林、雪峰、蓝冰、藏情"六绝"外，旅游者进行旅游活动或消费生态旅游产品所必需的"硬件"和"软件"服务，如观景台、栈桥、生态步道等，就是必不可少的有形产品。有形产品位于旅游景区产品的中间层，该中间层对于依托吸引物构成成熟的旅游景区产品而言，虽不起决定性作用，也不是核心基础，但是必要的。尤其是对旅游景区产品的多元化、个性化发展，乃至产品更新、创新发展和可持续发展，都是必不可少的，并起到承上启下的重要支撑作用。

3. 拓展层（C）

即旅游景区产品的外围部分，故称为拓展项目（延伸产品），构成旅游景区产品的外围部分，或拓展或延伸部分。也是旅游景区产品未来转型升级、产品更新、创新发展的部分。该组成部分，不具有决定性作用。但对于旅游景区产品的转型升级和可持续发展具有重要意义。如都江堰景区除了水利工程和九寨沟景区除了"六绝"这个核心产品，以及必需的有形旅游项目或有形产品外，不同时期在其外围新增的"食、住、行、游、购、娱"项目，对增强旅游区产品的吸引力、影响力具有重要作用。都江堰景区外围新增的餐饮、商务、休闲房地产项目，以及九寨沟景区外围增加的商务会议、度假项目，有利于这两个景区产品的转型升级和可持续发展。

核心层和中间层主要体现的是旅游产品的构成要素，而拓展层最大的不同是，体现旅游产品利益及其复合性，其价值不仅拥有审美和愉悦的成分，还体现在旅游中间商的努力带来的追加利益和其自身的展现利益上。

（二）特征

高质量旅游相对于传统大众旅游而言，是一种原生态特质取向的旅游形式，并被认为是一种兼顾资源环境保护与旅游发展双重任务的活动。高质量旅游产品除了具备综合性、无形性、不可转移性、易损性、不可储存性、生产和消费统一性等大众旅游产品的特性外，又具有自身特殊的性质。具体而言具有以下特征。

1. 原始自然性

即高质量旅游产品的自然资源、生态环境、人文景观及人文环境的原始自然性。高质量旅游产品构成的基本因素及其赖以生存的物质基础是原生态自然、人文旅游资源，高质量旅游产品是对原生态自然、人文旅游资源进行开发利用的绿色产品，资源取向的自然生态性和人文生态性是高质量旅游产品区别于其他旅游产品的本质特征。资源取向的原生态自然、人文特性表明高质量旅游发生场所或运营空间是纯自然环境或受人为影响较小的自然环境或具有普遍价值的历史人文景观环境。

其中，纯自然环境是指具有原始特征的或相对原始状态的生态系统及生态环境，如基本保持自然生态系统特点的自然区，以及一些以保护为主、开放为辅的自然保护区、风景名胜区等。原生态历史人文景观环境是指那些与当地环境相互协调所产生的文化生态环境以及当地居民生活的社区。在这个区域内具有独特的历史和现实的文化，其生活方式和文化模式保留纯自然原始状态的系统，对于旅游者具有心理文化上的吸引力。因为旅游者选择去旅游的共同心理特征是了解、观察、体验有别于本土文化模式的异域文化。

2. 环境教育和保护功能

高质量旅游产品的使用价值除使旅游者对高质量旅游资源及相关设施的享用外，还应使旅游者在消费过程中获得正能量的知识，学会保护生态环境。相对于一般的旅游者，高质量旅游者在食、住、行、游、购、娱等方面对舒适、方便、快捷程度的要求会有所减弱，而对环境教育和保护方面的要求会有所增加。这就要求高质量旅游产品相对于大众旅游产品而言具有更明显的环境教育和环保功能特性。

高质量旅游产品开发集中于不同生态学特性的自然景观和不同历史阶段的人文资源。高质量旅游产品开发在追求经济效益的同时，更强调其生态功能性，走的是经济效益、社会效益和生态效益相结合的路子，最终目标是实现整个人类和自然的和谐发展。与传统的旅游活动相比，高质量旅游产品的最大特点就是其保护性功能。

高质量旅游产品的保护性体现在旅游业的方方面面。对旅游开发规划者来说，保护性体现在遵循自然生态规律和人与自然和谐统一的旅游产品开发设计上。对旅游开发商来说，保护性体现在充分认识旅游资源的经济价值，将资源的价值纳入成本核算，在科学的规划开发基础上谋求持续的投资效益。对管理者而言，保护性体现在资源环境容量范围内的旅游利用，杜绝短期经济行为，谋求可持续的三大效益协调发展。对高质量旅游者而言，保护性体现在环境意识和自身的素质，珍视自然赋予人类的物质及精神价值，保护旅游资源及环境成为一种自觉行为。

3. 以资源环境可持续发展为目标

高质量旅游产品的产品规模和组合方面服从于环境保护和可持续发展的目标。高质量旅游产品开发属于保护性开发、节约型开发和绿色开发，更注重考虑经济效益、社会效益与生态效益的统一。因此，从旅游产品规模来看，高质量旅游产品的容量相对较小。高质量旅游的最高容量以不破坏生态系统平衡为目标，保持旅游环境的完整性、和谐性、平衡性是高质量旅游产品开发的前提。此外，高质量旅游产品组合主要源于自然本身，产品组合与构建也不再以游客的便利与舒适为前提，而是服从于生态保护和环境可持续发展。

产品资源取向为具有脆弱性的自然、人文生态旅游资源。高质量旅游产品构成的基本因素及赖以存在的物质基础是原生态自然、人文旅游资源，高质量旅游产品是对自然、人文旅游资源进行开发利用的产物。高质量旅游产品的资源取向是自然原始性的生态资源系统和具有深厚人文背景的人文资源系统，它们对于作为外界干扰的旅游开发和旅游活动的承受力是有限的。资源取向的自然人文特征表明高质量旅游的运作场所是纯自然环境或受人为影响较小的自然环境或具有普遍价值的历史人文景观环境。原始性自然资源系统是大自然经过几十亿年的演化，与当地地理、气候、水文、生物系统相互共生而形成的。不同生命系统与环境系统之间相互依赖、相互制约，构成了独具特质的由生态结构、能量流、信息流、物质流组成的有机系统，并与当地民族文化相互融合。旅游活动作为一种外来因素参与这一系统的同时，对这一自然生态系统的演绎也产生了潜移默化的影响。当这影响超过环境承载能力的时候，会引起系统的失调、紊乱，严重时甚至产生系统的崩溃。

4. 高品位性和专业性

产品层次上具有高品位性、资源利用上的可持续性和产品内容上的专业性，产品具有高消费性。高质量旅游产品具有高含量的自然、历史、文化和科学信息，在地质地貌、气象水文、动植物、建筑、环境、历史文化等方面具有较高的美学、科学、历史价值，能够使旅游者在进行旅游的同时。获取生态系统和人文传统方面的知识和信息，加深对自然人文现象的了解，相对于大众旅游产品，具有科学与文化方面的高品位性。层次上的高品位性意味着高质量旅游产品不但应具备美学观赏价值，而且要富有科学普及和生态文化价值，这就要求在高质量旅游产品开发中，应考虑给予旅游者足够的体验空间。就资源利用方式而言，高质量旅游产品的开发是一种可持续开发，这种开发方式能更好地协调开发与保护的矛盾，更加注重和强调高质量旅游产品的科普教育功能，这就决定了开展高质量旅游内容上的专业性。高质量旅游产品科技文化含量高，层次上的高品位性决定了其高消费性。对高质量旅游产品的消费不鼓励消费者讨价还价，消费高质量旅游产品应有一个起码的标准，这个标准应大大高于全国旅游人均消费水平。

高质量旅游产品属于高层次的专业旅游产品，产品资源取向集中，于不同生态学特性的自然景观和不同历史阶段的人文景观之内。其自然资源形态可分为陆地生态系统、海洋生态系统等，其人文资源形态可分为古迹、文物、古建群、古城、遗址、民俗文化等，因此产品具有特定的专业功能指向。高质量旅游产品是指以注重生态环境保护为基础进行的旅游活动。其主体是那些关心环境保护、追求回归自然，并希望了解旅游目的地生态状况和民族风情的旅游者。高质量旅游产品的主要特点是知识性要求较高、参与体验性强、客源市场面广、细分市场多（如森林旅游、农业旅游、乡村旅游、野营旅游、探险旅游、民俗旅游及环保科普旅游等都可以纳入生态旅游的范畴）。因此，高质量旅游产品是 21 世纪世界旅游产品发展的主流，具有良好的发展前景和潜力。

5. 参与性与普遍性

高质量旅游产品的参与性特点主要表现在两个方面：一方面，高质量旅游可让旅游者亲自参与自然与文化生态系统之中，在实际体验中领会生态旅游的奥秘，更加热爱大自然，崇尚高雅文化，从而有利于自然与文化旅游资源的保护。同时，通过参与来保证旅游者获得与众不同的经历和充分的旅游体验。另一方面，高质量旅游是旅游者、旅游地居民、旅游经营者和政府、社团组织及研究人员广泛参与的一种旅游活动。所以，高质量旅游还要求旅游者、旅游地居民、旅游经营者和政府、社会组织及研究者广泛参与旅游决策与管理，从而提高旅游决策和管理的科学性、民主性，有利于地方经济和社会的发展。

高质量旅游开展早期，高质量旅游参与者多为特定族群，一般来说是具有较高的教育背景或文化素养的人，多是为大自然美景和奥秘所吸引，以观赏自然美景、获取自然生态知识和人文历史知识为主。现在，参加高质量旅游的游客已不限于有经济和社会地位的上层人士，越来越多的普通的工人、职员、学生等都加入高质量旅游的队伍中。随着社会经济的发展，大众环境意识的提高，到大自然中呼吸新鲜空气、修身养性的高质量旅游将成为人们如吃、穿、住一样的基本生活需求，高质量旅游者的队伍还将不断扩大。由于高质量旅游产生的特有的社会经济背景，在绿色消费浪潮中，绿色旅游在发达国家和地区已成为一种时尚、一种消费热潮，这种潮流将随着社会经济的发展、旅游业的飞速发展而席卷全球，成为一种势不可当的全球性旅游时尚。

二、高质量旅游产品的本质

从构成要素上讲，作为高质量旅游产品，最根本的是高质量旅游吸引物。首先，高质量旅游吸引物可以是具有原生态美的旅游景观、景点、景区、旅游区或旅游目的地（可视为广义的旅游吸引物），也可以是具有原生态美的自然旅游吸引物，或者是具有原生态美的城市旅游吸引物，抑或具有原生态美的乡村旅游吸引物。其次，以高质量旅游吸引物为核心，不同程度地配套高质量硬件设施和软件服务，如旅游设施、旅游项目、旅游进入性、旅游商品、旅游服务等，通过有机组合而构成的高质量旅游综合体，这就是真正完整的、成熟的高质量旅游产品。

从空间分布上讲，高质量旅游产品分布范围与高质量旅游资源分布区域往往具有相随性。可以是世界遗产型的高质量旅游产品，包括世界文化遗产、世界自然遗产、世界文化与自然双重遗产、其他类型世界遗产；也可以是国家遗产型的高质量旅游产品，包括国家公园、自然保护区、森林公园、地质公园等国家自然及文化遗产；可以是国外如太平洋岛屿热带雨林社区、拉丁美洲安第斯山及印度大陆雨林区、东非马赛族社区部落、南非原始资源保护区、西非原始森林地区原生态社区、东南亚山区（土著民、原住民）部落与岛屿国家等原住民领地；可以是我国西部民族地区，这些地区往往体现为原生态的自然环境和原生态的社区人文融为一体；可以是作为自然生态区域与都市区域之间过渡的广大乡村区域；也可以是广大城市区域中具有原生态美的特色街区和古城镇等。

严格来讲，所谓的高质量旅游产品应特指狭义的高质量旅游精品。狭义的高质量旅游精品系指经高质量旅游资源经过高质量加工而形成的具有原生态美的高质量旅游产品，即主要指的是景区型高质量旅游产品或目的地型高质量旅游产品，即高质量旅游产品具有明显的资源继承性，或属于生态资源型旅游产品，如生态旅游区、生态旅游城市、生态旅游城镇、生态旅游乡村等。

总的来讲，真正的高质量旅游精品主要是指由高质量旅游资源通过高质量加工形成的具有原生态美的高质量旅游项目或高质量旅游线路有机结合产生的景区型或目的地型高质量旅游产品。作为高质量旅游产品，最根本、核心的是要有高质量旅游资源（吸引物），高质量旅游资源或吸引物最核心的问题是强调这种资源或吸引物的原始性和原本性。至于旅游活动、通道、线路、设施、服务等都是围绕高质量旅游资源或吸引物而展开的。高质量旅游产品与传统旅游产品最大的不同，就是作为高质量旅游产品核心产品的高质量旅游资源或吸引物的原生态性，包括原真性、原始性、原生性和原本性。

通过高质量旅游资源开发出来的真正的高质量旅游产品，应该具有如下几方面的特质。

（1）原生态美——高质量旅游产品的核心产品或者旅游吸引物具有原生态性，包括原真性、原始性、原生性和原本性，这是高质量旅游产品最核心、最根本、具有决定性作用的部分，这是吸引高质量旅游者消费的动因，也是区别于其他大众旅游产品的最基本的特质。原生态即"原汁原味"之意，是在自然状况下维持生存下来的一切东西。"原生态"本意是指生物和环境之间具有和谐共生关系。原生态也可以是具有单一地域色彩或悠久传统的、被人们遗忘或抛弃的地域文化。

（2）教育功能——高质量旅游产品最重要的特质之一就是生态文明与可持续发展的教育理念和功能，赋予更多的是责任的意义、启迪的意义和教育的意义。通过高质量旅游体验和消费，让旅游者学会尊重原生态、保护原生态。对社区、企事业单位而言，培育环保理念和责任心、接受环境教育的引导、示范和榜样的力量。这种自身具备暗示、启迪、激发、引导、教育功能的旅游产品，就是高质量旅游产品与传统大众旅游产品之间最主要的差别之一。

（3）高端性——高质量旅游产品应该是高端产品、高层次产品、专业高端产品，具有维持原生态美的能动效应，具有较高的科技含量和环保解说信息，具有知识性、科普性、启迪性，属于资源节约型、环境友好型、生态文明型旅游产品。马斯洛需求塔理论将人类旅游需求划分成五个不同层次，高质量旅游产品主要属于第五层次需求，属于一种生活方式的需求，是人类自我实现在旅游活动过程中的具体体现。

第三节 高质量旅游产品的分类

一、传统旅游产品类型

根据旅游产品定义结合旅游发展特征，旅游产品总体包含广义和狭义两大类（图9-2）。前者包括有形产品、无形产品、虚拟产品，其中无形产品特指旅游软件服务产品，虚拟产品特指依托网络工具通过大数据加工实现的虚拟产品。有形产品包括三种类型，一种是无法迁移的目的地型产品，一种是基于食、住、行、游、购、娱六要素的要素产品，一种是可搬动的旅游商品。狭义的生态旅游产品特指目的地型旅游产品，包括项目产品或景区产品、线路产品和综合产品。项目产品或景区产品、线路产品和综合产品三者之间，既可以独立存在，也可以组合成为一个综合整体而存在。

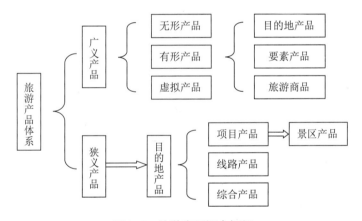

图 9-2　旅游产品概念框架

由于在旅游产品生产和消费过程中，具体的旅游产品消费过程最主要的形式是，从客源地通过旅游通道到达目的地去消费的目的地型旅游产品，这种形式往往伴随有其他类型旅游产品形式的消费，如在进行旅游区功能活动的同时，离不开相应的食住行游购娱要素产品、旅游商品和软件服务的消费。而单纯从客源地出发到目的地去专门购买旅游商品，或者消费要素产品或者经历旅游服务，这种旅游活动是非常少见的。至于无形产品的单纯消费，基本上不可能的。虚拟产品作为一种特殊的生态旅游产品，可以单独消费。可见，通常的旅游产品是指狭义的旅游产品，即目的地型旅游产品（图 9-2）。这里主要讨论目的地型旅游产品。

从成因属性和资源吸引要素角度来看，旅游产品包括以下三种类别：（1）自然旅游产品。自然旅游资源及其本质的释放是自然景观旅游产品表征或特色的展示，展示给旅游者的是能够构成景观的资源体，如草原、湖泊、河流、森林、峰丛、峡谷、沙滩、雪山等。（2）人文旅游产品。它以人文旅游资源开发作为旅游产品的一部分，如古城镇、古街区、寺院建筑、历史遗迹、古城、民族文化、民族风情等。（3）综合旅游产品。旅游产品的形成和分布往往不是单一的自然景观资源或者单一的人文景观构成的，而是两者的互为统一和有机结合，构成整一的原生态自然人文生态旅游综合产品。

按产品性质和功能划分，旅游产品可分为以下三大类：（1）观光旅游产品。观光旅游产品是供旅游者观赏、游览和参与体验的旅游产品，是供旅游者消费的自然风光、文化内涵的展示品和民族风情体验等方面的旅游经历。观光旅游产品是旅游产品体系的基础组成部分，它不会因为旅游向高级市场发展而失去市场的购买力。（2）度假旅游产品。度假旅游产品是以自然资源和生态环境为背景，可结合人文旅游项目，供游客在一定时间度假消费的旅游产品。（3）专项旅游产品。专项旅游产品是指以自然旅游资源或人文旅游景观的消费为主要内容的专项旅游产品，如民族旅游产品、自然探险旅游产品、民族节庆旅游产品等。

二、高质量旅游产品分类

（一）划分依据

高质量旅游产品开发的划分依据包括市场需求调研、文化传承与创新、独特性与差异性、安全性与保障性、效益性与营利性、可持续发展能力、客户反馈与调整以及多业态融合程度等多个方面。这些依据共同构成了高质量旅游产品开发的评价标准与指导原则，为旅游产业的持续健康发展提供了有力保障。

1. 市场需求调研

市场需求调研是高质量旅游产品开发的起点。通过对目标市场进行深入调研，了解游客的偏好、需求、消费习惯及未来趋势，为产品开发提供数据支持。这包括对不同游客群体的细分，如年龄、性别、职业、收入水平等，以及对国内外旅游市场的比较分析。基于市场需求调研，可以确保旅游产品符合市场期待，提高市场竞争力。

2. 文化传承与创新

文化传承与创新是高质量旅游产品的重要特征。在产品开发过程中，深入挖掘目的地的历史文化、民俗风情等文化资源，将其融入产品设计、包装与营销中，提升产品的文化内涵与吸引力。同时，注重创新元素的融入，如创意体验、互动游戏、科技应用等，使产品在保持传统韵味的基础上，焕发新的活力与魅力。

3. 独特性与差异性

独特性与差异性是高质量旅游产品区别于其他产品的关键。通过开发具有地方特色、文化特色或创新特色的旅游产品，形成独特的竞争优势。这要求在产品设计、服务提供、体验营造等方面，注重差异化策略，避免同质化竞争，提高产品的辨识度与吸引力。

4. 安全性与保障性

安全性与保障性是高质量旅游产品不可或缺的基础。在产品开发过程中，需严格遵守国家法律法规与行业标准，确保旅游设施、服务、活动等方面的安全性与合规性。同时，建立健全旅游保障体系，如应急预案、保险制度、投诉处理等，为游客提供安心、舒心的旅游环境。

5. 效益性与营利性

效益性与营利性是高质量旅游产品开发的经济目标。通过合理的产品设计、定价策略与市场推广，实现旅游产品的经济效益最大化。同时，注重长期效益与短期效益的平衡，避免过度商业化导致的游客流失与环境破坏。

6. 可持续发展能力

可持续发展能力是高质量旅游产品开发的长期目标。在产品开发过程中，注重环境保护与资源节约，推动绿色旅游、低碳旅游的发展。通过加强生态保护、资源循环利用等措施，确保旅游产业的长期可持续发展。

7. 客户反馈与调整

客户反馈与调整是高质量旅游产品开发的持续改进机制。通过收集游客的反馈意见与建议，及时对产品进行调整与优化，提高游客满意度与忠诚度。这要求建立健全客户反馈机制，如问卷调查、在线评价、意见箱等，以及快速响应与改进机制，确保产品能够持续满足市场需求。

8. 多业态融合程度

多业态融合程度是高质量旅游产品开发的创新方向。通过整合旅游、文化、农业、科技、教育等多个领域的资源，推动旅游产品向多元化、综合化方向发展。这有助于提升旅游产品的附加值与竞争力，为游客提供更加丰富的旅游体验。同时，多业态融合也有助于促进地方经济发展，实现旅游产业与其他产业的协同发展。

（二）主要类型

高质量旅游产品涵盖了多种类型，每种类型都有其独特的魅力与特点。随着旅游业的发展，高质量旅游产品的种类将更加丰富多样，以满足游客日益增长的个性化需求。随着旅游业的蓬勃发展，高质量旅游产品日益成为满足游客多样化需求、提升旅游体验的关键因素。根据产品特性、目标市场及服务内容的不同，高质量旅游产品可细分为多种类型，具体包括观光旅游产品、度假旅游产品、专项旅游产品、生态旅游产品、旅游安全产品、整体旅游产品、单项旅游产品以及高端定制旅游产品八个主类。

1. 观光旅游产品

观光旅游产品是旅游业中最基础且普遍的一种类型。它主要依托目的地的自然风光、历史文化、城市风貌等资源，为游客提供观赏、游览、拍照等服务。高质量观光旅游产品不仅注重景点的选择与串联，还强调导览服务的专业性与趣味性，让游客在轻松愉快的氛围中领略目的地的独特魅力。

2. 度假旅游产品

度假旅游产品旨在为游客提供一段放松身心、享受生活的时光。这类产品通常包括舒适的住宿环境、丰富的休闲娱乐设施及贴心的服务。高质量度假旅游产品会结合目的地的特色，如海滨度假、山地避暑、温泉养生等，为游客量身定制多样化的度假体验，让游客在舒适的环境中充分释放压力。

3. 专项旅游产品

专项旅游产品是针对特定游客群体或特定主题设计的旅游产品。它可能聚焦于某一特定领域，如摄影、徒步、探险、美食等，为游客提供深度体验与专业技能培训。高质量专项旅游产品强调个性化定制与专业性指导，确保游客能够充分享受特定主题带来的乐趣与收获。

4. 生态旅游产品

生态旅游产品强调在旅游活动中保护自然环境、尊重当地文化与传统。它通常包括自然观察、生态体验、环保教育等内容，旨在让游客在亲近自然的同时，增强环保意识与责任感。高质量生态旅游产品会遵循可持续性原则，确保旅游活动对生态环境的影响最小化。

5. 旅游安全产品

旅游安全产品是确保游客在旅行过程中人身安全与财产安全的重要保障。它可能包括旅行保险、紧急救援服务、安全警示系统等。高质量旅游安全产品注重预防与应对双重策略，为游客提供全方位的安全保障，让游客在安心、放心的环境中享受旅游的乐趣。

6. 整体旅游产品

整体旅游产品是指包含多个旅游要素（如交通、住宿、餐饮、景点游览等）在内的综合性旅游产品。它通常以一个主题或目标为导向，将多个单项旅游产品有机组合在一起，为游客提供一站式服务。高质量整体旅游产品注重产品之间的协调性与互补性，确保游客在旅行过程中能够享受到连贯、顺畅的旅游体验。

7. 单项旅游产品

单项旅游产品是指针对旅游过程中的某一特定环节或要素提供的单独服务。它可能包括机票预订、酒店住宿、景点门票、导游服务等。高质量单项旅游产品强调服务的专业性与个性化，确保游客在特定环节上获得满意体验。

8. 高端定制旅游产品

高端定制旅游产品是针对高端旅游市场，根据游客的个人需求与偏好量身定制的旅游产品。它通常包括奢华住宿、私人飞机/游艇服务、私人导游、专属活动策划等内容。高质量高端定制旅游产品注重服务的专属性与尊贵感，让游客在享受高品质旅游体验的同时，感受到与众不同的尊贵与舒适。

第四节　高质量旅游产品认证流程与标准

在旅游业蓬勃发展的今天，高质量旅游产品的认证已成为衡量旅游产品是否符合市场高标准、满足消费者期待的重要标尺。高质量旅游产品的认证是一个全面、严格且系统的过程，旨在确保旅游产品能够在生态旅游、安全性能、耐用性、舒适度、方便性、品牌影响力及用户满意度等方面达到最高标准。通过认证，旅游产品不仅能够赢得消费者的信任与青睐，还能在激烈的市场竞争中脱颖而出，成为行业标杆。

一、高质量旅游产品认证流程

高质量旅游产品的认证流程是一个系统、科学且持续的过程，涵盖从选择认证机构到定期复审与维护的全过程。通过严格的认证流程，旅游产品不仅能够获得权威机构的认可，还能在激烈的市场竞争中脱颖而出，成为消费者信赖的首选。

高质量旅游产品的认证是确保旅游产品符合行业标准、满足消费者需求及提升市场竞争力的重要步骤。通过一系列科学、系统的认证流程，旅游产品可以获得权威机构的认可，增强消费者的信任度与满意度。以下是对高质量旅游产品认证流程的详细解析，涵盖从选择认证机构到定期复审与维护的全过程。

（一）选择认证机构

选择认证机构是高质量旅游产品认证流程的第一步。认证机构应具备公信力、专业性和权威性，能够依据行业标准和消费者需求，对产品进行全面、客观地评估。企业需根据自身产品特点、市场定位及目标客户群体，选择最适合的认证机构，以确保认证过程的公正性和有效性。

（二）准备认证所需文件

在提交认证申请前，企业需要准备一系列必要的文件，包括但不限于企业资质证明、产品说明书、质量检测报告、环保达标证明、旅游服务标准等。这些文件应全面、真实地反映旅游产品的特点、优势及符合的相关标准，为后续的认证审核提供翔实的基础资料。

（三）提交认证申请资料

企业需按照认证机构的要求，将准备好的认证申请资料提交至指定渠道。申请资料应包括企业基本信息、产品概述、认证请求及所需文件等。提交后，企业需保持与认证机构的良好沟通，确保申请资料的完整性和准确性，为后续审核工作的顺利进行奠定基础。

（四）进行认证审核评估

认证机构在收到申请资料后，将组织专家团队对旅游产品进行全方位的审核评估。评估内容涵盖产品安全性、质量稳定性、环保性能、用户体验等多个方面。评估过程中，认证机构可能会进行现场检查、抽样检测及用户访谈，以确保评估结果的客观性和准确性。

（五）改进不合格项目

若审核评估中发现旅游产品存在不符合标准或需改进的项目，认证机构将向企业提出具体的整改建议。企业需根据建议，制定详细的改进措施，并在规定时间内完成整改。整改完成后，企业需向认证机构提交整改报告及证明材料，以供重新审核。

（六）颁发认证证书

经过严格的审核评估及整改后，若旅游产品符合所有认证标准，认证机构将正式颁发认证证书。认证证书是对旅游产品质量的权威认可，也是企业实力的象征。证书上将详细列出旅游产品的名称、型号、认证标准、有效期等信息，便于消费者及市场监督机构查阅。

（七）认证证书内容展示

企业获得认证证书后，应充分利用这一荣誉，通过官方网站、宣传资料、社交媒体等渠道，向消费者展示认证证书的内容及意义。这不仅可以提升旅游产品的品牌形象，还能增强消费者的信任度和购买意愿。

（八）定期复审与维护

高质量旅游产品的认证并非一劳永逸，企业需按照认证机构的要求，定期进行复审与维护。复审旨在确保旅游产品持续符合认证标准，及时发现并纠正潜在问题。同时，企业还需关注行业动态及消费者需求的变化，不断优化旅游产品与服务，以保持认证的有效性和竞争力。

二、高质量旅游产品标准和要求

高质量旅游产品是综合考量性价比、路线规划、服务标准、文化内涵、创新设计、实用功能、安全合规及用户体验等多方面因素的结果。只有不断追求卓越，才能在激烈的市场竞争中脱颖而出，赢得游客的信任与好评。

在当今多元化的旅游市场中，高质量的旅游产品不仅是吸引游客的关键因素，也是提升旅游业整体竞争力的重要一环。一个优质的旅游产品应当能够全方位满足游客的需求，从性价比到文化体验，从服务细节到安全保障，无一不体现出专业与用心。以下是高质量旅游产品应当遵循的八大标准和要求。

（一）性价比适当合理

高质量的旅游产品首先须具备良好的性价比，即在保证服务品质的同时，价格应合理且透明，避免过度溢价。这意味着旅游产品在设计时应充分考虑成本效益分析，确保游客支付的每一分钱都能获得相应的价值体验。通过优化资源配置、提高运营效率等方式，实现价格与价值的最佳平衡。

（二）路线规划合理舒适

行程路线的规划是旅游产品设计的核心。高质量的旅游产品应确保路线设计既符合游客的兴趣偏好，又兼顾行程的流畅性和舒适度。这包括合理安排每日行程的时长与节奏，避免过度紧凑导致游客疲劳；选择交通便利、风景优美且富有特色的目的地；以及考虑季节、天气等因素对旅行体验的影响，确保游客能够享受到最佳的旅行体验。

（三）服务标准透明贴心

服务是旅游产品的重要组成部分，高质量的服务应体现在每一个细节上。服务标准应明确且透明，包括接待、导游讲解、餐饮住宿、紧急救援等各个环节，确保游客在旅途中能感受到专业与温馨。此外，服务团队应具备高度的责任心和服务意识，能够灵活应对各种突发情况，为游客提供个性化、贴心的服务体验。

（四）文化内涵丰富独特

旅游不仅是身体上的移动，更是心灵的交流与文化的体验。高质量的旅游产品应深入挖掘目的地的文化内涵，通过参观历史遗迹、体验民俗活动、品尝地道美食等方式，让游客深入了解并感受当地文化的独特魅力。同时，产品设计时可融入创意元素，使文化体验更加生动有趣，增强游客的参与感和记忆点。

（五）创新设计新颖多样

在旅游产品同质化日益严重的今天，创新成为脱颖而出的关键。高质量的旅游产品应不断探索新的旅游形式、主题和体验方式，如生态旅游、研学旅行、定制游等，满足不同游客群体的个性化需求。同时，利用现代科技手段，如 AR/VR 技术、智能导览系统等，提升旅游体验的互动性和趣味性。

（六）实用功能满足需求

旅游产品应具备良好的实用功能，包括但不限于便捷的预订流程、清晰的行程指南、实用的旅行小贴士等，帮助游客更好地规划行程、解决旅途中的实际问题。此外，针对特定需求（如家庭游、老年人游、无障碍旅游等），提供专门的设计和服务，确保每位游客都能享受到无障碍的旅行体验。

（七）质量保证安全合规

安全是旅游活动的基石。高质量的旅游产品必须严格遵守国家及地方的安全生产法律法规，确保旅游设施、交通工具、食品供应等各方面的安全标准。同时，建立健全的应急预案和救援机制，有效应对可能发生的突发事件，保障游客的人身安全和财产安全。

（八）用户体验全程满意

最终，高质量旅游产品的评价标准在于用户的满意度。从预订到行程结束，每一个环节的体验都应被重视和优化。通过收集游客反馈、定期评估服务质量、持续改进产品设计等方式，不断提升用户体验，确保每一位游客都能留下美好而深刻的旅行记忆。

第五节　高质量旅游产品开发

一、定义及关键要素

高质量旅游产品开发旨在高质量旅游资源基础上通过科学规划与有效实施，开发出具有吸引力、竞争力及长期效益的高质量旅游产品，推动旅游产业的可持续发展。高质量旅游产品开发是旅游产业发展中的核心环节，旨在通过科学、系统的方法，结合市场需求、资源特色与可持续发展理念，开发出具有吸引力、竞争力及长期效益的旅游产品。

高质量旅游产品开发是一个系统工程和有机过程，这一过程涉及多个关键要素，包括市场需求分析、资源整合利用、基础设施建设、文旅产品融合、特色创新设计、生态保护措施、服务质量提升以及政策支持保障。以下是对这些关键要素的详细阐述。

（一）市场需求分析

市场需求分析是高质量旅游产品开发规划的起点。通过市场调研，了解游客的偏好、行为特征、消费能力及未来趋势，为产品开发提供数据支持。这包括对不同游客群体（如家庭游、年轻人、老年人等）的需求细分，以及国内外旅游市场的比较分析，确保产品能够精准定位，满足目标市场的期望。

（二）资源整合利用

资源整合利用是产品开发的关键。旅游资源不仅包括自然景观、历史文化遗址等有形资源，还包括民俗风情、地方美食、节庆活动等无形资源。通过合理整合与优化配置，将这些资源转化为旅游产品，提升产品的独特性和吸引力。同时，注重资源的可持续利用，避免过度开发导致的环境破坏。

（三）基础设施建设

基础设施建设是高质量旅游产品的重要支撑。包括交通、住宿、餐饮、卫生、安全等方面的基础设施建设，确保游客在旅游过程中能够享受到便捷、舒适的服务。同时，注重提升基础设施的文化内涵与艺术性，使其与旅游产品相得益彰，提升整体旅游体验。

（四）文旅产品融合

文旅产品融合是提升旅游产品附加值的重要手段。通过将文化与旅游深度融合，开发具有地方特色的文化旅游产品，如文化节庆、民俗体验、艺术展览等，丰富旅游产品的内容与形式，增强游客的文化体验感。

（五）特色创新设计

特色创新设计是高质量旅游产品的核心竞争力。在产品设计过程中，注重创新元素的融入，如科技应用、创意活动、互动体验等，使产品具有鲜明的个性与独特的魅力。同时，关注市场变化与游客需求的新趋势，不断调整与优化产品设计，保持产品的市场竞争力。

（六）生态保护措施

生态保护措施是高质量旅游产品开发的必要保障。在产品开发过程中，始终坚持生态保护原则，采取科学合理的生态保护措施，如建立生态保护机制、实施环境影响评估、推广绿色旅游等，确保旅游活动对自然环境的影响最小化，实现旅游业的可持续发展。

（七）服务质量提升

服务质量提升是高质量旅游产品开发的关键。通过加强服务人员的培训与管理，提升服务技能与服务质量；优化服务流程，提高服务效率；加强游客投诉处理与反馈机制，及时解决游客问题，提升游客满意度。

（八）政策支持保障

政策支持保障是高质量旅游产品开发的坚强后盾。政府应出台相关政策，如税收优惠、资金扶持、土地供应等，为旅游产品开发与运营提供政策保障。同时，加强行业监管，规范市场秩序，为旅游产品营造公平、透明的市场环境。

二、高质量开发的特征

高质量旅游产品的开发具有科学性规划指导、地域特色明显、综合考虑多方面、与其他规划协调、长期战略性布局、可持续发展原则、层次分明且系统、整合利用多方资源八个主要特征。这些特征共同构成了高质量旅游产品开发规划的核心要素与基本要求，为旅游业的持续发展提供了有力保障。高质量旅游产品的开发规划是旅游业发展的重要基石，它不仅关乎旅游目的地的吸引力与竞争力，还直接影响到游客的满意度与忠诚度。这里将从八个方面深入探讨高质量旅游产品开发的主要特征。

（一）科学性规划指导

高质量旅游产品的开发规划以科学性为指导，基于深入的市场调研与数据分析，确保规划过程的严谨性与前瞻性。通过运用现代管理学、旅游学、经济学等相关理论，对旅游资源、市场需求、竞争格局等进行全面评估，为产品开发提供科学依据。同时，注重规划方法的创新与运用，如利用大数据、人工智能等先进技术进行智能规划与决策支持，提高规划的科学性与实效性。

（二）地域特色明显

地域特色是高质量旅游产品的核心竞争力。在产品开发规划过程中，深入挖掘目的地的自然景观、历史文化、民俗风情等地域特色元素，将其融入产品设计、市场推广与品牌塑造中，形成具有鲜明地域特色的旅游产品。这不仅有助于提升产品的吸引力与差异化竞争力，还能增强游客的文化体验感与归属感。

（三）综合考虑多方面

高质量旅游产品的开发规划需综合考虑多方面因素，包括市场需求、资源条件、环境容量、政策法规、社会文化等。通过全面评估这些因素，确保产品开发的合理性、可行性与可持续性。同时，注重不同因素之间的协调与平衡，如市场需求与资源保护的协调、经济效益与社会效益的平衡等，以实现旅游产品的综合效益最大化。

（四）与其他规划协调

高质量旅游产品的开发规划需与其他相关规划相协调，如城市规划、土地利用规划、生态环境保护规划等。通过加强与相关部门的沟通与协作，确保旅游产品开发与城市发展方向、土地利用政策、生态环境保护要求等保持一致。这有助于避免产品开发过程中的冲突与矛盾，提高规划的实施效率与效果。

（五）长期战略性布局

高质量旅游产品的开发规划需具有长期战略性布局，明确产品的发展方向、目标与路径。通过制定长期发展规划与短期实施计划，确保产品开发的持续性与稳定性。同时，注重规划的动态调整与优化，根据市场变化与游客需求的新趋势，及时调整产品开发与市场推广策略，保持产品的市场竞争力。

（六）可持续发展原则

可持续发展原则是高质量旅游产品开发规划的核心要求。在产品开发过程中，注重环境保护与资源节约，避免对自然环境造成不可逆的损害。同时，加强行业自律与监管，推动绿色旅游、低碳旅游的发展，实现旅游业的长期可持续发展。这有助于提升旅游目的地的生态环境质量，增强游客的环保意识与责任感。

（七）层次分明且系统

高质量旅游产品的开发规划需层次分明且系统。从宏观层面到微观层面，从战略规划到实施计划，形成完整的规划体系。通过明确不同层次的规划目标与任务，确保产品开发的整体性与系统性。同时，注重规划内容的细化与具体化，为产品开发提供详细的指导与依据。

（八）整合利用多方资源

高质量旅游产品的开发规划需整合利用多方资源，包括政府、企业、社会等各方面的力量。通过加强政府引导与政策支持，激发企业创新活力与市场竞争力；通过吸引社会资本投入与公众参与，推动旅游产品开发的多元化与市场化。同时，注重资源的优化配置与共享利用，提高资源利用效率与效益。

三、高质量开发的主要内容

高质量旅游产品的开发需综合考虑目标市场定位、资源整合利用、创新产品设计、市场推广策略、可持续发展路线、地域文化特色挖掘、旅游配套服务优化以及品牌战略规划等多个方面。通过科学规划与有效实施，开发出具有市场竞争力与长期效益的高质量旅游产品，推动旅游产业的持续发展。

在日益激烈的市场竞争环境中，高质量旅游产品的开发成为提升旅游目的地吸引力、增强游客满意度与忠诚度的重要手段。下面从明确目标市场定位、整合旅游资源要素、设计创新旅游产品、制定市场推广策略、坚持可持续发展路线、挖掘地域文化特色、优化旅游配套服务以及实施品牌战略规划八个方面，详细阐述高质量旅游产品开发规划的主要内容。

（一）明确目标市场定位

高质量旅游产品的开发首先需要明确目标市场定位。通过对潜在游客群体的深入研究，包括年龄、性别、兴趣、消费能力等方面的特征分析，确定产品的主要服务对象。这有助于在产品开发过程中，精准把握游客需求，设计出符合市场需求的旅游产品。同时，明确的目标市场定位也有助于制定有针对性的市场推广策略，提高营销效率。

（二）整合旅游资源要素

整合旅游资源要素是高质量旅游产品开发的关键。这包括自然景观、历史文化遗址、民俗风情、地方美食等有形与无形资源的整合。科学规划这些资源，进行合理配置与优化组合，形成独特的旅游产品体系。同时，注重资源的可持续利用，避免过度开发导致的资源枯竭与环境破坏。

（三）设计创新旅游产品

创新是高质量旅游产品的核心竞争力。在产品设计过程中，需注重创新元素的融入，如科技应用、创意体验、互动游戏等，使产品具有鲜明的个性与独特的魅力。同时，关注市场变化与游客需求的新趋势，不断调整与优化产品设计，保持产品的市场竞争力。

（四）制定市场推广策略

市场推广策略的制定对于高质量旅游产品的成功推广至关重要。这包括市场调研、目标市场选择、营销渠道建设、品牌形象塑造等方面。制订有针对性的市场推广计划，利用线上线下的多种营销手段，提高产品的知名度与影响力，吸引更多的潜在游客。

（五）坚持可持续发展路线

可持续发展是高质量旅游产品开发的必要条件。在产品开发过程中，需注重环境保护与资源节约，避免对自然环境造成不可逆的损害。同时，加强行业自律，推动绿色旅游、低碳旅游的发展，实现旅游业的长期可持续发展。

（六）挖掘地域文化特色

地域文化特色是高质量旅游产品的重要组成部分。通过深入挖掘目的地的历史文化、民俗风情、地方特色等元素，将其融入产品设计中，使产品具有浓厚的地域文化气息。这有助于提升产品的文化内涵与附加值，增强游客的文化体验感。

（七）优化旅游配套服务

旅游配套服务的优化对于提升游客满意度至关重要。这包括交通、住宿、餐饮、购物、娱乐等方面的服务提升。通过加强基础设施建设，提高服务质量与效率，为游客提供便捷、舒适、安全的旅游环境。

（八）实施品牌战略规划

品牌战略规划是高质量旅游产品长期发展的关键。通过制定明确的品牌定位、品牌形象与品牌传播策略，提升产品的品牌知名度与美誉度。同时，加强品牌管理与维护，确保品牌形象的一致性与稳定性，为产品的长期发展奠定坚实基础。

第六节　高质量旅游产品营销

一、高质量旅游产品营销概念及特征

（一）概念

优质服务是高质量旅游产品营销的核心。从预订咨询、行程安排、接待服务到售后反馈，每个环节都应体现专业、贴心与高效。通过持续的服务优化与创新，确保游

客获得超出预期的服务体验，提高品牌忠诚度。

高质量旅游产品的营销特征体现在个性化服务到位、品牌价值显著、营销手段创新、市场定位精准、文化内涵丰富、营销渠道多元、信息反馈及时以及强调服务品质等多个方面。这些特征共同构成了高质量旅游产品营销的核心竞争力，为产品的成功推广和市场占有率的提升提供了有力保障。

在旅游市场竞争日益激烈的背景下，高质量旅游产品的营销不再仅仅依赖于传统的推广方式，而是更加注重个性化、品牌化、创新性和服务品质的提升。

在竞争激烈的旅游市场中，高质量旅游产品的营销不仅关乎产品的推广与销售，更在于通过一系列精心策划与执行的策略，精准触达目标市场，满足甚至超越游客的期望，从而建立品牌忠诚度与市场领先地位。

（二）特征

这里将从个性化服务到位、品牌价值显著、营销手段创新、市场定位精准、文化内涵丰富、营销渠道多元、信息反馈及时以及强调服务品质八个方面，深入探讨高质量旅游产品的营销特征。

1. 个性化服务到位

高质量旅游产品注重为游客提供个性化的服务体验。从行程规划、活动安排到餐饮住宿，均根据游客的具体需求和偏好进行量身定制。通过收集和分析游客的反馈信息，不断优化服务细节，确保每一位游客都能享受到独特而贴心的服务体验。这种个性化的服务不仅提升了游客的满意度，也增强了产品的市场竞争力。

2. 品牌价值显著

高质量旅游产品往往拥有显著的品牌价值。品牌不仅是产品的标志，更是品质和服务承诺的象征。通过长期的品牌建设和宣传，高质量旅游产品能够在游客心中形成独特的品牌形象和认知。这种品牌价值不仅有助于吸引更多的游客，还能提高产品的附加值和溢价能力。

3. 营销手段创新

高质量旅游产品善于运用创新的营销手段来吸引游客。从社交媒体营销、短视频宣传到虚拟现实体验，高质量的旅游产品不断尝试新的营销方式，以更直观、更生动的方式展示产品的特色和魅力。这种创新的营销手段不仅提高了产品的曝光度和知名度，还增强了游客的参与感和互动性。

4. 市场定位精准

高质量旅游产品在进行营销时，注重市场定位的精准性。通过深入了解目标市场的游客需求、消费习惯和偏好，制定针对性的营销策略和定位方案。这种精准的市场定位有助于产品更好地满足游客需求，提高市场竞争力，同时也有助于降低营销成本和提高营销效果。

5. 文化内涵丰富

高质量旅游产品往往蕴含丰富的文化内涵。无论是自然风光、历史遗迹还是民俗风情，高质量的旅游产品都善于挖掘和展示其独特的文化魅力。通过文化元素的融入和宣传，不仅提升了产品的文化品位和吸引力，还有助于传承和弘扬地方文化。

6. 营销渠道多元

高质量旅游产品注重营销渠道的多元化发展。除了传统的旅行社、OTA 平台等销售渠道外，还积极拓展社交媒体、短视频平台等新兴渠道。通过多元化的营销渠道，产品能够更广泛地覆盖潜在游客，提高曝光度和知名度。同时，多元化的营销渠道也有助于产品更好地适应市场变化和游客需求的变化。

7. 信息反馈及时

高质量旅游产品注重信息反馈的及时性和有效性。通过建立完善的反馈机制，及时收集和分析游客的反馈意见和建议，为产品的优化和改进提供依据。这种及时的信息反馈不仅有助于提升产品质量和服务水平，还能增强游客的满意度和忠诚度。

8. 强调服务品质

高质量旅游产品将服务品质作为营销的核心要素之一。通过提供专业的导游服务、舒适的交通和住宿条件以及贴心的后勤保障，确保游客在旅行过程中享受到高品质的服务体验。这种强调服务品质的做法不仅提升了产品的竞争力，还有助于树立良好的品牌形象和口碑。

二、高质量旅游产品营销环境分析

高质量旅游产品的营销环境分析需要综合考虑宏观环境、微观环境、人口与经济因素、社会文化适应性、竞争态势把握、旅游者需求分析、内部职工满意度以及技术与数字化应用等多个方面。通过对这些因素的深入分析和把握，可以为高质量旅游产品的成功营销提供有力保障。在当今复杂多变的旅游市场中，高质量旅游产品的成功营销不仅依赖于产品本身的品质和服务，还深受其所处的营销环境影响。这里从八个方面对高质量旅游产品的营销环境进行全面剖析。

（一）宏观环境

宏观环境分析是高质量旅游产品营销环境分析的基础。它主要包括政治法律环境、经济环境、社会文化环境和技术环境等方面的分析。政治法律环境的稳定与否、经济政策的调整、社会文化的变迁以及技术的快速发展，都会对旅游产品的营销产生深远影响。因此，在进行高质量旅游产品营销时，必须密切关注宏观环境的变化，及时调整营销策略，以应对市场的不确定性。

（二）微观环境

微观环境分析是高质量旅游产品营销环境分析的另一重要方面。它主要关注与旅游产品直接相关的市场环境，包括旅游目的地、旅游设施、旅游服务、竞争对手以及目标客户群体等。通过对微观环境的深入分析，可以更加准确地把握市场需求和竞争态势，为制定有效的营销策略提供有力支持。

（三）人口与经济因素

人口与经济因素是高质量旅游产品营销环境中的重要考量。人口数量、年龄结构、收入水平、消费习惯等方面的变化，都会直接影响旅游产品的市场需求。随着经济的不断发展和人民生活水平的提高，人们对旅游的需求也日益多样化和个性化。因此，高质量旅游产品需要针对不同人口和经济特征的目标客户群体，制定差异化的营销策略。

（四）社会文化适应性

社会文化适应性是高质量旅游产品营销成功的关键。不同地域、不同民族、不同文化背景下的游客，对旅游产品的需求和偏好各不相同。因此，高质量旅游产品需要在营销过程中充分考虑社会文化因素，尊重并融入当地的文化特色，以提高产品的文化认同感和吸引力。

（五）竞争态势把握

竞争态势把握是高质量旅游产品营销环境分析的重要组成部分。在旅游市场中，竞争对手的营销策略、产品特色、价格定位等方面的变化，都会对高质量旅游产品的市场地位和竞争力产生影响。因此，高质量旅游产品需要密切关注竞争对手的动态，及时调整自身的营销策略，以保持竞争优势。

（六）旅游者需求分析

旅游者需求分析是高质量旅游产品营销的核心。通过对旅游者需求进行深入分析和挖掘，可以更加准确地把握市场需求的变化和趋势，为产品开发和营销策略的制定提供有力依据。高质量旅游产品需要注重旅游者的个性化需求，提供多样化的产品和服务，以满足不同游客的期望和偏好。

（七）内部职工满意度

内部职工满意度是高质量旅游产品营销环境中的一个重要因素。员工的满意度和忠诚度直接影响产品的服务质量和客户体验。因此，高质量旅游产品需要注重员工的培训和发展，提高员工的工作满意度和归属感，从而激发员工的工作热情和创造力，为游客提供更加优质的服务。

（八）技术与数字化应用

技术与数字化应用是高质量旅游产品营销环境的新趋势。随着信息技术的快速发展和普及，数字化营销手段已经成为旅游产品营销的重要手段之一。高质量旅游产品需要充分利用大数据、人工智能、虚拟现实等先进技术，提升营销效率和效果，为游客提供更加便捷、智能的旅游体验。

三、高质量旅游营销策略

在当今竞争激烈的旅游市场中，高质量旅游产品的成功营销是提升目的地知名度、吸引游客、促进旅游经济持续增长的关键。

高质量旅游产品营销策略的制定与实施需综合考虑市场精准定位、特色亮点挖掘、优质客户服务、创意宣传推广、价格策略合理、渠道多元拓展、口碑与品牌建设以及反馈与持续改进等多个方面。这些策略共同构成了高质量旅游产品营销的核心要素与指导原则，为旅游产品的成功营销提供了有力保障。

（一）营销策略

这里将从市场精准定位、特色亮点挖掘、优质客户服务、创意宣传推广、价格策略合理、渠道多元拓展、口碑与品牌建设以及反馈与持续改进八个方面，详细探讨高质量旅游产品的营销策略。

1.市场精准定位

市场精准定位是高质量旅游产品营销的基础。通过深入研究目标市场的消费者需求、偏好及行为模式，明确产品的目标客群，如家庭游、蜜月游、探险游等，以及市场细分，如国内游、国际游、高端定制游等。精准定位有助于制定有针对性的营销策略，提高营销效率与效果，确保产品能够精准触达潜在客户。

2.特色亮点挖掘

特色亮点挖掘是高质量旅游产品营销的核心。每个旅游产品都有其独特的魅力与吸引力，关键在于如何将其挖掘并展现给游客。通过深入了解产品的文化内涵、自然景观、民俗风情等特色元素，结合游客需求，提炼出产品的核心卖点与亮点，打造差异化竞争优势。同时，注重产品创新，如增加互动体验、科技应用等，提升产品的吸引力与趣味性。

3. 优质客户服务

优质客户服务是高质量旅游产品营销的重要保障。在旅游过程中，游客的满意度与忠诚度很大程度上取决于服务质量。因此，提供全方位、个性化的客户服务至关重要。这包括专业的旅游咨询、便捷的预订流程、贴心的接送服务、舒适的住宿体验、及时的应急响应等。通过不断优化服务流程、提升服务质量，增强游客的满意度与归属感，进而促进口碑传播与品牌忠诚度的提升。

4. 创意宣传推广

创意宣传推广是高质量旅游产品营销的重要手段。通过运用新媒体、社交媒体、短视频等多元化宣传渠道，结合创意策划与视觉设计，打造具有吸引力的营销内容与活动。如利用虚拟现实、增强现实技术展示旅游产品魅力、举办线上旅游节、邀请网红直播体验等，提高产品的曝光度与吸引力，激发游客的购买欲望与兴趣。

5. 价格策略合理

价格策略合理是高质量旅游产品营销的关键。在制定价格时，需综合考虑产品成本、市场需求、竞争对手价格等因素，确保价格既具有竞争力又能保证利润空间。同时，根据市场变化与游客需求，灵活调整价格策略，如推出优惠套餐、早鸟价、团体价等，满足不同游客的预算与需求。

6. 渠道多元拓展

渠道多元拓展是高质量旅游产品营销的必要途径。通过拓展线上线下多种销售渠道，如旅游电商平台、旅行社、OTA 平台、自媒体等，提高产品的市场覆盖与销售渠道的多样性。同时，加强与合作伙伴的沟通与协作，共同开展营销活动，提高产品的市场影响力与知名度。

7. 口碑与品牌建设

口碑与品牌建设是高质量旅游产品营销的长期目标。通过提供优质的产品与服务，积累良好的口碑与品牌形象。利用游客评价、社交媒体、旅游论坛等渠道，积极收集游客反馈与建议，不断优化产品与服务。同时，注重品牌塑造与传播，如制定统一的品牌形象与口号、举办品牌活动、加强品牌宣传等，提升品牌知名度与美誉度。

8. 反馈与持续改进

反馈与持续改进是高质量旅游产品营销的闭环机制。通过收集游客的反馈意见与建议，对产品与服务进行持续优化与改进。建立健全游客反馈机制与数据分析体系，对游客需求、市场趋势等进行深入研究与分析，为产品迭代与营销策略调整提供数据支持。同时，注重创新与突破，不断推出新产品、新服务与新模式，保持产品的竞争力与吸引力。

（二）营销策略

高质量旅游营销需要深入市场分析，明确营销目标，塑造独特的品牌形象，合理选择线上线下渠道，创新营销内容，策划具有吸引力的推广活动，建立良好的客户关系，并实时监测和优化营销策略。这些路径共同构成了高质量旅游营销的完整框架，为旅游企业的可持续发展提供了有力支持。在旅游市场竞争日益激烈的背景下，高质量旅游营销成为旅游企业提升品牌影响力、吸引目标客户群体、促进业务增长的关键。

这里从市场深入分析、明确营销目标、品牌定位与传播、线上线下渠道选择、创新营销内容、推广活动策划、客户关系管理以及数据监测与优化八个方面，系统阐述高质量旅游营销的路径。

1. 市场深入分析

高质量旅游营销的第一步是对目标市场进行深入分析。这包括了解目标市场的规模、增长趋势、竞争格局、客户需求与偏好等。通过市场调研、数据分析等手段，获取准确的市场信息，为后续的营销策略制定提供科学依据。市场深入分析有助于旅游企业精准定位目标客户群体，挖掘潜在市场需求，制定差异化的营销方案。

2. 明确营销目标

在深入分析市场的基础上，明确营销目标是高质量旅游营销的关键。营销目标应具体、量化、可衡量，如提升品牌知名度、增加游客数量、提高客户满意度等。明确的目标有助于旅游企业集中资源，优化营销策略，确保营销活动的有效性和针对性。

3. 品牌定位与传播

品牌定位是高质量旅游营销的核心。旅游企业需根据目标市场的特点和自身资源优势，塑造独特的品牌形象，明确品牌的核心价值和差异化特点。品牌传播则通过广告、公关、社交媒体等多种渠道，将品牌形象和价值观传递给目标客户群体，增强品牌的认知度和美誉度。

4. 线上线下渠道选择

线上线下渠道的选择是高质量旅游营销的重要环节。线上渠道如官方网站、社交媒体、旅游预订平台等，具有覆盖范围广、传播速度快、互动性强等特点；线下渠道如旅行社、地推活动、旅游展览等，则更侧重于直接与客户接触，建立信任关系。旅游企业应根据目标客户的偏好和渠道特点，合理选择线上线下渠道，实现营销效果的最大化。

5. 创新营销内容

创新营销内容是高质量旅游营销的关键。在激烈的市场竞争中，传统的营销方式已难以满足游客的多样化需求。旅游企业需结合旅游产品的特点和目标市场的需求，创新营销内容，如打造特色旅游线路、举办主题节庆活动、推出优惠促销活动等，以吸引游客的关注和兴趣。

6. 推广活动策划

推广活动策划是高质量旅游营销的重要手段。通过策划一系列具有吸引力和影响力的推广活动，如线上互动活动、线下体验活动、跨界合作活动等，提升旅游产品的知名度和吸引力，吸引更多目标客户群体的关注和参与。

7. 客户关系管理

客户关系管理是高质量旅游营销的关键环节。通过建立良好的客户关系，了解客户需求，提供个性化服务，增强客户满意度和忠诚度。旅游企业应建立完善的客户关系管理系统，实现客户信息的数字化管理，通过数据分析，挖掘潜在商机，优化客户服务流程。

8. 数据监测与优化

数据监测与优化是高质量旅游营销的保障。通过实时监测营销活动的效果，收集和分析客户数据，评估营销策略的有效性，及时调整和优化营销策略。数据监测与优化有助于旅游企业及时发现问题，把握市场趋势，提升营销效率和效果。

思考题

1. 什么是高质量旅游产品？高质量旅游产品的内涵及特征是什么？
2. 高质量旅游产品的特点与本质是什么？
3. 高质量旅游产品的分类及划分依据有哪些？
4. 高质量旅游产品认证流程及标准是什么？
5. 什么是高质量旅游产品开发？
6. 高质量旅游产品的营销内容有哪些？

第十章

旅游高质量管理

高质量管理与旅游高质量发展是不可分割的有机整体和系统工程，旅游高质量管理需要政府、企业和社会各方面的共同努力，旅游高质量管理体系的建立有助于推动旅游业实现高质量发展。本章重点阐述旅游高质量管理体系的相关内容，具体包括旅游高质量管理概念及特征、旅游主体高质量管理、旅游客体高质量管理、旅游媒体高质量管理、旅游环境高质量管理等。

第一节　概念及特征

一、定义及内涵

（一）定义

旅游高质量管理体系是一个综合性的管理与优化框架，它旨在推动旅游业在多个维度上实现高质量发展。这一体系不仅关注旅游业的经济效益，还强调其对环境、社会、文化等多方面的积极影响。

具体来说，旅游高质量管理体系包括了一系列政策、规划、监管、服务等方面的措施和机制，旨在提升旅游业的整体竞争力，同时确保其可持续发展。这包括了对旅游资源的合理开发与保护，对旅游服务的优化与提升，以及对旅游市场的规范与监管等多个方面。

此外，该体系还强调了对旅游业发展质量的全面评估与监测，以确保各项措施的有效实施和持续改进。通过这一体系的建设和完善，旅游业可以更好地满足人民群众日益增长的旅游需求，同时实现经济效益、社会效益和环境效益的协调统一。

综上所述，旅游高质量管理体系是一个旨在推动旅游业实现高质量发展的综合性管理与优化框架，它涵盖了政策、规划、监管、服务等多个方面，以确保旅游业的可持续发展和整体竞争力的提升。下面从旅游主体高质量管理、旅游客体高质量管理、旅游媒体高质量管理、旅游环境高质量管理四个方面加以阐述。

（二）主要内涵

旅游高质量管理体系的内涵涵盖了发展理念的转变、政策与规划的引领、服务品质的提升、创新与多元化的推动、监管与评估的强化以及社会责任的承担等多个方面。这些内涵共同构成了旅游高质量发展管理体系的核心要素和指导思想。

旅游高质量管理体系的内涵丰富且深远，它不仅仅是一个管理框架或工具，更是一种发展理念和战略导向。以下是其内涵的详细阐述。

1. 发展理念的转变

旅游高质量管理体系首先强调发展理念的转变。从过去的追求数量增长转变为注重质量提升，从短期的经济效益最大化转变为长期的可持续发展。这意味着旅游业的发展需要更加注重环境保护、文化传承、社会和谐以及游客体验的提升。

2. 政策与规划的引领

该体系强调政策与规划的引领作用。政府应制定科学合理的旅游发展规划，明确旅游业的发展方向和目标，同时出台相关政策措施，为旅游业的高质量发展提供有力的政策保障和规划支持。这些政策和规划应充分考虑旅游资源的可持续利用、生态环境的保护以及文化遗产的传承等因素。

3. 服务品质的提升

旅游高质量发展管理体系还注重服务品质的提升。这包括提高旅游从业人员的专业素质和服务意识，优化旅游产品和服务，提升游客的旅游体验。通过加强旅游公共服务体系建设，如完善旅游交通、住宿、餐饮等配套设施，提高旅游服务的便捷性和舒适度。

4. 创新与多元化的推动

创新是旅游高质量发展管理体系的重要内涵之一。鼓励和支持旅游企业开展产品创新、服务创新和市场创新，以满足游客日益多样化的旅游需求。同时，推动旅游业的多元化发展，如发展乡村旅游、生态旅游、文化旅游等新型旅游业态，丰富旅游产品的种类和层次。

5. 监管与评估的强化

旅游高质量发展管理体系还强调监管与评估的强化。建立健全旅游市场监管机制，加强对旅游市场的规范和监管，打击违法违规行为，维护旅游市场的秩序和游客的合法权益。同时，建立科学的旅游发展质量评估体系，对旅游业的发展质量进行全面评估和监测，及时发现和解决问题，推动旅游业的持续改进和提升。

6. 社会责任的承担

旅游高质量发展管理体系还强调旅游业应承担的社会责任。旅游业的发展应与社会发展相协调，注重解决就业、扶贫、教育等社会问题，同时积极参与公益事业和环境保护活动，为社会的可持续发展做出贡献。

二、主要特征

旅游高质量发展管理的特征主要体现在注重质量与效益的双重提升、强调创新与差异化发展、注重生态保护与可持续发展、强化市场导向与需求驱动、注重品牌建设与国际化发展以及强调科技与智慧旅游的应用等方面。这些特征共同构成了旅游高质量发展管理的核心要素和指导思想。

旅游高质量发展管理的特征主要体现在以下几个方面。

（一）注重质量与效益的双重提升

旅游高质量发展管理强调在保障旅游业经济效益的同时，更加注重提升旅游服务的质量和游客的满意度。这意味着旅游业的管理和运营需要更加注重细节，提供高品质、个性化的服务，满足游客多样化的需求。同时，通过提高旅游产品的附加值和竞争力，实现旅游业的可持续发展。

（二）强调创新与差异化发展

在旅游高质量发展管理中，创新是推动旅游业发展的重要动力。这包括产品创新、服务创新、营销创新等多个方面。通过不断创新，旅游业可以开发出更具吸引力的旅游产品和服务，提升旅游目的地的知名度和美誉度。同时，注重差异化发展，避免同质化竞争，形成独特的竞争优势。

（三）注重生态保护与可持续发展

旅游高质量发展管理强调在旅游业发展过程中，必须注重生态保护和环境治理。这意味着在旅游资源开发和利用过程中，需要采取科学合理的规划和管理措施，保护自然环境和文化遗产，确保旅游业的可持续发展。同时，积极推广绿色旅游、低碳旅游等环保理念，引导游客树立环保意识，共同维护生态环境。

（四）强化市场导向与需求驱动

旅游高质量发展管理注重以市场为导向，以游客需求为驱动。通过深入调研和分析市场需求，了解游客的喜好和期望，为游客提供更加精准、贴心的服务。同时，积极适应市场变化，灵活调整旅游产品和服务策略，满足游客不断变化的需求。

（五）注重品牌建设与国际化发展

在旅游高质量发展管理中，品牌建设是提升旅游业竞争力的重要手段。通过加强品牌建设，提高旅游目的地的知名度和美誉度，吸引更多游客前来旅游。同时，注重国际化发展，积极融入全球旅游市场，拓展国际旅游业务，提升旅游业的国际竞争力。

（六）强调科技与智慧旅游的应用

随着科技的发展，智慧旅游已经成为旅游业发展的重要趋势。旅游高质量发展管理注重科技与智慧旅游的应用，通过大数据、人工智能等技术手段，提高旅游服务的智能化和便捷化水平。同时，利用科技手段提升旅游营销效果，扩大旅游产品的市场影响力。

三、旅游高质量发展管理的主要内容

旅游高质量发展管理的主要内容包括优化旅游公共信息服务、完善旅游公共交通服务、强化旅游应急救援服务、加强旅游惠民便民服务以及促进公共文化服务和旅游公共服务融合发展等多个方面。这些内容的实施将有助于提升旅游业的服务质量和竞争力，推动旅游业的高质量发展。

旅游高质量发展管理的主要内容包括以下几个方面。

（一）优化旅游公共信息服务

1. 线下服务

优化线下旅游服务中心布局，推动实施旅游咨询服务拓展工程，打造一批互动性强、体验感好、主客共享的新型旅游服务中心。积极推动旅游服务中心和旅游集散中心一体化建设，重点推动旅游信息服务进机场、车站、码头、高速公路服务区等交通节点。鼓励有条件的地区在酒店大堂、便利店、租车点等设置旅游信息咨询点。

2. 线上服务

加强线上旅游公共信息服务，推动实施智慧旅游公共服务平台建设工程。支持旅游目的地政府建设内容全面、信息准确、更新及时、便于查询的智慧旅游公共服务平台，鼓励在政府门户网站、官方公众号、小程序中设置旅游信息咨询专栏。推动各地充分运用人工智能技术，积极探索旅游公共信息智能问答服务。

3. 资源整合

加强省市县之间旅游公共信息服务纵向联动，健全信息采集、上传、发布机制。推动文化和旅游与交通运输、气象、体育、水利、能源、应急管理、消防、市场监管等部门之间的公共信息数据共享，强化旅游交通路况、景区客流预警、气象预报预警、灾害预警、重要节庆赛事、旅游经营单位及从业人员信用状况和服务质量等重要旅游公共信息的发布，提前预报，及时预警，科学引导群众错峰出游。

（二）完善旅游公共交通服务

1. 基础设施建设

推动各地将干线公路与 A 级旅游景区、旅游度假区、红色旅游景点、乡村旅游重点村镇、美丽休闲乡村、夜间文化和旅游消费集聚区、丙级以上旅游民宿之间的连接道路建设纳入交通建设规划，支持有条件的地区形成连接主要旅游区（点）的旅游交通环线。推动各地建设一批各具特色、功能完备的自行车道、步道等旅游绿道，以及旅游航道和旅游公路。实施国家旅游风景道工程，制定国家旅游风景道标准，在保障安全通行的前提下推出一批配套服务好、道路风景美、文化特色鲜明的国家旅游风景道。

2. 设施提升

提升旅游交通公共服务设施建设和管理水平，推动实施旅游集散中心改造提升工程。鼓励各地建设一批服务于旅游区（点）的旅游停车场，加大生态停车场和立体停车场建设力度，完善停车场充电桩等新能源服务设施，探索推广智能化停车服务。推动各地在旅游高峰期，面向游客自驾车和旅游大巴增设更多临时停靠点。拓展高速公路服务区文化和旅游公共服务功能，形成一批特色主题服务区。推动有条件的国省干线公路在保障道路交通安全通畅的前提下，增设旅游驿站、观景台、自驾车和旅居车营地、厕所等服务设施。

3. 运输服务优化

优化旅游交通运输服务，优化配置重点旅游城市列车班次，增开重点旅游城市和旅游目的地旅游专列，增加旅游城市与主要客源地之间航线航班，增加旅游旺季航班配置。鼓励有条件的地方增开重要旅游区（点）直通车和旅游公交专线，在旅游景点增设公交站点。完善自驾车旅游服务体系，积极推动旅游交通联程联运。支持重点旅游城市开通具有当地文化特色、体验感强的旅游观光巴士线路，以及国内水路旅游客运精品航线的建设和发展。加强交通管理和智慧交通技术运用，缓解旅游高峰期拥堵问题。

（三）强化旅游应急救援服务

1. 机制建设

加强旅游应急救援机制建设，推动各地将旅游应急管理纳入政府应急管理体系，健全部门联动的旅游安全应急救援机制，落实旅游经营单位安全主体责任，制定旅游应急预案，建立旅游突发事件应对机制，强化预警与应急响应联动。

2. 设施设备优化

优化旅游应急救援设施设备布局，推动旅游区（点）配置应急救援报警装置，完善安全设施设备配备，加强消防车道、自动喷水灭火系统、消火栓、消防水源等消防设施建设改造。推动在游客集中的旅游区（点）设置医疗救助站、急救点，有条件的地方配备急救箱、自动体外除颤仪（AED）、应急救护一体机等急救设备设施。推动高原缺氧地区旅游区（点）、宾馆酒店配备供氧设施设备。指导 A 级旅游景区就近与县级以上综合医院建立定向协作救援机制，提高院前医疗急救能力。

3. 社会参与

增强旅游应急救援的社会参与，引导各地用好旅行社责任保险的应急救援服务功能，鼓励游客购买附加救援服务的旅游意外险。支持各地广泛开展旅游安全宣传教育，将旅游安全与应急知识教育纳入旅游职业教育和旅游从业人员在职培训内容，提高旅游从业人员安全意识和应急救助技能。

（四）促进公共文化服务和旅游公共服务融合发展

旅游高质量管理与公共文化服务和旅游公共服务融合发展之间存在着紧密的联系和相互促进的关系。通过加强旅游高质量管理，推动公共文化服务和旅游公共服务的深度融合发展，将为实现旅游业和文化产业的高质量发展提供有力保障。旅游高质量管理在公共文化服务和旅游公共服务融合发展中发挥着重要作用，主要体现在以下几个方面。

1. 设施融合

促进文化和旅游公共服务设施功能融合，鼓励有条件的地方推动公共文化设施与旅游服务中心一体化建设。

2. 内容提升

丰富旅游场所公共文化服务内容，进一步提升旅游场所的文化内涵。

3. 服务升级

通过加强旅游高质量管理，推动公共文化服务和旅游公共服务在设施、功能、资源等方面的深度融合，提升整体服务品质。

4.增强游客体验

通过优化旅游服务流程、提升服务质量，增强游客的旅游体验，提高游客的满意度和忠诚度。

5.推动创新发展

在融合发展的过程中，鼓励创新和实践，探索新的服务模式和管理模式，推动旅游业和文化产业的创新发展。

（五）加强旅游惠民便民服务

旅游高质量管理在加强旅游惠民便民服务方面涉及了开展形式多样的旅游惠民便民活动、推动旅游惠民便民设施建设改造等多个方面。这些措施共同构成了旅游高质量管理的重要组成部分，旨在提升游客的旅游体验和满意度。

1.开展形式多样的旅游惠民便民活动

旅游消费惠民举措：鼓励各地积极探索实施旅游消费惠民举措，有效释放旅游消费潜力。可以联合举办旅游消费促进活动，通过联合发行旅游消费一卡通等方式，促进游客跨区域流动。

旅游投诉受理与处理：完善旅游投诉受理机制，提高游客投诉处理效率。优化旅游纠纷调解机制，保护游客切身利益。

2.推动旅游惠民便民设施建设改造

加强特殊群体旅游公共服务设施建设：加强适应老年人、未成年人、孕婴、残障人等群体需求的旅游公共服务设施建设改造，推动旅游区（点）配备无障碍旅游设施，引导相关城市及旅游目的地发展儿童友好旅游公共服务。

实施旅游厕所质量提升工程：全面贯彻落实旅游厕所国家标准，重点加强中西部欠发达地区，以及高寒、高海拔、缺水、缺电地区旅游厕所建设。加强移动厕所配备，鼓励有条件的旅游活动场所开展智慧旅游厕所建设，持续推动旅游厕所电子地图标注工作。

实施旅游景区环境综合整治工程：结合乡村振兴、城市更新、农村人居环境整治提升等重点工作，对旅游景区及周边环境进行全面整治。

第二节 旅游主体高质量管理

旅游者高质量管理是一个相对复杂且多维度的概念，它涉及对旅游者行为、需求、体验以及权益的全方位关注和管理。旅游者高质量管理需要从旅游者行为、需求、体验和权益等多个方面入手，通过加强宣传引导、提升服务质量、优化旅游环境、丰富文化体验以及保护旅游者权益等措施，为旅游者提供更加优质、便捷、安全的旅游服务。

一、旅游者行为管理

旅游者行为管理是一个复杂而重要的过程，需要政府、景区、旅游企业以及旅游者本身共同努力，通过加强宣传教育、制定行为规范、增强安全意识、尊重当地文化、建立监测系统以及加强监管与处罚等措施，共同维护良好的旅游秩序和环境。

旅游者行为管理是一个综合性的过程，旨在引导、规范和优化旅游者在旅游过程中的行为表现和活动方式。以下是对旅游者行为管理的详细探讨。

（一）旅游者行为的定义与分类

旅游者行为是指旅游者在旅游过程中的行为表现和活动方式，包括旅游者的消费行为、社交行为、文化行为等。这些行为可以进一步分类为个人行为、群体行为、文化行为等，也可以按照旅游目的、旅游方式、旅游时间和旅游地点进行分类。

（二）旅游者行为管理的目的与意义

旅游者行为管理的目的在于引导旅游者文明旅游、安全旅游，提升旅游体验，同时保护旅游资源和环境。通过管理旅游者行为，可以维护旅游秩序，提高旅游服务质量，促进旅游业的可持续发展。

（三）旅游者行为管理的具体措施

1. 加强文明旅游宣传教育

通过旅游平台、景区宣传栏、旅游指南等多种渠道，向旅游者传递文明旅游的重要性。倡导绿色旅游，减少对环境的破坏，增强旅游者的环保意识。

2. 制定并发布旅游者行为规范

明确旅游者在景区、饭店、交通工具等场所应遵守的准则。包括但不限于不乱扔垃圾、不破坏公共设施、不随地吐痰等行为。

3. 加强旅游者的安全意识

提高旅游者的自我保护能力，避免意外事故发生。在景区内设置安全警示标志，提醒旅游者注意安全。

4. 引导旅游者尊重当地文化和风俗

避免因文化差异导致的冲突和误解。通过导游讲解、文化体验活动等方式，增进旅游者对当地文化的了解和认同。

5. 建立旅游者行为监测系统

利用现代科技手段，如摄像头、传感器等，实时监测旅游者行为。对违规行为进行及时提醒和纠正，确保旅游秩序井然。

6. 加强旅游者行为监管与处罚

对严重违规行为进行处罚，如罚款、禁止入园等。通过建立旅游者行为评价体系，对良好行为进行奖励，树立正面典型。

（四）旅游者行为管理的挑战与对策

1. 挑战

旅游者行为多样且复杂，难以全面监管。文化差异可能导致管理难度加大。

2. 对策

加强跨部门合作，形成管理合力。提高管理效率，利用科技手段辅助管理。加强文化交流与沟通，增进相互理解和尊重。

二、旅游者需求管理

旅游者需求管理是一个复杂而重要的过程，需要政府、旅游企业以及旅游者本身共同努力。通过深入调研旅游者需求、提供个性化旅游产品和服务、优化旅游产品和服务质量、加强旅游市场营销以及建立旅游者反馈机制等措施，可以更好地满足旅游者的需求，提升旅游体验，促进旅游业的可持续发展。

旅游者需求管理是一个关键过程，它涉及深入了解旅游者的需求和偏好，以及根据这些需求提供相应的旅游产品和服务。以下是关于旅游者需求管理的详细探讨。

（一）旅游者需求的定义与特点

旅游者需求是指人们为了满足外出旅游的欲望所发生的对旅游产品的需求量。这些需求具有多样性、指向性、整体性、敏感性等特点，且随着旅游产品的价格、旅游者的可自由支配收入、闲暇时间等因素的变化而发生变化。

（二）旅游者需求管理的目的与意义

旅游者需求管理的目的在于更好地满足旅游者的需求，提升旅游体验，同时促进旅游业的可持续发展。通过管理旅游者需求，可以优化旅游资源配置，提高旅游服务质量，增强旅游业的竞争力。

（三）旅游者需求管理的具体措施

1. 深入调研旅游者需求

通过市场调研、问卷调查、数据分析等方式，深入了解旅游者的需求和偏好，包括旅游目的地、旅游方式、住宿条件、餐饮口味等方面。关注旅游者的变化趋势，如年轻化、个性化、多元化等趋势，以便及时调整旅游产品和服务。

2. 提供个性化旅游产品和服务

根据旅游者的需求和偏好，提供个性化的旅游产品和服务，如定制旅游线路、特色住宿、专属导游等。利用大数据和人工智能技术，为旅游者提供更加精准和个性化的推荐和服务。

3. 优化旅游产品和服务质量

加强旅游服务质量管理，确保旅游企业提供的服务符合标准和要求。通过培训、考核等方式，提升旅游从业人员的专业素质和服务意识。引入第三方评估机构，对旅游产品和服务进行客观评价，以便及时发现问题并改进。

4. 加强旅游市场营销

制定有效的市场营销策略，提高旅游产品和服务的知名度和美誉度。利用社交媒体、旅游平台等渠道，进行精准营销和推广，吸引更多旅游者。开展旅游促销活动，如打折、赠品等，激发旅游者的购买欲望。

5. 建立旅游者反馈机制

建立旅游者反馈渠道，如投诉电话、在线客服等，及时收集和处理旅游者的反馈和建议。对旅游者反馈进行定期分析和总结，以便发现旅游产品和服务中存在的问题并改进。对提出宝贵意见的旅游者给予奖励或优惠，鼓励旅游者积极参与反馈和改进过程。

（四）旅游者需求管理的挑战与对策

1. 挑战

旅游者需求多样且复杂，难以全面满足。旅游市场竞争激烈，需要不断创新和升级旅游产品和服务。

2. 对策

加强市场调研和分析，深入了解旅游者需求的变化趋势。引入新技术和新模式，如大数据、人工智能、虚拟现实等，提升旅游产品和服务的创新性和竞争力。加强与旅游者的互动和交流，建立长期稳定的客户关系。

三、旅游者体验管理

旅游者体验管理是一个综合性的过程，需要政府、旅游企业以及旅游者本身共同努力。通过优化旅游产品和服务、提升旅游服务质量、加强旅游环境建设、丰富旅游活动内容、建立旅游者反馈机制以及利用大数据和人工智能提升体验等措施，可以显著提升旅游者的满意度和忠诚度，促进旅游业的可持续发展。

旅游者体验管理是指通过一系列措施和活动，优化旅游者在旅游过程中的体验和感受，从而提升旅游满意度和忠诚度。以下是关于旅游者体验管理的详细探讨。

（一）旅游者体验管理的原则

1.以旅游者为中心

始终将旅游者的需求和体验放在首位，关注旅游者的感受和评价。

2.全程管理

从旅游者出发前、旅途中到返回后，全程关注旅游者的体验和感受。

3.持续改进

不断收集旅游者的反馈和建议，对旅游产品和服务进行持续改进和优化。

4.创新驱动

运用新技术、新方法提升旅游者的体验和满意度。

（二）旅游者体验管理的具体措施

1.优化旅游产品和服务

根据旅游者的需求和偏好，提供多样化的旅游产品和服务，如定制旅游线路、特色住宿、专属导游等。引入虚拟现实、增强现实等新技术，为旅游者提供沉浸式的旅游体验。

2.提升旅游服务质量

加强旅游从业人员的培训和管理，增强服务意识和提高专业素质。制定服务标准和流程，确保服务质量和效率。

3.加强旅游环境建设

改善旅游景区的环境和设施，如增设休息区、优化导览标志、提升卫生条件等。加强旅游目的地的环境保护和生态建设，为旅游者提供优美的自然环境。

4.丰富旅游活动内容

举办各类旅游节庆活动、文化展览、体育赛事等，为旅游者提供更多元化的旅游体验。鼓励旅游者参与当地的文化活动和生活体验，增进对旅游目的地的了解和认同。

5.建立旅游者反馈机制

设立旅游者反馈渠道，如投诉电话、在线客服、意见箱等，及时收集和处理旅游者的反馈和建议。对旅游者的反馈进行定期分析和总结，及时调整和改进旅游产品和服务。

6.利用大数据和人工智能提升体验

通过收集和分析旅游者的行为数据，了解旅游者的偏好和需求，为个性化服务提供依据。利用人工智能技术为旅游者提供智能导览、语音翻译等服务，提升旅游便捷性。

（三）旅游者体验管理的效果评估

1.旅游者满意度调查

定期对旅游者进行满意度调查，了解旅游者对旅游产品和服务的评价。根据调查结果，对旅游产品和服务进行改进和优化。

2.旅游者忠诚度分析

分析旅游者的重游率和推荐率，了解旅游者的忠诚度。通过提升旅游体验和服务质量，增强旅游者的忠诚度。

（四）旅游者体验管理的挑战与对策

1.挑战

旅游者需求多样且变化快速，难以准确预测和满足。旅游市场竞争激烈，需要不断创新和提升旅游体验以吸引旅游者。

2.对策

加强市场调研和分析，深入了解旅游者需求的变化趋势。引入新技术和新模式，提升旅游产品和服务的创新性和竞争力。加强与旅游者的互动和交流，建立长期稳定的客户关系。

四、旅游者权益管理

旅游者权益管理是旅游业发展的重要保障。通过加强法律法规建设、市场监管、旅游服务质量提升以及旅游安全教育等措施的实施，可以有效保护旅游者的权益，促进旅游业的健康发展。

旅游者权益管理是指通过法律、政策、制度等手段，保护旅游者在旅游过程中应享有的各项权益，确保旅游市场的公平、公正和健康发展。以下是关于旅游者权益管理的详细探讨。

（一）旅游者权益管理的意义

旅游者权益管理对于促进旅游业的健康发展具有重要意义。通过保护旅游者的权益，可以增强旅游者的信心和满意度，提高旅游业的竞争力。同时，也可以促进旅游市场的公平竞争和规范化发展，为旅游业的可持续发展奠定坚实基础。

（二）旅游者权益的主要内容

根据《中华人民共和国旅游法》等相关法律法规，旅游者的权益主要包括以下几个方面。

1. 自主选择权

旅游者有权自主选择旅游产品和服务，不受欺诈和误导。

2. 知悉真实情况权

旅游者有权知悉旅游产品和服务的真实情况，包括价格、内容、标准等。

3. 人身、财产安全权

旅游者在旅游过程中享有人身、财产安全不受损害的权利。

4. 要求履约权

旅游者有权要求旅游经营者按照合同约定提供旅游产品和服务。

5. 受尊重权

旅游者在旅游过程中应受到尊重，不得因民族、种族、性别、宗教信仰等不同而受到歧视。

6. 投诉举报权

旅游者有权对旅游经营者的违法违规行为进行投诉和举报。

（三）旅游者权益管理的措施

为了保护旅游者的权益，需要采取以下措施。

1. 加强法律法规建设

完善旅游相关法律法规，明确旅游者的权益和旅游经营者的义务，为旅游者权益保护提供法律保障。

2. 加强市场监管

建立健全旅游市场监管机制，对旅游经营者的行为进行规范和监督，打击违法违规行为，维护市场秩序。

3. 提高旅游服务质量

推动旅游经营者提高服务质量，提供优质的旅游产品和服务，满足旅游者的需求。

4. 加强旅游安全教育

加强旅游安全教育，增强旅游者的安全意识和提高自我保护能力，防止旅游安全事故的发生。

5. 建立投诉处理机制

建立健全旅游者投诉处理机制，及时受理和处理旅游者的投诉和纠纷，维护旅游者的合法权益。

（四）面临的挑战与对策

在旅游者权益管理过程中，也面临着一些挑战，如旅游市场的不规范行为、旅游者的维权意识不强等。为了应对这些挑战，需要采取以下对策。

1. 加强宣传教育

通过媒体、网络等渠道加强旅游法律法规和维权知识的宣传教育，提高旅游者的维权意识和能力。

2. 加大执法力度

加大对旅游市场的执法力度，严厉打击违法违规行为，维护市场秩序和旅游者权益。

3. 完善投诉处理机制

建立健全旅游者投诉处理机制，提高投诉处理效率和质量，确保旅游者的合法权益得到及时维护。

第三节　旅游客体高质量管理

旅游客体通常指的是旅游目的地、旅游景点、旅游资源、旅游社区、旅游设施及服务等相关元素，它们共同构成了游客的旅游体验。旅游客体高质量管理是一个涉及服务质量内涵理解、技术与功能性质量、管理规章制度制定、服务过程监控评估、员工培训与激励、设施设备维护检查、游客服务管理优化以及安全管理及资源保护等多方面的系统工程。通过全面而深入的管理实践，可以不断提升旅游客体的质量和竞争力，为游客提供更加优质、安全、便捷的旅游体验。

一、旅游目的地高质量管理

旅游地的高质量管理需要综合考虑员工素质、游客体验、景区管理、旅游产品、服务模式、市场营销、数据分析以及多部门协同等多个方面。通过不断优化和创新，提升旅游地的综合竞争力和可持续发展能力，为游客提供更加优质、便捷的旅游体验。

随着旅游业的蓬勃发展，旅游地的高质量管理成为提升竞争力、增强游客满意度和促进可持续发展的关键因素。这里从员工素质提升、游客体验优化、景区管理强化、旅游产品品质提升、创新服务模式、市场营销与品牌建设、数据分析与效率以及多部门协同监管八个方面，探讨如何实现旅游地的高质量管理。

（一）员工素质提升

员工是旅游地服务质量的直接体现者，其素质直接影响游客体验。因此，加强员工培训，提升服务意识、专业技能和应急处理能力至关重要。通过定期举办培训课程、引入外部专家讲座、开展服务技能竞赛等方式，不仅能够提高员工的专业素养，还能激发其工作热情和创新能力。同时，建立科学的绩效考核体系，激励员工不断提升自我，为游客提供更加优质的服务。

（二）游客体验优化

优化游客体验是旅游地管理的核心目标之一。这包括完善旅游设施，如增设休息区、提升公共卫生设施标准；设计人性化的游览路线，确保游客能够便捷、安全地游览；利用现代科技手段，如虚拟现实和增强现实技术、智能导览系统等，增强游客的互动性和趣味性。此外，注重环境保护，维护良好的生态环境，也是提升游客体验不可或缺的一环。

（三）景区管理强化

强化景区管理是保障旅游活动安全、有序进行的基础。这涉及制定并严格执行景区管理规章制度，如游客流量控制、环境保护条例、安全应急预案等。同时，加强日常巡逻和监控，及时发现并处理安全隐患，确保游客的人身安全和财产安全。此外，提升景区管理水平还需注重信息化建设，利用大数据、物联网等技术优化景区管理决策。

（四）旅游产品品质提升

旅游产品是吸引游客的重要因素。提升旅游产品品质，不仅要注重产品的多样性，满足不同游客的需求，还要注重产品的文化内涵和创新性。例如，开发具有地方特色的民俗体验项目、文化主题游等，增强游客的文化认同感。同时，加强旅游产品的质量控制，确保游客获得物有所值的体验。

（五）创新服务模式

创新服务模式是提升旅游地竞争力的关键。通过引入个性化定制服务、一站式服务、预约制服务等新型服务模式，提高服务效率和游客满意度。同时，利用互联网平台，开展在线预订、虚拟游览、电子票务等服务，提升旅游服务的便捷性和智能化水平。

（六）市场营销与品牌建设

有效的市场营销和品牌建设是吸引游客、提升旅游地知名度的有效途径。通过精准的市场定位、差异化的营销策略和多样化的宣传渠道，如社交媒体、旅游 App、传统媒体等，扩大旅游地的知名度和影响力。同时，注重品牌故事的打造和传播，塑造具有特色的旅游品牌形象，增强游客的忠诚度和口碑效应。

（七）数据分析与效率

利用大数据技术对旅游地进行精细化管理，是提高管理效率和服务质量的重要手段。通过收集和分析游客行为数据、旅游市场趋势数据等，为旅游地管理提供科学依据，优化资源配置和服务流程。同时，建立数据驱动的决策支持系统，提高决策的科学性和准确性。

（八）多部门协同监管

旅游地的管理涉及多个部门和领域，如旅游、交通、环保、公安等。实现多部门协同监管，是确保旅游地高质量发展的关键。通过建立信息共享机制、联合执法机制等，加强部门间的沟通和协作，形成合力，共同解决旅游地管理中存在的问题和挑战。

二、旅游景区高质量管理

旅游景区（自然景区、旅游村寨、旅游城市）的高质量管理需要综合考虑游客体验、市场营销、产业合作、环境保护、员工培训、安全保障以及服务效率与质量等多个方面。通过制定科学合理的策略和实施路径，不断提升旅游景区的综合竞争力和可持续发展能力，为游客提供更加优质、便捷、安全的旅游体验。

在快速变化的旅游市场中，旅游景区的高质量管理不仅是提升游客满意度的关键，也是实现可持续发展和增强竞争力的基础。这里从游客体验优化、市场营销与品牌建设、产业合作与联动、环境保护与可持续性、员工培训与管理、游客安全保障以及服务效率与质量七个方面，深入探讨旅游景区高质量管理的策略与实践。

（一）游客体验优化

1. 核心策略

个性化服务：通过大数据分析游客偏好，提供定制化游览路线和服务。

智能导览：引入虚拟现实、增强现实、人工智能等技术，提升游览互动性和趣味性。

设施完善：优化公共设施，如休息区、卫生设施，确保游客舒适便捷。

环境美化：加强景区绿化、美化，提升整体视觉效果和氛围。

2. 实施路径

定期调研游客反馈，持续优化服务内容和设施布局。

引入科技手段，如智能导览 App、自助购票系统等，提升服务智能化水平。

（二）市场营销与品牌建设

1. 核心策略

品牌塑造：打造具有地方特色的品牌形象，提升知名度和美誉度。

多渠道营销：结合线上线下渠道，如社交媒体、旅游平台、传统媒体等，进行精准营销。

活动策划：举办主题节庆、文化展览等活动，吸引游客关注和参与。

2. 实施路径

制定长期品牌战略规划，明确品牌定位和核心价值。

利用数据分析工具，精准定位目标市场和客户群体，提高营销效率。

（三）产业合作与联动

1. 核心策略

跨界合作：与餐饮、住宿、交通等行业合作，打造旅游产业链。

区域联动：与周边景区、城市合作，形成旅游环线或旅游集群。

资源共享：共享旅游资源，如游客数据、营销渠道等，实现互利共赢。

2. 实施路径

建立产业合作平台，加强信息共享和资源整合。

举办产业论坛、交流会等活动，促进交流与合作。

（四）环境保护与可持续性

1. 核心策略

生态保护：加强景区生态保护，维护生物多样性。

节能减排：推广绿色旅游，减少能源消耗和环境污染。

社区参与：鼓励当地社区参与旅游开发，实现共赢发展。

2. 实施路径

制定严格的环保规章制度，加强环境监管和执法。

引入环保技术和设施，如垃圾分类处理系统、污水处理设施等。

（五）员工培训与管理

1. 核心策略

专业技能培训：提升员工的服务技能、安全知识和应急处理能力。

服务意识培养：强化员工的服务意识，提升游客满意度。

绩效考核：建立科学的绩效考核体系，激励员工提升工作绩效。

2. 实施路径

定期开展培训课程和演练活动，提升员工综合素质。

建立员工反馈机制，及时解决员工问题和需求。

（六）游客安全保障

1. 核心策略

安全设施建设：完善景区安全设施，如监控系统、紧急救援设备等。

安全制度制定：制定严格的安全管理制度和应急预案。

安全宣传教育：加强游客安全教育，增强游客安全意识。

2. 实施路径

定期对安全设施进行检查和维护，确保设施完好可用。

组织安全演练和培训活动，提高员工和游客的安全应对能力。

（七）服务效率与质量

1. 核心策略

流程优化：优化服务流程，减少游客等待时间。

质量监控：建立服务质量监控体系，确保服务质量稳定可靠。

投诉处理：建立高效的投诉处理机制，及时解决游客问题。

2. 实施路径

引入先进的管理工具和方法，如六西格玛、精益管理等，提升服务效率和质量。

建立游客满意度调查机制，定期收集和分析游客反馈，持续改进服务质量。

三、旅游资源高质量管理

旅游资源就是旅游客体中尚待开发利用的具有开发利用价值的各种自然人文资源。旅游资源高质量管理就是这些资源如何高质量管理从而有利于可持续发展。进行旅游资源高质量管理需要建立健全管理体系、实施全面质量管理、加强旅游资源保护、优化旅游资源开发、加强旅游服务质量管理以及推动旅游创新与技术应用等多方面的措施。通过这些措施的实施，可以不断提升旅游资源的品质和吸引力，促进旅游产业的可持续发展。

（一）建立健全旅游资源管理体系

1.明确管理主体

旅游资源的管理主体包括景区、地方政府、社区或集体组织等，应明确各自的管理职责和权限，形成协同合作的管理机制。

2.制定管理标准

建立和完善旅游资源管理标准，包括类型、等级和过程的标准化，涉及技术、工作与管理的标准化，以确保旅游资源的高质量管理。

（二）实施全面质量管理

1.全方面管理

旅游资源的全面质量管理应以旅游资源质量为中心，在旅游资源利害相关方的全员参与下，以实现旅游资源综合效益为目标，对旅游资源保护利用全过程进行管理。

2.全过程管理

对旅游资源的调查、规划、开发和运营的全过程实行质量监督，确保旅游资源的有效保护和开发利用的最优化。

3.全人员参与

旅游资源的相关利益者，包括所有者与经营者、地方政府、社区居民、游客等需要共同参与对旅游资源的保护，共同分享旅游资源开发带来的利益。

（三）加强旅游资源保护

1.制定保护规划

根据旅游资源的类型、特点和保护要求，制定具体的保护规划，明确保护目标和措施。

2.实施保护工程

加强对自然旅游资源如森林、草原、湖泊等的保护，实施生态修复工程，维护生态平衡。同时，加强对人文旅游资源的保护，如古建筑、历史文化遗址等，防止破坏和损毁。

3.推广保护理念

通过宣传教育等方式，提高公众对旅游资源保护的认识和意识，形成全社会共同保护旅游资源的良好氛围。

（四）优化旅游资源开发

1. 科学规划

在旅游资源开发过程中，应注重科学规划，合理布局旅游设施和服务项目，避免过度开发和资源浪费。

2. 提升品质

加强旅游设施建设和服务质量管理，提升旅游资源的品质和吸引力。注重旅游产品的创新和多样化，满足游客的多样化需求。

3. 促进可持续发展

在旅游资源开发过程中，应注重环境保护和生态平衡，实现旅游资源的可持续利用和发展。同时，加强旅游资源的文化内涵和特色挖掘，提升旅游资源的文化价值和社会影响力。

（五）加强旅游服务质量管理

1. 培训从业人员

加强旅游从业人员的培训和教育，提高他们的专业素质和服务技能。建立完善的激励机制和约束机制，提高员工的工作积极性和服务质量。

2. 完善服务设施

加强旅游基础设施和服务设施建设，如道路、停车场、旅游厕所等，提高旅游服务的便捷性和舒适度。

3. 强化市场监管

加强对旅游市场的监管，打击违法违规行为，维护良好的旅游市场秩序。同时，加强旅游投诉处理机制建设，及时解决游客的投诉和纠纷。

（六）推动旅游创新与技术应用

1. 利用现代科技成果

积极利用大数据、云计算、人工智能等现代科技成果，提高旅游服务的智能化和个性化水平。

2. 创新旅游产品和服务

推动旅游产品和服务的创新，开发具有地方特色的旅游产品和文化活动，提高旅游产品的附加值和竞争力。

3. 加强智慧旅游建设

加强智慧旅游建设，通过信息化手段提高旅游服务的质量和效率。建立旅游信息平台，提供便捷的旅游信息查询和预订服务。

四、旅游社区高质量管理

旅游社区作为旅游业的重要组成部分，其管理水平直接影响到游客的体验、社区的经济发展以及当地文化的传承与保护。以下策略涵盖了员工素质提升、游客体验优化、社区安全管理、旅游产品优化、服务模式创新、管理效率提升、社区合作发展以及宣传与文化建设等关键方面。需要综合考虑员工素质提升、游客体验优化、社区安全管理、旅游产品优化、服务模式创新、管理效率提升、社区合作发展以及宣传与文化建设等多个方面。通过制定科学合理的策略并实施有效的路径，可以推动旅游社区的可持续发展，提升游客满意度和社区居民的幸福感。

（一）员工素质提升

1. 核心策略

定期培训：组织员工参加专业技能、服务礼仪、急救知识等方面的培训。

激励机制：建立员工绩效考核与奖励机制，鼓励员工自我提升。

团队建设：加强团队合作与沟通能力，营造积极向上的工作氛围。

2. 实施路径

与专业培训机构合作，定制培训课程。

定期举办技能竞赛，提升员工实操能力。

设立员工意见箱，收集反馈，持续改进培训方案。

（二）游客体验优化

1. 核心策略

设施完善：升级旅游设施，如游客中心、休息区、卫生设施等。

活动丰富：举办文化节庆、互动体验等活动，增强游客参与感。

个性化服务：根据游客需求提供定制化服务，如语言翻译、特殊需求服务等。

2. 实施路径

调研游客需求，持续完善旅游设施。

引入创意团队，策划新颖有趣的活动。

建立游客服务数据库，记录游客偏好，提供精准服务。

（三）社区安全管理

1. 核心策略

安全设施建设：加强监控系统、紧急救援设备等安全设施建设。

安全宣传：开展安全知识宣传，增强游客和居民的安全意识。

应急预案：制定完善的应急预案，定期组织演练。

2. 实施路径

与当地政府合作，申请资金支持安全设施建设。

利用社区广播、公告栏等渠道进行安全宣传。

成立应急小组，负责应急预案的制定与实施。

（四）旅游产品优化

1. 核心策略

特色挖掘：深入挖掘当地文化、自然资源，打造特色旅游产品。

品质提升：提高旅游产品的品质和服务水平，满足游客多样化需求。

产品组合：推出旅游产品组合，如套餐游、主题游等，增加游客选择。

2. 实施路径

与当地艺术家、手工艺人合作，开发特色旅游纪念品。

引入第三方评估机构，对旅游产品进行质量认证。

利用大数据分析、了解游客偏好，优化产品组合。

（五）服务模式创新

1. 核心策略

智慧旅游：利用互联网、大数据等技术，打造智慧旅游社区。

定制化服务：根据游客需求，提供个性化、定制化的旅游服务。

共享服务：推动旅游资源共享，如共享民宿、共享交通工具等。

2. 实施路径

开发智慧旅游 App，提供一站式旅游服务。

建立游客服务中心，提供定制化服务咨询。

与共享经济平台合作，推动旅游资源共享。

（六）管理效率提升

1. 核心策略

流程优化：优化旅游社区管理流程，减少不必要的环节。

信息化建设：加强信息化建设，提高管理效率。

绩效考核：建立科学的绩效考核体系，激励员工提高工作效率。

2. 实施路径

引入先进的管理软件，实现流程自动化。

建立数据共享平台，提高信息流转速度。

定期评估员工工作绩效，给予相应奖励或改进建议。

（七）社区合作发展

1. 核心策略

资源整合：整合社区内各种资源，如自然景观、文化遗产等，形成合力。

产业联动：推动旅游业与其他产业的联动发展，如农业、文化等。

利益共享：确保旅游收益惠及社区居民，促进共同富裕。

2. 实施路径

成立旅游发展委员会，负责资源整合与规划。

与相关企业合作，共同开发旅游产品。

建立利益分配机制，确保社区居民受益。

（八）宣传与文化建设

1. 核心策略

品牌塑造：打造具有地方特色的旅游品牌，提升知名度。

文化展示：通过展览、表演等方式，展示当地文化。

宣传渠道：利用线上线下渠道，进行全方位宣传。

2. 实施路径

与媒体合作，进行品牌推广。

举办文化节庆活动，吸引游客和媒体关注。

利用社交媒体、旅游 App 等线上渠道，进行精准宣传。

第四节　旅游媒体高质量管理

一、定义及范畴

旅游业高质量管理是指在保障旅游业持续健康发展的基础上，追求更高水平的发展质量和综合效益。其核心内容主要涉及以下几个方面：提升旅游服务水平、保护环境和文化遗产、提升行业管理水平、推动产业融合和创新发展、合理统筹政府与市场的关系、提升旅游产品质量和服务质量。

旅游业高质量管理需要综合考虑顾客需求、服务质量、员工管理、过程监测、顾客满意度、产品质量、项目文化性以及和谐环境等多个方面。通过制定并实施上述策略，可以推动旅游业的可持续发展，提升游客满意度和旅游业竞争力。为了保持旅游业的可持续发展，实现高质量管理至关重要。以下策略涵盖了以顾客需求为中心、服务质量转化、员工管理培训、过程质量监测、顾客满意度评价、旅游产品质量、旅游项目文化性以及和谐旅游环境等关键方面，旨在提升旅游业的整体管理水平。

（一）旅游企业

旅游企业涵盖了多个领域和行业，为旅游者提供全方位、多样化的服务。这些企业的存在和发展不仅满足了旅游者的需求，也推动了旅游业的繁荣和发展。旅游企业是从事旅游经济活动的独立单位，这些企业为旅游者提供食、住、行、游、购、娱等消费服务，并取得相应收入。

旅游企业的具体分类可以从多个角度进行划分，以下是对旅游企业主要类型的归纳。

按服务内容分类，包括旅行社、旅游住宿企业、旅游交通企业、旅游吸引物企业、旅游中介企业、其他旅游相关企业。

按企业与旅游活动的相互依赖关系及从旅游活动中获得的直接收入水平分类，包括直接旅游企业、间接旅游企业、辅助性组织。其中，辅助性组织如相关的政府机构、旅游院校、旅游科研机构等。

（二）旅游事业（机构）

旅游事业是一个多元化、综合性的领域，涵盖了从接待服务到景点开发、住宿餐饮、购物娱乐、交通服务等各个方面的业务。这些业务相互交织、相互支持，共同构成了旅游事业的完整体系。

旅游事业是一个广泛且综合的概念，它不仅涵盖了传统的旅游接待与游览活动，还扩展到了与旅游相关的各个服务和业务领域。旅游事业的特点和功能主要包括：（1）旅游接待服务；（2）景点开发与经营；（3）酒店与住宿业务；（4）旅游餐饮服务；（5）旅游购物服务；（6）旅游娱乐服务；（7）旅游交通服务；（8）其他相关业务。

旅游事业机构主要包括：（1）旅游管理机构；（2）旅游行业组织；（3）旅游企业；（4）旅游服务配套；（5）旅游教育机构；（6）区域性旅游组织；（7）国际旅游组织。

（三）旅游协会

旅游协会在旅游事业和旅游企业中发挥着重要的桥梁纽带作用。它既是旅游事业的代表和引领者，又是旅游企业的服务者和支持者。通过加强旅游协会的建设和发展，可以进一步推动旅游事业的繁荣和发展，提升旅游企业的竞争力和市场地位。

旅游协会与旅游事业的关系包括四个方面：行业代表与引领，行业调研与咨询，行业交流与合作，行业自律与监督。旅游协会与旅游企业的关系表现为：服务与支持，交流与合作平台，行业自律与规范。

二、旅游事业高质量管理

随着全球经济的发展和人们生活水平的提高，旅游业已成为推动经济增长、文化交流和社会发展的重要力量。为了促进旅游事业的持续、健康、高质量发展，必须实施一系列科学、全面的管理策略。本文将从旅游服务水平提升、环境保护与传承、行业管理水平提高、产业融合与创新、基础设施建设加强、人才培养与引进、旅游消费环境优化以及监管与保障措施完善八个方面，详细阐述旅游事业高质量管理的策略。

（一）旅游服务水平提升

1. 核心策略

标准化服务：制定并执行统一的旅游服务标准，确保服务质量和游客体验的一致性。

个性化服务：深入了解游客需求，提供定制化的旅游产品和服务，提升游客满意度。

培训与教育：加强旅游从业人员的专业培训，提升其服务意识和技能水平。

2. 实施路径

建立健全旅游服务质量监管体系，定期进行服务质量检查和评估。

引入智能化服务系统，如自助导览、在线预订等，提高服务效率和便捷性。

开展旅游从业人员技能大赛和评选活动，激励员工提升服务水平。

（二）环境保护与传承

1. 核心策略

绿色旅游：倡导绿色、低碳的旅游方式，减少旅游活动对环境的负面影响。

文化遗产保护：加强对旅游目的地文化遗产的保护和传承，弘扬地方特色文化。

生态修复：对受损的自然景观和生态环境进行修复和重建，恢复其生态功能。

2. 实施路径

制定并实施旅游环保政策，如垃圾分类、节能减排等。

开展文化遗产保护项目，如文物保护、非物质文化遗产传承等。

引入生态修复技术，对受损区域进行生态恢复和景观再造。

（三）行业管理水平提高

1. 核心策略

规范化管理：建立健全旅游行业管理法规和政策体系，规范旅游市场秩序。

信息化管理：利用现代信息技术手段，提高旅游行业管理的效率和透明度。

协作机制：加强政府、企业和社会组织之间的协作，形成合力推动旅游事业发展。

2. 实施路径

制定旅游行业发展规划和政策，明确发展方向和目标。

建立旅游行业数据库和信息共享平台，提高管理决策的科学性和准确性。

成立旅游行业协会和联盟，加强行业自律和协作。

（四）产业融合与创新

1. 核心策略

跨界融合：推动旅游业与其他产业的深度融合，如文化、体育、教育等，拓展旅游产业链。

产品创新：开发具有地方特色和市场竞争力的旅游产品，满足游客多元化需求。

科技应用：利用现代科技手段，提升旅游产品的科技含量和吸引力。

2. 实施路径

鼓励旅游企业开展跨界合作，共同开发新产品和新项目。

设立旅游产品研发基金，支持旅游产品创新。

（五）基础设施建设加强

1. 核心策略

完善交通网络：加强旅游交通基础设施建设，提高旅游目的地的可达性和便捷性。

公共服务设施：建设和完善旅游公共服务设施，如旅游咨询中心、停车场、公共卫生间等。

智慧旅游设施：引入智能化设施，提升旅游服务的智能化水平。

2. 实施路径

加大交通基础设施建设投入，优化旅游交通网络布局。

制定旅游公共服务设施建设规划，明确建设标准和要求。

推广智慧旅游设施应用，如智能导览系统、智能停车场等。

（六）人才培养与引进

1. 核心策略

专业人才培养：加强旅游专业人才培养，提高旅游从业人员的专业素质和技能水平。

高层次人才引进：吸引高层次旅游人才，提升旅游事业的整体竞争力。

人才激励机制：建立健全人才激励机制，激发旅游人才的创新和创业活力。

2. 实施路径

与高校合作开展旅游专业人才培养项目，如实训基地、校企合作等。

举办旅游人才招聘会，吸引高层次人才加盟。

设立旅游人才奖励基金，表彰和奖励优秀旅游人才。

（七）旅游消费环境优化

1. 核心策略

提升消费品质：加强旅游消费品质监管，提高旅游产品和服务的质量。

丰富消费业态：拓展旅游消费业态，如购物、娱乐、休闲等，满足游客多样化需求。

优化消费环境：加强旅游消费环境治理，营造安全、舒适、便捷的消费环境。

2. 实施路径

制定旅游消费品质监管政策，明确监管标准和要求。

鼓励旅游企业开发新产品和新业态，丰富旅游消费选择。

加大旅游消费环境治理力度，如加强市场监管、完善消费投诉处理机制等。

（八）监管与保障措施完善

1. 核心策略

强化监管力度：加大旅游行业监管力度，规范旅游市场秩序。

完善法规体系：建立健全旅游行业法规体系，为旅游事业发展提供法律保障。

应急保障体系：建立完善的旅游应急保障体系，提高应对突发事件的能力。

2. 实施路径

设立旅游行业监管机构，负责行业监管和执法工作。

制定旅游行业法规和政策，明确行业规范和标准。

加强旅游应急保障体系建设，如设立旅游应急基金、建立应急救援队伍等。

三、旅游企业高质量管理

旅游企业高质量管理需要从全面质量管理、全员参与管理、服务过程控制、产品设计优化、协作单位管理、客户信息反馈、财务管理规范以及安全管理到位八个方面入手。通过实施这些策略，旅游企业能够不断提升自身的竞争力和可持续发展能力。在当今竞争激烈的旅游市场中，旅游企业要实现可持续发展，就必须注重高质量管理。高质量管理不仅关乎企业的生存，更关乎其长远发展和市场竞争力。

（一）全面质量管理

1. 核心策略

全面质量管理强调以客户为中心，将质量意识贯穿于旅游企业运营的各个环节。旅游企业应建立全面质量管理体系，包括质量方针、目标、过程控制、持续改进等要素，确保旅游产品和服务的整体质量。

2. 实施路径

制定明确的质量方针和目标，将其与企业愿景、使命相结合。

设立质量管理机构，负责全面质量管理的策划、实施、检查和改进。

加强质量教育，增强全体员工的质量意识和责任感。

（二）全员参与管理

1. 核心策略

全员参与管理是指旅游企业鼓励全体员工积极参与企业管理，共同为企业的发展贡献力量。通过全员参与，企业能够汇聚更多智慧和力量，提升管理效率和决策水平。

2. 实施路径

建立员工参与机制，如职工代表大会、合理化建议制度等。

开展员工培训和教育活动，提升员工的管理能力和专业素养。

设立员工奖励制度，对积极参与管理、提出优秀建议的员工给予表彰和奖励。

（三）服务过程控制

1. 核心策略

服务过程控制是旅游企业确保服务质量的重要手段。通过对服务过程进行细致入微的监控和管理，企业能够及时发现并纠正服务中的问题，提升客户满意度。

2. 实施路径

制定服务流程和服务标准，明确各环节的责任和要求。

加强服务过程中的沟通与协调，确保服务流程的顺畅进行。

定期对服务过程进行检查和评估，及时发现问题并进行整改。

（四）产品设计优化

1. 核心策略

产品设计优化是旅游企业提升竞争力的关键。企业应深入了解市场需求和客户需求，结合自身资源和优势，开发出具有竞争力的旅游产品。

2. 实施路径

开展市场调研，了解游客需求和市场趋势。创新旅游产品设计和开发思路，打造具有特色的旅游产品。定期对旅游产品进行评估和优化，提升产品竞争力。

（五）协作单位管理

1. 核心策略

协作单位管理是指旅游企业与合作伙伴之间的合作与管理。通过加强协作单位管理，企业能够确保旅游产品的质量和服务的连续性，提升整体运营水平。

2. 实施路径

建立协作单位评估体系，对合作伙伴的资质、能力、信誉等进行评估。加强与协作单位的沟通与协作，共同制订合作计划和实施方案。定期对协作单位进行考核和评估，确保合作效果和质量。

（六）客户信息反馈

1. 核心策略

客户信息反馈是旅游企业了解客户满意度和改进服务的重要依据。企业应建立客户信息反馈机制，及时收集、分析和处理客户的意见和建议。

2. 实施路径

设立客户服务中心，负责收集和处理客户信息反馈。定期开展客户满意度调查，了解客户对旅游产品和服务的评价。根据客户信息反馈，及时调整服务策略和改进旅游产品。

（七）财务管理规范

1. 核心策略

财务管理规范是旅游企业稳健运营的重要保障。企业应建立健全财务管理制度，加强财务监管和风险控制，确保财务数据的准确性和完整性。

2. 实施路径

制定财务管理制度，明确财务审批、核算、报表等流程和要求。加强财务人员的培训和教育，提高其专业素养和财务管理能力。定期对财务数据进行审计和检查，确保财务数据的准确性和合规性。

（八）安全管理到位

1. 核心策略

安全管理是旅游企业的生命线。企业应建立健全安全管理制度，加强安全培训和演练，确保游客和员工的人身安全。

2. 实施路径

制定安全管理制度和应急预案，明确安全责任和安全措施。加强安全培训和演练，增强员工的安全意识和提高应急处理能力。定期对安全设施进行检查和维护，确保安全设施的有效性和可靠性。

四、旅游协会高质量管理

旅游协会高质量管理涉及多个方面，需要旅游协会与会员企业共同努力，从质量服务意识、诚信经营、服务流程、旅游产品、从业人员培训、投诉处理机制、社会监督指导以及安全与和谐氛围等方面入手，全面提升旅游服务质量，推动旅游业持续健康发展。

随着旅游业的快速发展，旅游协会在推动行业标准化、规范化进程中的作用日益凸显。为了进一步提升旅游服务的质量和水平，旅游协会应实施高质量管理策略，从多方面入手，确保旅游业持续健康发展。以下是对旅游协会高质量管理主要内容的详细阐述。

（一）强化质量服务意识

1. 核心要点

质量服务意识是旅游协会高质量管理的基石。旅游协会应倡导"质量第一"的理念，要求会员企业把提升服务质量作为经营的首要任务。

2. 实施策略

举办质量意识提升活动，通过讲座、研讨会等形式，加深会员企业对质量服务重要性的认识。定期发布质量服务标准，引导会员企业不断提升服务质量。

（二）遵纪守法诚信经营

1. 核心要点

遵纪守法、诚信经营是旅游协会高质量管理的重要保障。旅游协会应督促会员企业严格遵守国家法律法规，诚实守信，不欺诈、不误导游客。

2. 实施策略

加强法律法规宣传，提高会员企业的法律意识。建立诚信经营评价体系，对会员企业的诚信经营行为进行定期评估。

（三）优化旅游服务流程

1. 核心要点

优化旅游服务流程是提升服务质量的关键。旅游协会应引导会员企业完善服务流程，确保游客在旅游过程中享受便捷、高效的服务。

2. 实施策略

鼓励会员企业采用先进的信息技术手段，如旅游 App、智能导览系统等，提升服务效率。组织服务流程优化培训，提升会员企业的服务流程管理能力。

（四）提供优质旅游产品

1. 核心要点

提供优质旅游产品是旅游协会高质量管理的核心目标。旅游协会应鼓励会员企业不断创新旅游产品，满足游客多样化的需求。

2. 实施策略

支持会员企业开发具有地方特色的旅游产品，提升旅游产品的吸引力。举办旅游产品创新大赛，激励会员企业不断推出新产品。

（五）加强从业人员培训

1. 核心要点

从业人员素质的高低直接影响服务质量。旅游协会应加强对会员企业从业人员的培训，提升其专业素养和服务技能。

2. 实施策略

举办旅游从业人员培训班，邀请专家授课，提升从业人员的服务意识和技能。建立从业人员培训档案，对培训效果进行跟踪评估。

（六）完善投诉处理机制

1. 核心要点

完善投诉处理机制是维护游客权益、提升服务质量的重要举措。旅游协会应建立健全投诉处理机制，确保游客投诉得到及时、有效的处理。

2. 实施策略

设立投诉受理机构，负责接收、处理游客投诉。建立投诉处理流程，确保投诉得到及时、公正的处理。

（七）接受各界监督指导

1. 核心要点

接受各界监督指导是旅游协会高质量管理的重要保障。旅游协会应主动邀请政府、媒体、游客等社会各界对旅游服务进行监督，指导会员企业不断改进服务质量。

2. 实施策略

定期邀请政府相关部门对会员企业进行执法检查。与媒体合作，发布旅游服务质量报告，接受公众监督。

（八）注重安全与和谐氛围

1. 核心要点

安全与和谐氛围是旅游服务的基础。旅游协会应督促会员企业加强安全管理，营造和谐、舒适的旅游环境。

2. 实施策略

加强安全宣传教育，增强游客和从业人员的安全意识。建立健全安全管理制度，确保旅游活动的安全进行。

第五节　旅游环境高质量管理

一、定义、内涵及范畴

（一）定义

旅游发展环境高质量管理是一个综合性的管理理念，涵盖了生态资源保护、服务质量提升、多部门协同监管、文化遗产传承、绿色旅游推广、区域协同联动、旅游产品创新以及环保制度建立等多个方面。通过实施高质量管理，可以推动旅游业的可持续发展，提升旅游目的地的整体竞争力，为游客提供更加优质、安全、舒适的旅游体验。

（二）内涵、功能及范畴

旅游发展环境高质量管理是指通过一系列综合措施，优化和提升旅游目的地的整体发展环境，以满足游客日益增长的多样化需求，同时促进旅游业的可持续发展。这一管理理念涵盖了生态资源保护、服务质量提升、多部门协同监管、文化遗产传承、绿色旅游推广、区域协同联动、旅游产品创新以及环保制度建立等多个方面。以下是对这些方面的详细阐述。

1. 生态资源保护

生态资源是旅游业发展的基础。高质量管理要求加强对自然生态资源的保护，防止过度开发和污染，确保旅游活动与生态保护相协调。这包括建立严格的生态保护制度，限制对生态环境的破坏性行为，以及推动生态旅游的发展，让游客在享受自然美景的同时，加深对环境保护的认识和增强责任感。

2. 服务质量提升

提升旅游服务质量是高质量管理的核心。这包括提高旅游从业人员的专业技能和服务意识，加强旅游设施的建设和维护，以及优化旅游服务流程，确保游客在旅游过程中能够享受到便捷、舒适、安全的服务。同时，还需要建立有效的服务质量反馈机制，及时收集和处理游客的投诉和建议，不断改进和提升服务质量。

3. 多部门协同监管

旅游业的健康发展需要多个部门的协同监管。高质量管理要求建立跨部门合作机制，加强旅游、环保、交通、文化等部门的沟通与协作，共同制定和执行旅游发展规划和政策，确保旅游活动的有序进行。同时，还需要加强对旅游市场的监管，打击非法经营和欺诈行为，维护旅游市场的公平竞争和游客的合法权益。

4. 文化遗产传承

文化遗产是旅游业的重要组成部分。高质量管理要求加强对文化遗产的保护和传承，包括历史建筑、传统工艺、民俗风情等。通过挖掘和展示文化遗产的独特魅力，吸引游客的关注和参与，同时推动文化遗产的活化利用和可持续发展。

5. 绿色旅游推广

绿色旅游是旅游业未来发展的趋势。高质量管理要求积极推广绿色旅游理念，鼓励游客选择低碳、环保的旅游方式，减少旅游活动对生态环境的影响。同时，还需要加强绿色旅游产品的开发和推广，如生态度假村、绿色餐饮等，满足游客对绿色旅游的需求。

6. 区域协同联动

旅游业的发展需要区域间的协同联动。高质量管理要求加强旅游目的地之间的合作与交流，共同制定区域旅游发展规划和政策，推动旅游资源的整合和共享。通过区域协同联动，提升旅游目的地的整体竞争力，吸引更多的游客前来旅游。

7. 旅游产品创新

旅游产品创新是旅游业发展的动力。高质量管理要求不断推动旅游产品的创新与发展，满足游客对多样化、个性化旅游产品的需求。这包括开发新的旅游线路和景点，丰富旅游产品的内容和形式，以及提升旅游产品的文化内涵和附加值。

8. 环保制度建立

建立环保制度是旅游发展环境高质量管理的重要保障。这包括：制定和完善环保法规和政策，明确旅游活动对生态环境的影响标准和限制；加大环保执法力度，对违法行为进行严厉打击；推动环保教育的普及，增强游客和从业人员的环保意识。

二、旅游大环境高质量管理

旅游大环境的高质量管理需要政府、企业和社会各界的共同努力。通过优化政治环境、经济环境、社会环境、文化环境和科技环境，为旅游业提供更加稳定、安全、舒适、便捷、智能的发展环境，推动旅游业的持续健康发展。旅游大环境的高质量管理是促进旅游业健康、持续、稳定发展的关键。以下是对政治环境、经济环境、社会环境、文化环境以及科技环境在旅游大环境高质量管理中所起作用的详细分析。

（一）政治环境

政治环境是旅游大环境高质量管理的基石。稳定的政治环境、合理的政策导向以及高效的政府服务是旅游业发展的前提条件。

1. 政策稳定性

稳定的政治环境有助于旅游业的长期规划和发展。政府应制定长期稳定的旅游政策，避免政策频繁变动给旅游业带来不确定性和风险。

2. 政策引导

政府应出台鼓励旅游业发展的政策措施，如提供税收优惠、资金扶持等，以吸引更多的社会资本进入旅游业。

3. 政府服务

提高政府服务效率和质量，简化审批流程，降低旅游企业运营成本，为旅游业发展创造良好的政务环境。

（二）经济环境

经济环境是影响旅游业发展的重要因素。良好的经济环境能够为旅游业提供更多的资金支持和市场需求。

1. 经济发展水平

经济发展水平的提高意味着人们可支配收入的增加，进而促进旅游消费的增长。

2. 资金扶持

政府和社会资本对旅游业的投资是推动旅游业发展的重要动力。政府应鼓励社会资本进入旅游业，同时加强资金监管，确保资金的有效利用。

3. 市场需求

随着人们生活水平的提高，旅游市场需求不断增长。旅游企业应密切关注市场需求变化，不断创新旅游产品，满足游客的多样化需求。

（三）社会环境

社会环境是影响旅游业发展的重要外部因素。良好的社会环境能够为旅游业提供更加安全、舒适、和谐的旅游氛围。

1. 社会稳定

社会稳定是旅游业发展的前提条件。政府应加强社会治安管理，确保游客的人身和财产安全。

2. 社区参与

鼓励社区居民参与旅游业发展，增强社区居民的旅游意识和提高参与度，促进旅游业的可持续发展。

3. 文明教育

加强文明教育，提高游客的文明素质和增强旅游意识，培养游客的环保意识和责任感。

（四）文化环境

文化环境是旅游业发展的重要支撑。丰富的文化资源和独特的文化特色是吸引游客的重要因素。

1. 文化资源

保护和挖掘丰富的文化资源，如历史遗迹、民俗文化等，为旅游业提供独特的文化体验。

2. 文化交流

加强文化交流与合作，推动不同文化之间的融合与创新，提升旅游目的地的文化品质和国际影响力。

3. 文化创意

鼓励文化创意产业的发展，将文化创意融入旅游产品，提高旅游产品的文化内涵和附加值。

（五）科技环境

科技环境是旅游业发展的重要驱动力。现代科技的发展为旅游业提供了更加便捷、高效、智能的服务手段。

1. 信息技术

利用云计算、大数据、物联网等现代信息技术，推动智慧旅游的建设与发展，提高旅游服务的便捷性和个性化水平。

2. 智能设施

推广智能旅游设施，如智能导览系统、智能停车场等，提高旅游景区的智能化水平和服务质量。

3. 绿色科技

加强绿色科技在旅游业中的应用，如环保材料、节能技术等，推动旅游业的绿色发展。

三、旅游目的地环境高质量管理

旅游目的地环境高质量管理旨在通过一系列综合性的管理措施，确保旅游目的地的环境质量达到高标准，为游客提供安全、舒适、愉悦的旅游体验，同时促进旅游业的可持续发展。旅游目的地环境高质量管理需要从多个方面入手，通过制定科学的环境质量标准、实施有效的环境质量监控、完善生活垃圾系统管理、制定合理的人口管理政策、加强景观环境保护维护、建立科学的环境质量评价体系、提升服务人员素质以及坚决维护游客权益等措施，确保旅游目的地的环境质量达到高标准，为游客提供安全、舒适、愉悦的旅游体验。

（一）制定环境质量标准

环境质量标准是旅游目的地环境高质量管理的基础。根据旅游目的地的自然生态、历史文化等特点，结合国际和国内的相关环保法规，制定科学、合理的环境质量标准。这些标准应涵盖空气质量、水质、噪声控制、绿化覆盖率等多个方面，确保旅游目的地的环境质量符合或超越游客的期望。

（二）实施环境质量监控

环境质量的持续监控是确保环境质量达标的关键。通过建立环境质量监测网络，对旅游目的地的空气质量、水质、土壤质量等进行实时监测，及时发现和处理环境质量问题。同时，建立环境质量报告制度，定期向公众发布环境质量报告，接受社会监督。

（三）管理生活垃圾系统

生活垃圾的妥善处理是旅游目的地环境高质量管理的重要一环。应建立完善的垃圾分类、收集、运输和处理系统，确保生活垃圾得到及时、有效地处理。通过推广垃圾分类知识，增强游客和当地居民的环保意识，减少垃圾的产生量，促进资源的循环利用。

（四）完善人口管理政策

合理的人口管理政策有助于维护旅游目的地的环境质量。根据旅游目的地的承载能力，制定科学的人口管理政策，控制游客和当地居民的数量，避免过度拥挤和资源过度消耗。同时，通过优化旅游服务设施和布局，提高游客的满意度和舒适度。

（五）保护维护景观环境

景观环境的保护和维护是旅游目的地环境高质量管理的核心内容。加强对自然景观、历史遗迹等旅游资源的保护，防止人为破坏和污染。通过加大执法力度，打击破坏环境的行为，维护旅游目的地的整体形象。

（六）科学评价环境质量

科学的环境质量评价是制定和调整环境管理政策的重要依据。通过建立科学的环境质量评价体系，对旅游目的地的环境质量进行定期评估，分析环境质量的变化趋势和影响因素，为制定针对性的环境管理政策提供科学依据。

（七）提升服务人员素质

服务人员的素质直接影响到游客的旅游体验。通过加强培训和教育，提高服务人员的专业素养和服务意识，确保他们能够为游客提供优质的服务。同时，建立服务人员的激励机制和约束机制，激发他们的工作热情和责任心。

（八）坚决维护游客权益

维护游客的合法权益是旅游目的地环境高质量管理的重要职责。通过建立完善的投诉处理机制，及时受理和处理游客的投诉和纠纷，确保游客的合法权益得到保障。同时，加强旅游市场的监管，打击欺诈、宰客等违法行为，维护旅游市场的公平、公正和透明。

四、旅游微环境高质量管理

旅游微环境高质量管理是指针对旅游目的地内部的具体环境，通过一系列细致入微的管理措施，确保游客在旅游过程中能够享受到安全、舒适、愉悦且富有文化特色的旅游体验。旅游微环境高质量管理需要从整治环境卫生、控制噪声污染、管理景区安全、维护基础设施、升级数字化服务、保护文化遗产、反馈游客体验以及宣传环保教育等多个方面入手。

（一）整治环境卫生

环境卫生是旅游微环境高质量管理的基础。通过定期开展环境卫生整治行动，清理景区内外的垃圾、杂草和废弃物，保持景区的整洁和美观。同时，加强对景区内公共厕所、餐饮区等卫生设施的管理和维护，确保游客能够享受到干净、卫生的旅游环境。

（二）控制噪声污染

噪声污染是影响游客体验的重要因素之一。旅游微环境高质量管理要求严格控制景区内的噪声污染，包括限制高音喇叭的使用、规范施工时间、控制游客大声喧哗等行为。通过设立噪声监测点和制定噪声控制标准，确保景区内的噪声水平保持在合理范围内，为游客提供一个宁静、舒适的旅游环境。

（三）管理景区安全

景区安全是旅游微环境高质量管理的重中之重。通过加强景区安全设施建设，如增设监控摄像头、安装防护栏、设置警示标识等，提高景区的安全防范能力。同时，建立健全景区安全管理制度，加强安全巡查和应急救援演练，确保游客在景区内的安全。

（四）维护基础设施

基础设施的完好程度直接影响到游客的旅游体验。旅游微环境高质量管理要求定期对景区内的道路、桥梁、步道、座椅、照明设施等基础设施进行检查和维护，确保其完好无损、功能正常。同时，加强对景区内标识系统的管理和维护，确保游客能够方便地获取旅游信息。

（五）升级数字化服务

数字化服务是提升旅游微环境质量的重要手段。通过引入智能导览系统、在线购票平台、虚拟现实技术等数字化服务手段，为游客提供更加便捷、个性化的旅游体验。同时，加强景区数字化建设，提高景区管理效率和服务水平。

（六）保护文化遗产

文化遗产是旅游微环境高质量管理的核心。通过加强对景区内文化遗产的保护和修复，确保文化遗产的完整性和真实性。同时，通过举办文化展览、演出等活动，展示文化遗产的独特魅力，提高游客的文化素养和旅游体验。

（七）反馈游客体验

游客体验反馈是旅游微环境高质量管理的重要参考。通过建立游客反馈机制，及时收集和处理游客的意见和建议，了解游客的需求和期望。根据游客反馈，不断优化旅游产品和服务，提升游客满意度和忠诚度。

（八）宣传环保教育

环保教育宣传是提升游客环保意识的重要途径。通过在景区内设置环保宣传栏、发放环保宣传资料、举办环保主题活动等方式，向游客普及环保知识和理念。同时，鼓励游客参与环保行动，如垃圾分类、节能减排等，共同营造绿色、可持续的旅游环境。

思考题

1. 什么是高质量旅游管理？
2. 为什么要进行高质量旅游管理？
3. 高质量旅游管理的本质及特征是什么？
4. 高质量旅游管理的类型及划分依据是什么？

旅游高质量发展规划

　　旅游高质量发展规划是旅游高质量发展战略实现的重要途径，旅游高质量发展需要一个高质量的旅游发展规划进行指导。本章具体阐述旅游高质量发展规划相关内容，具体包括旅游高质量发展定义及关键要素、旅游高质量发展规划内涵及特征、旅游高质量发展规划框架、旅游高质量发展规划主要内容、旅游高质量发展规划管理等。

第一节　旅游高质量发展规划概述

一、定义

　　旅游高质量发展规划是一个涵盖多个方面的综合性规划，旨在提升旅游服务品质、保护环境文化遗产、加强行业管理、推动产业融合创新、优化公共服务体系、加强旅游交通建设、完善应急救援机制以及促进旅游惠民便民，以实现旅游业的可持续发展。

二、关键要素

　　旅游高质量发展规划需要从优化旅游服务中心、加强线上信息服务、建设旅游交通基础、优化旅游交通服务、建设旅游应急机制、丰富优质旅游供给、提升公共服务效能、强化标准制定实施等多个方面入手，形成全方位的规划体系，推动旅游业的高质量发展。

（一）优化旅游服务中心

旅游服务中心是游客获取旅游信息、享受旅游服务的重要窗口。为提升服务质量，应优化旅游服务中心的布局和功能，增设自助服务终端，提供多语种服务，加强人员培训，提高服务效率和专业水平。同时，结合当地特色，开发特色旅游商品，丰富旅游服务中心的产品和服务供给。

（二）加强线上信息服务

在数字化时代背景下，加强线上信息服务对于提升旅游体验至关重要。应构建完善的旅游信息平台，整合旅游资讯、景点介绍、交通信息、天气预报等资源，提供便捷的在线预订、购票、导航等服务。同时，利用社交媒体、短视频等新兴传播方式，扩大旅游信息的覆盖面和影响力。

（三）建设旅游交通基础

交通是旅游的基础保障。应加大对旅游交通基础建设的投入，完善景区内部及周边的道路、桥梁、停车场等基础设施，提升交通网络的连通性和便捷性。同时，推动绿色交通发展，鼓励使用新能源交通工具，减少碳排放，保护生态环境。

（四）优化旅游交通服务

在完善基础设施的基础上，应进一步优化旅游交通服务。提供多样化的交通方式选择，如公交、出租车、共享单车等，满足不同游客的出行需求。加强交通站点与景区之间的无缝衔接，提高游客的出行效率。同时，加强交通安全管理，确保游客的生命财产安全。

（五）建设旅游应急机制

为应对突发事件，应建立完善的旅游应急机制。这包括制定应急预案、组建应急队伍、储备应急物资等。同时，加强应急演练和培训，提高应对突发事件的能力和水平。通过构建全方位、多层次的应急保障体系，确保游客在旅游过程中的安全和舒适。

（六）丰富优质旅游供给

为满足游客日益增长的多元化需求，应不断丰富优质旅游供给。这包括开发特色旅游线路、打造精品旅游景区、提升旅游文化内涵等。通过优化旅游产品结构，提升旅游品质，增强旅游目的地的吸引力和竞争力。

（七）提升公共服务效能

公共服务是旅游发展的重要支撑。应加大公共服务设施投入，提升公共卫生、环境保护、安全保障等方面的服务水平。同时，加强公共服务信息化建设，提高服务效率和便捷性。通过构建高效、便捷、安全的公共服务体系，为游客提供良好的旅游环境。

（八）强化标准制定实施

为确保旅游高质量发展的可持续性，应强化标准制定和实施。这包括制定旅游服务标准、旅游产品质量标准、旅游安全管理标准等。通过加强标准体系建设，推动旅游行业的规范化、标准化发展。同时，加强标准实施的监督和管理，确保各项标准得到有效执行。

第二节　旅游高质量发展规划内涵及特征

一、内涵

旅游高质量发展规划，作为推动旅游业转型升级、提升综合竞争力的关键举措，内涵丰富而深刻，涵盖了经济、服务、环境、管理、创新、消费、供给和公共服务等多个方面。只有全面把握这些内涵，才能推动旅游业的高质量发展，实现旅游业的持续繁荣和可持续发展。

（一）经济高质量发展

经济高质量发展是旅游高质量发展规划的核心目标之一。这要求旅游业在追求经济效益的同时，更加注重发展的质量和可持续性。通过优化产业结构、提高资源配置效率、加强创新驱动，推动旅游业从数量扩张向质量提升转变，实现经济效益与社会效益的双赢。

（二）提升服务水平

提升服务水平是旅游高质量发展规划的重要任务。旅游业作为服务业的重要组成部分，其服务质量直接影响游客的满意度和忠诚度。因此，必须加强对旅游从业人员的培训和管理，提升服务技能和职业素养，同时优化服务流程，提高服务效率，为游客提供更加贴心、专业、高效的服务。

（三）注重环境保护

注重环境保护是旅游高质量发展规划的基本原则。旅游业的发展不能以牺牲环境为代价。在规划和实施过程中，应坚持绿色发展理念，加强生态环境保护和修复，严格控制旅游开发对环境的负面影响，实现旅游与环境的和谐共生。

（四）行业管理提升

行业管理提升是旅游高质量发展规划的重要保障。通过完善行业法规、加强市场监管、优化行业服务标准，提高行业自律水平，确保旅游市场的健康、有序发展。同时，加强与其他相关部门的协调合作，形成合力，共同推动旅游业的高质量发展。

（五）产业融合创新

产业融合创新是旅游高质量发展规划的重要方向。通过推动旅游业与文化、科技、教育、体育等产业的深度融合，拓展旅游产业链条，丰富旅游产品供给，提升旅游产业的附加值和竞争力。同时，加强旅游科技创新，运用大数据、人工智能等现代信息技术手段，提升旅游服务的智能化、个性化水平。

（六）优化旅游消费

优化旅游消费是旅游高质量发展规划的重要目标之一。通过提高旅游产品的品质和性价比，引导游客进行合理消费，提升旅游消费的质量和水平。同时，加强旅游市场的规范和监管，打击不合理的旅游消费行为，维护消费者的合法权益。

（七）丰富供给宣传

丰富供给宣传是旅游高质量发展规划的重要手段。通过加强旅游产品的创新和开发，满足游客日益增长的多元化、个性化需求。同时，加强旅游宣传和推广，提升旅游目的地的知名度和影响力，吸引更多的游客前来旅游消费。

（八）提升公共服务

提升公共服务是旅游高质量发展规划的基础保障。通过加强旅游公共服务设施建设，完善旅游标识系统、旅游信息咨询、旅游安全保障等公共服务体系，提高旅游公共服务的便捷性、舒适性和安全性，为游客提供更加优质的旅游体验。

二、旅游高质量发展规划的特征

旅游高质量发展规划的特征体现在高效供给体系、平衡生态理念、先进科技应用、主客共享原则、融合发展策略、明确定位规划、创新发展理念以及保障运营体制等多个方面。这些特征共同构成了旅游高质量发展规划的核心要素和内在要求，为推动旅游业的高质量发展提供了有力保障。

（一）高效供给体系

高效供给体系是旅游高质量发展规划的核心特征之一。它要求旅游业在提供旅游产品和服务时，注重效率与质量并重，实现资源的优化配置和有效利用。通过加强市场调研，精准把握游客需求，开发具有竞争力的旅游产品和服务，形成高效、灵活、可持续的旅游供给体系，满足游客日益增长的多元化、个性化需求。

（二）平衡生态理念

平衡生态理念是旅游高质量发展规划的基本原则。它强调在旅游业发展过程中，要充分考虑生态环境的承载能力，实现旅游发展与环境保护的和谐共生。通过加强生态保护措施，减少旅游活动对环境的负面影响，推动旅游业向绿色、低碳、循环方向发展，实现经济效益与生态效益的双赢。

（三）先进科技应用

先进科技应用是旅游高质量发展规划的重要支撑。随着信息技术的快速发展，旅游业正逐步向智能化、数字化方向转型。通过运用大数据、云计算、人工智能等先进技术，提升旅游服务的智能化水平，优化旅游管理和运营流程，提高旅游产业的创新能力和竞争力。

（四）主客共享原则

主客共享原则是旅游高质量发展规划的人文关怀。它强调旅游业的发展应充分考虑游客和当地居民的利益，实现旅游资源的共享和共赢。通过加强旅游社区建设，提升当地居民的生活品质，同时保障游客的合法权益，营造和谐、友善的旅游环境。

（五）融合发展策略

融合发展策略是旅游高质量发展规划的创新方向。它要求旅游业与其他产业进行深度融合，拓展旅游产业链条，丰富旅游产品供给。通过与文化、教育、体育、农业等产业的融合发展，形成具有地方特色的旅游产业集群，提升旅游产业的附加值和竞争力。

（六）明确定位规划

明确定位规划是旅游高质量发展规划的前提和基础。它要求根据旅游资源的特色、市场需求和发展趋势，明确旅游发展的定位和目标。通过制定科学合理的旅游发展规划，引导旅游业有序、健康发展，避免盲目开发和无序竞争。

（七）创新发展理念

创新发展理念是旅游高质量发展规划的动力源泉。它强调在旅游业发展过程中，要不断创新旅游产品和服务模式，推动旅游业向更高层次、更广领域发展。通过加强旅游科技创新、文化创意和商业模式创新，提升旅游产业的创新能力和核心竞争力。

（八）保障运营体制

保障运营体制是旅游高质量发展规划的重要保障。它要求建立健全旅游管理和运营机制，加大旅游市场监管和执法力度，保障旅游市场的健康、有序发展。同时，加强旅游公共服务设施建设和管理，提升旅游服务的便捷性、舒适性和安全性，为游客提供更加优质的旅游体验。

第三节 旅游高质量发展规划框架

一、与传统旅游规划的比较

旅游高质量发展规划是在一定范围和一定时期内对旅游发展的一种谋划，是对未来旅游发展的构想和安排，目标是实现旅游资源环境的经济、社会、生态、文化等综合效益最优化。所以在进行规划设计之前，有必要搞清楚生态旅游的特点，以及与传统旅游规划之间有哪些不同之处（表11-1）。

表 11-1 高质量旅游规划与传统旅游规划比较

指标	传统旅游规划	高质量旅游规划
理念	以经济效益为主要目标，主要围绕地方经济进行旅游规划和项目设置，实现经济效益的最大化	以生态文明观和高质量发展理论为指导，目的是实现区域可持续发展，强调旅游业发展的政治、经济、社会、生态、文化综合效益的"五位一体"
规划者	主要是旅游规划专家和各级官员的意见	政府、社区、企业、专家等多方参与，广泛征求相关者的意见和建议
旅游项目	体现经济利益为核心的各种旅游项目体系	主要体现环保、创新、开发、绿色的各种高质量旅游活动项目：生态、科普、科考、教育、文化、自然、乡村生活、健康等旅游项目
目标市场	传统大众旅游市场	高质量旅游市场，具有较高主动责任心、生态环境保护意识的游客群体
规划目标	主要实现地方经济发展和旅游扶贫	实现区域资源、环境、生态、经济、社会、文化多元可持续发展
风貌控制	主要从经济、安全的角度考虑，环保态度欠缺	地方特色浓郁的建筑风貌，提倡环保并与当地环境相协调的格调
旅游效益	开发商和游客获得净收益，当地社区居民的收益与环境代价相抵所剩无几或负效益	统筹考虑开发商、游客和当地居民的共同利益，注重地方创新发展、区域可持续发展能力培育
空间布局	空间导向的空间布局，交通方式、生态环境、环保因素限制少	功能导向、创新导向、绿色导向型空间布局，注重交通、生态、环保等要素的影响
开发模式	旅游项目主导，将经济利益放在首位，其次才考虑到社会和生态效益	保护性开发、低碳发展模式，追求生态保护和经济发展相互促进的良性循环，对开发程度有一定的限制

续表

指标	传统旅游规划	高质量旅游规划
旅游产品	传统大众旅游产品体系	高质量旅游产品体系
旅游系统	主要涉及传统大众旅游者、旅游客体、旅游媒体和旅游载体	涉及高质量旅游主体、高质量旅游客体、高质量旅游媒介、高质量旅游载体
技术要求	主要按照"旅游规划通则",不考虑生态旅游相关的技术要求	在考虑"旅游规划通则"的同时,遵守高质量旅游产品认证、生态旅游认证制度、高质量旅游开发规划规范与标准

旅游高质量规划是在旅游规划基础上发展起来的。高质量旅游规划的目标是确保所在地区资源、环境、经济、社会、文化可持续发展。高质量旅游规划是在考虑资源环境承载力前提下,实现经济、社会、生态、文化综合效益的统一,确保生态、文态、业态、形态的协调统一。因此,与一般的旅游规划相比,高质量旅游规划具有自身的特点。从表11-1中可见,高质量旅游规划与一般旅游规划最大的不同是,规划目标、理念、原则、要求的不同,以及相关规划内容、方法、技术等方面的差异。

高质量旅游规划强调生态保护原则、教育引导原则、生态效益导向原则、真实性原则等。高质量旅游规划代表了当前规划的方向,是现代规划思想的集中反映与体现,它既是对传统旅游规划方法的传承与发扬,同时又与之存在很大的区别。总体来说,有以下三个具体的特点。

(一)协调性

为保证高质量旅游目的地的社会、经济和环境的协调发展,需要从社会、经济、文化、生态综合方面的共同效益去考虑,使它们之间有机结合,相辅相成。从系统论的观点出发,注重环境承载力、高质量旅游业、高质量环境保护、高质量社区经济发展与高质量旅游之间的平衡发展,实现高质量旅游目的地生态系统及其附属项目之间的协调发展。

(二)自然性

在高质量旅游规划中,其自然的特性非常明显。这是因为作为生态旅游目的地,游客在高质量旅游活动中,强调的是与自然环境的和谐相处,在获得个人情感经历的同时获得启迪教育。因此,大多数高质量旅游区域都是相对原始,并且地方文化浓郁的地区,游客也比较愿意到那些受人类干扰较少的野生自然保护区去进行旅游活动。

(三)生态性

高质量旅游强调对于旅游对象的保护,明确反映出保护自然的要求和责任。在规划的过程中，需要应用生态学规律，并且合理地利用自然生态系统。另外，高质量旅游规划的质量直接关系到旅游业的可持续发展，一旦高质量旅游规划出现质量问题，便易造成环境破坏。一般来说，适合开展高质量旅游的地区往往是生态环境脆弱的地区，所以旅游资源环境的保护是高质量旅游规划的核心内容，最终会影响旅游业的可持续发展程度。

二、旅游高质量发展规划框架

根据规划不同阶段、内容、目标及任务，高质量旅游规划体系包括高质量旅游规划编制体系、高质量旅游规划管理体系、高质量旅游规划评估体系三个子系统（图11-1）。

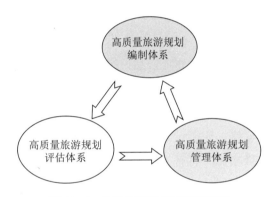

图 11-1 旅游高质量发展规划框架

（一）高质量旅游规划编制体系

详称旅游规划报告编制技术规范体系。旅游规划编制体系特指旅游规划报告编制背景—过程—成果的技术规范体系，包括旅游规划编制的类型、层次、主要内容、成果要求等，按层次和类型细分为区域旅游发展规划、旅游区规划和旅游专项规划三个编制体系。

（二）高质量旅游规划管理体系

系指区域高质量旅游规划报告从编制到高质量旅游规划实施过程的组织管理体系的简称。具体包括高质量旅游规划编制管理和高质量旅游规划实施管理两方面。前者包括高质量旅游规划报告编制实施实现的过程组织管理体系，按照工作内容具体包括高质量旅游规划编制的组织协调、委托关系、编制程序、评审体系以及修编和与其他规划的衔接等。后者包括从高质量旅游规划编制评审通过后，在当地旅游业发展具体指导的一系列过程，包括旅游规划公示、旅游规划发布、高质量旅游规划具体实施以及实施效果等。

（三）高质量旅游规划评估体系

高质量旅游规划评估体系特指区域生态旅游规划从编制、管理、实施及其效果的评价过程，具体包括对规划报告成果的评估和对规划应用实施及效果的评估。前者针对编制机构，后者针对地方政府。规划报告成果的评估主要评价规划成果的科学性、合理性和可操作性；规划成果实施及效果的评估主要包括规划实施情况及其效果的评估。

第四节　旅游高质量发展规划主要内容

旅游高质量发展规划是推动旅游业转型升级、提升综合竞争力的关键举措。主要包括旅游高质量发展规划和旅游公共服务高质量发展专项规划。前者涵盖了旅游现状分析评估、客源市场需求预测、旅游主题形象定位、旅游发展目标设定、旅游产品开发规划、重点旅游项目安排、旅游设施服务提升以及可持续发展措施等多个方面。这些内容的科学规划和有效实施，将有力推动旅游业的高质量发展。后者则侧重于旅游公共服务领域的转型升级规划。

一、旅游高质量发展规划内容

（一）旅游现状分析评估

旅游现状分析评估是规划的基础。通过对当前旅游资源的分布、类型、质量以及旅游市场的发展现状进行深入分析，评估旅游业的整体发展水平、竞争优势与不足。这一步骤旨在全面了解旅游业的现状，为后续规划提供科学依据。

（二）客源市场需求预测

客源市场需求预测是规划的前提。通过市场调研，了解目标客源的旅游偏好、消费能力、出行方式等，结合宏观经济形势、旅游市场趋势等因素，预测未来一段时间内旅游市场的需求变化。这有助于规划者精准把握市场脉搏，为旅游产品的开发和市场推广提供依据。

（三）旅游主题形象定位

旅游主题形象定位是规划的灵魂。根据旅游资源的特色、文化内涵以及市场需求，提炼出具有吸引力的旅游主题形象，为旅游业的发展注入独特的文化内涵和品牌形象。这有助于提升旅游目的地的知名度和美誉度，吸引更多游客前来旅游。

（四）旅游发展目标设定

旅游发展目标设定是规划的方向。根据旅游现状分析评估和市场预测结果，结合旅游主题形象定位，设定明确、具体的旅游发展目标，包括旅游经济增长、旅游基础设施建设、旅游服务质量提升等方面。这有助于规划者明确旅游业的发展方向和重点任务。

（五）旅游产品开发规划

旅游产品开发规划是规划的核心。根据旅游主题形象定位和市场需求，开发具有竞争力的旅游产品，包括观光旅游产品、休闲度假产品、文化旅游产品等。同时，注重旅游产品的创新和升级，提高旅游产品的附加值和竞争力。

（六）重点旅游项目安排

重点旅游项目安排是规划的重点。根据旅游产品开发规划，筛选出具有较大发展潜力、较高市场价值以及较强带动作用的重点旅游项目，进行重点安排和推进。这有助于提升旅游目的地的整体形象和吸引力，促进旅游业的快速发展。

（七）旅游设施服务提升

旅游设施服务提升是规划的关键。加强旅游基础设施建设，包括交通、住宿、餐饮、购物、娱乐等方面，提升旅游设施的舒适度和便捷性。同时，加强旅游服务质量提升，提高旅游从业人员的专业素质和服务水平，为游客提供更加优质、高效的旅游服务。

（八）可持续发展措施

可持续发展措施是规划的保障。在规划过程中，充分考虑旅游资源的可持续利用和生态环境的保护，制定科学合理的可持续发展措施。这包括加强旅游生态环境保护、推动旅游产业的低碳发展、加强旅游教育和培训等方面，以确保旅游业的长期健康发展。

二、旅游公共服务高质量发展专项规划

（一）优化旅游公共信息服务

（1）优化线下旅游服务中心布局。

（2）加强线上旅游公共信息服务。

（3）加强旅游公共信息服务资源整合。

（二）完善旅游公共交通服务

（1）加强旅游交通基础设施建设。

（2）提升旅游交通公共服务设施建设和管理水平。

（3）优化旅游交通运输服务。

（三）强化旅游应急救援服务

（1）加强旅游应急救援机制建设。

（2）优化旅游应急救援设施设备布局。

（3）增强旅游应急救援的社会参与。

（四）加强旅游惠民便民服务

（1）开展形式多样的旅游惠民便民活动。

（2）推动旅游惠民便民设施建设改造。

（3）提升入境旅游公共服务水平。

（五）促进公共文化服务和旅游公共服务融合发展

（1）促进文化和旅游公共服务设施功能融合。

（2）丰富旅游场所公共文化服务内容。

（3）增强公共文化场所旅游吸引力。

第五节　旅游高质量发展规划管理

一、规划编制管理

（一）规划编制组织

根据《中华人民共和国旅游法》，国务院和省、自治区、直辖市人民政府以及旅游资源丰富的设区的市和县级人民政府，应当按照国民经济和社会发展规划的要求，组织编制旅游发展规划。地方各级旅游发展规划均依据上一级旅游发展规划，结合本地区的实际情况进行编制。

根据《中华人民共和国旅游法》，文化和旅游部负责编制全国旅游发展规划、跨境旅游合作发展规划，并组织编制国家确定的重点旅游线路、跨省区域旅游发展规划，以及国家确定的重点旅游专项规划。省、自治区、直辖市人民政府以及旅游资源丰富的市州和县级人民政府授权同级旅游行政主管部门，负责编制本地区旅游发展规划，授权同级旅游行政主管部门或联合相关部门编制旅游专项规划。

对跨行政区域且适宜进行整体利用的旅游资源进行规划，应由上级人民政府组织或由相关地方人民政府协商组织，并授权同级旅游行政主管部门编制统一旅游发展规划、授权同级旅游行政主管部门或联合相关部门编制旅游专项规划。

区域旅游发展规划编制依据《旅游法》并参照《旅游规划管理办法（2014）》具体实施。

（二）规划编制委托

旅游规划组织编制应当委托符合国家法律规定、具有国家旅游规划设计资质等相应专业资质和能力的旅游规划设计单位承担。编制单位应拥有一定数量、具备相应的专业资质的技术人员。参照《旅游规划管理办法（2014）》要求，省级以上的旅游规划，规划编制单位应具备国家旅游规划甲级资质。

委托方应当根据自身实际情况，按照《中华人民共和国招标投标法》的规定和要求，选择规划编制单位。委托方应制定项目计划任务书并与规划编制单位签订旅游规划编制合同。

（三）规划编制程序

旅游规划编制程序主要是：委托方确定编制单位，制定项目计划任务书并签订旅游规划编制合同，还要确定项目负责人的责任。项目计划书和编制合同应作为后期评审旅游规划的重要依据。

前期准备阶段。对国家和本地区旅游及相关政策、法规进行系统研究，对规划区内旅游资源、旅游市场、当地社区居民关于旅游发展的意愿、社会心理承载力等进行全面调查分析，对规划区发展旅游的相关综合条件和环境等进行系统分析和比较研究。

规划编制阶段。在前期工作的基础上，按照项目计划书和编制合同的要求，在详细实地踏查和市场调查工作基础上，形成相应的规划文本、图件、说明书和附件的草案，征求相关部门意见，并与国民经济和社会发展规划、土地利用总体规划、城乡规划、环境保护规划以及其他资源的保护和利用规划相衔接。对规划草案进行修改、充实和完善，形成比较成熟的规划成果。

征求意见阶段。规划方案成果形成后，组织规划成果征求意见，征求相关部门、相关专家、相关企业等的意见，以适当的方式向社会公开征求当地居民和旅游者意见。

评审修改阶段。组织规划成果终期评审，根据评审修改提交最终成果。具体规划编制程序，不同地区和不同规划因地制宜确定。各类旅游规划在公示之后、发布之前，应征求上级旅游行政主管部门的意见。

（四）旅游规划评审

1. 评审构成

由本级人民政府组织评审，或由当地人民政府提出申请，由上级旅游行政主管部门组织评审。鼓励采取委托第三方机构的方式组织评审。

旅游规划评审主要采用会议审查方式。在听取规划编制单位汇报规划成果基础上，评审专家组提问、分别发表意见和建议，形成统一的文字性书面评审意见，并经评审专家组全体成员签字，同时每位评审专家各自形成评审意见表。规划成果应经全体评审专家讨论，并采取无记名投票方式表决，获四分之三以上票数同意，方为通过。

2. 评审程序

评审实施分级评审制度。评审后报上级部门批准后，由当地人民政府审批。跨区域旅游规划需通过上级旅游行政主管部门审核，由上一级人民政府审批。

审批程序包括：建立规划实施期满的评估机制、建立评估领导机制、明确评估的依据、编写规划评估报告、广泛征求各方意见和组织专家进行评估。

（五）旅游规划修编

有下列情形之一的，规划编制组织部门可按照规定的权限和程序对旅游规划进行修改与修编：一是上位旅游规划发生变更；二是规划范围调整确需修改规划；三是区域重大项目实施影响确需修改规划；四是经评估确需修改规划；五是旅游规划审批部门认为应当修改规划的。

修编旅游规划前，组织编制部门应当对原规划的实施情况进行总结，编制修编评估报告，并向原审批部门报告，经批复同意后，方可修编旅游规划。

（六）旅游规划衔接

1. 衔接要求

旅游规划应当与国民经济和社会发展规划、土地利用总体规划、城乡规划、环境保护规划以及其他自然资源和人文资源的保护和利用规划相衔接。在规划评审前将成果送发相关部门征求衔接意见，各部门根据相关规划提出意见和建议，并在规定时间内反馈书面意见。

2. 与国民经济和社会发展规划衔接

旅游规划应落实国民经济和社会发展规划中的关于旅游业发展定位、发展目标、政策措施要求。县级以上地方政府应当将旅游业发展纳入国民经济和社会发展规划，纳入总体定位、发展目标、考核体系，将旅游基础设施建设、旅游公共服务、旅游安全保障等纳入规划，将旅游项目纳入重点项目库，并在保障措施中突出支持旅游发展的措施。

3. 与土地利用总体规划衔接

旅游发展规划应根据土地利用总体规划确定旅游发展的目标、功能布局、用地规模和相关措施。土地利用总体规划要适当增加旅游业发展用地，对涵养风景、适宜进行旅游利用的土地，应当尽量划定为旅游用地，有条件的地区设立旅游用地类别、探索旅游用地模式创新。

4. 与城乡规划衔接

要将促进旅游业发展作为城乡发展的重要目标之一，科学确定旅游功能分区、用地布局，合理配备和提供旅游基础设施、公共服务设施、建设旅游景观设施等，逐步完善城乡的"游憩"功能。要处理好旅游业空间发展格局与区域城镇体系空间及产业布局的衔接、旅游城镇及景区与区域交通格局的衔接、特定旅游区与区域建设布局的衔接、重点旅游项目的落地衔接。

5. 与环境保护规划衔接

旅游项目和设施的规划、建设要体现有关法律法规关于环境保护的要求，不违反有关环境保护的禁止性规定，有条件地编制旅游发展规划的环境影响评价、旅游项目的环境影响评价，提出环境保护的有效措施。环境保护规划中，将旅游区作为生态环境保护重点区域，加大生态环境保护建设力度，支持生态旅游示范区建设，鼓励发展生态旅游、低碳旅游。

6. 与资源保护利用规划衔接

主要还有主体功能区规划、海洋功能区规划、自然保护区规划、风景名胜区规划、林地湿地草原森林公园保护利用规划、文物保护规划、历史文化名城名镇名村保护规划等。通过对资源合法、合理地利用，发挥其最大效用，实现各产业共同发展，促进经济、环境、社会、文化效益和谐统一，着重解决现实中存在的突出问题，通过衔接避免低水平重复建设、浪费资源、破坏资源。

7. 与其他规划衔接

除了上述法定规划，旅游规划还需要与其他各部门、行业和领域的规划衔接。要与交通规划、基础设施建设规划、水利规划、科技规划、教育规划、人才规划、卫生医疗规划等衔接，提高旅游业发展的保障和支持能力；与文化事业和产业发展规划、文物保护利用规划等相互衔接，增强旅游发展的文化内涵；与农业、林业、渔业、服务业、工业等相关产业发展规划衔接；与体育、医疗、养老等规划衔接，培育旅游新业态，促进产业融合发展。

8. 不同层级旅游规划衔接

旅游规划编制应当遵循下级服从上级、局部服从全局、专项规划服务发展规划的原则，并相互衔接。省级旅游规划在评审前应将规划成果送国家旅游行政主管部门，与国家级旅游规划、跨区域旅游规划进行衔接。市、县级旅游规划应送上一级旅游行政主管部门，与上一级旅游发展规划进行衔接。专项旅游规划由本级旅游主管部门组织，与本级旅游发展规划进行衔接；并送上一级旅游行政主管部门，与其他相关旅游规划进行衔接。

二、规划实施管理

即旅游规划报告成果具体应用的实施情况、实施过程及实施效果的管理体系。旅游规划实施管理体系是指从旅游规划编制评审通过后，在当地旅游业发展具体指导过程的一系列过程，包括旅游规划公示、旅游规划发布、旅游规划具体实施以及实施效果等。

（一）规划公示

各级人民政府应在旅游规划评审通过后，将组织编制的旅游规划成果向社会公示。

在旅游规划发布前，各级人民政府应通过政府网站、政府公报、新闻发布会以及报刊、广播、电视、网络等，将规划方案予以公告，并采取论证会、听证会或者其他方式征求专家和公众意见。

（二）发布与认定

全国旅游发展规划、跨境旅游发展规划由文化和旅游部发布。国家确定的重点旅游线路、跨省区域旅游发展规划以及国家确定的重点旅游专项规划由所涉地方旅游行政主管部门共同批准、联合发布。必要时，文化和旅游部联合国务院相关部门发布，或者报国务院发布。

地方旅游发展规划、专项规划由本级人民政府发布。鼓励有条件的地区，对重要的旅游规划，提请本级人民代表大会审议通过，再由人民政府发布。

对跨行政区域旅游发展规划、专项规划，由所涉各地方行政主管部门共同批准、联合发布。

国家确定的重点旅游城市、旅游景区、旅游度假区、各类旅游示范区、旅游产业集聚区、旅游扶贫试验区等的旅游发展规划，在听取文化和旅游部意见后，由当地人民政府发布。

（三）审批与实施

跨省级区域旅游发展规划，由文化和旅游部组织有关地方文旅部门编制。地方旅游发展规划由地方各级文旅部门编制，在征求上一级文旅部门意见后，报同级人民政府批复实施。

国家确定的重点旅游城市的旅游发展规划，在征求文化和旅游部和本省（自治区、直辖市）文旅部门意见后，由当地人民政府批复实施。国家确定的重点旅游线路、旅游区发展规划由文化和旅游部征求地方文旅部门意见后批复实施。

旅游发展规划上报审批前应进行经济、社会、环境可行性论证，由各级文旅部门组织专家评审，并征求有关部门意见。地方各级文旅部门可根据市场需求的变化对旅游规划进行调整，报同级人民政府和上一级文旅部门备案，但涉及旅游产业地位、发展方向、发展目标和产品格局的重大变更，须报原批复单位审批。

旅游发展规划经批复后，由各级文旅部门负责协调有关部门纳入国土规划、土地利用总体规划和城市总体规划等相关规划。旅游发展规划所确定的旅游开发建设项目，应当按照国家基本建设程序的规定纳入国民经济和社会发展计划。旅游规划发布单位负责组织实施。各级人民政府应当根据旅游规划，制订近期发展计划和年度计划，做好任务分解，确定规划实施工作的具体负责部门和责任人，并纳入政府年度考核。旅游项目的建设单位应当按照规划要求进行建设。确需变更的，必须向旅游行政主管部门和相关部门提出申请，按相关程序提出意见。

三、规划评估监督落实

（1）旅游发展规划评估报告的最终成果应报本级人民政府审查、备案，报上级旅游主管部门备案。未开展评估工作的，上级旅游行政主管部门应责令纠正。经审查、报备案的评估成果不符合要求的，应责令修改，重新报备案。

（2）旅游发展规划评估成果报备案后，应向社会公示，建立规划评估成果反馈机制，积极吸纳各地、各社会阶层民众和旅游相关企业对规划评估成果的满意度评价，重视公众监督。

（3）对评估成果的落实情况进行监督检查，并建立责任追究制度。规划未得到严格执行的，应严格追究相关部门和相关责任人的责任。发现规划存在问题的，应及时作出调整或修编。

（4）在旅游规划实施评估后，认为旅游规划需要修改的，结合评估成果就修改的原则和目标向原发布单位提出报告。旅游规划发布单位应对修改旅游规划的报告组织审查，经同意后，相关机构方可开展修编工作。

（5）评估标准和指标要主观与客观相结合，通过形成综合评估表，形成旅游发展规划评估报告大纲、专家意见表等相关工作文件。

（6）根据自身需要，因地制宜地编制相应的标准、办法等，形成有针对性的实施细则。

思考题

1. 什么是旅游高质量发展规划，它与传统的旅游规划有什么不同？

2. 旅游高质量发展规划的内涵及特征分别是什么？

3. 旅游高质量发展规划的框架及主要内容是什么？

4. 如何进行旅游高质量发展规划管理？

旅游高质量发展评价体系

通过构建科学合理的旅游高质量发展评价体系，对全面推动旅游业的高质量发展具有重要意义。学习本章的目的是，在前述章节旅游高质量发展相关理论框架基础上，介绍旅游高质量发展评价体系。具体内容包括评价指标体系构建原则、评价指标体系构建、旅游高质量发展评价模型、评价结果分析与建议等方面。

第一节 评价指标体系构建原则

旅游高质量发展评价的指导思想及基本原则是确保旅游业持续健康发展的重要保障。只有坚持这些原则，才能推动旅游业向更高质量、更有效率、更加公平、更可持续的方向发展，为人民群众提供更加优质的旅游服务。

一、指导思想

旅游高质量发展评价的指导思想是以习近平新时代中国特色社会主义思想为引领，全面贯彻落实党的创新理论成果和发展战略，坚持以人民为中心的发展理念，聚焦国家重大发展战略，推动旅游业转型升级和高质量发展。

这一指导思想强调旅游业的可持续发展，注重提升旅游服务质量和旅游产品的文化内涵，以满足人民群众日益增长的美好生活需要为根本目的。通过优化旅游资源配置，创新旅游发展模式，加强旅游公共服务建设，推动旅游业与文化产业、生态产业等深度融合，形成具有国际竞争力的旅游产业体系，为经济社会发展和人民幸福贡献力量。

二、基本原则

（一）系统性原则

旅游高质量发展综合评估是一个相当复杂的系统工程，是指一个由许多子系统所组成的综合体系，而各个子系统内部又包括若干个因素。为便于科学的整体综合评估，其指标体系由三层所组成，从上至下，指标特性从综合性过渡到具体性。同时，所选用的指标既相互联系，也不能简单重复，必须具有足够大的信息量来反映评价对象，表现出其旅游资源各方面的基本特征。

（二）科学性原则

科学评价是指必须用现代科学技术手段对旅游的特点、属性和性质（包括其出现的原因）进行明确的分类和评价。在选取评估指标体系的过程中，贯彻简明科学合理的原则，每个指标体系都必须定义清晰、科研内涵清楚，指标体系间既要有内在联系，也要防止信息重复获取，选定的评估因子体系可比较客观和真实地体现出旅游高质量发展的科学内涵，并且旅游高质量发展的真实性也能得到更好的评估。

（三）可操作性原则

本文并非单纯为了评价旅游高质量发展水平，评价的目的是用于指导实践，指导实践往正确的方向发展。因此，该指标体系要实用、有可操作特性。首先，指标体系中的指标优先兼顾客观性，并尽量减少对主观因子的选择，尽可能挑选具有可测性和可比性的因子。其次，根据客观操作性要科学合理地设计指标，在参考现有的指数模型基础上，再次提炼、讨论和调整，并尽量地保持理论的客观性和对数据资料处理的科学化，数据的可得性和衡量指数的难易程度也需要被充分考虑。

（四）全面性原则

全面性原则是指评价指标体系应全面反映旅游高质量发展的各个方面。旅游是一个复杂的系统，涉及多个领域和多个方面。因此，在构建评价指标体系时，应充分考虑旅游的资源、环境、经济、社会和文化等多个方面，确保评价结果的全面性和综合性。全面性原则有助于发现旅游发展中存在的问题和不足，为制定针对性的政策提供依据。

（五）代表性原则

代表性原则是指评价指标的选取应具有代表性，能够准确反映旅游高质量发展的水平和特点。在选择指标时，应根据旅游发展的特点和实际情况，选取具有代表性和典型性的指标。同时，还应注意避免指标之间的重复和冗余，确保评价指标的精简

和高效。代表性原则有助于提高评价结果的针对性和有效性，为决策者提供有价值的
信息。

第二节　评价指标体系构建

一、评价指标体系

　　旅游高质量发展体系在注重效能的情况下，特别重视旅游强可持续发展的后劲与
未来定位。本文以旅游高质量发展研究为基础，通过全面考察旅游发展现状，建立旅
游高质量发展评价体系，内容涵盖产业发展、创新驱动、社会和谐、文化赋能及生态
保护5个子系统（图12-1）。

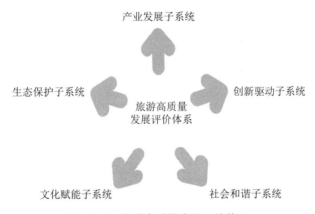

图12-1　旅游高质量发展评价体系

（一）产业发展子系统

　　产业发展是旅游高质量发展的经济支撑。通过提升资源要素的利用效率，推动旅
游产业与其他产业融合，实现经济与社会、文化、生态等协同共进，为旅游强可持续
发展奠定基础。这是实现旅游高质量发展的核心任务。

（二）创新驱动子系统

　　创新是旅游高质量发展的动力源泉。创新由教育能力、科技能力和管理决策能力
构成，其中教育能力为基础，培养创新人才；科技能力为核心，引入先进技术打造特
色旅游产品和服务；管理决策能力为灵魂，科学规划旅游发展方向。这是实现旅游高

质量发展的助推器。

（三）社会和谐子系统

社会和谐是旅游高质量发展的重要保障。关注当地居民的利益诉求，促进居民参与旅游发展决策，共享旅游发展成果，营造安全、和谐的旅游环境，加强不同文化背景游客与居民之间的交流融合，提升人们的生活质量，推动社会全面进步。这是实现旅游高质量发展的内在要求。

（四）文化赋能子系统

文化是旅游高质量发展的灵魂所在。深入挖掘历史文化、民俗文化等资源，保护和传承非物质文化遗产，打造具有独特魅力的文化旅游产品，持续利用文化资源，提升旅游的文化内涵和品质。这是实现旅游高质量发展的关键抓手。

（五）生态保护子系统

生态保护是旅游高质量发展的根本基础。注重旅游活动对生态环境的影响，控制旅游过程中产生的垃圾污染和对自然生态平衡的破坏，在开发和开展旅游活动中，确保对环境的利用和废弃物排放不超过环境容量，实现人与自然的和谐共生。这是实现旅游高质量发展的重要条件。

二、评价指标体系层次划分

根据旅游高质量发展状态及趋势，参考国内外高质量发展评价指标研究成果，本文将指标体系划分为 ABCD 共 4 个层次。

A 目标层：研究项目评估的总体目标。

B 准则层：评价旅游高质量发展的子系统。

C 要素层：对准则层中每一要素的单项进行综合分析。

D 指标层：直接反映旅游高质量发展的要素，一般可直接赋值或定性。

三、评价指标体系构建

（一）评价指标选取依据

1.国家法律法规及标准

《中华人民共和国旅游法》（2018-10-26）、《旅馆业治安管理办法》（2022-03-29）、《最高人民法院关于审理旅游纠纷案件适用法律若干问题的规定》（2020-12-29）及《旅游景区可持续发展指南》（GB/T 41011—2021）等规范文件对旅游高质量发展具有一定的指导意义。

2. 旅游高质量发展相关政策

改革开放以来，特别是党的十八大以来，我国旅游发展步入快车道，旅游业日益成为新兴的战略性支柱产业和具有显著时代特征的民生产业、幸福产业。发展重心逐渐由量向质转变，国家出台一系列旨在推动旅游高质量发展的政策（表 12-1）。

表 12-1　旅游高质量发展相关国家政策

时间	国家政策
2013 年 3 月	国家旅游局印发《旅游质量发展纲要（2013—2020 年）》
2015 年 9 月	国家旅游局下发《关于开展"国家全域旅游示范区"创建工作的通知》
2020 年 11 月	文化和旅游部与国家发展改革委等十部门联合印发《关于深化"互联网＋旅游"推动旅游业高质量发展的意见》
2021 年 4 月	文化和旅游部与国家开发银行发布《关于进一步加大开发性金融支持文化产业和旅游产业高质量发展的意见》
2022 年 1 月	国务院印发《"十四五"旅游业发展规划的通知》
2023 年 3 月	文化和旅游部发布《关于推动在线旅游市场高质量发展的意见》
2023 年 6 月	文化和旅游部办公厅与中国银行发布《关于金融支持乡村旅游高质量发展的通知》
2023 年 9 月	国务院办公厅印发《关于释放旅游消费潜力推动旅游业高质量发展的若干措施》
2024 年 7 月	文化和旅游部与国家发展改革委等九部门联合印发《关于推进旅游公共服务高质量发展的指导意见》

资料来源：本文据中国政府网国务院政策文件库整理绘制

3. 学术界相关研究成果

学术界关于旅游高质量发展水平评价已取得一定研究成果。学者们主要基于新发展理念构建旅游高质量发展评价指标体系，如唐亚喜等（2021）、李志远和夏赞才（2021）、刘雨婧和唐健雄（2022）、阎友兵和胡欢欢（2022）、钟漪萍和李颖（2022）、田红和刘呈庆（2024）、郭强和李秋哲（2024）等。此外，部分学者针对某类旅游进行测度研究，如杨建春和朱桂芳（2022）、林轶（2022）、李文路和覃建雄（2022）等分别对民族村寨旅游、边疆旅游及生态旅游构建旅游高质量发展评价指标体系。相关既有评价指标体系为本文提供一定参考。

4. 全国旅游目的地高质量发展经典案例评选标准

中国旅游研究院为贯彻落实"十四五"旅游发展规划，于第十六届中国旅游科学年会发布中国旅游目的地高质量发展经典案例。评选文件提出："旅游目的地作为游客到访的重要载体和生活空间，不仅是景区、酒店和旅行社构成的封闭空间，还是生活环境的总和，也是主客共享的美好生活新空间。"这对本文旅游高质量评价具有一定的参照意义。

（二）评价指标体系的确立

旅游高质量发展是一个结构复杂的系统，必须协调产业、创新、文化和生态等方面问题。本文依据指标体系设计的基本原则和方法，结合旅游发展的实际问题，合理选取旅游高质量发展评价指标体系相关指标，构建 45 个指标的旅游业高质量发展评价指标体系（表 12-2）。相关指标的选取依据与定义具体如下。

1. 产业发展子系统的评价指标

产业发展是旅游高质量发展的核心任务，直接反映旅游业自身的经济活力与运行质量，主要从发展规模、结构优化和发展效率三个方面来体现。发展规模是从总量上来衡量旅游业发展取得的实际成果，采用旅游总收入、年旅游接待人数和国际市场接入度 3 个指标。结构优化方面，用人均旅游花费、旅游过夜率、旅游重游意愿和游览质量预警指数（游客数量／旅游容量）4 个指标表示产业结构高级化程度。发展效率方面，主要采用旅游资源开发利用情况、旅游与地方产业融合程度、旅游企业经济贡献（投资额、入驻数量、带动创业岗位数量、新增就业人数）和创业环境营造情况 4 个指标。

2. 创新驱动子系统的评价指标

创新是新时代旅游发展的第一动力，是实现旅游高质量发展的关键。本文从创新投入、创新能力和人才培养三个方面来体现。创新投入是创新驱动的物质基础，采用智慧景区建设状况和人才引进机制建立情况 2 个指标。创新能力采用旅游产品创新性和旅游服务模式创新 2 个指标。人才培养则采用人才合作机制多样性和定期培训情况 2 个指标。

3. 社会和谐子系统的评价指标

社会和谐是旅游高质量发展的保障。本文主要从居民利益、公共服务和社会治安三个方面来体现。本文采用居民在旅游发展中的参与程度、居民就业与收入增长情况和居民生活质量提升 3 个指标来反映居民利益；采用交通设施完善性、住宿设施舒适度与多样性、餐饮设施特色与卫生状况、无障碍和适老化设施实用性、便民服务人性化和服务标准优质 6 个指标考察古镇公共服务水平；采用游客投诉处理机制、居民与游客关系和谐度和安全与治安状况 3 个指标来反映社会治安情况。

4. 文化赋能子系统的评价指标

文化是旅游高质量发展的灵魂，以文化赋能旅游发展，是实现旅游高质量发展的发力点和突破口，主要从文化保护、文化开发和文化保护三方面来体现文化在激活旅游发展动能、提升旅游发展品质中的作用。文化保护采用保存文物丰富度、非物质文化遗产传承情况、地域特色风貌留存情况、重点文化场所保护状态 4 个指标；文化开发采用特色文化资源的挖掘和活化利用、景观协调性、当地居民对旅游产品的认同感 3 个指标；文化活动采用定期文化活动举办情况、文化活动多样性与吸引力、居民参与文化活动的积极性 3 个指标。

5. 生态保护子系统的评价指标

生态保护是旅游高质量发展的基础，也是旅游未来发展的主要方向，主要包括生态质量和环境治理两个指标，生态质量体现生态环境的状况，环境治理则反映生态保护的有效性。生态质量选取优良天气比例、优良水体比例、人均公共绿地面积 3 个指标；环境治理采用自然风貌保护、生态环境保护措施、垃圾分类与污水处理 3 个指标。

表 12-2　旅游高质量发展评价指标体系

A 目标层	B 准则层	C 要素层	D 指标层	指标类别
A1 旅游高质量发展评价指标体系	B1 产业发展	C1 发展规模	D1 旅游总收入	正向
			D2 年旅游接待人数	正向
			D3 国际市场接入度	正向
		C2 结构优化	D4 人均旅游花费	正向
			D5 旅游过夜率	正向
			D6 游客重游意愿	正向
			D7 游览质量预警指数	逆向
		C3 发展效率	D8 旅游资源开发利用情况	正向
			D9 旅游与地方产业融合程度	正向
			D10 旅游企业经济贡献	正向
			D11 创业环境营造	正向
	B2 创新驱动	C4 创新投入	D12 智慧景区建设状况	正向
			D13 人才引进机制建立情况	正向
		C5 创新能力	D14 旅游产品创新性	正向
			D15 旅游服务模式创新	正向
		C6 人才培养	D16 人才合作机制多样性	正向
			D17 定期培训情况	正向

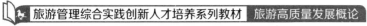

续表

A 目标层	B 准则层	C 要素层	D 指标层	指标类别
A1 旅游高质量发展评价指标体系	B3 社会和谐	C7 居民利益	D18 居民在旅游发展中的参与程度	正向
			D19 居民就业与收入增长情况	正向
			D20 居民生活质量提升	正向
		C8 公共服务	D21 交通设施完善性	正向
			D22 住宿设施舒适度与多样性	正向
			D23 餐饮设施特色与卫生状况	正向
			D24 无障碍和适老化设施实用性	正向
			D25 便民服务人性化	正向
			D26 服务标准优质	正向
		C9 社会治安	D27 游客投诉处理机制	正向
			D28 居民与游客关系和谐度	正向
			D29 安全与治安状况	正向
	B4 文化赋能	C10 文化保护	D30 保存文物丰富度	正向
			D31 非物质文化遗产传承情况	正向
			D32 地域特色风貌留存情况	正向
			D33 重点文化场所保护状态	正向
		C11 文化开发	D34 特色文化资源的挖掘和活化利用	正向
			D35 景观协调性	正向
			D36 当地居民对旅游产品的认同感	正向
		C12 文化活动	D37 定期文化活动举办情况	正向
			D38 文化活动的多样性与吸引力	正向
			D39 居民参与文化活动的积极性	正向
	B5 生态保护	C13 生态质量	D40 优良天气比例	正向
			D41 优良水体比例	正向
			D42 人均公共绿地面积	正向
		C14 环境治理	D43 自然风貌保护	正向
			D44 生态环境保护措施	正向
			D45 垃圾分类与污水处理	正向

第三节　旅游高质量发展评价模型

一、构造判断矩阵

本文依据层次分析法原理，采用"1-9标度法"构造判断矩阵，假设矩阵为A_{ij}，邀请专家对评价指标体系的每项指标进行打分（表12-3）。

表12-3　判断矩阵的比较标度表

标度	标度含义
1	两个指标相比，i和j同样重要
3	两个指标相比，i比j稍微重要
5	两个指标相比，i比j明显重要
7	两个指标相比，i比j重要得多
9	两个指标相比，i比j极端重要
2、4、6、8	上述相邻判断的中间值

资料来源：R.W. Saaty，1987。

通过计算机软件Yaahp，得到两两比较的判断矩阵分别如下（表12-4~表12-23）。

表12-4　A目标层判断矩阵

A1 旅游高质量发展评价指标体系	B1 产业发展	B2 创新驱动	B3 社会和谐	B4 文化赋能	B5 生态保护	权重
B1 产业发展	1	2	3	2	3	0.3487
B2 创新驱动	0.5000	1	3	2	3	0.2632
B3 社会和谐	0.3333	0.3333	1	0.3333	2	0.1051
B4 文化赋能	0.5000	0.5000	3	1	3	0.2039
B5 生态保护	0.3333	0.3333	0.5000	0.3333	1	0.0791

表 12-5　B1 准则层判断矩阵

B1 产业发展	C1 发展规模	C2 结构优化	C3 发展效率	权重
C1 发展规模	1	2	2	0.5000
C2 结构优化	0.5000	1	1	0.2500
C3 发展效率	0.5000	1	1	0.2500

表 12-6　B2 准则层判断矩阵

B2 创新驱动	C4 创新投入	C5 创新能力	C6 人才培养	权重
C4 创新投入	1	0.5000	0.5000	0.1976
C5 创新能力	2	1	2	0.4905
C6 人才培养	2	0.5000	1	0.3119

表 12-7　B3 准则层判断矩阵

B3 社会和谐	C7 居民利益	C8 公共服务	C9 社会治安	权重
C7 居民利益	1	3	0.5000	0.3338
C8 公共服务	0.3333	1	0.3333	0.1416
C9 社会治安	2	3	1	0.5246

表 12-8　B4 准则层判断矩阵

B4 文化赋能	C10 文化保护	C11 文化开发	C12 文化活动	权重
C10 文化保护	1	2	2	0.4905
C11 文化开发	0.5000	1	0.5000	0.1976
C12 文化活动	0.5000	2	1	0.3119

表 12-9　B5 准则层判断矩阵

B5 生态保护	C13 生态质量	C14 环境治理	权重
C13 生态质量	1	2	0.6667
C14 环境治理	0.5000	1	0.3333

表 12-10　C1 要素层判断矩阵

C1 发展规模	D1 旅游总收入	D2 年旅游接待人数	D3 国际市场接入度	权重
D1 旅游总收入	1	1	3	0.4429
D2 年旅游接待人数	1	1	2	0.3873
D3 国际市场接入度	0.3333	0.5000	1	0.1698

表 12-11　C2 要素层判断矩阵

C2 结构优化	D4 人均旅游花费	D5 旅游过夜率	D6 游客重游意愿	D7 游览质量预警指数	权重
D4 人均旅游花费	1	3	0.3333	4	0.2836
D5 旅游过夜率	0.3333	1	0.3333	3	0.1583
D6 游客重游意愿	3	3	1	4	0.4797
D7 游览质量预警指数	0.2500	0.3333	0.2500	1	0.0784

表 12-12　C3 要素层判断矩阵

C3 发展效率	D8 旅游资源开发利用情况	D9 旅游与地方产业融合程度	D10 旅游企业经济贡献	D11 创业环境营造	权重
D8 旅游资源开发利用情况	1	0.3333	1	0.5000	0.1376
D9 旅游与地方产业融合程度	3	1	4	3	0.5168
D10 旅游企业经济贡献	1	0.2500	1	1	0.1495
D11 创业环境营造	2	0.3333	1	1	0.1961

表 12-13　C4 要素层判断矩阵

C4 创新投入	D12 智慧景区建设状况	D13 人才引进机制建立情况	权重
D12 智慧景区建设状况	1	0.5000	0.3333
D13 人才引进机制建立情况	2	1	0.6667

表 12-14　C5 要素层判断矩阵

C5 创新能力	D14 旅游产品创新性	D15 旅游服务模式创新	权重
D14 旅游产品创新性	1	2	0.6667
D15 旅游服务模式创新	0.5000	1	0.3333

表 12-15　C6 要素层判断矩阵

C6 人才培养	D16 人才合作机制多样性	D17 定期培训情况	权重
D16 人才合作机制多样性	1	2	0.6667
D17 定期培训情况	0.5000	1	0.3333

表 12-16　C7 要素层判断矩阵

C7 居民利益	D18 居民在旅游发展中参与程度	D19 居民就业与收入增长情况	D20 居民生活质量提升	权重
D18 居民在旅游发展中的参与程度	1	0.3333	0.3333	0.1428
D19 居民就业与收入增长情况	3	1	1	0.4286
D20 居民生活质量提升	3	1	1	0.4286

表 12-17　C8 要素层判断矩阵

C8 公共服务	D21 交通设施完善性	D22 住宿设施舒适度与多样性	D23 餐饮设施特色与卫生状况	D24 无障碍和适老化设施实用性	D25 便民服务人性化	D26 服务标准优质	权重
D21 交通设施完善性	1	3	3	2	2	2	0.2964
D22 住宿设施舒适度与多样性	0.3333	1	0.5000	2	0.5000	0.5000	0.1130
D23 餐饮设施特色与卫生状况	0.3333	2	1	0.2500	1	1	0.1222
D24 无障碍和适老化设施实用性	0.5000	0.5000	4	1	1	1	0.1720
D25 便民服务人性化	0.5000	2	1	1	1	1	0.1482
D26 服务标准优质	0.5000	2	1	1	1	1	0.1482

表 12-18　C9 要素层判断矩阵

C9 社会治安	D27 游客投诉处理机制	D28 居民与游客关系和谐度	D29 安全与治安状况	权重
D27 游客投诉处理机制	1	0.5000	0.5000	0.1976
D28 居民与游客关系和谐度	2	1	2	0.4905
D29 安全与治安状况	2	0.5000	1	0.3119

表 12-19　C10 要素层判断矩阵

C10 文化保护	D30 保存文物丰富度	D31 非物质文化遗产传承情况	D32 地域特色风貌留存情况	D33 重点文化场所保护状态	权重
D30 保存文物丰富度	1	3	1	3	0.375
D31 非物质文化遗产传承情况	0.3333	1	0.3333	1	0.125
D32 地域特色风貌留存情况	1	3	1	3	0.375
D33 重点文化场所保护状态	0.3333	1	0.3333	1	0.125

表 12-20　C11 要素层判断矩阵

C11 文化开发	D34 特色文化资源的挖掘和活化利用	D35 景观协调性	D36 当地居民对旅游产品的认同感	权重
D34 特色文化资源的挖掘和活化利用	1	3	3	0.5888
D35 景观协调性	0.3333	1	0.5000	0.1593
D36 当地居民对旅游产品的认同感	0.3333	2	1	0.2519

表 12-21　C12 要素层判断矩阵

C12 文化活动	D37 定期文化活动举办情况	D38 文化活动多样性与吸引力	D39 居民参与文化活动的积极性	权重
D37 定期文化活动举办情况	1	0.3333	0.3333	0.1416
D38 文化活动的多样性与吸引力	3	1	2	0.5247
D39 居民参与文化活动的积极性	3	0.5000	1	0.3337

表 12-22　C13 要素层判断矩阵

C13 生态质量	D40 优良天气比例	D41 优良水体比例	D42 人均公共绿地面积	权重
D40 优良天气比例	1	3	3	0.6
D41 优良水体比例	0.3333	1	1	0.2
D42 人均公共绿地面积	0.3333	1	1	0.2

表 12-23　C14 要素层判断矩阵

C14 环境治理	D43 自然风貌保护	D44 生态环境保护措施	D45 垃圾分类与污水处理	权重
D43 自然风貌保护	1	1	0.3333	0.2106
D44 生态环境保护措施	1	1	0.5000	0.2409
D45 垃圾分类与污水处理	3	2	1	0.5485

二、一致性检验

因判断矩阵是在专家打分的基础上计算得出，为减少主观因素对结论造成偏差，需对判断矩阵进行一致性检验，检验公式如下：

$$CI = \frac{\lambda_{max} - m}{m - 1}$$

其中 m 表示指标的维度，CI 表示一致性指标值，λ_{max} 表示判断矩阵的最大特征值。有了 CI 就可以得出一致性指标的衡量标准 CR，公式如下：

$$CR = \frac{CI}{RI}$$

其中 R 代表平均随机一致性指标值，当 $CR \leqslant 0.1$ 时，则表明判断矩阵通过一致性检验。

现将上述判断矩阵代入公式进行一致性检验，得到结果如表 12-24 所示。

表 12-24　旅游高质量发展评价指标体系一致性检验结果

判断矩阵	λ_{max}	CR	一致性检验结果
A1	5.1961	0.0438	$CR < 0.1$，通过
B1	3.0000	0.0000	$CR < 0.1$，通过
B2	3.0537	0.0517	$CR < 0.1$，通过
B3	3.0538	0.0517	$CR < 0.1$，通过
B4	3.0537	0.0517	$CR < 0.1$，通过
B5	2.0000	0.0000	$CR < 0.1$，通过
C1	3.0183	0.0176	$CR < 0.1$，通过
C2	4.2404	0.0900	$CR < 0.1$，通过
C3	4.0714	0.0268	$CR < 0.1$，通过
C4	2.0000	0.0000	$CR < 0.1$，通过
C5	2.0000	0.0000	$CR < 0.1$，通过
C6	2.0000	0.0000	$CR < 0.1$，通过
C7	3.0000	0.0000	$CR < 0.1$，通过

判断矩阵	λ_{max}	CR	一致性检验结果
C8	6.5871	0.0932	$CR < 0.1$，通过
C9	3.0537	0.0517	$CR < 0.1$，通过
C10	4.0000	0.0000	$CR < 0.1$，通过
C11	3.0539	0.0518	$CR < 0.1$，通过
C12	3.0538	0.0517	$CR < 0.1$，通过
C13	3.0000	0.0000	$CR < 0.1$，通过
C14	3.0183	0.0176	$CR < 0.1$，通过

从上表检验结果可以看出，所有判断矩阵 CR 值均小于 0.1，全部通过一致性检验。

三、确定权重赋值

现对判断矩阵进行归一化处理，计算出特征向量，得到旅游高质量发展评价指标体系各指标的权重赋值，如表 12-25 所示。

表 12-25　旅游高质量发展评价指标体系权重

A 目标层	B 准则层	权重	C 要素层	权重	D 指标层	权重	排名
A1 旅游高质量发展评价指标体系	B1 产业发展	0.3487	C1 发展规模	0.1744	D1 旅游总收入	0.0772	2
					D2 年旅游接待人次	0.0675	3
					D3 国际市场接入度	0.0297	13
			C2 结构优化	0.0872	D4 人均旅游花费	0.0247	16
					D5 旅游过夜率	0.0138	25
					D6 游客重游意愿	0.0418	7
					D7 游览质量预警指数	0.0069	35
			C3 发展效率	0.0871	D8 旅游资源开发利用情况	0.0120	29
					D9 旅游与地方产业融合程度	0.0451	5
					D10 旅游企业经济贡献	0.0130	26
					D11 创业环境营造	0.0170	21

A 目标层	B 准则层	权重	C 要素层	权重	D 指标层	权重	排名
A1 旅游高质量发展评价指标体系	B2 创新驱动	0.2632	C4 创新投入	0.0520	D12 智慧景区建设状况	0.0173	19
					D13 人才引进机制建立情况	0.0347	10
			C5 创新能力	0.1291	D14 旅游产品创新性	0.0861	1
					D15 旅游服务模式创新	0.0430	6
			C6 人才培养	0.0821	D16 人才合作机制多样性	0.0547	4
					D17 定期培训情况	0.0274	14
	B3 社会和谐	0.1051	C7 居民利益	0.0352	D18 居民在旅游发展中的参与程度	0.0050	39
					D19 居民就业与收入增长情况	0.0150	22
					D20 居民生活质量提升	0.0152	22
			C8 公共服务	0.0151	D21 交通设施完善性	0.0044	40
					D22 住宿设施舒适度与多样性	0.0017	45
					D23 餐饮设施特色与卫生状况	0.0018	44
					D24 无障碍和适老化设施实用性	0.0026	41
					D25 便民服务人性化	0.0022	42
					D26 服务标准优质	0.0024	42
			C9 社会治安	0.0548	D27 游客投诉处理机制	0.0109	30
					D28 居民与游客关系和谐度	0.0271	15
					D29 安全与治安状况	0.0168	20
	B4 文化赋能	0.2039	C10 文化保护	0.1000	D30 保存文物丰富度	0.0375	8
					D31 非物质文化遗产传承情况	0.0125	27
					D32 地域特色风貌留存情况	0.0375	8
					D33 重点文化场所保护状态	0.0125	28
			C11 文化开发	0.0403	D34 特色文化资源的挖掘和活化利用	0.0237	17
					D35 景观协调性	0.0064	36
					D36 当地居民对旅游产品的认同感	0.0102	33
			C12 文化活动	0.0636	D37 定期文化活动举办情况	0.0090	34
					D38 文化活动的多样性与吸引力	0.0334	11
					D39 居民参与文化活动的积极性	0.0212	18

续表

A 目标层	B 准则层	权重	C 要素层	权重	D 指标层	权重	排名
A1 旅游高质量发展评价指标体系	B5 生态保护	0.0791	C13 生态质量	0.0526	D40 优良天气比例	0.0316	12
					D41 优良水体比例	0.0105	31
					D42 人均公共绿地面积	0.0105	31
			C14 环境治理	0.0265	D43 自然风貌保护	0.0144	24
					D44 生态环境保护措施	0.0055	38
					D45 垃圾分类与污水处理	0.0066	37

从表 12-26 各指标计算的权重可以看出，在产业发展、创新驱动、社会和谐、文化赋能及生态保护五个子系统中，产业发展子系统、创新驱动子系统及文化赋能子系统权重分别为 0.3487、0.2632 及 0.2039，占总权重的 81.58%，是衡量旅游高质量发展的主要部分。其余分别是社会和谐（0.1051）和生态保护（0.0791）子系统，总占比重为 18.42%（图 12-2）。

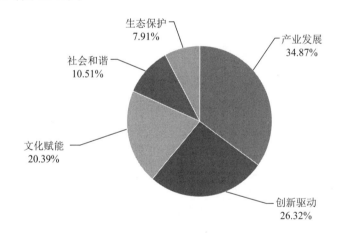

图 12-2　旅游高质量发展准则层权重占比

资料来源：本文整理绘制

从具体指标来看，权重排名前十的指标在产业发展、创新驱动及文化赋能方面（图 12-3），分别为 D14 旅游产品创新性（0.0861）、D1 旅游总收入（0.0772）、D2 年旅游接待人次（0.0675）、D16 人才合作机制多样性（0.0547）、D9 旅游与地方产业融合程度（0.0451）、D15 旅游服务模式创新（0.0430）、D6 游客重游意愿（0.0418）、D30 保存文物丰富度（0.0375）、D32 地域特色风貌留存情况（0.0375）、D13 人才引进机制建立情况（0.0347），占总权重的 52.51%，说明这十项指标是评价旅游高质量发展的关键指标。

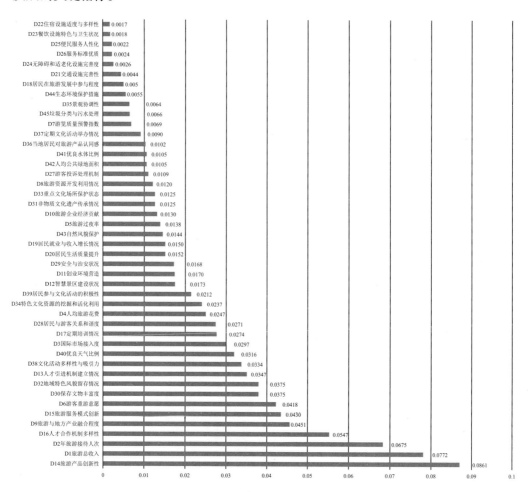

图 12-3　旅游高质量发展指标层权重

第四节　评价结果分析与建议

评价结果分析是评估旅游发展水平和制定发展战略的重要依据。通常而言，依据制定的评价标准，对各项指标进行权重分配和综合评价，分析旅游高质量发展的现状、存在的问题和挑战，并提出针对性的发展策略和建议。

在评价标准方面，主要制定了包括旅游资源、旅游设施、旅游服务、旅游环境、旅游经济等多个方面的评价指标体系，并通过权重分配，确保各项指标的合理性和重要性。评价结果显示，各地区的旅游发展水平存在显著差异，其中旅游资源和旅游环境表现较好，而旅游设施和旅游服务则存在较大的提升空间。

通过对评价结果的分析，可以看出旅游高质量发展的现状和问题：（1）旅游资源丰富的地区在旅游开发上取得了显著成效，但仍存在资源利用效率低、旅游产品单一等问题；（2）旅游设施方面，基础设施建设滞后，旅游交通、住宿、餐饮等配套设施不够完善，影响了旅游体验；（3）旅游服务方面，服务水平较低，旅游从业人员素质不高，难以满足游客的多元化需求；（4）旅游环境方面，生态环境破坏严重，旅游环境质量下降，影响了旅游业的可持续发展等。

针对这些问题和挑战，进而可以提出相应的优化策略和建议：（1）加强旅游资源的开发和利用，推动旅游产品的多元化和创新，提高旅游资源的吸引力和竞争力；（2）加强旅游基础设施建设，提高旅游交通、住宿、餐饮等配套设施的完善度和舒适度，提升旅游服务质量和水平；（3）加强旅游人才培养，提高旅游从业人员的素质和服务水平，为旅游业的发展提供有力的人才保障；（4）加强旅游环境保护和治理，保护旅游资源和生态环境，实现旅游业的可持续发展。

思考题

1. 旅游高质量发展评价的基本原则是什么？

2. 如何进行旅游高质量发展评价指标体系构建？

3. 旅游高质量发展评价模型有哪些？

4. 旅游高质量发展评价的一般步骤是怎样的？

旅游高质量发展与乡村振兴及中国式现代化

旅游高质量发展在乡村振兴及中国式现代化背景下扮演着举足轻重的角色，探究旅游高质量发展与乡村振兴及中国式现代化之间的联系，不仅具有重大的理论意义，还具有迫切的实践价值。本章旨在通过介绍旅游高质量发展的独特重要性，探讨旅游高质量发展与乡村振兴及中国式现代化之间的内在联系，揭示其在乡村振兴及中国式现代化中的作用机制与实现路径，为相关政策制定和实践操作提供有益参考。

第一节　旅游高质量发展的独特作用

旅游高质量发展是推动旅游业转型升级、促进乡村振兴和实现中国式现代化的关键所在。它要求我们在旅游业的发展过程中，既要注重经济效益的提升，更要关注社会效益和生态效益的实现，从而推动旅游业的全面、协调和可持续发展。这不仅有助于推动乡村经济的多元化发展，还能促进乡村文化的传承与创新，提升乡村生态环境质量，并增强乡村社会的凝聚力。旅游高质量发展在乡村振兴及中国式现代化发展中具有极其重要的意义，主要体现在以下几个方面。

一、在产业转型升级中的独特作用

旅游高质量发展对于提升旅游业整体水平、促进经济发展具有显著的重要性。随着中国特色社会主义进入新时代，社会主要矛盾已经转化为人民日益增长的美好生活需要和不平衡不充分的发展之间的矛盾。在这一背景下，旅游业作为国民经济的重要支柱产业，其高质量发展显得尤为重要。

旅游高质量发展有助于推动旅游业转型升级。在"十四五"时期，我国面临转变发展方式、优化经济结构和转换增长动力的关键任务。旅游业通过高质量发展，可以实现从传统的数量扩张向质量效益型转变，提升旅游服务的质量和效率，满足人民群众对美好生活的向往。

旅游高质量发展对于提升旅游业整体水平、促进经济发展具有重要意义。它不仅能够推动旅游业的转型升级和乡村振兴，还能够为实现中国式现代化贡献力量。因此，我们应该高度重视旅游高质量发展，采取有效措施加以推进，以期在未来的发展中取得更加显著的成效。

二、在乡村振兴中的重要价值

在乡村振兴方面，旅游高质量发展是推动乡村全面振兴、提高农民生活质量的重要途径。通过优化旅游产品和服务，提升乡村旅游的吸引力和竞争力，可以吸引更多游客前来体验，从而带动乡村经济的繁荣和发展。同时，旅游高质量发展还能促进乡村文化的传承和创新，增强乡村社会的凝聚力和向心力，为乡村振兴提供有力支撑。

旅游高质量发展对乡村振兴具有积极的促进作用。乡村振兴战略的实施需要依托旅游业的发展，通过开发乡村旅游资源，打造特色旅游产品，吸引游客前来消费，从而带动乡村经济的繁荣。旅游高质量发展能够推动乡村产业融合发展，提升乡村旅游的吸引力和竞争力，为乡村振兴战略注入新的动力。

三、在中国现代化发展中的重要意义

对于中国式现代化而言，旅游高质量发展是其重要组成部分。旅游业作为现代服务业的龙头，其发展水平直接关系到国家现代化的进程。通过推动旅游业高质量发展，可以加快旅游产业结构优化升级，提高旅游业对国民经济的贡献度。同时，旅游高质量发展还能促进区域协调发展，推动城乡一体化进程，为中国式现代化建设奠定坚实基础。

旅游高质量发展是实现中国式现代化的重要途径之一。中国式现代化强调经济、政治、文化、社会和生态文明建设的协调发展。旅游业作为综合性产业，其高质量发展不仅可以促进经济增长，还能够推动文化传承、社会和谐与生态文明建设。通过提升旅游服务的质量和水平，可以让更多的人享受到旅游带来的愉悦和满足，增强人民群众的获得感和幸福感。

此外，中国式现代化强调以人为本、全面协调可持续发展，而旅游业作为一个综合性强、关联度高的产业，其发展质量的高低直接影响到人民群众的生活质量和幸福感。因此，推动旅游高质量发展，不仅可以满足人民群众日益增长的旅游需求，还可以为中国式现代化提供有力的产业支撑和文化保障。

第二节　旅游高质量发展与乡村振兴

一、乡村旅游在乡村振兴中的作用

乡村旅游作为乡村振兴的重要驱动力，其在经济、文化和社会方面均发挥着不可忽视的作用。通过深入挖掘乡村旅游资源，优化旅游产品和服务，乡村旅游不仅为乡村带来了显著的经济效益，还推动了乡村文化的传承与创新，促进了乡村社会的和谐发展。

在经济层面，乡村旅游为乡村地区带来了可观的旅游收入。随着游客数量的增加，乡村地区的餐饮、住宿、交通等旅游相关产业得到了快速发展。这些产业的繁荣不仅为当地居民提供了更多的就业机会，还带动了农副产品的销售，从而提高了乡村居民的经济收入。同时，乡村旅游的发展也吸引了外部资金的投入，为乡村地区的基础设施建设提供了有力支持。

在文化层面，乡村旅游推动了乡村文化的传承与弘扬。乡村地区蕴含着丰富的历史文化资源和民俗风情，这些独特的文化资源是乡村旅游的重要吸引力。通过开发乡村旅游，可以让更多的人了解和认识乡村文化，从而促进乡村文化的传播。同时，乡村旅游的发展也激发了乡村居民对本土文化的自豪感和认同感，促使他们更加积极地参与到乡村文化的保护与传承中来。

在社会层面，乡村旅游促进了乡村社会的和谐发展。随着乡村旅游的兴起，乡村地区的基础设施得到了改善，居民的生活水平也随之提高。这些变化为乡村社会的稳定和发展奠定了坚实基础。此外，乡村旅游的发展还促进了城乡之间的交流与互动，缩小了城乡差距，增强了城乡居民之间的了解与友谊。这种交流与互动不仅有助于消除城乡之间的隔阂与偏见，还为乡村地区的可持续发展注入了新的活力。

乡村旅游在乡村振兴中发挥着举足轻重的作用。通过充分利用乡村旅游资源，优化旅游产品和服务，我们可以进一步发挥乡村旅游在促进经济发展、传承乡村文化和推动社会和谐方面的积极作用，为乡村振兴和中国式现代化做出更大的贡献。

二、旅游高质量发展对乡村振兴的推动

旅游高质量发展对于乡村振兴的推动作用，不仅体现在经济层面的增长，更深入到文化、社会以及生态环境的全方位提升。在这一过程中，需要关注几个关键点，以确保旅游高质量发展能够有效助力乡村振兴。

（一）优化旅游资源配置

旅游高质量发展要求更加合理地配置旅游资源，包括自然景观、历史文化遗址、民俗风情等各种元素。通过科学规划，将这些资源转化为具有吸引力的旅游产品，从而吸引更多游客前来体验。这不仅能够带动当地旅游业的发展，还能为乡村经济注入新的活力。

（二）提升旅游服务质量

服务质量是旅游业发展的核心竞争力。在乡村旅游中，应该注重提升从业人员的专业素养和服务意识，确保游客能够享受到高品质的旅游体验。同时，完善旅游基础设施，如住宿、餐饮、交通等方面，也是提升服务质量的重要环节。通过这些措施，可以提高游客的满意度和忠诚度，进而促进乡村旅游的持续发展。

（三）推动旅游产业融合发展

旅游高质量发展还需要积极推动旅游产业与其他相关产业的融合发展。例如，将旅游业与农业、手工业、文化创意产业等相结合，打造具有地方特色的旅游产业链。这种融合发展模式不仅可以丰富旅游产品的内容，还能拓宽乡村经济的增收渠道，为乡村振兴注入更多动力。

（四）加强生态环境保护

在旅游高质量发展的过程中，必须始终关注生态环境保护问题。乡村旅游的发展不能以牺牲环境为代价。因此，需要建立健全的生态环境保护机制，加强对旅游开发活动的监管，确保旅游发展与环境保护相协调。同时，积极推广绿色旅游理念，引导游客文明旅游，共同维护乡村生态环境的美好。

（五）激发乡村内生动力

旅游高质量发展还应该注重激发乡村内生动力。通过培养乡村居民的旅游意识和参与能力，让他们成为乡村旅游发展的主体力量。这不仅可以增强乡村居民的获得感和归属感，还能有效促进乡村旅游的本土化发展，进一步提升乡村振兴的可持续性。

旅游高质量发展对乡村振兴的推动作用体现在多个方面。通过优化旅游资源配置、提升旅游服务质量、推动旅游产业融合发展、加强生态环境保护以及激发乡村内

生动力等策略的实施，我们可以充分发挥旅游高质量发展在乡村振兴中的积极作用，为乡村经济的繁荣和社会的全面进步贡献力量。

三、旅游高质量发展赋能乡村振兴

（一）旅游业对乡村经济的带动作用

在乡村振兴的战略背景下，旅游业的高质量发展对于乡村经济的带动作用日益凸显。这种带动作用主要体现在促进就业和增加收入两个方面。

在促进就业方面，旅游业的发展为乡村地区提供了大量的就业机会。随着乡村旅游资源的开发和旅游设施的完善，越来越多的游客涌入乡村，带动了餐饮、住宿、交通、导游等相关行业的发展。这些行业的发展不仅直接创造了就业岗位，还通过产业链条的延伸，间接带动了其他行业的就业增长。例如，在乡村旅游热门地区，农家乐、民宿等特色住宿设施的兴起，为当地居民提供了创业和就业的机会，同时也吸引了外来务工人员，进一步推动了乡村就业市场的繁荣。

在增加收入方面，旅游业的发展为乡村居民带来了显著的经济效益。通过参与旅游服务、销售旅游商品等方式，乡村居民能够获得稳定的收入来源。同时，旅游业的发展也推动了乡村特色产业的发展，如手工艺品、地方特产等，这些产品的开发和销售进一步增加了乡村居民的收入。此外，随着乡村旅游品牌效应的形成，游客数量的增加也带动了乡村地区整体经济的发展，提高了乡村居民的生活水平。

旅游业的高质量发展在促进乡村就业和增加收入方面发挥着重要作用。通过充分挖掘和利用乡村旅游资源，推动旅游业与相关产业的融合发展，不仅能够为乡村地区创造更多的经济价值，还能够为乡村居民提供更多的发展机会，助力乡村振兴和中国式现代化的实现。

（二）旅游业对乡村文化和社会建设的贡献

旅游业在乡村文化和社会建设方面发挥着不可或缺的重要作用。随着乡村振兴战略的深入实施，旅游业作为乡村发展的重要引擎，不仅促进了乡村经济的繁荣，更在文化传承、社会和谐等方面展现出显著成效。

在文化传承方面，旅游业为乡村文化的挖掘、保护和传播提供了有力支持。乡村文化是中国传统文化的重要组成部分，蕴含着丰富的历史信息和深厚的文化底蕴。通过旅游业的开发，这些宝贵的文化资源得以重新焕发生机，成为吸引游客的重要亮点。例如，在"非物质文化遗产＋乡村振兴"的发展模式下，许多乡村地区的非物质文化遗产得到了有效保护和传承，不仅丰富了乡村旅游的文化内涵，也为当地居民提供了更多了解和认同自身文化的机会。

旅游业的发展还促进了乡村社会的和谐稳定。旅游业的发展带来了大量的人流、物流和信息流，为乡村地区注入了新的活力。随着游客的增多，乡村居民与外界的交流也日益频繁，这不仅有助于拓宽乡村居民的视野，提高他们的文化素养，也有助于增进城乡之间的了解与互信。同时，旅游业的发展还带动了乡村基础设施的改善和公共服务的提升，为乡村居民创造了更加宜居的生活环境，进一步促进了乡村社会的和谐稳定。

旅游业在推动乡村文化和社会建设的过程中，也需要注意保护乡村文化的原真性和避免过度商业化的问题。只有在充分尊重和保护乡村文化的基础上，才能实现旅游业的可持续发展和乡村的全面振兴。

旅游业在乡村文化和社会建设方面发挥着重要作用。通过挖掘和保护乡村文化资源，促进文化传承和创新；通过改善乡村基础设施和公共服务，增进城乡交流与互信；通过推动乡村经济的繁荣发展，为乡村全面振兴注入强劲动力。因此，应充分认识到旅游业在乡村振兴及中国式现代化进程中的重要性，进一步发挥其积极作用，推动乡村文化和社会建设的全面进步。

（三）旅游高质量发展提升乡村社会文明程度

旅游高质量发展在乡村社会文明进步中扮演着至关重要的角色，它不仅促进了乡村经济的增长，更在文化和教育层面为乡村带来了深远的变革。

在文化方面，旅游高质量发展推动了乡村文化的挖掘与传承。随着旅游业的兴起，越来越多的乡村开始重视自身独特的文化资源，通过修复古建筑、举办传统节庆活动、开发特色手工艺品等方式，将乡村文化展示给游客。这不仅增强了乡村居民对自身文化的认同感与自豪感，也促进了乡村文化的传承与发展。同时，旅游业的发展还带来了城乡文化的交流与融合，使乡村文化在保持独特性的同时，也吸收了现代文明的优秀元素，呈现出更加多元、开放的文化格局。

在教育方面，旅游高质量发展为乡村教育提供了更多的资源与机会。一方面，旅游业的发展带动了乡村经济的增长，为乡村教育投入提供了更多的资金支持。这使得乡村学校能够改善教学设施、提高师资水平，为孩子们提供更优质的教育环境。另一方面，旅游业的发展也吸引了更多的城市人群来到乡村，他们带来的先进教育理念和方法，为乡村教育注入了新的活力。同时，通过与游客的互动，乡村孩子们也能够拓宽视野、增长见识，提高自身的综合素质。

旅游高质量发展还推动了乡村社会的整体进步。旅游业的发展不仅带来了经济效益，更在改善乡村环境、提升乡村形象、促进乡村居民素质提高等方面发挥了积极作用。随着旅游业的不断发展，乡村居民的生活方式、价值观念也发生了积极的变化，他们更加注重环境保护、文明礼貌、团结协作等现代文明理念，推动了乡村社会的全面进步。

旅游高质量发展在提升乡村社会文明程度方面发挥了重要作用。通过促进乡村文化的挖掘与传承、推动乡村教育的资源与机会增加以及推动乡村社会的整体进步等方面的努力，旅游业为乡村带来了深远的变革和发展机遇。

第三节　中国式现代化与旅游高质量发展

一、中国式现代化的特点

中国式现代化作为中国特色社会主义发展的新阶段，其核心特点和目标体现了鲜明的时代特征和中国特色。这一进程不仅关注经济增长的速度和规模，更强调发展的质量和效益，致力于实现经济、政治、文化、社会和生态文明建设的全面发展。

在经济层面，中国式现代化强调创新驱动和绿色发展。通过深化科技体制改革，激发创新活力，推动产业转型升级，构建现代化经济体系。同时，坚持绿色发展理念，完善农村生活设施，保护农村生态环境，实现经济发展与环境保护的良性循环。

在政治层面，中国式现代化注重法治建设和治理能力提升。通过完善法律法规体系，保障人民权益，促进社会公平正义。加强基层治理体系建设，提高乡村治理水平，确保社会稳定和谐。

在文化层面，中国式现代化倡导文化自信和文明交流。深入挖掘中华优秀传统文化资源，推动创造性转化和创新性发展，提升国家文化软实力。同时，积极参与国际文化交流与合作，展示中华文明的独特魅力。

在社会层面，中国式现代化关注民生改善和共建共享。坚持以人民为中心的发展思想，着力解决人民群众最关心、最直接、最现实的利益问题。推动城乡融合发展，优化乡村公共服务体系，提高乡村居民的生活质量和幸福感。

在生态文明层面，中国式现代化强调人与自然的和谐共生，注重生态环境保护和可持续发展。在推进现代化的过程中，中国积极倡导绿色发展理念，推动形成绿色生产方式和生活方式，努力实现经济、社会和环境的协调发展。

中国式现代化的特点体现在经济、政治、文化和社会等多个方面，旨在实现全面、协调、可持续的发展。在这一进程中，旅游高质量发展作为重要抓手和推动力量，对于促进乡村振兴和实现中国式现代化目标具有重要意义。通过推动旅游业的高质量发展，不仅可以提升乡村经济实力和居民收入水平，还能推动乡村文化繁荣和社会进步，为中国式现代化注入新的活力和动力。

二、旅游高质量发展在中国式现代化中的角色

旅游高质量发展在中国式现代化中扮演着举足轻重的角色。中国式现代化，强调的是在经济持续健康发展的同时，实现社会全面进步和人的全面发展。而旅游高质量发展，不仅有助于提升旅游业的经济效益，更能在文化传承、生态保护、社会服务等多方面发挥积极作用，从而与中国式现代化的目标高度契合。

旅游高质量发展通过推动旅游业的转型升级，为中国式现代化注入了新的活力。在传统旅游业向现代旅游业转变的过程中，高质量发展要求旅游业不仅要追求经济效益，更要注重社会效益和生态效益。这种转变使得旅游业能够更好地满足人民群众日益增长的旅游需求，同时也为中国式现代化提供了有力的支撑。

在中国式现代化的进程中，旅游高质量发展对于促进区域均衡发展具有重要意义。旅游业的发展往往能够带动相关产业的繁荣，从而推动地区经济的整体提升。通过优化旅游资源配置，提高旅游服务质量，旅游高质量发展有助于将旅游资源优势转化为经济优势，进而促进区域经济的均衡发展。

旅游高质量发展还在推动文化传承与创新方面发挥着重要作用。中国式现代化强调文化的自信与自强，而旅游业作为文化传播的重要载体，通过高质量发展可以更好地保护和传承中华优秀传统文化，同时也为文化创新提供了广阔的平台。旅游高质量发展通过挖掘和整合各地特色文化资源，打造具有地方特色的旅游文化品牌，不仅丰富了旅游产品的文化内涵，也为中国式现代化进程中的文化自信建设提供了有力支持。

在生态文明建设方面，旅游高质量发展同样展现出其独特的价值。中国式现代化注重人与自然的和谐共生，强调绿色发展理念。旅游高质量发展通过推广生态旅游、绿色旅游等方式，引导游客关注生态环境保护，促进旅游开发与生态保护之间的平衡。这不仅有助于提升游客的环保意识，也为中国式现代化进程中的生态文明建设做出了积极贡献。

旅游高质量发展在中国式现代化中扮演着多维度的角色。它不仅推动了旅游业的转型升级和区域均衡发展，还在文化传承与创新以及生态文明建设方面发挥着重要作用。因此，我们应该充分认识并发挥旅游高质量发展的优势，使其成为推动中国式现

代化进程的重要力量。

三、旅游高质量发展促进中国式现代化

（一）旅游业对现代化建设的推动作用

旅游业作为国民经济的重要支柱产业，其高质量发展对于中国式现代化建设具有显著的推动作用。这种推动作用主要体现在提升服务质量、推动产业创新以及促进区域协调发展等多个方面。

在提升服务质量方面，旅游业的高质量发展要求从业人员具备更高的专业素养和服务意识。通过加强职业培训、引进先进的管理理念和技术手段，旅游业能够不断提升服务水平，满足游客日益多样化的需求。这种服务质量的提升，不仅有助于提升游客的满意度和忠诚度，进而推动旅游业的持续发展，还能够为中国式现代化建设提供优质的服务支撑，提升国家的整体形象和国际竞争力。

在推动产业创新方面，旅游业具有天然的创新属性和动力。随着科技的进步和消费者需求的变化，旅游业需要不断进行产品创新、模式创新和市场创新，以适应市场的发展和变化。例如，通过运用大数据、人工智能等现代信息技术，旅游业可以实现更加精准的市场分析和营销推广，提高运营效率和盈利能力。同时，旅游业还可以与其他产业进行深度融合，形成"旅游＋文化""旅游＋农业""旅游＋体育"等多元化的发展模式，推动产业结构的优化和升级。这种产业创新不仅为旅游业自身的发展注入了新的活力，也为中国式现代化建设提供了强大的动力支持。

旅游业的高质量发展还能够促进区域协调发展。旅游业具有显著的跨地域性和综合性特征，能够有效地促进城乡之间、地区之间的经济联系和文化交流。通过加强旅游基础设施建设、完善旅游服务体系、推动旅游资源共享等方式，旅游业可以助力贫困地区实现经济脱贫和文化振兴，推动区域经济的均衡发展和社会的全面进步。这种区域协调发展的格局不仅符合中国式现代化的内在要求，也是实现旅游业可持续发展的重要保障。

旅游业的高质量发展对于中国式现代化建设具有重要的推动作用。通过提升服务质量、推动产业创新以及促进区域协调发展等方面的努力，旅游业将为中国式现代化建设贡献更多的力量。同时，我们也应认识到，在旅游业的发展过程中还面临着诸多挑战和问题，需要政府、企业和社会各界共同努力，推动旅游业的健康、持续和高质量发展。

（二）旅游业在国际化交流中的角色

旅游业在国际化交流中扮演着举足轻重的角色，其积极作用不仅体现在经济层

面，更深入到文化和社会层面。在全球化日益加速的当下，国际的文化交流愈发频繁，旅游业作为其中的重要桥梁和纽带，对于增进各国人民之间的了解与友谊，传播民族文化，提升国家形象具有不可替代的意义。

旅游业的发展促进了不同文化之间的交流与融合。随着国际旅游市场的不断开拓，越来越多的外国游客来到中国，亲身体验中华文化的博大精深。同时，中国游客也走出国门，去感受世界各地的风土人情。这种跨文化的交流有助于消除误解和偏见，增进各国人民之间的相互理解和尊重。在旅游过程中，不同文化背景的游客通过观赏、体验、交流等方式，共同分享着各自的文化特色，促进了文化的多样性发展。

旅游业对于提升国家形象也起到积极的推动作用。一个国家的旅游形象往往与其整体形象紧密相连。优美的自然风光、丰富的历史文化遗产、独特的民俗风情等旅游资源，都是展示国家形象的重要窗口。通过旅游宣传和推广，能够让更多国际友人了解和认识到中国的美丽与魅力，从而增强对中国的认知和好感。同时，旅游业的发展也带动了相关产业的进步，提高了国家的综合竞争力，进一步提升了国家在国际舞台上的地位和影响力。

旅游业在国际化交流中还能够促进民间外交的发展。民间外交作为国家外交的重要组成部分，具有灵活多样、广泛深入的特点。旅游业为民间外交提供了广阔的平台和渠道，使得各国人民有机会在轻松愉快的氛围中加深了解、建立友谊。这种民间友好的氛围有助于为国家之间的政治、经济合作奠定坚实的基础，推动国际关系的和谐发展。

旅游业在国际化交流中的角色不容忽视。它不仅是文化交流的桥梁和纽带，更是提升国家形象、促进民间外交的重要力量。在未来的发展中，我们应继续深化对旅游业在国际化交流中作用的认识，充分发挥其积极作用，为推动构建人类命运共同体做出更大的贡献。

第四节　旅游高质量发展促进乡村振兴及中国式现代化路径

一、旅游高质量发展推动乡村振兴的路径

（一）加强旅游基础设施建设

在推动旅游高质量发展以促进乡村全面振兴的过程中，加强旅游基础设施建设显

得尤为重要。这不仅关乎乡村旅游的吸引力，更是确保旅游活动能够顺利进行、游客体验得到优化的基础保障。

交通设施的完善是乡村旅游发展的先决条件。乡村地区往往因地理位置偏远、交通不便而制约了旅游业的快速发展。因此，必须加大投入，改善乡村道路状况，提升交通通达性。例如，可以修建更多通往乡村景区的公路，增设公共交通线路，甚至引入观光巴士等特色交通方式，以便游客能够便捷地抵达乡村旅游目的地。

住宿设施的建设与提升同样至关重要。随着游客对旅游品质要求的提高，他们对于住宿环境的舒适度、特色化以及配套设施的完善程度都提出了更高要求。乡村地区应充分利用自身资源优势，发展具有地方特色的民宿、客栈等住宿形式，同时注重提升住宿设施的服务水平和管理质量。这样不仅能够满足游客的多元化住宿需求，还能有效带动乡村经济的增长。

加强旅游基础设施建设还需关注其他配套服务设施的建设。例如，完善乡村旅游景区的导览系统，提供多语种的导游服务，以便更好地向游客展示乡村的自然风光和人文魅力。同时，增设餐饮、购物等商业设施，丰富乡村旅游的消费场景，提升游客的旅游体验。

加强旅游基础设施建设并非一蹴而就的过程，而是需要长期投入和持续优化的工作。因此，政府应发挥主导作用，制定科学合理的规划方案，加大财政支持力度，并引导社会资本参与乡村旅游基础设施建设。同时，还需要加大监管力度，确保各项建设工作的顺利推进和高质量完成。

加强旅游基础设施建设是推动乡村旅游高质量发展的关键举措之一。通过不断完善交通、住宿等基础设施条件，提升配套服务设施水平，乡村旅游将更具吸引力，从而更好地助力乡村全面振兴目标的实现。

（二）创新旅游产品开发

在探讨旅游高质量发展促进乡村全面振兴的路径时，创新旅游产品开发无疑是一个重要的切入点。这不仅是因为创新是推动旅游业持续发展的核心动力，更是因为具有地方特色的旅游项目能够更好地满足游客日益多样化的需求，从而进一步提升乡村旅游的吸引力和竞争力。

创新旅游产品开发的首要任务是深入挖掘乡村地区的自然和文化资源。每一个乡村都有其独特的历史积淀、风土人情和自然景观，这些都是开发特色旅游产品的宝贵素材。通过系统的资源调查和评估，可以识别出那些具有市场潜力的资源，并以此为基础进行产品创新设计。

在产品设计过程中，应注重将乡村的传统元素与现代旅游理念相结合。例如，可以开发结合当地农耕文化的体验式旅游产品，让游客在参与农事活动中感受乡村生活的魅力，或者打造融合地方民俗的特色节庆活动，为游客提供丰富多彩的旅游体验。同时，还可以借助现代科技手段，如虚拟现实、增强现实等，创新展示乡村的历史文化和自然景观，提升游客的沉浸感和满意度。

除了产品开发本身的创新，推广和营销方式的创新也同样重要。在互联网时代，酒香也怕巷子深。因此，需要充分利用社交媒体、短视频平台等新兴传播渠道，以及大数据分析、精准营销等先进技术手段，来提高乡村旅游产品的知名度和美誉度。通过与旅游电商平台合作，开展线上预订、优惠促销等活动，可以进一步拓宽销售渠道，吸引更多游客前来体验。

创新旅游产品开发还需要与乡村地区的可持续发展紧密结合。在开发过程中，应遵循环保理念，合理利用资源，避免过度开发对乡村环境造成破坏。同时，通过旅游产品的开发带动乡村经济的增长，促进当地居民就业和收入水平的提升，从而实现旅游业与乡村社会的和谐发展。

创新旅游产品开发是推动乡村旅游高质量发展的关键所在。通过深入挖掘乡村资源、注重传统与现代结合、创新推广营销方式以及坚持可持续发展原则等多方面的努力，可以开发出更多具有地方特色的优质旅游产品，满足游客的多样化需求，为乡村全面振兴注入强劲动力。

（三）推动旅游产业融合发展

在探讨旅游高质量发展促进乡村全面振兴的路径中，推动旅游产业与其他产业的融合发展显得尤为重要。这种融合不仅能够实现资源共享和优势互补，还能进一步拓宽乡村旅游的发展空间，提升其综合竞争力。

旅游产业与农业的融合发展具有巨大的潜力。乡村地区拥有丰富的农业资源和独特的农耕文化，这为开展农业观光、农耕体验等旅游活动提供了得天独厚的条件。通过整合农业资源，开发特色农业旅游产品，不仅可以丰富乡村旅游的内涵，还能有效促进农业增效和农民增收。例如，结合当地的特色农产品，打造农产品采摘、加工、品尝等一体化的旅游体验项目，让游客在感受乡村风情的同时，也能品味到地道的美食。

旅游产业与文化的融合发展也是乡村全面振兴的重要路径。乡村地区承载着深厚的历史文化底蕴和独特的民俗风情，这是乡村旅游的核心竞争力所在。通过深入挖掘乡村文化资源，开发具有地方特色的文化旅游产品，可以让游客在游览乡村风光的同时，也能领略到乡村文化的魅力。例如，将当地的传统手工艺、民俗表演等元素融入旅游产品中，打造独具特色的文化旅游品牌，从而提升乡村旅游的吸引力和影响力。

推动旅游产业与教育、科技等领域的融合发展也是值得探索的方向。通过与教育机构合作，开展研学旅行、科普教育等活动，可以让更多的青少年了解乡村、热爱乡村，从而为乡村的可持续发展注入新的活力。同时，借助科技手段提升乡村旅游的智能化水平，如利用大数据、人工智能等技术进行游客流量预测和旅游服务优化，可以进一步提高乡村旅游的服务质量和游客满意度。

在推动旅游产业融合发展的过程中，需要政府、企业和社会各界的共同努力。政府应加大政策支持力度，制定相关优惠政策和专项资金扶持计划，引导和鼓励各类资本投入乡村旅游产业融合发展。企业应积极发挥市场主体作用，创新经营模式和管理机制，推动旅游产业与其他产业的深度融合。同时，社会各界也应广泛参与乡村旅游的宣传和推广工作，提升乡村旅游的知名度和美誉度。

推动旅游产业与其他产业的融合发展是促进乡村全面振兴的有效途径。通过深化产业融合、创新旅游产品、提升服务质量等措施的综合实施，可以推动乡村旅游实现高质量发展，为乡村全面振兴注入新的动力。

二、旅游高质量发展推动中国式现代化的路径

（一）旅游业与生态文明建设的协同发展

在探究旅游业与生态文明建设的协同发展路径时，我们需深刻理解两者之间的内在联系与共生关系。旅游业作为国民经济的重要支柱，其高质量发展不仅关乎经济增长，更对生态文明建设具有深远影响。实现旅游业与生态文明建设的协同发展，既是推动高质量发展的内在要求，也是实现可持续发展的重要保障。

旅游业的发展离不开优美的自然环境和丰富的文化资源。生态文明建设的推进为旅游业提供了更加优质的生态环境和更加丰富的旅游资源，从而提升了旅游业的吸引力和竞争力。同时，旅游业的高质量发展也对生态文明建设产生了积极的推动作用。通过科学合理的旅游规划和开发，可以实现对自然资源的有效保护和合理利用，促进生态系统的平衡与稳定。

在具体实践中，旅游业与生态文明建设的协同发展需要遵循以下原则：首先，坚持生态优先，保护为主。在旅游业发展过程中，应始终把保护生态环境放在首位，确保旅游活动不对生态环境造成破坏。其次，注重科学规划，合理开发。在制定旅游发展规划时，应充分考虑生态环境的承载能力和旅游资源的可持续性，避免过度开发和

无序竞争。最后，强化监管力度，确保实施。政府部门应加大对旅游业的监管力度，确保各项环保措施得到有效执行，同时引导企业和游客树立生态文明理念，共同参与到生态文明建设中来。

为了进一步推动旅游业与生态文明建设的协同发展，我们可以采取以下措施：一是加强生态旅游产品的开发和推广。通过打造具有地方特色的生态旅游产品，引导游客走进自然、体验生态，从而增强游客的环保意识和生态责任感。二是完善旅游基础设施和服务体系。在提升旅游服务质量的同时，注重节能减排和绿色环保理念的融入，为游客提供更加舒适、环保的旅游环境。三是加强国际合作与交流。借鉴国际先进经验和技术手段，推动旅游业与生态文明建设的全球协同发展，共同应对全球性生态环境挑战。

旅游业与生态文明建设的协同发展是一项长期而艰巨的任务。需要在实践中不断探索和创新，找到符合自身实际的协同发展路径，为推动旅游业高质量发展和生态文明建设做出积极贡献。

（二）旅游业在促进区域协调发展中的作用

旅游业在促进区域协调发展中的作用不可忽视，其独特的产业特性和广泛的影响力，使得它成为推动中国式现代化进程的重要力量。通过深入剖析旅游业如何促进城乡、区域之间的协调发展，可以更好地理解其助力中国式现代化的具体路径。

旅游业的发展有助于缩小城乡差距。随着旅游业的繁荣，越来越多的游客涌入乡村地区，为乡村经济注入了新的活力。这不仅带动了乡村地区的经济发展，提高了农民的收入水平，还有助于改善乡村基础设施，提升乡村居民的生活质量。同时，旅游业的发展也促进了城乡之间的文化交流，使得城市居民能够更深入地了解乡村文化和生活方式，从而增强了城乡之间的理解和互信。

在区域协调发展方面，旅游业同样发挥着重要作用。不同地区之间的旅游资源具有显著的差异性，这种差异性正是吸引游客的重要因素。通过合理开发和利用各地的旅游资源，可以形成优势互补、协同发展的良好格局。例如，一些地区可以依托独特的自然风光发展生态旅游，而另一些地区则可以借助丰富的历史文化资源发展文化旅游。这种差异化的旅游发展模式，不仅有助于提升各地的经济发展水平，还能够促进区域之间的合作与交流，推动整个区域的协调发展。

旅游业的发展还能够带动相关产业的进步，从而进一步推动区域协调发展。例如，旅游业的发展对交通运输、住宿餐饮、娱乐购物等产业都有显著的拉动作用。这些产业的发展不仅为游客提供了更加便捷、舒适的旅游环境，也为当地居民提供了更多的就业机会和收入来源。这种多元化的经济发展模式，有助于增强区域的稳定性和抗风险能力，为区域协调发展提供有力保障。

旅游业在促进区域协调发展中的作用是多方面的、深层次的。通过缩小城乡差距、推动区域合作与交流、带动相关产业发展等途径，旅游业为中国式现代化进程注入了强大的动力。未来，随着旅游业的持续发展和创新升级，其在促进区域协调发展中的作用将更加凸显，为中国式现代化贡献更多的力量。

第五节　旅游高质量发展促进乡村振兴及中国式现代化实践探索

一、旅游高质量发展促进乡村振兴实践

（一）地方政府角色定位及政策支持

在旅游高质量发展促进乡村振兴的实践中，地方政府的作用至关重要。地方政府不仅是政策制定者，更是实施者和监管者，通过制定发展规划、政策支持、市场监管等方式，推动乡村旅游产业的健康发展，进而实现乡村振兴。以下将详细阐述地方政府在乡村振兴中担任的角色及其实践探索。

1. 制定发展规划

地方政府作为乡村振兴的引领者，首要任务是制定科学的发展规划。规划要立足当地资源禀赋、文化底蕴和市场需求，明确旅游产业的发展方向、目标定位和空间布局。在规划过程中，要注重保护生态环境和文化遗产，避免过度开发和破坏。同时，要加强与周边地区的协同合作，形成区域联动和资源整合，提升旅游产业的竞争力和影响力。

2. 政策支持与资金引导

政策支持是乡村旅游发展的重要保障。地方政府要出台一系列优惠政策，如财政资金支持、税收优惠、土地使用优惠等，吸引企业和个人投资乡村旅游产业。同时，要加强财政资金的引导和撬动作用，通过设立旅游发展基金、提供贷款贴息等方式，降低企业融资成本，促进旅游产业快速发展。还要加强人才引进和培养，提高乡村旅游从业人员的素质和技能水平，为产业发展提供人才保障。

3. 加强市场监管与服务

在乡村旅游快速发展的过程中，市场监管和公共服务显得尤为重要。地方政府要加大旅游市场的监管力度，规范市场秩序，打击非法经营和欺诈行为，保护游客的合法权益。同时，要加强旅游公共服务体系建设，完善旅游基础设施和配套设施，提高旅游服务质量和水平。例如，建设旅游服务中心、旅游标识系统、旅游厕所等公共设施，提升旅游景区的可进入性和便利性。

（二）企业主体参与模式及创新举措

联合体模式是另一种值得推广的企业参与模式。通过企业之间的联合，共同推动乡村旅游发展，可以提升整体竞争力，实现规模效应。这种模式在烟台市蓬莱区东方海岸果谷等地得到了成功应用。企业还注重创新举措，通过引入科技元素、开展特色活动等方式，不断提升旅游产品品质和吸引力。例如，在重庆市丰都县包鸾镇和西阳土家族苗族自治县，企业通过整合资源、串点成线，打造了具有地方特色的乡村旅游品牌，吸引了大量游客前来游玩。这些创新举措不仅提升了旅游产品的市场竞争力，也促进了当地经济的发展。

（三）社会组织协同作用及资源整合

社会组织在乡村旅游的发展中扮演着至关重要的角色，它们不仅能够有效宣传和推广乡村旅游资源，还能够协同政府和企业，实现资源的整合与利用，推动乡村旅游的持续发展。

社会组织在宣传推广方面发挥着独特的优势。它们通常拥有丰富的资源和网络，可以通过举办各种旅游活动、发布会、展览等形式，将乡村旅游的独特魅力和文化内涵传播到更广泛的受众中。这些活动不仅能够吸引游客的注意力，还能激发游客的兴趣和热情，促进乡村旅游的快速发展。

社会组织在资源整合方面同样发挥着不可替代的作用。它们可以协同政府和企业，共同整合乡村旅游资源，实现资源共享和优势互补。通过合理的规划和布局，可以将乡村的自然风光、文化遗产、民俗活动等资源进行有效的整合和利用，形成独具特色的乡村旅游产品，提升乡村旅游的整体品质。

社会组织在沟通协调方面也发挥着重要的作用。在乡村旅游的开发和运营过程中，政府、企业和村民之间往往存在利益分配、资源整合等方面的矛盾和冲突。社会组织可以作为桥梁和纽带，协调各方的利益和需求，促进政府、企业和村民之间的合作与共赢。这种合作不仅可以推动乡村旅游的持续发展，还可以促进乡村社会的和谐稳定。

（四）村民参与程度及收益分配机制

村民的积极参与是乡村旅游持续发展的关键，也是实现收益合理分配的基础。陕西省佳县坑镇赤牛坬村采取"村集体＋公司＋农户"的模式，村民通过参与旅游活动，实现了从旁观者到参与者的角色转变。他们不仅为旅游者提供场地、资源和服务，还参与到旅游产品的开发和销售中，从而提高了自身的素质和技能。

在收益分配方面，赤牛坬村建立了合理的机制。通过股权分配和利润分享，村民可以享受到旅游发展带来的收益。村里还成立了专业合作社，引导村民兴办农家乐，吸纳就业 100 余人，户均增收 4 万元以上。这些措施不仅提高了村民的收入水平，还改善了他们的生活环境和生活质量。

西泽戈平火腿庄园则通过"43111"模式实现利益联结分配，其中 40% 用于支付群众地租，30% 用于村集体经济的发展壮大，10% 用于扶助老弱病残和低收入群体，10% 用于开发公益性岗位，剩余 10% 则用于基础设施的维护修缮。同时，庄园还提供了多种方式，如就近务工、资产出租、自主经营及普惠分红等，大幅提升了村民的收入水平。

二、旅游与农业现代化融合发展

在探索旅游高质量发展与中国式现代化的关系中，一个不可忽视的层面是旅游与农业现代化的融合发展。这种融合不仅推动了旅游业和农业的共同进步，还为中国式现代化注入了新的活力。

以某农业大省的一个乡村旅游景区为例，该地区依托丰富的农业资源和优美的自然风光，大力发展乡村旅游，实现了旅游与农业现代化的有机结合。在这个案例中，农业现代化不仅为旅游业提供了丰富的景观和资源，同时也借助旅游业的发展，实现了自身产业结构的优化和升级。

该地区通过引入现代农业技术，提高了农产品的产量和质量，为游客提供了丰富的农业体验项目。游客可以在农田里亲手采摘新鲜的蔬果，体验农耕文化的乐趣，这不仅增强了游客的旅游体验，也为农业带来了新的盈利点。同时，通过发展休闲农业和观光农业，吸引了大量游客前来游览，进一步拉动了当地旅游业的增长。

旅游业的发展也为农业现代化带来了资金、技术和市场信息等方面的支持。随着游客数量的增加，对农产品的需求量也随之上升，这促使农民们积极采用新技术和新设备来提高农业生产效率。同时，旅游业带来的收益也为农业现代化提供了资金支持，推动了农业技术的研发和推广。

在这个案例中，旅游与农业现代化的融合发展取得了显著的经济效益和社会效益。农业生产的现代化提高了农产品的附加值和市场竞争力，带动了农民增收；而旅游业的发展则推动了当地经济的繁荣，增加了就业机会，提升了乡村社会的文明程度。这种融合发展的模式不仅有助于实现乡村全面振兴，也为中国式现代化提供了新的发展路径。

进一步来看，旅游与农业现代化融合发展对中国式现代化的推动作用体现在多个层面。首先，它促进了城乡之间的交流与融合，有助于缩小城乡差距，推动城乡一体化进程。其次，通过旅游业的发展，可以推动农业产业结构的优化和转型升级，提高农业的综合效益和竞争力。最后，这种融合发展模式也有助于传承和弘扬农耕文化，提升乡村社会的文明程度，为中国式现代化注入更多的文化内涵和精神力量。

总的来说，旅游与农业现代化融合发展是一种创新的发展模式，它不仅可以推动旅游业和农业的共同进步，还有助于实现乡村全面振兴和中国式现代化。通过充分发挥旅游业和农业的优势，实现资源共享和互补，可以推动乡村经济的持续健康发展，为中国式现代化贡献更大的力量。

三、旅游促进乡村文化传承与发展

在探索乡村振兴与中国式现代化的旅游实践案例中，不难发现，旅游高质量发展在这一过程中发挥了举足轻重的作用。以浙江省的"千村示范、万村整治"工程为例，该工程通过发展乡村旅游，不仅有效带动了当地经济的快速增长，更在乡村文化传承与生态保护方面取得了显著成效。

浙江省依托其丰富的自然资源和深厚的历史文化底蕴，大力发展乡村旅游，吸引了大批国内外游客前来观光游览。在这一过程中，乡村的基础设施得到了极大改善，村民的生活水平也随之提高。更为重要的是，乡村旅游的发展促进了乡村文化的挖掘与传播，许多传统技艺和民俗活动得以重新焕发生机，为乡村文化的传承注入了新的活力。

浙江省在乡村旅游发展过程中，始终注重生态环境的保护与治理。通过实施严格的环保措施和科学合理的规划布局，确保了旅游发展与生态环境之间的和谐共生。这不仅为游客提供了更加优美舒适的旅游环境，也为乡村的可持续发展奠定了坚实基础。

乡村旅游的发展还促进了城乡之间的交流与融合，推动了区域协调发展。随着越来越多城市居民走进乡村，体验乡村生活，城乡之间的差距逐渐缩小，共同繁荣发展的良好局面正在形成。

　　浙江省的"千村示范、万村整治"工程充分展示了旅游高质量发展在乡村振兴与中国式现代化中的巨大潜力与实际成效。这一成功案例不仅为其他地区提供了可借鉴的经验与启示，也为我国全面推进乡村振兴战略和实现中国式现代化目标注入了强大动力。

思考题

　　1. 旅游高质量发展在我国经济社会发展中有哪些独特作用和意义？

　　2. 旅游高质量发展与乡村振兴有什么关系，是如何赋能乡村振兴的？

　　3. 旅游高质量发展与中国式现代化有什么关系，是如何赋能中国式现代化建设的？

　　4. 旅游高质量发展赋能乡村振兴及中国式现代化的路径有哪些？

第十四章

我国旅游高质量发展：现状、路径、政策、保障与协作

在前述诸章内容基础上，本章集中论述我国旅游高质量发展情况，以期将所学融入发展实践问题的思考过程中。通过我国旅游高质量发展取得的成效、存在的问题和面临的挑战分析，结合旅游高质量发展的国际经验与启示，探索我国旅游高质量发展路径，提出旅游高质量发展的政策支持与保障，进而探讨旅游高质量发展的产业协同与区域合作。

第一节　我国旅游高质量发展现状

一、发展成就与亮点

近年来，我国旅游业取得了显著的发展成就，主要体现在以下几个方面。

旅游经济持续增长，成为经济新动能。旅游业作为现代服务业的重要组成部分，其快速增长对于推动我国经济高质量发展具有重要意义。随着人们生活水平的提高，旅游消费需求日益旺盛，旅游业逐渐成为经济发展的重要支柱。国内出游人数和旅游总花费的持续增长，不仅展示了旅游业的巨大潜力，也反映了旅游消费已成为大众美好生活的标配。同时，旅游业还带动了交通、餐饮、住宿等多个行业的快速发展，形成了较为完善的产业结构，为经济发展注入了新动力。

在产业结构优化升级方面，旅游业的发展推动了旅游产业的融合与创新。通过三产融合，即农业、工业与旅游业在生态旅游中的深度融合，实现了资源互补、产业链延伸及创新驱动。这种融合不仅丰富了旅游产品的供给，也提升了旅游业的整体竞争

力。同时，旅游业还带动了旅游装备制造、旅游服务等相关产业的发展，促进了产业结构的优化升级。

我国拥有丰富的旅游资源，旅游景点丰富多彩，为旅游业的发展提供了得天独厚的条件。无论是山川、河流、湖泊，还是古迹、文化，都吸引了大量的游客前来游览。这些旅游景点的开发与保护，既促进了旅游业的发展，也保护了自然和文化遗产，实现了经济效益与社会效益的双赢。

在旅游品质提升方面，旅游业注重提升服务品质，加强设施建设，提升人员素质。通过不断完善旅游基础设施，提高旅游服务的便捷性和舒适度，为游客提供了更加优质、便捷的旅游体验。同时，旅游业还加强了从业人员的培训和管理，提高了旅游服务的专业化和标准化水平，为旅游业的可持续发展奠定了坚实基础。

二、存在的主要问题

在全国文化和旅游事业快速发展的背景下，虽然整体支出增速在逐年提升，但旅游业的发展仍面临一些亟待解决的问题。在资源开发方面，部分地区存在过度开发和开发不当的情况，导致旅游资源的损耗和生态环境的破坏。这些问题在旅游资源丰富的地区尤为突出，严重制约了旅游业的可持续发展。

在产业结构方面，尽管旅游业带动了相关行业的快速发展，但整体产业结构仍不够优化。高端旅游产品和服务供给不足，难以满足游客日益增长的多样化需求。这种供需矛盾在旅游旺季尤为明显，导致旅游体验不佳和游客满意度下降。

同时，旅游品质问题也是制约旅游业发展的重要因素。一些地区的旅游设施落后，服务质量不佳，影响了游客的旅游体验。旅游业人才培养与市场需求之间也存在一定的脱节，导致专业人才短缺和技能水平不高。

这些问题的存在不仅影响了旅游业的健康发展，也制约了文化和旅游事业的整体提升。因此，我们需要采取有效措施解决这些问题，推动旅游业的可持续发展。

三、面临的挑战与机遇

当前，旅游业面临着激烈的竞争与前所未有的发展机遇。在国内外旅游市场日益多元化的背景下，旅游业的发展需要不断提升品质和服务水平。面对这一挑战，我国旅游业通过技术创新和精细化管理，不断满足游客的个性化需求，实现旅游业的可持续发展。政府也出台了一系列政策支持旅游业发展，为旅游业的蓬勃发展提供了有力的保障。

在政策支持下，旅游业获得了更多的发展机遇。随着人们生活水平的提高，对旅游的需求也在不断增加。据中国社会科学院旅游研究中心调研数据显示，2024 年暑期自驾游热度同比增长 62%，清明假期热度增幅高达 190%，"五一"假期、端午假期的自驾游热度也均有不同程度增长。这表明，随着人们出行方式的多样化，自驾游等个性化旅游方式越来越受到游客的青睐。这种趋势为旅游业提供了广阔的市场空间，同时也对旅游业的服务质量和创新能力提出了更高的要求。因此，旅游业需要不断适应市场需求，加强产品研发和服务升级，以满足游客的多样化需求。

第二节　旅游高质量发展的经验与启示

一、国外案例

在国际旅游市场中，丹麦哥本哈根、法国巴黎和新加坡是三个备受瞩目的旅游高质量发展城市。它们各自通过独特的旅游资源和高质量的旅游服务，吸引了大量游客，并树立了国际旅游的高标准。同时，它们还注重可持续发展，通过绿色旅游和低碳旅游等方式，保护了城市的环境和生态系统。这些经验对于我国旅游高质量发展具有重要的借鉴意义。

（一）丹麦哥本哈根

哥本哈根作为丹麦的首都，不仅拥有丰富的历史文化遗产，还注重将现代元素与传统相结合，打造独特的旅游品牌。哥本哈根的旅游业务非常注重高质量发展，主要体现在以下几个方面。

一是文化活动的丰富性。哥本哈根是北欧地区的重要文化中心，每年都会举办众多文化活动、艺术展览和节日庆典。这些活动不仅展示了丹麦的文化魅力，还吸引了大量游客前来参与。例如，哥本哈根的音乐节和戏剧节等文化活动，都已成为国际知名的旅游品牌，吸引了众多游客前来体验。

二是旅游设施的完善性。哥本哈根在旅游设施的建设上投入了大量资金，为游客提供了便捷、舒适的旅游体验。无论是公共交通、住宿还是餐饮，哥本哈根都力求做到最好。哥本哈根还注重旅游设施的人性化设计，如无障碍设施、导览系统等，为游客提供了更加贴心的服务。

三是旅游服务的提升。哥本哈根的旅游服务非常注重细节和品质。从旅游信息的获取到旅游过程的各个环节，哥本哈根都力求为游客提供最好的服务。例如，哥本哈根的旅游信息中心提供了丰富的旅游信息，包括景点介绍、交通指南、餐饮推荐等，为游客提供了极大的便利。

通过举办文化活动、完善旅游设施和提升旅游服务，哥本哈根成功地吸引了大量游客，并树立了国际旅游的高标准。同时，哥本哈根还注重可持续发展，通过绿色旅游和低碳旅游等方式，保护了城市的环境和生态系统。

（二）法国巴黎

巴黎是全球著名的旅游城市，其旅游业务同样注重高质量发展。巴黎的旅游高质量发展主要体现在以下几个方面。

一是历史文化的保护。巴黎拥有丰富的历史文化遗产，如埃菲尔铁塔、卢浮宫、巴黎圣母院等。为了保护这些珍贵的文化遗产，巴黎在旅游发展中非常注重历史文化的保护。通过制定严格的文物保护法规，巴黎成功地保护了这些历史文化遗产的完整性和真实性。

二是现代旅游业的发展。巴黎在保持历史文化的同时，也积极发展现代旅游业。通过打造多样化的旅游产品，巴黎满足了不同游客的需求。例如，巴黎的购物体验、美食体验和文化体验等，都已成为游客前往巴黎的重要原因。

三是旅游服务的提升。巴黎的旅游服务非常注重品质和细节。从旅游信息的获取到旅游过程的各个环节，巴黎都力求为游客提供最好的服务。例如，巴黎的酒店和餐饮业非常发达，为游客提供了多种选择。巴黎还注重旅游从业人员的培训和管理，提高了旅游服务的质量和水平。

通过保护历史文化、发展现代旅游业和提升旅游服务，巴黎成功地吸引了大量游客，并树立了国际旅游的高标准。同时，巴黎还注重旅游业的可持续发展，通过绿色旅游和低碳旅游等方式，保护了城市的环境和生态系统。

（三）新加坡

新加坡是一个旅游胜地，其旅游业务同样注重高质量发展。新加坡的旅游高质量发展主要体现在以下几个方面。

一是特色旅游产品的打造。新加坡拥有丰富的旅游资源，如花园城市、多元文化、美食等。为了吸引游客，新加坡注重打造特色旅游产品。例如，新加坡的花园城市形象深入人心，城市绿化和景观设计都非常出色。新加坡还注重多元文化的融合和展示，为游客提供了丰富的文化体验。

二是旅游设施的完善。新加坡在旅游设施的建设上投入了大量资金，为游客提供了便捷、舒适的旅游体验。无论是公共交通、住宿还是餐饮，新加坡都力求做到最好。新加坡还注重旅游设施的人性化设计，如无障碍设施、导览系统等，为游客提供了更加贴心的服务。

三是旅游市场的监管。新加坡非常重视旅游市场的监管和管理，通过制定严格的法律法规和行业标准，确保了旅游市场的秩序和质量。同时，新加坡还注重旅游从业人员的培训和管理，提高了旅游服务的质量和水平。

通过打造特色旅游产品、完善旅游设施和加强旅游市场监管，新加坡成功地吸引了大量游客，并树立了国际旅游的高标准。同时，新加坡还注重旅游业的可持续发展，通过绿色旅游和低碳旅游等方式，保护了城市的环境和生态系统。

二、我国成功经验与借鉴

一是加强旅游人才培养与服务水平提升。我国在推动旅游高质量发展的过程中，政府扮演着至关重要的角色。通过制定一系列有利于旅游业发展的政策和法规，政府为旅游业创造了良好的经营环境。例如，优化营商环境、简化审批流程、降低税收负担等措施，有效激发了旅游企业的活力。此外，政府还加大对旅游基础设施建设的投入，如交通、住宿、餐饮等配套设施的完善，提升了旅游目的地的整体吸引力。这些经验表明，政府在旅游业发展中的政策支持和引导是实现高质量发展的关键。

二是加强旅游人才培养与服务水平提升。我国在旅游人才培养和服务水平提升方面取得了显著成效。通过建立完善的旅游教育体系，培养了一批具有国际视野和专业技能的旅游人才。同时，加强旅游从业人员的在职培训，提升其服务意识和专业技能，有效提高了旅游服务质量。此外，还注重引进国际先进的旅游服务理念和管理模式，进一步提升了我国旅游业的国际竞争力。这些经验表明，加强旅游人才培养和服务水平提升是推动旅游业高质量发展的重要保障。

三是发展多元化旅游产品。我国在发展多元化旅游产品方面取得了积极成果。通过深入挖掘本土文化资源，打造了一系列具有中国特色的旅游产品，如乡村旅游、民俗文化旅游、美食文化旅游等。这些特色旅游产品不仅丰富了旅游市场供给，还满足了不同游客的多样化需求。此外，还注重旅游产品的创新和升级，不断提升旅游产品的品质和吸引力。这些经验表明，发展多元化旅游产品是推动旅游业转型升级和提升竞争力的重要途径。

四是推动旅游与其他产业融合发展。我国在推动旅游与其他产业融合发展方面取得了显著成效。通过加强旅游与文化、体育、健康等产业的深度融合，形成了具有竞争力的产业链，推动了地方经济的快速发展。例如，通过举办文化节庆活动、体育赛事等，吸引了大量游客前来观光旅游，带动了当地餐饮、住宿、购物等相关产业的发展。此外，还注重旅游业与农业、工业等产业的融合发展，推动了产业结构的优化升级。这些经验表明，推动旅游与其他产业融合发展是实现旅游业高质量发展的重要途径。

五是借鉴国际成功经验与本土化创新。在推动旅游高质量发展的过程中，我国还积极借鉴国际成功经验，并结合本国实际情况进行本土化创新。例如，学习国外先进的旅游营销策略、客户体验管理、可持续发展理念等，同时结合我国丰富的文化资源和旅游资源，打造出具有中国特色的旅游发展模式。这些经验表明，借鉴国际成功经验与本土化创新是推动旅游业高质量发展的重要策略。

六是加强科学规划与环境保护。我国在推动旅游高质量发展的过程中，还注重科学规划与环境保护。通过加强旅游资源的科学规划和合理利用，避免了过度开发和生态环境破坏的问题。同时，加强文化遗产保护，确保旅游发展与文化遗产保护相协调。此外，还注重推广智慧旅游，提高旅游资源的利用效率和管理水平。这些经验表明，加强科学规划与环境保护是实现旅游业可持续发展的关键。

三、主要启示

通过国外实践案例和国内经验和借鉴分析，旅游高质量发展相关的经验和启示主要包括生态保护、服务质量提升、文化与旅游融合、科技创新应用、政府引导支持、产业协同合作以及社会责任与可持续发展等多个方面，这些启示对于推动旅游业持续、健康、稳定发展具有重要意义。

一是注重生态保护与资源合理利用。

旅游高质量发展强调在保护生态环境的基础上发展旅游业，避免过度开发和资源浪费。旅游业的发展不能以牺牲环境为代价。应合理规划旅游资源，确保旅游业与生态保护相协调，实现可持续发展。

二是提升旅游服务质量与多样性。旅游高质量发展要求不断提升旅游服务质量，同时注重旅游产品的多样性和个性化。随着消费者需求的日益多样化，旅游业需要提供更加丰富、高品质的旅游产品和服务，以满足不同游客的需求。这包括提升景区管理水平、推行智能化服务、提供多样化的旅游产品和个性化的旅游体验等。

三是推动文化与旅游深度融合。旅游高质量发展需要推动文化与旅游的深度融合，打造具有文化内涵的旅游产品和线路。文化是旅游的灵魂，通过挖掘和传承地方文化，可以丰富旅游产品的内涵，提升旅游吸引力。例如，可以引导戏剧节、音乐节、艺术节等业态与旅游融合发展，丰富"音乐＋旅游""演出＋旅游"等业态。

四是加强科技创新与智能化应用。科技创新是推动旅游高质量发展的重要动力，应加强智能化应用，提升旅游体验和效率。随着科技的发展，数字化和智能化已经深入到旅游的各个环节。例如，在线预订、虚拟现实导览、智能客服等新技术的应用正在重塑游览方式和游客体验。未来，随着5G、区块链等技术的成熟应用，旅游业的服务模式可能会更加多元化。

五是政府引导与政策支持。政府在旅游高质量发展中扮演着重要角色，应加强引导和支持，为旅游业提供良好的发展环境。政府应制定科学合理的政策和法规，支持旅游业的可持续发展。同时，还应加大投资力度，提供基础设施建设和公共服务，为旅游业提供更好的发展条件。例如，可以优化旅游基础设施投入，支持各地根据旅游业发展需求合理规划、有序建设旅游咨询中心、旅游集散中心等公共设施。

六是强化产业协同与区域合作。旅游业是一个综合性产业，需要与其他相关产业协同发展，并加强区域合作。通过与其他产业的协同发展，可以拓展旅游业的发展空间，提升旅游产品的附加值。同时，加强区域合作可以促进旅游资源的共享和优化配置，提升区域旅游的整体竞争力。

七是注重社会责任与可持续发展。旅游高质量发展应注重社会责任和可持续发展，实现经济效益、社会效益和环境效益的协调发展。旅游业在追求经济效益的同时，还应积极承担社会责任，注重保护旅游地区的生态环境和社会文化。通过推动旅游业的可持续发展，可以为当地经济、社会和环境的协调发展做出贡献。

第三节　我国旅游高质量发展路径探索

一、创新发展理念与模式

绿色发展理念在旅游业中尤为重要。旅游业作为资源消耗型产业，其发展过程中不可避免地会对生态环境造成一定的影响。然而，随着人们环保意识的增强和可持续发展理念的深入人心，旅游业开始注重绿色发展，强调生态环保，推动旅游业与生态环境协调发展。旅游业绿色发展的案例也层出不穷，涵盖了从能源到制造，从金融到消费，从技术到循环等多个领域。这些案例不仅展示了旅游业在绿色发展方面的探索和实践，也为其他行业提供了可借鉴的经验和启示。

智慧旅游理念则是旅游业与现代科技相结合的产物。随着科技的不断进步，智慧旅游技术逐渐应用于旅游业的各个方面，如智能导航、电子支付、虚拟现实等。这些技术的应用不仅提升了旅游服务的智能化水平，还优化了旅游体验，让游客在旅游过程中更加便捷、舒适。甘肃省文化和旅游厅推荐的"甘肃冶力关景区线上线下提升老年人游玩体验"案例就是智慧旅游的一个成功实践，它通过线上线下相结合的方式，为老年人提供了更加便捷、贴心的旅游服务。

跨界融合理念也是旅游业创新发展的重要方向。旅游业作为综合性产业，与文化产业、农业、体育等产业有着密切的联系。通过打破行业壁垒，促进旅游业与其他产业的融合，可以共同推动产业发展，实现共赢。要素融合，创造多元化文旅消费新场景，就是旅游业与文化产业融合的一个具体体现。通过文化与旅游的融合，可以创造出更多元化的旅游产品和消费场景，满足游客对美好生活的新需求。

二、提升旅游产品与服务质量

在产品结构方面，应深入挖掘文化内涵，打造特色鲜明的旅游产品。通过加强产品创新，满足游客的个性化需求，增强产品的吸引力和竞争力。同时，应注重旅游产品的品质，确保广告宣传的真实性，避免过度包装和虚假宣传。在服务质量方面，应建立完善的服务质量监管机制，加强对服务人员的培训和管理，提升他们的专业素养和服务水平。还应加强客户沟通，了解客户的需求和反馈，及时调整服务策略，提升客户满意度。通过这些措施，可以确保旅游产品的质量与服务水平相匹配，为游客提供更加优质的旅游体验，促进旅游业的健康发展。

三、加强旅游基础设施建设

（一）完善交通设施，打造便捷高效的旅游交通网络

在我国旅游高质量发展的过程中，交通基础设施的完善是至关重要的一环。交通不仅是连接旅游目的地与客源地的纽带，更是影响游客出行体验和旅游满意度的重要因素。因此，加强旅游目的地的交通基础设施建设，提升交通便捷性，是推动旅游高质量发展的重要举措。

（二）加强交通基础设施建设，提升旅游便捷性

旅游交通基础设施的建设要注重规划先行，确保交通网络的合理布局和有效衔接。在规划阶段，应充分考虑旅游资源的分布、游客的出行需求以及未来的发展趋势，制定科学合理的交通规划方案。同时，要注重与其他交通方式的衔接，如铁路、

公路、航空等，形成多种交通方式相互补充、协调发展的综合交通体系。

在交通基础设施的建设过程中，应注重提升交通设施的舒适度和便捷性。例如，在铁路和公路的建设中，应充分考虑游客的出行需求，设置合理的服务区和停靠站，提供便捷的换乘和休息服务。同时，要注重交通设施的智能化和信息化建设，利用现代信息技术和智能化设备，提高交通运营效率和服务质量。

还应注重旅游交通的安全性和可靠性。在交通设施的建设和运营过程中，应严格遵守相关法规和标准，确保交通设施的安全可靠。同时，要加强交通安全的监管和宣传，增强游客的安全意识和提高自我保护能力。

（三）加强住宿设施品质建设，满足游客多样化住宿需求

住宿是旅游过程中不可或缺的一部分，其品质和舒适度直接影响着游客的旅游体验和满意度。因此，加强住宿设施的品质建设，是提升旅游服务质量、推动旅游高质量发展的重要举措。

在住宿设施的建设和改造中，应注重提升住宿设施的舒适度和功能性。例如，应提供干净、整洁、舒适的住宿环境，配备齐全的住宿设施和设备，满足游客的基本住宿需求。同时，要注重住宿设施的个性化和差异化发展，根据游客的不同需求和喜好，提供多样化的住宿选择和服务。

还应注重住宿设施的文化内涵和地域特色。在住宿设施的设计和装修中，应充分融入当地的文化元素和地域特色，为游客提供具有地方特色的住宿体验。同时，要加强住宿设施的管理和服务，提高服务质量和水平，让游客在住宿过程中感受到家的温馨和舒适。

（四）加强公共设施建设，提升旅游服务品质

公共设施是旅游目的地的重要组成部分，其完善程度和服务质量直接影响着游客的旅游体验和满意度。因此，加强公共设施的建设和维护，是提升旅游服务品质、推动旅游高质量发展的重要保障。

在公共设施的建设中，应注重提升设施的实用性和美观性。例如，应设置合理的公共厕所、休息区、指示标志等，为游客提供便利的服务。同时，要注重公共设施的美观和协调，与周围的环境和建筑风格相协调，提升旅游目的地的整体形象。

还应注重公共设施的智能化和信息化建设。利用现代信息技术和智能化设备，提高公共设施的运营效率和服务质量。例如，可以设置智能导航系统、自助查询系统等，为游客提供便捷的信息查询和导航服务。同时，要加强公共设施的维护和管理，确保设施的完好和正常使用。

在加强旅游基础设施建设的过程中，还应注重与旅游市场的紧密结合。根据市场需求和游客的反馈，不断优化和完善交通、住宿、公共设施等旅游要素的配置和服务质量。同时，要加强与旅游企业的合作和协作，共同推动旅游产业的转型升级和高质量发展。

加强旅游基础设施建设是推动旅游高质量发展的重要举措。通过完善交通设施、提升住宿设施品质、加强公共设施建设等措施，可以极大地提升游客的出行体验和旅游满意度，为旅游业的持续发展奠定坚实的基础。同时，应注重与市场需求和旅游市场的紧密结合，不断优化和完善旅游基础设施的建设和服务质量，推动旅游业的持续健康发展。

四、推进旅游与科技融合发展

智慧旅游技术的核心在于数据的采集、处理和应用。大数据技术的广泛运用，使得旅游企业能够全面、深入地了解游客的需求和行为。通过对游客行为、偏好以及市场动态数据的全方位分析，可以精准把握旅游市场脉搏，为产品开发、市场营销和服务提升提供科学依据。例如，依据游客游览轨迹和停留时间等数据，对景区线路和景点布局进行科学优化，可以显著提升游客体验，减少排队等待时间，提高游览效率。

同时，智慧旅游技术的应用也推动了旅游信息化建设的进程。加强旅游信息化建设，是提升旅游服务质量的重要途径。通过建设旅游信息服务平台，可以实时发布旅游信息，为游客提供及时、准确的信息服务。游客可以通过手机、平板等智能设备获取旅游信息，了解景点介绍、交通路线、餐饮住宿等信息，从而更加轻松愉快地规划旅游行程。

虚拟现实技术也在旅游领域得到了广泛应用。通过虚拟现实技术，可以打造虚拟现实旅游体验，让游客在虚拟的环境中体验旅游的乐趣，提升旅游体验的沉浸感和互动性。这种创新的旅游方式不仅满足了游客的多样化需求，也为旅游业带来了新的增长点。

第四节　旅游高质量发展的政策支持与保障

一、政策法规体系完善

政策法规体系的完善对于旅游业的高质量发展具有至关重要的作用。旅游业在快速发展的过程中，往往伴随着一些问题的出现，如资源过度开发、环境污染、文化遗产破坏等。这些问题如果得不到有效解决，将会严重阻碍旅游业的可持续发展。因此，政策法规体系的完善成了旅游业发展的重要保障。

在环境保护法规方面，要加强环境保护法规建设，制定更严格的环保标准，规范旅游开发行为。旅游业的发展不能以牺牲环境为代价，而应该与环境保护相协调。通过加强环境保护法规建设，可以确保旅游开发不损害生态环境，实现旅游业的可持续发展。

在旅游资源保护法规方面，要完善旅游资源保护法规，明确旅游资源保护和利用的关系。旅游资源的保护和利用是一个矛盾的统一体，只有保护好旅游资源，才能更好地利用它们。因此，要加大旅游资源保护力度，防止过度开发，确保旅游资源的可持续利用。

在文化旅游法规方面，要加强文化旅游法规建设，保护文化旅游资源。中国拥有悠久的历史和灿烂的文化，这些文化资源是旅游业的重要支撑。然而，随着旅游业的快速发展，一些地方的文化遗产遭到了破坏和滥用。因此，要加强文化旅游法规建设，保护文化旅游资源，传承和弘扬优秀传统文化，促进文化旅游融合发展。

在旅游业发展政策方面，要制定针对性强的旅游业发展政策。旅游业是一个综合性产业，涉及多个领域和方面。因此，要制定针对性强的旅游业发展政策，鼓励旅游业创新发展，优化旅游业结构，提升旅游业整体竞争力。同时，要加大政策执行力度，确保政策的有效实施。

二、财政金融扶持政策

在财政资金支持方面，政府设立了旅游业发展基金，专门用于支持旅游业的基础设施建设、宣传推广、产品开发等方面。这些资金不仅为旅游业提供了稳定的资金来源，还推动了旅游业的转型升级和高质量发展。

在金融政策支持方面，政府鼓励金融机构为旅游业提供差异化的金融服务。例如，金融机构可以为旅游企业提供旅游项目融资、旅游信用卡等金融产品，满足旅游业的资金需求。这些金融政策的实施，为旅游业的发展提供了有力的资金保障，促进了旅游业的快速发展。

在税收优惠政策方面，政府对旅游业相关产业实施了税收优惠政策。例如，免征或减征企业所得税、增值税等，降低了旅游企业的税收负担。如陕西省勉县税务部门积极落实税惠政策，为旅游企业减轻了资金压力，让企业有更多资金投入基础设施的更新升级中，从而提升了旅游业的整体质量和服务水平。

三、人才培养与引进策略

在人才引进方面，旅游业需要制定具有吸引力的人才引进策略。这包括优化人才引进政策，为海外高素质人才提供更优厚的待遇和更广阔的发展空间。同时，通过举办国际旅游人才交流会、国际旅游论坛等活动，吸引海外旅游人才来华工作，提升旅游业的人才结构。还可以通过与国际知名旅游机构、高校等建立合作关系，共同培养和引进旅游业人才。

在人才激励与考核方面，旅游业需要建立起完善的激励机制和考核机制。对于在旅游业发展中做出突出贡献的人才，应给予表彰和奖励，激发其创新活力。同时，也需要建立科学的考核机制，对人才的绩效进行客观评价，确保人才的价值得到充分发挥。通过这些措施，可以推动旅游业人才的高质量发展，为旅游业的长期繁荣提供有力保障。

四、监管机制与执法力度

在监管机制建立方面，各级文化和旅游部门积极响应政策号召，加强了对旅游市场的监管。以某县为例，该县文旅局认真落实《"十四五"文化和旅游市场发展规划》，并依托上级市《××市人民政府办公室关于建立全市文化和旅游市场综合监管机制的通知》，积极推动建立权责明确、执法有力、行为规范、保障有效的文化和旅游市场综合监管机制。这种综合监管机制的建立，有助于进一步规范旅游市场秩序，提升旅游产品质量，为游客提供更加安全、舒适的旅游环境。

在执法力度方面，相关部门对旅游市场中的违法违规行为进行了严厉打击。通过加强执法队伍建设、提高执法水平、加强执法监督等措施，确保了执法工作的公正、公平和公开。同时，还注重与其他部门的协作与沟通，形成了监管合力。例如，江苏省文化和旅游厅与多个部门联合印发了《江苏省旅游景区高质量发展行动方案》，通过跨部门协作，共同推动旅游景区的高质量发展。这种协作方式不仅提高了监管效率，还有效地解决了单一部门难以解决的问题，确保了旅游业的健康发展。

监管机制与执法力度的强化是旅游产业发展不可或缺的重要环节。只有通过建立完善的监管机制和强有力的执法措施，才能有效地规范旅游市场秩序，提升旅游产品质量，为游客提供更加安全、舒适的旅游环境，推动旅游业的持续健康发展。

第五节　旅游高质量发展的产业协同与区域合作

一、产业链整合与优化

优化产业结构是关键。旅游业的发展不能仅依靠传统的旅游观光，还需要向高端化、特色化方向转变。通过发展旅游演艺、旅游商品等产业，可以延伸旅游产业链，提高旅游产业的附加值和竞争力。同时，应注重旅游产品的创新和升级，满足游客多元化、个性化的需求。

加强产业融合也是旅游业转型发展的重要途径。通过推动旅游业与农业、工业、文化等产业的融合发展，可以形成跨界合作的产业生态，提升旅游体验。例如，将农业与旅游相结合，发展乡村旅游、农家乐等旅游产品，既促进了农业的发展，又为游客提供了独特的旅游体验。而数字技术的应用则进一步拓宽了旅游产业的发展路径和发展空间，使旅游业在数字化时代焕发新的活力。

二、区域旅游协同发展

在统筹发展规划方面，应制定区域旅游发展规划，明确发展目标和任务，实现统筹规划、共同发展。这包括共同规划旅游线路、建设旅游基础设施、提升旅游服务质量等。通过科学的规划和管理，可以避免旅游资源的过度开发和无序竞争，实现旅游业的可持续发展。

在推广区域品牌方面，应共同推广区域旅游品牌，提升区域旅游知名度和美誉度。这包括加强区域旅游的宣传和推广，打造具有区域特色的旅游品牌和形象。例如，京津冀地区可以联合举办旅游节庆活动、推出旅游优惠政策、加强旅游市场营销等，共同吸引更多游客前来旅游。同时，还应加强社交网络平台的视频和图文推广，开设京津冀旅游专题页或专区，提高旅游信息的传播效率和覆盖面。

三、跨国旅游合作与交流

在跨国旅游合作方面，中国与周边国家的合作不断深化。例如，中国与哈萨克斯坦通过举办"哈萨克斯坦旅游年"等活动，不仅增进了两国人民之间的了解与友谊，还推动了旅游业的快速发展。中国与澜湄六国的旅游合作也取得了显著成效。通过澜湄旅游合作，中国与这些国家共同开发了多条旅游线路，实现了旅游资源的共享与整合。同时，中国与这些国家之间的旅游交流也日益频繁，为推动跨国旅游合作奠定了坚实的基础。

在跨国旅游交流方面，文化交流是不可或缺的一环。跨国旅游不仅是游客的旅行体验，更是文化交流的桥梁。中国与周边国家在旅游交流上，注重挖掘各自的文化特色，通过举办文化节、文艺表演等活动，展示各自的文化魅力。这种文化交流不仅丰富了游客的旅游体验，还促进了各国文化的传承与发展。同时，通过跨国旅游交流，各国人民之间的了解与友谊也得到了加深，为未来的合作与发展奠定了良好的基础。

跨国旅游合作与交流是推动旅游业发展的重要途径。只有加强国际合作、促进跨国旅游合作、加强文化交流，才能不断提升旅游业的国际竞争力，实现旅游业的可持续发展。

第六节　旅游高质量发展的社会影响与可持续发展

一、对经济社会的贡献

旅游业的发展有助于优化产业结构。随着旅游业的不断壮大，其对经济的影响日益凸显，使得现代服务业在产业结构中的比重不断提升。这不仅提升了产业附加值，也增强了经济的竞争力。同时，旅游业的发展还促进了旅游资源的开发和利用，提高了旅游资源的利用效率，为经济可持续发展提供了有力支撑。

旅游业的发展还有助于增加就业。旅游业是一个劳动密集型的行业，其发展需要大量的劳动力支持。随着旅游业的不断发展，相关岗位的需求也在不断增加，为当地居民提供了更多的就业机会。这不仅提高了居民的收入水平，也促进了社会的稳定和谐。

旅游业的发展还能宣传推广当地的文化、历史和风土人情。旅游是一种文化交流的方式，通过旅游，人们可以更加深入地了解目的地的文化、历史和风土人情。因此，旅游业的发展对于提升地区的知名度和影响力具有重要的作用。通过旅游，人们可以更好地了解一个地方，进而促进该地的文化传播和交流，增强其在国际社会中的影响力。

二、对生态环境的影响

旅游业的快速发展对环境产生了深远影响，旅游业带来的游客和商业化活动增加了生态环境的负担，给自然环境带来了不小的压力。例如，空气污染、水污染和噪声污染等环境问题在旅游旺季尤为突出，这些问题不仅影响了游客的旅游体验，也对当地生态系统造成了潜在威胁。然而，通过合理开发与管理，旅游业也可以成为自然资源保护的重要推手。

在自然资源保护方面，旅游业发挥着积极作用。旅游业的发展往往依赖于当地的自然景观和文化资源，因此，合理开发和利用这些资源，实现旅游与自然的和谐共生，是旅游业可持续发展的关键。一些地区通过发展生态旅游，引导游客亲近自然、了解自然，提高了公众对环境保护的认识和意识。同时，旅游业的发展也带来了经济收益，为自然资源的保护和修复提供了资金支持。

旅游业的发展还促进了环境保护意识的提升。旅游业是一个高度依赖环境质量的行业，游客对旅游目的地的环境质量有着极高的要求。这种要求促使旅游业经营者和管理者更加重视环境保护工作，采取一系列措施来减少旅游活动对环境的负面影响。例如，推广低碳旅游、绿色旅游和环保旅游等方式，引导游客在旅游过程中注意环保、节约资源。同时，旅游业的发展也增强了当地居民的环保意识，促进了环保行为的普及和推广。

三、实现可持续发展的路径与措施

绿色旅游是旅游业可持续发展的核心。绿色旅游强调的是在旅游活动中，通过减少对环境的破坏，保护自然和文化遗产，实现旅游业的可持续发展。为实现这一目标，需采取一系列措施。旅游业应推广低碳旅游方式，鼓励使用公共交通、自行车等低碳交通工具，减少碳排放。应鼓励游客参与环保活动，如垃圾分类、节能减排等，增强游客的环保意识。旅游业还应加强对旅游资源的保护，合理规划旅游线路，避免过度开发和利用。这些措施不仅有助于保护旅游资源，还能提高旅游质量，吸引更多游客，实现旅游业的长远发展。

完善法律法规是保障旅游业可持续发展的重要手段。通过制定和执行相关法律法规，可以规范旅游业的发展行为，防止旅游资源的无序开发和滥用。具体来说，应制定和完善涉及旅游规划、资源开发、环境保护等方面的法律法规，确保旅游活动的合法性和可持续性。同时，还应加大执法力度，对违法违规行为进行严厉打击，维护旅游市场的秩序。还应建立健全旅游投诉和纠纷处理机制，保护游客的合法权益，提高游客的满意度和忠诚度。

宣传推广与教育是推动旅游业可持续发展的关键。通过广泛的宣传和教育，可以提高公众对旅游业可持续发展的认识和参与度。应加强对游客的宣传，让他们了解旅游对环境的影响，引导他们采取环保的旅游行为。还应加强对旅游业从业者的培训和教育，增强他们的环保意识和提高专业技能，确保他们在工作中能够遵循可持续发展的原则。还可以通过举办环保主题活动、发布环保倡议书等方式，进一步推广绿色旅游的理念和实践。

政策支持与监管是实现旅游业可持续发展的保障。政府应出台相关政策，鼓励和支持旅游业的可持续发展。例如，可以提供财政补贴、税收优惠等激励措施，引导旅游业向绿色、低碳、环保的方向发展。同时，政府还应加强对旅游业的监管，确保政策得到有效执行。这包括加强对旅游市场的监管，防止不正当竞争和欺诈行为的发生；加强对旅游资源的保护和管理，确保旅游资源的可持续利用。政府还应积极推动旅游业与其他产业的融合发展，促进旅游业的多元化和可持续发展。

思考题

1. 我国旅游高质量发展有哪些成效、问题和挑战？

2. 旅游高质量发展的国内外经验和启示有哪些？

3. 我国旅游高质量发展的路径和政策保障有哪些？

4. 我国旅游高质量发展的产业协同与区域合作的层次有哪些？

参考文献

期刊论文

［1］陈赖嘉措，覃建雄，宋慧娟.西藏南部山区生态旅游高质量发展研究［J］.中国藏学，2023（2）：155-163.

［2］陈兴，覃建雄，史先琳.横断山脉中南段地学景观系统及旅游开发构想［J］.经济地理，2016，36（5）：182-189.

［3］陈艳艳.旅游业高质量发展促进中国式现代化的理论逻辑和实现路径——基于多案例的考察［J］.学习与探索，2024（5）：109-119.

［4］戴斌.加快建设旅游强国推动旅游业高质量发展［J］.红旗文稿，2024（12）：25-28.

［5］戴学锋，杨明月.全域旅游带动旅游业高质量发展［J］.旅游学刊，2022，37（2）：6-8.

［6］耿松涛，张鸿霞.中国旅游业高质量发展：战略使命、动力要素和推进路径［J］.宏观经济研究，2022（1）：91-101.

［7］何建民.新时代我国旅游业高质量发展系统与战略研究［J］.旅游学刊，2018（10）：9-11.

［8］胡静，贾垚焱，谢鸿璟.旅游业高质量发展的核心要义与推进方向［J］.华中师范大学学报（自然科学版），2022，56（1）：9-15.

［9］蒋桂容，覃建雄.拓展民族地区林果业多种功能，促进乡村产业高质量发展调查研究［N］.中国民族报，2022-02-14.

［10］李德立，田伟，田刚.我国旅游经济高质量发展的区间差异与动态演进［J］.统计与决策，2022，38（24）：84-88.

［11］李京诚.区域旅游高质量发展评价指标体系构建［J］.地理科学，2020，40（8）：1289-1297.

［12］李鹏，邓爱民.旅游业高质量发展促进共同富裕的路径分析［J］.社会科学

家，2022（2）：37-41.

［13］李书昊，魏敏.中国旅游业高质量发展：核心要求、实现路径与保障机制［J］.云南民族大学学报（哲学社会科学版），2023，40（1）：152-160.

［14］李文路，覃建雄.贵州喀斯特地区生态旅游高质量发展评价——基于黔南州的实证［J］.中国软科学，2022（S1）：127-134.

［15］李文路，覃建雄，张江峰.乡村旅游发展与石漠化治理、乡村振兴成效耦合协调研究——基于黔南州喀斯特地区的实证［J］.中国农业资源与区划，2022，43（7）：282-293.

［16］廖军华，王欢.新发展阶段旅游业高质量发展的现实困境与破解之道［J］.改革，2022（5）：102-109.

［17］刘德谦.长三角区域旅游一体化高质量发展研究［J］.经济地理，2021，41（3）：189-197.

［18］罗丽，覃建雄，杨建春.西南地区乡村旅游重点村空间分布及结构分析［J］.中国农业资源与区划，2022，43（12）：260-269.

［19］马勇.文旅融合背景下的旅游高质量发展研究［J］.旅游学刊，2021，36（3）：23-31.

［20］马勇，张瑞.旅游业高质量发展与国民幸福水平提升［J］.旅游学刊，2023，38（6）：12-13.

［21］王金伟，陆林，王兆峰，等.新质生产力赋能旅游业高质量发展：理论内涵与科学问题［J］.自然资源学报，2024，39（7）：1643-1663.

［22］覃建雄.四川天府新区旅游产业发展战略研究［J］.西南民族大学学报（人文社会科学版），2012，33（10）：137-141.

［23］覃建雄.基于系统理论的乡村旅游转型升级研究：进展与趋势［J］.中国人口·资源与环境，2016，26（S1）：301-304.

［24］覃建雄.新冠疫情对全球旅游格局的影响及其对策研究［J］.中国软科学，2020（S1）：72-82.

［25］覃建雄.世界自然遗产景区在全球的空间分布特征及规律研究［J］.中国软科学，2021（S1）：179-190.

［26］覃建雄.我国限制与禁止开发区旅游扶贫创新发展研究——以秦巴山区为例［J］.西南民族大学学报（人文社科版），2015，36（6）：137-141.

［27］覃建雄，陈兴，张培.四川天府新区旅游发展战略与空间布局研究［J］.中

国人口·资源与环境，2012，22（S1）：166-171.

［28］覃建雄，唐勇，陈兴，等.地震遗迹景观体系与旅游开发模式研究——以汶川地震遗址区为例［J］.中国人口·资源与环境，2013，23（S1）：143-146.

［29］覃建雄，张培，陈兴.旅游产业扶贫开发模式与保障机制研究——以秦巴山区为例［J］.西南民族大学学报（人文社会科学版），2013，34（7）：134-138.

［30］覃建雄，张培，陈兴.四川省旅游度假区成因分类、空间布局与开发模型研究［J］.中国人口·资源与环境，2013，23（S2）：205-211.

［31］覃建雄，张培，陈兴.雅安地区避暑度假旅游生态环境条件与舒适度研究［J］.中国人口·资源与环境，2014，24（S1）：297-300.

［32］时朋飞，曹钰晗，龙荟水，等.我国旅游业高质量发展水平测度，空间分异及障碍因子诊断［J］.经济地理，2023，43（2）：201-210.

［33］舒小林，闵浙思，郭向阳，等.省域数字经济与旅游业高质量发展耦合协调及驱动因素［J］.经济地理，2024，44（1）：197-208.

［34］孙佼佼.高质量发展背景下旅游资源研究转型：新属性、新框架与新方向［J］.自然资源学报，2024，39（2）：245-258.

［35］王宁.新发展格局下旅游业高质量发展战略研究［J］.经济研究参考，2021，15：56-64.

［36］王兴斌.旅游业高质量发展战略研究［J］.旅游学刊，2021，36（9）：5-14.

［37］吴必虎.中国旅游业高质量发展评价体系研究［J］.地理研究，2021，40（5）：1156-1168.

［38］张红芳.旅游供给侧结构性改革与高质量发展研究［J］.旅游学刊，2020，35（12）：15-25.

［39］张凌云.旅游业高质量发展的动力机制研究［J］.旅游学刊，2021，36（6）：32-41.

［40］赵玉军.乡村振兴战略下旅游业高质量发展研究［J］.农业经济问题，2020，41（3）：115-124.

［41］周永广.数字经济时代旅游业高质量发展路径探析［J］.旅游研究，2020，12（4）：78-85.

［42］Chen Lu，Qin Jianxiong. A comparison of two bedrock river stream-power erosion models：a case study of the river profile of the gyirong watershed in the middle Himalayan orogeny［J］. Carpathian Journal of Earth and Environmental Sciences，2022，

15（2），pp429-441.

［43］Jiang Xiufang，Qin Jianxiong. The mediation of perceived risk's impact on destination image and travel intention：An empirical study of Chengdu，China during COVID-19.PLOS ONE，2022：15-26.

［44］Jiang Xiufang，Qin Jianxiong. How tourists' perception affects travel intention：mechanism pathways and boundary conditions［J］. Frontiers in Environmental Science，2022：56-79.

［45］Qin Jianxiong. Ecotourism，Ecotourism System and Sustainable Development［J］. Journal of Business Economic and Management，2020，8（4）：80-89.

［46］Qin Jianxiong. Urban Tourism Development Model for Chengdu China：Based on Global Tourism Theory［C］. 6th International Conference on Management Science and Management，Innovation，（MSMI），ATLANTIS Press，2019：36-44.

［47］Qin Jianxiong. Tourism resort destination systems：genetic classification and spatial management［C］. 2nd International Conference on Information Technology and Management Engineering（ITME2017），Beijing，China，2017：320-326.

［48］Qin Jianxiong. Research status，progress and trend of rural tourism transformation and upgrading［C］. 2016 International Conference on Management，Economics and Social Development，2016：126-132.

［49］Qin Jianxiong. Geological parks，eco-tourism and sustainable development［C］. The 2016 3rd International Conference on Management Science and Management Innovation（MSMI 2016），2016：236-249.

［50］Qin Jianxiong. Challenges and Countermeasures of Regional Tourism Cooperation Development Strategy of Sichuan-Shanxi-Gansu Golden Triangle Area，Western China［C］. International Workshop on Social Science Progress（IWSSP），2015：1033-1039.

［51］Qin Jianxiong. Classifications and Development Frameworks of Tourist Resorts Based on Geospatial Division Theory：A Case Study of Sichuan Province，Western China［C］. Proceedings of 2015 International Conference on Material Science and Application（PICMSA2015），2015，3：752-760.

［52］Qin Jianxiong. A Study on Eco-Tourism and Sustainable Development of Economic Underdevelopment Areas—An Example from Kanas Nature Reserve，Xingjiang

Province, Northwest China[J]. Smart Grid and Renewable Energy，2014，6（16）：3-10.

［53］Qin Jianxiong. A Study on rural tourism transformation updating development model and dynamic mechanism in Sichuan, China［J］. Advanced materials research, 2013：586-592.

［54］Qin Jianxiong. Sustainable development of tourism industry in Jiuzhai-Huanglong Scenic Zone, International Academic Conference on Integrated Management of Low-carbon Economy and Smart Scenic Area Informationization［C］. Science Press, Beijing，2012：254-259.

［55］Qin Jianxiong. Discussions on the eco-tourism development of the Kanas Nature Reserve in Xinjiang，China［C］. International Academic Conference on Integrated Management of Low-carbon Economy and Smart Scenic Area Informationization，2012：259-268.

［56］Qin Jianxiong. Spatial distributing characteristics of land use in the southern slope of Mid. Himalaya mountains［C］. Lecture Notes in Information Technology//Earth Science and Remote Sensing, Hong Kong, Information Engineering Research Institute, 2012：123-136.

［57］Qin Jianxiong. The model and dynamic mechanism for mountainous rural tourism sustainable development in Southwest marginal Qinghai-Tibetan Plateau，China［C］. 2012 International conference on management and service science，2012：360-367.

［58］Yan Hongchuan，Qin Jianxiong. Towards the road of Eco-efficiency improvement：evidence from China's economic and technological development zone［J］. Environmental Science and Pollution Research，2023：10-26.

［59］Zhang Zhe，Qin Jianxiong. Research on the Evaluation of Coordinated Development of Tourism-Economy-Ecological Environment along the Silk Road Economic Belt［J］. Sustainability，2022：56-78.

著作

［1］保继刚，郑海燕.新时代旅游发展理论与实践［M］.北京：科学出版社，2020.

［2］李天元.旅游高质量发展研究［M］.北京：中国旅游出版社，2020.

［3］马晓龙.旅游业高质量发展研究［M］.北京：中国旅游出版社，2021.

［4］覃建雄.民族地区农文旅融合驱动乡村振兴研究［M］.成都：西南交通大学

出版社，2021.

　　［5］覃建雄.现代生态旅游：理论进展与实践探索［M］.北京：科学出版社，2018.

　　［6］覃建雄，阚瑷珂.西藏自治区虚拟旅游框架与发展模式研究［M］.北京：科学出版社，2015.

　　［7］覃建雄，韦跃龙.喀斯特景观与旅游开发研究［M］.北京：科学出版社，2012.

　　［8］覃建雄.地质公园旅游开发与管理［M］.北京：科学出版社，2012.

　　［9］覃建雄.旅游乡村振兴规划研究：基于秦巴山区脱贫转型［M］.北京：中国旅游出版社，2023.

博士论文

　　［1］曹兴华.世界遗产地社区生态旅游发展研究［D］.成都：西南民族大学，2018.

　　［2］陈赖嘉措.西藏南部山区生态旅游高质量发展研究［D］.成都：西南民族大学，2022.

　　［3］蒋秀芳.川西民族地区生态旅游驱动乡村振兴研究［D］.成都：西南民族大学，2023.

　　［4］海笑.安宁河流域乡村旅游高质量发展研究［D］.成都：西南民族大学，2024.

　　［5］何星.川西北高原藏区乡村生态旅游发展及扶贫效应研究［D］.成都：西南民族大学，2020.

　　［6］李文路.贵州喀斯特民族地区生态旅游发展驱动乡村振兴研究［D］.成都：西南民族大学，2022.

　　［7］罗丽.川西民族地区世界遗产旅游带动乡村振兴研究［D］.成都：西南民族大学，2022.

　　［8］宋慧娟.横断山区生态旅游驱动乡村振兴研究［D］.成都：西南民族大学，2021.

　　［9］向莉.川西北民族地区乡村旅游高质量发展研究［D］.成都：西南民族大学，2022.

　　［10］蔡新良.川西高原藏区生态旅游业可持续发展研究［D］.成都：西南民族大学，2024.

［11］徐爱萍.我国旅游业高质量发展评价及影响因素研究［D］.上海：华东师范大学，2021.

［12］闫鸿川.青藏高原东南缘生态旅游高质量发展研究［D］.成都：西南民族大学，2017.

［13］张明.区域旅游高质量发展评价指标体系构建与实证研究［D］.昆明：云南大学，2021.

［14］张敏敏.基于生态位的西南民族地区跨界旅游目的地整合发展研究［D］.成都：西南民族大学，2017.

［15］张哲.川西北民族地区农文旅融合驱动乡村振兴研究［D］.成都：西南民族大学，2023.

［16］张艳萍.川西高原山区生态旅游驱动乡村振兴研究［D］.成都：西南民族大学，2024.

［17］王旭科.城市旅游发展动力机制的理论与实证研究［D］.天津：天津大学，2008.

研究报告及网站

［1］国家发展和改革委员会课题组.中国旅游业高质量发展研究报告［R］.北京：中国旅游研究院，2021.

［2］世界旅游组织.全球旅游业发展趋势报告［R］.北京：中国旅游出版社，2020.

［3］文化和旅游部等九部委.关于推进旅游公共服务高质量发展的指导意见［EB/OL］.https://www.gov.cn/zhengce/zhengceku/202408/content_6966756.htm.

［4］文化和旅游部.关于推动文化和旅游高质量发展的指导意见［EB/OL］.（2021-05-15）.http://www.gov.cn/zhengce/zhengceku/2021.

［5］新华网.加快建设旅游强国推动旅游业高质量发展［EB/OL］.http://www1.xinhuanet.com/politics/20240723/04c7d1b9c7a64de884a2589503d3779d/c.html.

责任编辑：刘志龙
责任印制：闫立中
封面设计：中文天地

图书在版编目（ＣＩＰ）数据

旅游高质量发展概论 / 覃建雄主编． -- 北京 ：中
国旅游出版社，2025．2． --（旅游管理综合实践创新人
才培养系列教材）． -- ISBN 978-7-5032-7533-3

Ⅰ．F590.3

中国国家版本馆 CIP 数据核字第 2025GY0448 号

书　　名：旅游高质量发展概论

作　　者：覃建雄主编
出版发行：中国旅游出版社
　　　　　（北京静安东里 6 号　邮编：100028）
　　　　　https://www.cttp.net.cn　E-mail:cttp@mct.gov.cn
　　　　　营销中心电话：010-57377103，010-57377106
　　　　　读者服务部电话：010-57377107
排　　版：北京旅教文化传播有限公司
经　　销：全国各地新华书店
印　　刷：三河市灵山芝兰印刷有限公司
版　　次：2025 年 2 月第 1 版　2025 年 2 月第 1 次印刷
开　　本：787 毫米 × 1092 毫米　1/16
印　　张：22.5
字　　数：419 千
定　　价：48.00 元
ＩＳＢＮ　978-7-5032-7533-3